中国出版蓝皮书
CHINA PUBLISHING BLUE BOOK

ANNUAL REPORT OF
PUBLISHING INDUSTRY IN CHINA
(2023-2024)

2023—2024
中国出版业发展报告

魏玉山◎主　编

徐升国　杨春兰◎副主编

图书在版编目（CIP）数据

2023—2024中国出版业发展报告/魏玉山主编；
徐升国，杨春兰副主编. —北京：中国书籍出版社，
2024.9. — ISBN 978－7－5068－8162－3

Ⅰ.G239.2

中国国家版本馆CIP数据核字第2024NE3390号

2023—2024中国出版业发展报告

魏玉山　主　编
徐升国　杨春兰　副主编

责任编辑	庞　元　李　新
责任印制	孙马飞　马　芝
封面设计	楠竹文化
出版发行	中国书籍出版社
地　　址	北京市丰台区三路居路97号（邮编：100073）
电　　话	（010）52257143（总编室）　　（010）52257140（发行部）
电子邮箱	eo@chinabp.com.cn
经　　销	全国新华书店
印　　刷	北京九州迅驰传媒文化有限公司
开　　本	787毫米×1092毫米　　1/16
印　　张	25.5
字　　数	490千字
版　　次	2024年9月第1版
印　　次	2024年9月第1次印刷
书　　号	ISBN 978－7－5068－8162－3
定　　价	158.00元

版权所有　翻印必究

《2023—2024 中国出版业发展报告》
主编、副主编和撰稿人名单

主　编：魏玉山

副主编：徐升国　杨春兰

撰稿人（按文章顺序排列，作者单位见内文）

　　　　杨春兰　汤雪梅　于秀丽　周蔚华　程　丽　于殿利
　　　　史　妍　任殿顺　杨石华　鲍　红　段艳文　李　净
　　　　杨　伟　焦　翊　宋吉述　杨　阳　杜　川　李建红
　　　　吴永凯　张洪亮　陈　哲　田　菲　徐升国　张文红
　　　　杨雨虹　香江波　段乐川　齐方萍　舒　彧　李家驹
　　　　张燕青　黄昱凯　邓　杨　潘翠华

前　言

时光荏苒，岁月如流。"中国出版蓝皮书"迎来了20岁的生日，正值青春韶华。20年的坚守、几代人的努力，成就了今日的蓝皮书。

回望来时路，有艰辛也有喜悦，有成绩亦有不足。

凡是过往皆为序章，所有将来皆为可盼。成为出版行业智库、发挥行业风向标作用是"中国出版蓝皮书"存在的价值和使命，为了更好地完成这一使命，《2023—2024中国出版业发展报告》（以下简称"《报告》"）在以下几个方面做出了调整。

（一）重新架构了《报告》体系，使内容更加聚焦

本版《报告》的内容更加聚焦于书刊出版，剔除了往年《报告》中的"中国报业发展报告"；考虑到中国新闻出版研究院已有《中国数字出版产业年度报告》《中国印刷业发展报告》等出版，因此剔除了往年《报告》中的"中国数字出版业发展报告"和"中国印刷业发展报告"。

此外，分报告和专题报告的内容也做出了相应调整。分报告大致按照出版内容和市场、发行等模块进行架构，设置了"中国图书出版业发展现状与趋势展望""中国学术出版市场发展现状与趋势展望""中国少儿出版发展现状与趋势展望""中国大众出版发展现状与趋势展望""中国民营书业发展现状与趋势展望""中国期刊业发展现状与趋势展望""中国图书零售市场发展现状与趋势展望""中国出版物发行业发展报告"共计8个分报告。专题报告则聚焦出版业发展的某一领域或某一话题，进行内容策划，设置了"中国出版业上市公司发展现状与趋势展望""中国出版业融合发展现状与趋势展望""中国教育出版应对人口变化报告与趋势展望""中国出版机构直播营销发展现状与趋势展望""中国全民阅读发展现状与趋势展望""中国出版专业教育的现状与趋势展望""中国新闻出版标准化发展现状与趋势展望""中国出版学研究热点与趋势展望""中国出版物市场治理情况"共计9个专题报告。

（二）突出了《报告》行业智库的属性，抓热点痛点话题

2024年是中央《关于推动传统媒体和新兴媒体融合发展的指导意见》发布10周年。10年来，VR、AR、元宇宙、AIGC等数字传播技术给出版业发展带来了历史性的机遇与挑战。这些传播技术不同于印刷术，它并不专属于出版业，而是可以广泛应用于多个领域和行业的，因而能否把握和有效利用这些新技术事关出版行业的未来。基于此，本版《报告》策划了"2023—2024中国出版业融合发展现状与趋势展望"的专题报告。

伴随着我国出生人口的不断下滑，人口红利将逐渐消失。于出版业而言，教育出版对人口规模具有高度依存性，其未来发展势必受到影响。如何应对人口规模缩小对出版业尤其是教育出版带来的冲击，成为出版人不得不考虑的问题。基于此，本版《报告》策划了"2023—2024中国教育出版应对人口变化报告与趋势展望"的专题报告。

网络直播成为图书销售的新引擎。出版机构纷纷试水，入驻抖音等平台，进行直播带货、短视频推广，为图书出版行业带来了新的增长点。"2023—2024中国出版机构直播营销现状与趋势展望"这一专题报告的策划意在抓住行业热点，并为出版机构的直播营销预测趋势和方向。

（三）发展壮大作者队伍，增加出版一线的业界专家

作为一本行业发展报告，我们力图为行业发展尽绵薄之力，突出其"行业性"与"实践性"。因而本版《报告》在往年相对稳固的作者队伍的基础上，适当增加了出版一线的业界专家，充实我们的撰稿团队。如中国出版传媒股份有限公司原董事、原副总经理于殿利，凤凰出版传媒股份有限公司总经理宋吉述、童趣出版有限公司总经理史妍，中南博集天卷文化传媒有限公司董事、副总经理任殿顺等，他们的加盟和鼎力支持，更加有助于"出版蓝皮书"发挥服务出版业界的功能。

每一份努力都值得被看见，每一份付出都应得到回报。"出版蓝皮书"能够走过20

个春秋，离不开作者团队的辛勤撰稿和一贯支持。在此，我们对新老作者一并表达谢意，没有你们的支持，便没有蓝皮书的今天。未来的路，不管是风雨兼程还是风和日丽，抑或艳阳高照，都希望与你们一并前行，成就更好的彼此。

编者

2024 年 7 月 5 日于三路居路 97 号

目 录

第一编 主报告

培育出版新质生产力 行业创新正在途
——2023—2024中国出版业发展报告 ················《中国出版业发展报告》课题组 3
一、2023—2024中国出版业发展概况 ·· 3
二、未来出版业发展趋势展望 ·· 14
三、推动出版业高质量发展的对策与建议 ··· 18

第二编 分报告

2023—2024中国图书出版业发展现状与趋势展望 ················· 周蔚华 程 丽 27
一、2023中国图书出版业的基本情况 ··· 27
二、2023中国图书出版业发展亮点 ··· 34
三、中国图书出版业存在的问题及对策建议 ·· 37
四、中国图书出版业趋势展望 ··· 41
2023—2024中国学术出版市场发展现状与趋势展望 ································· 于殿利 46
一、2023中国学术出版市场基本情况分析 ··· 47

  二、2023—2024 影响和推动中国学术出版的重要因素和事件 …………… 52
  三、中国学术出版现阶段存在的主要问题 ………………………………… 56
  四、中国学术出版市场趋势展望及建议 …………………………………… 57

2023—2024 中国少儿出版发展现状与趋势展望 ……………………… 史　妍 62
  一、2023—2024 中国少儿图书市场基本情况 …………………………… 62
  二、2023—2024 中国少儿出版发展亮点 ………………………………… 64
  三、少儿出版发展面临的问题与挑战 ……………………………………… 69
  四、推动少儿出版高质量发展的建议 ……………………………………… 72
  五、中国少儿出版趋势展望 ………………………………………………… 75

2023—2024 中国大众出版发展现状与趋势展望 …………… 任殿顺　杨石华 80
  一、大众出版的界定 ………………………………………………………… 80
  二、2023—2024 中国大众出版的发展背景与规模测算 ………………… 81
  三、当前大众出版产业的主要特征和存在问题 …………………………… 84
  四、中国大众出版的趋势展望 ……………………………………………… 87

2023—2024 中国民营书业发展现状与趋势展望 ……………………… 鲍　红 92
  一、2023—2024 中国民营书业发展状况 ………………………………… 92
  二、中国民营书业面临的困境 ……………………………………………… 96
  三、中国民营书业趋势展望 ………………………………………………… 98

2023—2024 中国期刊业发展现状与趋势展望 ……………… 段艳文　李　净 102
  一、2023—2024 中国期刊业总体情况 …………………………………… 102
  二、中国期刊业趋势展望 …………………………………………………… 108
  三、推动中国期刊业发展的对策与建议 …………………………………… 114

2023—2024 中国图书零售市场发展现状与趋势展望 ………………… 杨　伟 121
  一、2023—2024 中国图书零售市场基本情况 …………………………… 121
  二、零售渠道分化带动图书市场产生深层变化 …………………………… 126
  三、2023—2024 影响和推动图书零售的重要因素和事件 ……………… 134
  四、中国图书零售市场趋势展望 …………………………………………… 137

2023—2024 中国出版物发行业发展报告 ………………………… 焦 翊 142
  一、图书零售市场整体增长 线上渠道比重加大 …………………… 142
  二、出版物发行面临的问题 …………………………………………… 152
  三、出版物发行业变革发展的建议 …………………………………… 154

第三编   专题报告

2023 中国出版业上市公司发展现状与趋势展望 ………… 程 丽 周蔚华 159
  一、2023 出版业上市公司发展情况 …………………………………… 159
  二、2023 中国出版业上市公司发展亮点 ……………………………… 172
  三、2023 中国出版业上市公司发展存在的问题 ……………………… 175
  四、中国出版业上市公司趋势展望 …………………………………… 177

2023—2024 中国出版业融合发展现状与趋势展望 ……… 宋吉述 杨 阳 180
  一、2023 中国出版业融合发展环境 …………………………………… 180
  二、2023 中国出版业融合发展情况 …………………………………… 183
  三、2023 中国出版业融合发展存在的问题 …………………………… 190
  四、中国出版业融合发展的趋势展望 ………………………………… 192

2023—2024 中国教育出版应对人口变化报告与趋势展望 … 杜 川 李建红 199
  一、2023—2024 中国人口变化情况 …………………………………… 199
  二、小初高全阶段学生人口变化对中国教育出版的影响 …………… 201
  三、中国教育出版的应对之策及趋势展望 …………………………… 204

2023—2024 中国出版机构直播营销发展现状与趋势展望
  ………………………………………… 吴永凯 张洪亮 陈 哲 213
  一、出版机构直播营销现状分析 ……………………………………… 214
  二、出版机构直播营销存在的问题 …………………………………… 216

三、推进出版机构直播营销良性发展的对策建议 …………………… 219

四、出版机构直播营销趋势展望 …………………………………… 221

2023—2024 中国全民阅读发展现状与趋势展望 …………… 田 菲 徐升国 228

一、从第二十一次全国国民阅读调查看 2023 年国民阅读特征 …… 228

二、2023—2024 中国全民阅读工作持续深入推进 ………………… 236

三、全民阅读工作前景展望与对策建议 …………………………… 242

2023 中国出版专业教育的现状与趋势展望 ………………… 张文红 杨雨虹 249

一、2023 中国出版专业教育的现状分析 …………………………… 249

二、2023 中国出版教育的新形势 …………………………………… 259

三、中国出版专业教育未来变革趋势 ……………………………… 261

2023—2024 中国新闻出版标准化发展现状与趋势展望 …………… 香江波 268

一、2023—2024 中国新闻出版标准化工作综述 …………………… 268

二、2023—2024 中国新闻出版业标准化工作分析 ………………… 273

三、中国新闻出版标准化工作趋势展望 …………………………… 285

2023—2024 中国出版学研究热点与趋势展望 ……………… 段乐川 齐方萍 290

一、出版产业与高质量发展研究 …………………………………… 290

二、出版融合发展研究 ……………………………………………… 294

三、出版基础理论研究 ……………………………………………… 296

四、出版史研究 ……………………………………………………… 297

五、国际出版研究 …………………………………………………… 299

六、未来发展研究趋势 ……………………………………………… 300

2023—2024 中国出版物市场治理情况 ……………………………… 舒 彧 303

一、深入推进网络空间治理 ………………………………………… 303

二、织牢织密未成年人保护网 ……………………………………… 304

三、持续巩固基层阵地 ……………………………………………… 305

第四编　中国香港特别行政区、澳门特别行政区、台湾地区出版业发展报告

2023 中国香港特别行政区出版业发展报告 …………………… 李家驹 309
　　一、新发展与新机遇 ……………………………………………… 309
　　二、为出版重新定位 ……………………………………………… 310
　　三、争取拓展空间 ………………………………………………… 312
　　四、积极推动出版转型 …………………………………………… 314
　　五、业界变化与整合 ……………………………………………… 315
　　六、全力培养阅读风气 …………………………………………… 318
　　七、出版的风貌和特征 …………………………………………… 321
　　八、出版界履行公民责任 ………………………………………… 324
　　九、小　结 ………………………………………………………… 325

2023 中国澳门特别行政区出版业发展报告 …………………… 张燕青 326
　　一、政策扶持下，出版业稳步发展 ……………………………… 326
　　二、发挥地区优势积极拓展市场 ………………………………… 328
　　三、出版物数字化升级转型 ……………………………………… 330
　　四、政府与社团合力建设"阅读之城" …………………………… 331
　　五、澳门出版业的风貌特征 ……………………………………… 333
　　六、结　语 ………………………………………………………… 335

2023 中国台湾地区出版业发展报告 …………………………… 黄昱凯 336
　　一、台湾地区出版产业整体概况 ………………………………… 336
　　二、台湾地区图书发行现状 ……………………………………… 343
　　三、台湾地区出版产业的数字革新与市场复苏 ………………… 347
　　四、结　语 ………………………………………………………… 349

第五编　出版业大事记

2023 中国出版业大事记 ………………………………………… 邓　杨 353

2023 中国香港特别行政区出版业大事记 ………………………… 潘翠华 367

2023 中国澳门特别行政区出版业大事记 ………………………… 张燕青 380

2023 中国台湾地区出版业大事记 ………………………………… 黄昱凯 387

第一编

主报告

培育出版新质生产力
行业创新正在途
——2023—2024 中国出版业发展报告

《中国出版业发展报告》课题组

2023 年是全面贯彻落实党的二十大精神的开局之年，是以培育新质生产力推进中国式现代化出版实践的破题之年，是"十四五"规划承上启下的攻坚之年，也是三年新冠疫情防控转段后经济恢复发展的一年。

2023 年，党对社会主义文化建设规律的认识达到新高度，在宣传思想文化工作史上具有里程碑意义。2023 年 6 月，习近平总书记在文化传承发展座谈会上深入阐释了"两个结合"的重大意义，强调"第二个结合"拓展了中国特色社会主义道路的文化根基。这对于我们更好担负起新的文化使命，不断推进马克思主义中国化时代化，在新的历史起点上继续推动文化繁荣、建设文化强国、实现中华民族伟大复兴，具有重大意义。2023 年 10 月，全国宣传思想文化工作会议首次提出习近平文化思想，表明我们党对社会主义文化建设规律的认识达到了新高度，它是对马克思主义文化理论的丰富发展，是对中国化时代化马克思主义文化理论的重大创新，是对新时代党领导文化建设实践经验的理论总结。

一、2023—2024 中国出版业发展概况

2023—2024 年，出版界认真学习贯彻党的二十大精神，学习习近平总书记在文化

传承发展座谈会上的讲话，深刻领会习近平文化思想的内涵，稳步推进出版强国建设，加快培育出版新质生产力，在政策扶持、内容生产、营销发行、学科建设、出版融合等方面均取得重要进展。

（一）政策扶持，减负增效双轮驱动

为促进出版产业长续发展，2023年国家相继出台了系列扶持政策，旨在减轻行业负担、激发市场活力，推动行业整体创新与转型。

1. 税收减负，助力出版

2023年国家税务总局发布的《支持协调发展税费优惠政策指引》，明确提出图书批发、零售免征增值税，对部分出版物在出版环节实行增值税50%或100%先征后退，古旧图书免征增值税，党报、党刊发行收入和印刷收入免征增值税。2023年9月，财政部、税务总局又发布了《关于延续实施宣传文化增值税优惠政策的公告》，进一步细化了《支持协调发展税费优惠政策指引》中对不同类别出版物在出版环节实行增值税50%或100%先征后退的相关政策。2023年10月，财政部、税务总局、中央宣传部联合发布了《关于延续实施文化体制改革中经营性文化事业单位转制为企业有关税收政策的公告》，该公告规定，经营性文化事业单位转制为企业，自转制注册之日起五年内免征企业所得税，此税收政策执行至2027年12月31日。

税收优惠政策为出版单位、书店和批发商提供了实质性的经济支持，在减轻出版业经济负担的同时，使得出版企业可以将更多资金和资源投入到内容创作和市场开拓中。此外，针对古旧图书交易的税收优惠政策也为保护我国文化遗产、促进文化多样性的延续提供了空间。

2. 重拳出击，加强印刷复制质量管理

在出版物的内容审核、质量控制等方面，政府制定了明确的行业规范和标准，引导出版行业健康发展。2023年3月21日，国家新闻出版署先后发布《关于加强印刷复制质量管理的通知》与《关于开展2023年"3·15"印刷复制质检活动和中小学重点教材印制、环保质量检查的通知》，意在筑牢印刷质量安全防线，迈好印刷复制业在新时代新征程的重要一步。

3. 出台行业标准，编校质量检查有规可依

2023年8月1日起，首个针对编校质量检查而制定的行业标准《图书编校质量差错判定和计算方法》开始实施，为图书编校工作树立了规范。它主要规定了三个方法：检查字数的计算方法、编校差错的判定和计错方法、编校差错率的计算方法。该标准的实施，不仅让图书编校人员和质检人员有标准可依，而且对图书出版行业编校水平和质检水平的提升及图书质量的提高也有重要的积极意义。

4. 专项行动，规范行业长续发展

2023年4月，国家新闻出版署通报了"质量管理2022"编校质量不合格的64种图书，并启动了图书"质量管理2023"专项工作。此项工作特别将关注点放在了与青少年学习成长紧密相关的领域，如中小学教材、教辅材料和少儿读物等。为了进一步响应并强化这一质量管理举措，同年6月，青少年读物质量提升调研座谈会召开。会议强调，切实提高青少年读物的思想深度、文化内涵和内容质量，以确保少儿出版达到高标准、高质量的要求。

总之，2023年，政府部门通过一系列专项活动与行政管理，警示督促了出版行业遵规守纪，加强了内容管理与质量管理，着力提升了行业整体的专业水平和服务质量。在为出版业的规范化管理提供依据的同时，也为出版业创造了公平、有序、透明的市场环境，有利于行业的长续发展。

（二）内容生产，亮点纷呈

1. 困境之下主题出版独领风骚

2023年开卷数据显示，图书零售市场码洋同比增长率由负转正，同比上升了4.72%，而零售市场实洋却同比下降，同比增长率为-7.04%，和码洋的正向增长形成了鲜明对比。[1]2023年，作为疫情防控转段后的首年，出版业虽然在恢复和发展的主旋律中逐渐回归增长态势，但其恢复之路依旧充满了挑战和艰难。在此环境下，主题出版凭借其独特的价值导向和深远的社会影响，成为出版行业的领头羊。

据开卷统计，主题出版图书动销品种、品种比重和码洋占有率从2016年的16 575种、0.95%、2.42%，增长到2021年的35 411种、1.95%、6.03%。[2]2023年，

主题出版选题题材与范围进一步扩大，73 种年度热销社科头部作品中，主题时政图书占比近六成，且包揽全品类年度热销 TOP10。[3]

近年来，人民文学出版社、中华书局、商务印书馆、生活·读书·新知三联书店等以人文社科见长的老牌出版单位也积极投身于主题出版的洪流中，如生活·读书·新知三联书店的"中国道路的学术表达"系列、中华书局的"复兴文库"系列。值得一提的是，在 2023 年主题出版重点出版物的 170 种选题中，入选文学主题出版的选题多达 30 余种，打破了以往一贯以严肃说理、宏大叙事为主的主题出版图书局面，渐渐丰富了以报告文学、纪实文学和小说这类文学性强、以小见大的微观叙事为主题的出版选题，如《白洋淀上前传》（花山文艺出版社）、《阿娜河畔》（北京十月文艺出版社、宁夏人民出版社）、《石榴花开》（辽宁人民出版社、新疆人民出版社）。主题出版正积极与教育出版、专业出版、大众出版以及少儿出版探寻融合发展的道路，成为推动出版业发展的新增长点和重要力量。

2023 年也是"一带一路"倡议提出 10 周年，以"一带一路"为主题的学术出版佳作频现，如《习近平谈"一带一路"（2023 年版）》《一带一路：区域与国别经济比较研究》《丝绸之路：一部全新的世界史》等。2023 年，在马克思主义研究领域出版了一系列有影响力的丛书和译丛，如"马克思主义研究丛书""中央党校思想库丛书""马克思主义经典著作研读丛书""中国社会科学院文库·马克思主义研究系列"和"马克思主义研究译丛"等。

2. 重大出版工程彰显文化力量

2023—2024 年，一系列国家级的重要学术出版工程持续推进。《复兴文库》是党中央批准实施的重大文化工程，已出版三编共计 37 卷。《中国大百科全书》第三版（以下简称"百科三版"）主体建设任务也圆满完成。2023 年，"百科三版"已集中发布 50 万个网络版条目；2024 年 1 月，首批纸质版 18 个学科 19 卷集中面市。此外，《马克思主义发展史》（十卷本）、点校本"二十四史"修订工程、《永乐大典》及敦煌文献的系统性保护整理出版工程，以及"中华版本传世工程"和"中华民族音乐传承出版工程"等国家级的重大出版工程均稳步推进，其阶段性成果已成为中国学术文化繁荣发展的鲜明标志。

2023 年，一系列重大文化工程，包括"中国语言资源保护工程""古文字与中华文明传承发展工程""中华思想文化术语传播工程""中华精品字库工程"和"中华经典诵读工程",均取得了显著的进展。这些工程在学术层面成功构建了世界上规模最为庞大的语言资源库,并相继推出了《中国语言文化典藏》《中国语言资源集》《甲骨文摹本大系》等一系列具有里程碑意义的出版物,为中国乃至全球的语言文化研究提供了宝贵的资源和参考。

此外,2023年一批古籍出版重大出版工程历经多年修撰得以问世,如《明文海》的点校本和影印本出版,《中华医藏》首批图书发布。其中,《中华医藏》是迄今为止国内外规模最大的中医药古籍整理保护项目,全国28家单位、34个课题组近千人参与了该项目,200余家古籍馆藏机构支持该项目实施。[4]

3. 少儿出版原创生产力显著提升

2023年,中国少儿出版的原创力不断增强,在原创作品的数量和质量上均有所提升。根据开卷数据,2023年少儿图书零售市场TOP100中,原创作品占61种,新书市场TOP100中,原创作品占81种。本土少儿原创新作在少儿图书市场的占比越来越大,2023年本土原创新作占整个少儿市场的21.66%,是近十年来的最高值。这也是少儿原创生产力提升在市场端的映射。[5]

2023年,少儿图书市场的三大品类:少儿科普、少儿绘本及少儿文学均显示了蓬勃的原创生产力,高原之作不断涌现。比如,长江少年儿童出版社的《萝卜大厦》、天天出版社的《嘿,有一个洞》、山东教育出版社的《一切都是最好的安排》,都在图文表达上呈现出独具东方美学特点的气韵。新锐创作组合"和畅团"佳作不断,新作《萝卜大厦》和《捉》在国内屡获大奖,且销量可观。

(三)营销发行,线上线下多元发力

1. "直播+短视频"荐书,创造流量高地

2023年短视频电商依然呈现高速增长态势,同比增长70.1%,成为带动整体零售市场增长的主要动力。实体店渠道依然呈现负增长,同比下降了18.24%;平台电商和垂直及其他电商分别下降了3.68%和10.08%。以短视频电商为流量高地的短视频渠道逐渐超过垂直及其他电商,成为第二大图书销售渠道。[6]

此外，国内线下书展全面重启，国际书展陆续复苏，全民阅读氛围重燃，直播电商引起大众广泛关注。2024年3月，中国互联网络中心发布的《第53次中国互联网络发展状况统计报告》显示，截至2023年12月，我国网络直播用户规模达8.16亿人，较2022年12月增长6 501万人，占网民整体的74.7%。其中，电商直播用户规模为5.97亿人，较2022年12月增长8 267万人，占网民整体的54.7%。《2023年全年纸质图书市场分析报告》显示，传统电商仍是图书市场销售的主阵地，但从渠道码洋同比情况来看，传统电商销售较2022年同比下降9.19%。[7]在传统电商市场萎靡的境况下，"直播＋短视频"荐书常态化，成为2023年图书销售的新风口，为出版界制造了一个又一个的流量奇迹。

抖音电商发布的《2023抖音电商图书消费数据报告》显示，过去一年，超4亿个图书包裹从抖音电商发往全国各地，平均每天有超200万本图书通过平台售出；抖音电商平台上图书带货直播累计观看超113亿次。[8]2024年1月23日晚，《人民文学》杂志联手董宇辉用4个小时销售了8.6万套、99.2万册，成交金额1785万元，突破了单场图书销售金额最高1 000万元的纪录。[9]2024年2月28日晚上8点，著名作家余华、苏童与程永新三位聚首"与辉同行"直播间，截至当晚12点，这场直播共销售《收获》2024年全年双月刊7.32万套和长篇小说季刊1.5万套，合计销售实洋1 468万元。[10]

随着图书直播平台的规范化发展，部分图书直播间不再过于强调价格，而是更加注重"阅读与陪伴"，营造宁静、舒缓的阅读氛围，受到观众喜爱，销售方式从叫卖式硬宣传直播向有内涵的知识分享型直播转变，进入直播带货3.0时代。

2. 疫情防控转段，线下书展强势回归

（1）线下书展百花齐放

作为疫情防控转段后的第一年，2023年三大书展全面启动：第35届北京图书订货会，由中国出版协会与中国书刊发行业协会共同主办，于2月24日至26日在北京中国国际展览中心（朝阳馆）举办。紧接着，6月15日至18日，第29届北京国际图书博览会（BIBF）在北京国家会议中心成功举办。此次博览会吸引了来自56个国家和地区的共计2 500家展商前来参展，共同呈现了一场图书文化的盛宴。[11]7月15日，由国家新闻出版署、山东省人民政府、济南市人民政府主办的第30届全国图书交易博览会在济南开幕。与此同时，地方书展火热开展，热门活动不断出圈，多个地方书展的全国性趋向显现，如上海书展、中国黄山书会、天府书展、南国书香节以及上海国际童书展等纷纷重燃热情，为广大读者带来了一场场精彩纷呈的文化盛宴。

除大型展会之外，各地灵活化的图书市集也深受读者喜爱。这些市集通常由民间机构自发组织，在特定的时间和场地举办短期售卖活动。与传统的书市由官方组织不同，图书市集因其规模小、形式灵活和互动性强而受到城市读者的广泛欢迎。在图书市集上，很少见到大型书店的展位，取而代之的是独立书店和出版社的小展台，甚至有些展台专门展示特定出版品牌的书籍，并不时会有图书编辑亲自参与，与读者面对面交流。集章打卡、与喜爱的图书编辑和出版品牌当面交流，成为图书市集上的独特体验。对读者而言，图书市集更加贴近日常生活，更具社区感，能够带来淘书和交流的快乐。图书市集的持续热潮不仅折射出市民对丰富多彩的文化生活的热烈追求，也彰显了出版机构对提升图书品牌认知度、扩大读者群体即"书友圈"的迫切期望。这一趋势不仅展示了图书市场的活力，也预示着出版业在推动文化繁荣方面将发挥更加重要的作用。

（2）走出去积极参与国际书展

2023年伦敦书展，中国出版展示面积386平方米，国家新闻出版署指导中国外文出版发行事业局（中国国际传播集团）、中国出版集团、中国教育出版传媒集团、上海世纪出版集团、江苏凤凰出版传媒集团、中国青年出版总社参展，组织中国图书进出口（集团）有限公司代表国内40多家出版单位参展，展示图书2 300多种，举办了30多场出版交流活动。[12]

第41届西班牙国际图书博览会，中国21家出版单位组成的代表团携1 522种、2 044册精品图书参展。[13]2023年的法兰克福书展，超过50家中国出版机构参展，展示了1 000多种高质量的出版物，举办了59场线上和线下活动。[14]

在马来西亚吉隆坡国际书展上，中国作为主宾国参展，其文学、少儿及学术类图书备受赞誉。而在盛大的北京国际图书博览会上，更是汇聚了来自56个国家和地区的2 500多家图书企业，展示了超过20万种中外图书。博览会上，举办了200多场精彩纷呈的论坛和发布活动，中外图书交流互动频繁。最终，博览会共达成了2 000项中外版权贸易协议（含意向），其中传统文化、少儿出版、版权代理和数字内容成为备受关注的走出去热点话题。[15]

通过参加国际书展，可以向世界展示中国图书，展现中国文化在国际舞台上的自信与风采，并且还可直接与海外出版商、分销商以及读者接触，打通海外直售渠道，了解不同国家和地区的市场需求，掌握最新的出版动态和潮流。

随着全球化的不断推进，文化交流日益频繁，图书作为文化的重要载体，"出海"已成为出版行业的一大趋势。国际书展不仅是展示各国图书的窗口，更是出版交流、版权交易的重要场所。

3. 多元化文化综合服务，实体书店定位更新

尽管2023年多家实体书店门店零售未能达到预期目标，逆境中的书店人仍试图开拓新的销售增长点。传统的书店模式，以售卖图书为主要业务，但如今正逐渐向多元化文化综合服务的方向发展。这种转型不仅是为了适应市场的变化，更是为了满足消费者日益增长的文化需求。

多元化文化综合服务的核心在于，实体书店不再局限于单一的图书销售功能，而是转变为一个提供多样化文化体验的空间。这些书店开始涵盖咖啡馆、艺术画廊、演出场所、创意工作坊等多种功能，成为一个集阅读、社交、学习、娱乐于一体的文化聚集地。更新后的实体书店定位，强调的是体验和参与感。书店通过举办各类文化活动，如作者签售会、主题讲座、艺术展览等，吸引顾客参与体验。这些活动不仅丰富了顾客的文化生活，也为书店带来了新的流量和收入来源。

此外，实体书店在转型过程中，也开始利用数字化工具来增强自身的竞争力。通过建立线上平台，实现线上线下的无缝连接，书店能够扩大其服务范围，提供更加个性化和便捷的服务。例如，顾客可以在线预订书籍，到店自取，或参与线上的文化活动。

山东新华书店集团有限公司威海分公司中心门店升级改造，尝试打造以图书主业为核心，融文创产品、咖啡简餐、创意手作、科技创造等多元业态为一体的体验式、复合式文化体验空间。位于北京市昌平区滨水公园内的京北印象书厨，其占地面积约2 500平方米，馆内藏书2 000余册，以陈列传统文化、艺术、儿童绘本类图书为主，为不同年龄段人群提供多元化的阅读选择。京北印象书厨通过将书籍与餐饮进行融合，为消费者打造了集文化、艺术、书籍、美食等于一体的放松空间。

总之，实体书店的转型，是对传统业态的一种创新和突破。它们通过提供多元化的文化综合服务，不仅提升了顾客的体验，也为书店自身的可持续发展打开了新的可能。在未来，我们可以期待实体书店成为城市文化生活的重要组成部分，继续在文化传播和创新中发挥其独特的作用。

（四）产研一体，学科建设蒸蒸日上

2023年，中国出版行业的人才教育与学科建设在快速发展的出版市场中扮演着越来越重要的角色。随着出版行业的数字化转型和国际化发展，对专业人才的需求日益增长，出版行业人才教育与学科建设日益受到重视。

2023年12月，中宣部、教育部印发《关于推进出版学科专业共建工作的实施意见》，从总体要求、师资队伍、人才培养、学术研究、组织保障等5个方面，提出15项促进措施，加快构建中国特色出版学科专业自主知识体系。[16]

2022年以来，中宣部、教育部推动全国8所重点高校与相关管理部门、出版单位、行业协会开展出版学科专业共建工作，取得积极成效。各高校针对出版行业人才缺口现状，在本科教育阶段开设编辑出版学、数字出版、传媒管理等相关专业，涵盖了从传统出版到数字出版的全方位教育。部分高校如武汉大学、北京印刷学院等开设出版硕士专业学位授权点，以培育高层次的出版专业人才。为深化出版学科的专业共建工作，北京大学、北京师范大学、四川大学、南开大学、中国传媒大学等高校携手相关部门，共同建立了出版学院、出版研究院等一系列专业教研机构。这些机构致力于构建具有中国特色的出版学科专业体系，为出版业的持续繁荣与发展提供坚实的人才支撑和智力保障。

在出版教学设置上，2023年3月，经过一年多的调研、论证等筹备工作，具有中国特色的出版学系列教材编撰工作正式拉开了序幕。《出版学基础理论》《数字出版概论》等9种中国特色出版学系列教材预计于2024年完成编写出版。[17]此外，高校不但注重理论知识的传授，更强调实践能力的培养，出版行业的教育与学科建设正朝着产学研一体化的方向发展。高校、出版社、研究机构之间的合作日益紧密，逐步建立校企合作关系，为学生提供丰富的实践机会与接触业界的便捷平台，共同开展出版相关研究项目，推动学术成果的转化应用。

随着中国出版业的国际化发展，行业整体对具有国际视野的出版人才的需求也日益增加。高校开设国际出版、跨文化交流等课程，培养学生的国际竞争力。通过国际交流项目、海外实习等方式，让学生有机会接触国际出版市场，提升国际合作能力。与此同时，出版行业的数字化转型也推动了学科的交叉融合。在人才培养上，除去传统的编辑出版学，计算机科学、数据分析、人工智能等新兴技术学科也在不断融入。清华大学出版社与清华大学联合开展数字出版研究项目，南京大学等高校开设了数字出版与新媒体技术等交叉学科，意在培养具备丰富技术背景的出版人才。

中国出版行业的人才教育与学科建设现状显示出了与行业发展紧密结合的特点。通过完善的教育体系、实践与理论相结合的教学模式、国际化人才培养、学科交叉融合、专业认证与继续教育、产学研一体化发展以及创新能力培养等多方面的努力，随着行业的不断进步，出版行业的人才教育与学科建设将继续向着更加专业化、国际化和创新化的方向发展。

（五）出版融合，AIGC 大步向前

2023 年被称为生成式人工智能元年，伴随着 ChatGPT 的爆火，生成式人工智能科技迅速席卷各行各业，AIGC 正在引领内容生产方式的革新，推动个人、行业甚至世界生产力发生大变革。2023 年 8 月 31 日，首批国产大模型正式通过国家《生成式人工智能服务管理暂行办法》备案，百度"文心一言"、字节跳动"云雀大模型"、智谱 AI"智谱清言"、中国科学院"紫东太初大模型"、百川智能"百川大模型"、商汤"商量 SenseChat"、MiniMax"MiniMax 开放平台"、上海人工智能实验室"书生通用大模型"均已正式上线，面向公众提供服务。据不完全统计，截至 2023 年 11 月 6 日，全国共有 188 个单位研发出 201 个大语言模型，越来越多的生成式 AI 大模型接连而至。[18]这一年，图书出版业也进行了"出版+人工智能"探索，AIGC 正加速嵌入出版产业链各环节，通过创新产业流程和产品形态，推动出版融合的变革与重塑。

在出版内容生产领域，多家出版机构积极拥抱技术创新，通过接入百度"文心一言"等 AI 工具，利用 AIGC 技术贯穿于选题策划、美术设计、文字润色、编辑校对以及市场营销等整个编辑生产流程，显著提升了生产效率。同时，凤凰传媒自主研发的"凤凰智能校对系统"在内容编校环节发挥了重要作用，它不仅能协助检查编校错误和

内容错误，还能审查政治舆论导向是否正确，确保出版物在意识形态上的安全。果麦文化推出的"图书选题十维数据分析系统"通过数据分析，为选题策划提供了强有力的支持。这些技术工具和系统的应用，共同推动了出版业内容生产的高效化、精准化和安全化。

2023年5月，中信出版集团搭建平行出版实验室，推进"AIGC数智出版"流程再造，开放内部编辑团队试用的AIGC数智出版集成工具平台，大幅提高了流程效率。2023年12月，海峡出版发行集团首次推出完全由AI制作插画的图书《我的书中有秘密花园》。中文在线研发"中文逍遥"数字内容智能生成模型，辅助作家创作。

除了内容生产，出版机构也在尝试借助自身的海量内容资源优势，搭建专业模型，将AIGC训练应用于专业更加细分的垂直领域。掌阅科技引领创新，推出了国内阅读行业首款对话式AI应用"阅爱聊"，为用户提供了全新的阅读交互体验。中国知网在线发布了AIGC检测服务系统，为学术内容的真伪鉴别和质量提升提供了强有力的技术保障。在古籍信息处理领域，中华书局古联公司与南京农业大学信息管理学院携手，发布了专门用于古籍信息处理的"荀子"古籍大语言模型，这一成果为古籍的整理、研究和传播注入了新的活力。此外，浙江大学、高等教育出版社、阿里云、华院计算等顶尖机构也共同研制出了"智海—三乐"教育大模型。这一大模型集成了智能问答、试题生成、学习导航、教学评估等多项功能，为教育领域带来了革命性的变革，有助于提升教学质量和学习效率。

在AI产业链延伸上，数字人、数字主播、数智平台、数智管理也在尝试中。数传集团面向全国出版单位正式推出AI阅读服务数字人——小睿数字人，湖北教育出版社等20多家出版单位已在纸质图书上应用了该数字人服务。中华书局推出苏东坡数字人。东方出版中心推出AI主播。凤凰传媒开发凤凰智灵智能办公平台和智能导学助手"文小慧"。果麦文化推出AI校对、AI漫画和AI读书数字人，提供以文生图及读者服务和图书营销者服务。城市传媒研发万象AIGC出版大模型，并与科大讯飞共建AI出版传播创新研究院，推动AI与出版产业融合。

2023年12月20日，中国音像与数字出版协会发布团体标准《出版业生成式人工智能技术应用指南》，AIGC技术应用已成为大势所趋，在重塑出版业生产流程与推动内容创新创作上将持续带来可观的技术红利，为出版业注入新的生机与活力。随着数据量的增加、算法的迭代升级，以及与现实世界交互功能的加强，多模态 AIGC 大模型将通过不断的学习试错以及自动总结客观规律，在选题内容、产品形式、IP 设计、流程管理等方面引领出版业大步向前。

二、未来出版业发展趋势展望

国际局势、技术革新、人口因素等无疑均是影响出版业发展的重要因素，2023 年这些因素为出版业发展带来的机遇与挑战已经成为不争的事实，对未来出版业发展趋势的研判也需要将其置于多维因素的框架之下。

（一）文化外交将为出版业提供新的国际出版增长点

当前，构建人类命运共同体已从理念主张发展为科学体系，从中国倡议扩大为国际共识，从美好愿景转化为实践成果，展现出强大生命力，中国作为负责任的大国不断为变乱交织的世界增添确定性和正能量。[19] 面对动荡的国际局势，我国在巴以冲突、推动沙特阿拉伯与伊朗和解、阿富汗问题上积极介入，以及在金砖国家扩容、开展"一带一路"国际合作高峰论坛等方面均有重要贡献。

我国成功举办了多项国际会议和论坛，如"中国—中亚峰会"与"一带一路"国际合作高峰论坛，不仅提升了中国的国际形象，也为出版业提供了丰富的内容资源和合作机会，促进了中国出版物的国际化和多元化。中国斡旋沙特阿拉伯和伊朗恢复外交关系带动中东多国和解，为我国出版业在中东地区开展项目合作提供了新机遇。

2023 年 3 月 13 日，中国与泰国签署《中华人民共和国国家新闻出版署与泰王国高等教育和科研创新部关于经典著作互译出版的备忘录》。根据备忘录，中泰双方将在未来 5 年内，共同翻译出版 50 种两国经典著作，通过更多优秀的互译作品促进两国人民加深理解，增进友谊，赋予"中泰一家亲"文化力量。本次备忘录的签署是中泰出版交流合作的标志性成果，将为两国深化人文交流互鉴带来新的机遇、提供新的动力。[20]

2023 年 4 月 26 日，中国版权协会与日本内容产品海外流通促进机构在北京签署战略合作协议，双方本着平等互利、优势互补、信息共享、共同发展的原则，共同促进中日著作权领域的双向交流，推动与版权相关产业的健康发展。[21]

文化外交是国际政治关系的润滑剂，出版作为文化的重要载体，在其中发挥着重要作用。对出版业而言，顺应当前国际形势、出版优秀的跨文化出版物，满足人们对中国语言和文化日益增长的兴趣，将成为新的国际出版增长点。

2024年，美国大选产生的负面溢出效应以及世界经济大幅下滑等问题，也对出版业提出了新的挑战，提示我国出版业灵活制定应对策略，进一步促进世界了解中国文化，体悟中国价值，减少国际范围内的意识形态二元对立，在世界文化激荡中找到属于中国文化与中国出版业的立足之地。

（二）国际局势所带来的文化战争升级将成为影响出版多样化的重要因素

经济制裁作为一种政治手段，旨在通过限制目标国家的贸易和金融活动来迫使其改变某些政策或行为。出版物分销网络可能会因经济制裁而受到严重破坏，国际运输成本上升致使某些国家不再与受制裁国家进行贸易。图书分销也会带来收入延迟，进而影响出版社的现金流和利润，长期的国际制裁导致出版业面临原材料短缺和资金不足的问题。譬如，迫于美国与欧盟的贸易压力，伊朗出版社不得不提高图书价格以应对成本上升，长此以往，对伊朗的图书销售形成了隐性的控制。

在经济制裁的压力下，受制裁国家面临货币贬值、进口图书价格水涨船高等风险，消费者的购买力进而下降。此外，经济制裁可能导致国家支付系统的中断，使得国际交易变得更加困难。由于印刷和分销成本的上升，出版社的利润受到压缩，图书销量的下降将进一步影响出版社整体的发展状况，长此以往，部分出版社入不敷出，可能导致出版业的整体萎缩。俄罗斯在受到西方国家制裁后，其货币卢布大幅贬值，同时，由于支付系统的中断，俄罗斯消费者难以购买到国际出版社的图书，众多国际出版社撤出俄罗斯市场，本地出版社难以获得外国作品的版权，新书的出版数量大幅减少。

文化制裁作为更广泛的政治或经济制裁的一部分，在当下复杂的国际形势中愈发为人所关注。文化制裁可能导致某些主题或观点的出版受到限制，在制裁国认定某些出版物违反了其价值观或政策的情况下，禁止该部分书籍的进口或销售，严重限制了思想和信息的自由流通，影响了出版多样性。美国对古巴实施的长期贸易禁运限制了两国之间的文化和出版交流，古巴出版社难以获得美国作品的版权，同时也难以将古巴作品推广到美国市场。

美国图书馆协会（American Library Association）发布的数据显示，2023 年的前 8 个月，美国各地有近 700 次试图限制对近 2 000 种不同图书、图书馆资料和服务的获取。[22] 英国作家 J. K. 罗琳（J. K. Rowling）的代表作、畅销全球的小说《哈利·波特》被评宣传巫术，《麦田里的守望者》《杀死一只知更鸟》等众多经典作品被归入禁书行列，受到社会各界人士的广泛质疑。[23]

历史证明，人类文明的未来不会自一言堂中诞生，各类特点分明、风格独特的价值观在世界范围内相互影响、不断交融，才能让人类历史不断延续。面对文化制裁可能导致的出版多样性减少、文化表达与知识传播受限的情况，出版业要不断寻找创新应对策略，以减轻多方制裁造成的负面影响。同时，国际出版界同仁也应考虑文化制裁对文化交流和多样性的影响，寻求以文明建构来提供更具建设性与更和平的争端化解方式，以加强对不同民族、种族之间的文化理解，为延续人类社会、共建美好未来贡献力量。在这一大的国际背景下，我国出版业也应凸显出版大国的责任担当，为人类文明与世界和平贡献力量。

（三）以业态创新为方向，融合出版走向数智化

随着信息技术的快速发展，数字化、智能化会给很多传统行业带来冲击，出版亦不例外。然而一些传统出版单位，由于编辑思想和营销方式比较固定，再加上原本就拥有成熟的纸质商品，还能够维持一个比较稳定的市场份额和收益，没有足够的能力以及创新动力来应对技术趋势。在数字化转型中因缺乏足够的人才与投入，传统出版物在数字化赋能、营销的升级和改造、现有新技术和新服务的运用、新旧业务之间的互动、新产品和新市场的整合等方面面临诸多问题，许多传统出版单位仍处于业态创新不足、改革力度不大、想试怕赔的困境中。

在未来，出版与大数据、人工智能、虚拟仿真等技术深度融合，探索数字化和智能化的多元出版形态，是现代出版的解决方案。经历多年发展，数字出版已经从"互联网+"阶段步入以区块链、人工智能等技术驱动的"智能+"时代。出版业将基于智能技术实现业务流程的全面优化、内容产品服务的深度创新，从"数字化"走向

"数智化",从"内容生产"走向"知识服务"。例如,通过对内容 IP 的深入发掘与衍生,结合元宇宙生态形成多元化的数字产品,从而形成全场景、全生态、全视角的"5G 新阅读",打造可视化呈现、互动化传播、沉浸式体验的智慧产品。通过借用"文化+艺术+科技"融合的全新形态,围绕数字科技应用技术、线上线下联动、纸电融合、数据质量等内容,探讨图书领域在数字经济时代下的服务升级和技术创新之路。以数字化、智能化驱动出版编、印、发流程的全面升级,以知识服务打造人工智能时代下的出版业态。

(四)人口下降所带来的出版规模缩减、营业收入下降成为必须应对的趋势之一

出版产业的主要服务对象是人,尤其是教育出版和少儿出版对人口规模和学生数量具有较高的依存性,它们也是我国出版业的核心板块。尽管国家实施了二孩、三孩生育政策,各地也都相继出台推动生育政策,但近十年来,中国的新生儿数量一直呈下降趋势。

2016—2023 年,我国出生人口由 1 883 万人[24]锐减至 902 万人[25],出生人口的减少势必影响学生人数,并导致相关课本及配套产品市场规模迅速缩减,进而对教育出版单位产生深远影响。据测算,小学、初中、普通高中阶段学生人数将自 2024 年开始进入为期约 10 年的快速下滑期,并在"十六五"末期,即 2035 年到达低谷,届时小初高学生人数将仅有 1.13 亿人,约为 2023 年的 60%。就少儿出版来说,以卡片、挂图、低幼启蒙、少儿图画书主要服务的 0—6 岁读者而言,适龄读者人数下滑,叠加二孩、三孩家庭新增消费频次减少,儿童消费市场一定程度上的规模缩减近在眼前,需要引起业界关注。

面对这一趋势,出版业唯有培育和发展新质生产力、提升服务能力、扩大服务范围,才是未来破局人口下降的关键所在。2024 年,《政府工作报告》提出要"加快发展新质生产力"。习近平总书记在中央政治局第十一次集体学习时强调:"发展新质生产力是推动高质量发展的内在要求和重要着力点。"以上文件及总书记重要论述均为出版单位提升服务能力和扩大服务范围、扩展更广泛的劳动对象、塑造发展新质生产力提供了科学指引。

三、推动出版业高质量发展的对策与建议

推动出版高质量发展需要管理部门和出版业界共同努力，把脉出版业发展的痛点难点，在出版转型中求新求变。

（一）消费降级投入有限，建议出版管理"放水养鱼"

2023年，国内消费虽有所恢复，但依旧疲软。在国有出版企业方面，以国有资本经营预算资金、宣传文化专项资金等形式对出版企业的直接财政扶持明显减少。同样，受财政开支压缩影响，学校、科研院所、公共图书馆等机构客户需求以及由各种科研经费支持的出版项目全面收缩。与此同时，整个行业利润率越来越低，多重因素导致部分出版单位的现金流紧张，对融合发展的投资亦有所收缩。

对于民营书业，2023年以来，尽管国家出台了多项支持民营书业发展的文件，但宏观政策未能很好地解决民营书业的实际问题。此外，部分省市的民营书业企业反映，地方政府整体上对民营企业扶持力度不足，一些民营图书企业谈到政策的巨大风险和未来的不确定性时士气低落。

针对这些问题，需要从政府管理层面为出版业提供宽松的环境，出版管理上"放水养鱼"势在必行。一方面，加大对出版企业的资助扶持力度，尤其是中小出版企业，以基金、项目等多种形式给予出版业资金资助，推动实现出版业的"以工代赈"。另一方面，减少对国有出版企业利润指标的压力，保障出版业的可持续发展。

在出版业面临着自身政策扶持减少、转型升级压力大等内忧，以及外部消费能力减弱、直播电商压低利润等外患，放出版管理这潭"水"，养好出版企业这条"大鱼"，是现在我国出版业突出重围、走向复苏的必行之举。

（二）短视频电商打折倾销，传统出版应痛中求变

2024年5月，两份出版行业的联合声明共同宣布抵制京东"6·18"图书大促。这

两份声明分别由北京 10 家出版社和上海出版社经营管理协会代表的上海 46 家出版单位发出，抵制缘由便是这两年为出版行业所诟病的"超低折扣"。

从北京开卷自 2020 年开始页面监测①以来，图书售价折扣一直保持在 6.0—7.0 折之间。2020 年监测售价折扣为 6.4 折，2021 年降至 6.3 折，2022 年一度回升到 6.6 折左右，而在 2023 年该指标仅为 6.1 折，2024 年一季度进一步降低至 6.0 折。事实上，再进一步结合满减、优惠券、限时破价等促销方式，图书的实际售价折扣只会更低。2023 年，我国图书零售市场码洋同比增速为 4.72%，但实洋同比下降 7.04%。造成这种情况的原因与短视频电商渠道的低价倾销是分不开的。据开卷数据统计，2023 年短视频电商渠道学术文化图书销量前 50 名中有 17 种折扣在 2.0 折以下，其中前 10 名中有 5 种图书在 2.0 折以下，短视频和电商直播销售的低折扣现象已经严重威胁到了传统图书销售的市场秩序。

高码洋、低实洋的表面繁荣下，出版企业实际收益不断下降。低价直播售书，还带动了一批高定价、低折扣、纸张印制低劣的跟风书、编攒书、公版书重返市场。这类图书的出现满足了一部分用户追求低价和方便的需求，但不利于出版业的可持续发展。出版业应如何应对？

第一，建立出版物质量分级制度。出版社在指责低价直播书的时候，往往声称其纸张差、油墨差、印刷差、内容质量差，但从实际情况看，消费者是很难进行区分的。想要明确让消费者选择品质更好的图书，最好的办法就是建立权威的出版行业质量分级标准，未来的图书行业才有可能在消费者心中有区分度。

第二，国家干预限定图书定价与折扣。在海外，通过立法或商业协议来实现图书价格的统一已成为普遍做法。法国、德国、意大利、荷兰、奥地利、阿根廷和韩国等国家都通过立法手段，严格规范图书的定价和促销行为，保护出版商和作者的利益。而日本、挪威等国家则采用商业协议的形式，规定图书促销价格必须按协议制定。主要的差异在于这些国家对于折扣限制的时间期限、适用范围、折扣率及特别时日的促销价格等具体规定各有不同，但目标都是通过限制过度折扣，维持图书市场的健康发展。

---

① 北京开卷监测的图书售价折扣均根据页面显示售价统计得出，不含电商平台上的满减、优惠券、会员专属优惠、直播间限时破价等营销方式的影响。

综合来看，电商价格战对出版行业的影响复杂且深远。通过政府监管、行业自律、商业创新、消费者教育和电商平台责任的多方协同，才能逐步缓解价格战带来的负面影响，推动出版行业健康和可持续发展。这不仅是保护出版商和作者的利益，更是维护整个文化产业生态平衡的关键。

（三）加大编辑培养力度，打破人才队伍建设窘境

作为文化创意产业，出版业要想实现高质量发展，必须要有一支高素质、有文化、综合能力强的人才队伍。出版专业人才培养标准高、周期长，理论上无论对从业者还是出版单位来说，都应该是一种长期选择。长期，意味着需要从中获得足量而持续的收益，获得终身学习和发展的通路。然而，长期观念在市场化过程中一定程度被打破，人才逐利而行成为普遍现象。

在大众出版领域与少儿出版领域，由于愈演愈烈的低价、低折扣问题进入极端微利时代，高水平出版人才流失，新的出版人才资源又很难补充进来，进来后又难以维持长期稳定。在专业出版领域，对编辑人才的专业素养和学术能力均有较高要求，编辑不仅要具备足够的学术基础和敏锐的学术洞察力，与学术界保持密切沟通，还要有能力协助作者完成学术大众化的表达转化，进一步与市场接轨。

出版的背后是人，出版业高质量发展的背后更需要优秀的编辑人才。因此，我们要加大编辑培养力度，着力打造一支坚持正确政治方向、专业过硬的高素质编辑队伍，为建设文化强国作出贡献。

（四）寻求人工智能所引发的盗版争议与出版创新之间的平衡

2014年，《新京报》发表社论，称今日头条"搬运的不仅仅是新闻，更是版权"，并报道了《广州日报》起诉今日头条的事件。由此开始了传统纸媒与互联网新兴媒体之间版权侵犯的讨论。时至今日，传统纸媒却为了追逐网络热点频频陷入抄袭网络文章的漩涡。与10年前极其类似，2023年拥有高热度的AIGC也给传统出版业、媒体带来了版权上的纠纷和挑战。2023年12月27日，《纽约时报》起诉美国人工智能公司OpenAI和微软公司，指控他们未经许可使用其数百万篇文章训练人工智能模型，这威

胁到新闻媒体提供高质量新闻报道的能力。在过去一年，以文学领域为代表的创作者对 AIGC 的反对声浪最大，这些畅销书的作者认为通过 AI 创作的文章与作品毫无创意，纷纷起诉人工智能公司侵犯版权。

目前各国的法律对于新技术的研发推广阶段都采用较为宽容和略带纵容的方式，给予新兴事物一段时间的成长期。与 10 年前如出一辙，对于 AI 侵犯版权的限制也是"雷声大，雨点小"。在美国，一片谴责声中，对于相似的侵权行为，法律界常将其解读为"合理使用"，即适用美国版权法中的"避风港原则"，技术公司可以在一定情况下，不需获得著作权人的许可，使用其享有著作权的部分，而不会造成侵权。此外，作为出版者，除了举报、举证便无可奈何，既无权扣下盗版赃物，更无权处置盗版者，著作权人的合法利益实际上就处于"悬空状态"，这使得出版业在面对 AI 盗版的时候显得无法可依、无理可循。

为了寻求人工智能所引发的盗版争议与出版创新之间的平衡，管理部门、学界和业界就此问题已经开展了多次探讨。2023 年 2 月 27 日，第七届中国网络版权保护与发展大会举办了软件正版化创新发展论坛和网络视频、网络音乐、技术创新、"区块链 + 版权"、图书领域版权保护等 6 个配套活动；2023 年 6 月，中国国家新一代人工智能治理专业委员会发布《新一代人工智能治理原则——发展负责任的人工智能》，旨在促进新一代人工智能健康发展；12 月，欧洲议会、欧盟成员国和欧盟委员会三方就《人工智能法案》达成协议，对出版商的作品版权形成一定保护。2023 年 3 月 30 日的博鳌亚洲论坛 2023 年年会聚焦数字世界中的知识产权问题，探讨人工智能、大数据、云计算等前沿技术给知识产权制度带来的挑战和机遇；2023 年 4 月 9 日，在中国版权协会主办的"2023 远集坊：数字时代版权高峰论坛"上，法律和出版领域的相关专家围绕如何挖掘数字版权的巨大潜能，大力推动版权领域的创新活动，以更高质量的智力成果为时代赋能等问题进行讨论。

随着 AIGC 技术的迅猛发展和快速迭代，出版行业生态将继续发生深刻变革，朝着个性化、数字化、智能化的方向大步向前。面对 AIGC 给出版业带来的巨大冲击，传统出版不应仅盯着版权保护以及对 AIGC 的愤慨与恐惧上，面对不可阻挡的技术进步洪流，应尽力寻求盗版争议与出版创新之间的平衡。一方面，要充分尊重知识产权，以免挫伤知识生产者的积极性；另一方面，应尽早基于大语言模型的构建和数据训练，实现自动写作、图像生成、视频创作、语音合成等多元化内容创作，提高出版效率，简化内容生产流程，辅助出版业降本增效，亦是应着力的发展方向。

（课题组组长：魏玉山；副组长：徐升国、杨春兰；成员：汤雪梅、于秀丽、周蔚华、程丽、史妍、任殿顺、杨石华、鲍红、杨伟、宋吉述、杨阳、杜川、李建红、吴永凯、张文红；执笔人：汤雪梅、杨春兰）

参考文献

[1] 北京开卷.2023年图书零售市场年度报告［EB/OL］.（2024-01-06）［2024-06-27］. https：//mp.weixin.qq.com/s/DHkEmwhwYKT5mDA5Q8d2qQ.

[2] 张志华. 做优做强主题出版 讲好精彩中国故事［EB/OL］.（2023-07-27）［2024-06-27］. https：//mp.weixin.qq.com/s/2F2eOL93Dzb47AUw4W0pYQ.

[3] 2023年图书零售同比微增，市场规模约932亿元［EB/OL］.（2024-01-15）［2024-06-27］. https：//mp.weixin.qq.com/s/TQhTac_kmq5gU8GpXivVT.

[4] 近千名专家学者参与，《中华医藏》首批图书正式发布［EB/OL］.（2023-07-14）［2024-03-22］. https：//www.bjnews.com.cn/detail/1689326834129451.html.

[5] 开卷发布｜少儿图书零售市场解析［EB/OL］.（2023-11-17）［2024-06-27］. https：//www.sohu.com/a/737181989_121124778.

[6] 北京开卷. 年度数据｜市场恢复正向增长，短视频电商成为第二大销售渠道［EB/OL］.（2024-01-06）［2024-06-27］. https：//mp.weixin.qq.com/s/DHkEmwhwYKT5mDA5Q8d2qQ.

[7] 第一份2023年度书业零售市场报告来了！中金易云年度数据有哪些看点？［EB/OL］.（2024-01-05）［2024-06-27］. https：//mp.weixin.qq.com/s/ZWbFnji79OSDVIqISLvNQA.

[8] 2023抖音电商图书消费数据报告［EB/OL］.（2024-01-10）［2024-06-27］. https：//trendinsight.oceanengine.com/arithmetic-report/detail/1046？source=undefined.

[9] 董宇辉带货《人民文学》，"奇迹"背后的现实与启示［EB/OL］.（2024-01-

29）[2024-06-27]. https：//www.thepaper.cn/newsDetail_forward_26177578.

[10] 余华、苏童精彩对谈带货《收获》，董宇辉"拖堂"一个半小时 [EB/OL].（2024-02-28）[2024-06-27]. https：//www.thepaper.cn/newsDetail_forward_26497412.

[11] 2023BIBF 开幕倒计时，7大亮点抢先看！[EB/OL].（2023-06-08）[2024-06-27]. https：//www.163.com/dy/article/I6NND0U10512DFEN.html.

[12] 2023年伦敦书展开幕 中国精品图书广受关注 [EB/OL].（2023-04-20）[2024-06-27]. http：//world.people.com.cn/n1/2023/0420/c1002-32668849.html.

[13] 中国图书展亮相西班牙国际图书博览会 [EB/OL].（2023-10-07）[2024-06-27]. http：//www.news.cn/world/2023-10/07/c_1129903259.htm.

[14] 以书为媒 融通中外——中国出版为法兰克福书展注入澎湃活力 [EB/OL].（2023-10-23）[2024-06-27]. http：//www.xinhuanet.com/book/20231023/ad9abd-969302488a8daaa18f6a4bab56/c.html.

[15] 第二十九届北京国际图书博览会取得丰硕成果 [EB/OL].（2023-06-19）[2024-06-27]. https：//www.hxw.gov.cn/content/2023/06/19/14252194.html.

[16] 中华人民共和国教育部. 中宣部、教育部联合印发《关于推进出版学科专业共建工作的实施意见》[EB/OL].（2023-12-19）[2024-04-10]. http：//www.moe.gov.cn/jyb_xwfb/s5147/202312/t20231220_1095369.html.

[17] 左志红. 打造高质量的中国特色出版学系列教材——中国特色出版学科专业建设系列报道之一 [N]. 中国新闻出版广电报，2023-09-01.

[18] 张馨宇. 8个关键词盘点2023出版业！[EB/OL].（2024-01-01）[2024-06-27]. https：//mp.weixin.qq.com/s/YzJ2X6a1qvq-fjNAUWQYvg.

[19] 和平力量、稳定力量、进步力量——国际社会高度评价中国特色大国外交 [EB/OL].（2024-03-08）[2024-06-01]. https：//www.gov.cn/yaowen/liebiao/202403/content_6938114.htm.

[20] 中泰签署经典著作互译出版备忘录 促进两国人文交流互鉴 [EB/OL].（2023-03-14）[2024-06-01]. https：//www.gov.cn/xinwen/2023-03/14/content_5746610.htm.

[21] 赖名芳. 中国版权协会与日本内容产品海外流通促进机构签署协议 [N].

中国新闻出版广电报，2023-04-28.

［22］美国"文化战争"持续升级 禁书令"压倒性地"针对少数族裔及群体作者和相关书籍［EB/OL］.（2023-10-11）［2024-06-26］. http：//news. sdchina. com/show/4846622. html.

［23］禁书潮席卷美国，其中不乏名篇名作［EB/OL］.（2022-09-22）［2024-06-27］. https：//new. qq. com/rain/a/20220922A0AFEB00.

［24］国家统计局. 中华人民共和国2023年国民经济和社会发展统计公报［EB/OL］.（2024-02-29）［2024-07-01］. https：//www. stats. gov. cn/sj/zxfb/202402/t20240228_1947915. html.

［25］国家统计局：2023年我国全年出生人口902万人［EB/OL］.（2024-02-29）［2024-06-30］. https：//baijiahao. baidu. com/s？id＝1792212485475133133&wfr＝spider&for＝pc.

第二编
分报告

2023—2024 中国图书出版业发展现状与趋势展望

周蔚华　程　丽

2023年，图书出版业在新冠肺炎疫情防控转段后发展向好，图书零售市场码洋恢复增长态势。这一年，图书出版业进行了"出版+人工智能"探索，同时抓住疫情防控转段后的新机遇，加强国际出版交流与合作，并积极探索自播和无人值守直播等直播新模式。图书出版业在主题出版、大型出版工程、教育出版、专业与学术出版以及大众出版等板块有诸多亮点，但也存在大中专教材盗版严重、古籍整理和出版乱象丛生、人工智能应用于出版业面临风险和挑战等问题，需要改进和完善。本文还对2024年的发展趋势做出预测和研判。

一、2023中国图书出版业的基本情况

2023年是三年新冠疫情防控转段后经济恢复发展的一年，虽然传统书业面临电商产业转型、数字化产业冲击、经营成本上涨、盈利空间缩小等发展困境，但图书零售市场码洋同比增长率由负转正，开始了恢复增长态势。"人工智能"成为2023年的年度热词，图书出版业不断探索"出版+人工智能"，开发应用了多种专业化大语言模型。2024年，图书出版业如何在总人口增长放缓、图书出版产品总需求也可能随之放缓的背景下，延续2023年的增长态势，保持行业的稳健发展，是图书出版业面临的重要课题。

（一）管理部门顶层设计情况

2023年，国家新闻出版署印发了《图书编校质量差错判定和计算方法》《出版物二维码应用管理要求》《汉语辞书出版规则》等10项出版行业规章或行业标准，进一步规范图书出版工作。与此同时，教育部、中宣部等有关部门发布了《全国青少年学生读书行动实施方案》，一方面落实《政府工作报告》中提出的"深入推进全民阅读"的要求，另一方面也为出版业发展创造良好的外部环境。

1. 质量管理：常规工作开展和行业标准出台

2023年，图书出版质量管理在开展常规工作的同时有新的推进，助力图书出版质量的进一步提升。4月，国家新闻出版署通报了"质量管理2022"编校质量不合格的64种图书，并启动了图书"质量管理2023"专项工作。质量管理尤其聚焦于中小学教材、教辅材料和少儿读物等与青少年学习成长密切相关的领域。6月，青少年读物质量提升座谈会召开，要求切实提升青少年读物的思想含量、文化分量和内容质量，高质量做好少儿出版。

出版行业首个针对编校质量检查而制定的行业标准《图书编校质量差错判定和计算方法》于2023年8月1日起实施，为图书编校工作树立了规范。它主要规定了3个方法：检查字数的具体计算方法、编校差错判定和计错方法、编校差错率的计算方法。该标准的实施，不仅让图书编校人员和质检人员有规可依，对图书出版行业编校水平和质检水平的提升和图书质量的提高，也有重要的积极意义。

2. 技术管理标准：二维码、区块链、虚拟现实等新技术标准实施

近年来，随着二维码、区块链、虚拟现实（VR）等新技术在出版领域广泛运用，一系列与之对应的行业标准相继出台并实施，分别是《出版物二维码应用管理要求》《出版物虚拟现实（VR）技术应用要求》《出版业区块链技术应用标准体系表》《静态图像识别与检索技术规则》，这些标准于2023年6月由国家新闻出版署发布，并于2023年8月1日起实施。这4项行业标准的出台让二维码、区块链、虚拟现实（VR）、人工智能（AI）等新技术在出版业的应用有章可循，让新技术、新产品、新业态、新模式更好地服务于出版行业。

3. 辞书出版标准：《汉语辞书出版规则》发布并实施

近年来，辞书市场不断发展并日益壮大，但辞书繁荣的背后存在一些质量隐忧。为了规范辞书市场，保证辞书出版质量，国家新闻出版署于2023年6月发布了《汉语辞书出版规则》，并于2023年8月1日起实施。该标准统一了纸质汉语辞书出版的必要术语，确立了汉语辞书出版的通用规则，对汉语辞书目录、凡例、正文、索引、附录等结构要素做出规定，对辞书的字词收录、注音、释义等也做出规范。[1]

《汉语辞书出版规则》的出台和实施，能够促进出版单位在汉语辞书的编辑出版过程中形成一致性操作规范和质量目标，减少汉语辞书出版过程中出现的结构编排混乱、内容质量低等问题。一方面，有利于提高出版单位的辞书编辑出版效率，提升汉语辞书出版质量水平；另一方面，有利于强化辞书的语言服务功能，提高全社会语言文字规范化使用的程度。

4. 推动青少年阅读：《全国青少年学生读书行动实施方案》发布

2023年3月，教育部、中宣部等8部门发布了《全国青少年学生读书行动实施方案》，从总体要求、读书内容、读书行动载体、长效机制和组织实施等五大方面18项内容对青少年读书行动做出部署，提出要把握正确导向、注重创新载体、强化数字赋能、凝聚工作合力。

《方案》的印发体现出党和国家对青少年学生读书的重视，这一方面给参与青少年学生图书出版的相关出版单位带来新的发展机遇，同时也给相关出版单位提供了行动指南。相关出版单位应遵照《方案》，推出更多能够引起青少年学生阅读兴趣的图书，把好图书内容质量关，加强图书数字资源建设，增强与教育部门、学校、图书馆、文化馆等机构的合作，共同推广青少年学生阅读。

除此之外，国家新闻出版署还发布了《出版企业社会责任指南》《汉字字体使用要求》《版权资源权利描述》《四角号码检字法》等相关技术标准，对出版企业社会责任的目标、原则、基本实践和核心主题，汉字字体使用原则和要求，版权资源权利信息结构和交易的权利信息结构，汉字四角号码检字法等相关领域从行业标准角度做出规范，在促进质量检查以及新型出版业态等方面的标准化、规范化迈出了坚实步伐。

（二）五大板块基本情况

1. 主题出版

中宣部办公厅于 2023 年 7 月印发通知，就做好 2023 年主题出版工作做出部署，明确了 2023 年度主题出版五方面选题重点，出版单位根据这五方面选题重点，同时围绕毛泽东同志诞辰 130 周年、共建"一带一路"倡议提出 10 周年、改革开放 45 周年、抗美援朝战争胜利 70 周年等时间节点，推出了一系列精品主题图书。

为深入开展学习贯彻习近平新时代中国特色社会主义思想主题教育，出版单位推出了《习近平著作选读》第一卷、第二卷，《习近平新时代中国特色社会主义思想专题摘编》《习近平新时代中国特色社会主义思想学习纲要（2023 年版）》，习近平总书记《论党的自我革命》《习近平新时代中国特色社会主义思想的世界观和方法论专题摘编》《习近平关于调查研究论述摘编》等一批主题教育用书，满足了时代和人民阅读的需要。[2]

为纪念毛泽东同志诞辰 130 周年，出版单位纷纷推出纪念毛泽东同志主题图书，种类丰富，内容生动。人民出版社推出了"纪念毛泽东同志诞辰 130 周年"系列图书，出版了《毛泽东与红军的创建发展》《跟毛泽东学领导方略》《毛泽东调查研究方法》等相关主题图书。此外，中共党史出版社出版了《向毛泽东同志学习辩证法》《世界是这样知道毛泽东的》，中央文献出版社修订出版了《建国以来毛泽东文稿》《毛泽东年谱》，中国青年出版社推出了《向毛泽东学习写文章》……这些主题图书从不同侧面讲述了毛泽东同志的事迹和思想。

为纪念共建"一带一路"倡议提出 10 周年，出版界推出了一批讲述丝路故事、传播丝路文化的主题图书。中央文献出版社推出了《习近平谈"一带一路"（2023 年版）》，该书收录了近十年来习近平同志关于"一带一路"的重要文稿 78 篇，该书的多语种版，包括阿拉伯文、西班牙文、德文等 5 种新书也向海外发行。此外，还有人民出版社《"一带一路"互联互通研究》、中国经济出版社《新视野：共建"一带一路"高质量发展》、广西科学技术出版社《中国种子：我在哈萨克种小麦》等相关主题图书出版。

2023年是改革开放45周年，一批回顾改革开放历程、总结改革开放经验的主题图书出版。中国人民大学出版社《改革开放口述史（地方卷·第二辑）》通过对谈数十位全国各地的老领导、老同志，以口述史形式展现改革开放中诸多重大决策出台历程。浙江人民出版社《@改革开放45年——Z世代探寻浙江奇迹》由伴随改革开放成长起来的"Z世代"进行采访，讲述改革开放先行地浙江45年来发生的深刻变化；浙江大学出版社《亲历改革：与青年谈改革开放》则向青年人讲述改革开放史。

为纪念抗美援朝战争胜利70周年，出版界推出了一系列相关主题图书。新华出版社《跨过鸭绿江：抗美援朝影像记忆》通过240多张珍贵照片，以影像叙事的方式全景式、立体式展现抗美援朝历程。广西人民出版社《毛泽东与抗美援朝》《周恩来与抗美援朝》以详实的史料回顾了抗美援朝的历史，阐述了抗美援朝战争的历史意义和时代价值。辽宁人民出版社《铭记——抗美援朝口述历史》以70多位志愿军老战士的亲身经历为内容，讲述了中国人民志愿军的英雄事迹。

2. 大型出版工程

2023年，大型出版工程持续推进，一批古籍出版重大出版工程历经多年修撰得以问世。2023年6月10日，《明文海》点校本、影印本出版，这是古典文学典籍整理与出版的重要成果，它为我们了解明代社会的演进提供了原始材料，将极大地推进明代文学乃至明代政治、经济、文化等各个领域的研究。[3]2023年7月13日，《中华医藏》首批图书发布，首批成果《中华医藏·养生卷》由国家图书馆出版社出版，收录了从南朝至清代74种代表性典籍。《中华医藏》是迄今为止国内外规模最大的中医药古籍整理保护项目，全国28家单位、34个课题组近千人参与了该项目，200余家古籍馆藏机构支持了该项目实施。[4]

部分大型出版工程入藏图书馆，受到社会广泛关注，还有部分大型出版工程走出国门，进入海外公众的视野。2023年3月20日，《儒藏》（精华编）入藏国家图书馆。《儒藏》工程是系统整理海内外儒学典籍的基础性文化工程，也是新中国成立以来最大规模的儒家文献整理项目和古籍整理项目。《儒藏》（精华编）中国部分收录文献510种，其中传世文献458种、出土文献52种，总字数近2亿。[5]2023年8月30日，整套共1559册的文澜阁《四库全书》影印本首次开放展览，供市民近距离观摩。文澜阁《四库全书》影印本自2015年开始，历经十余年印制完成。[6]此外，《复兴文库》入藏全国数百家公共图书馆，更好地发挥了其教育功能。"中国历代绘画大系"成果在西班牙巴塞罗那欧洲现代艺术博物馆、马来西亚吉隆坡国际书展等展示，提升了中华优秀传统文化的国际影响力。

多个地方文库建设工作持续推进，赓续中华文脉。《江苏文库》数据库进入41家图书馆，《陇右文库》第二期成果发布，《江右文库》《齐鲁文库》首批成果发布，成为文化自信的地方表达。[7]

3. 教育出版

2023年，教育出版业在疫情防控转段后逐步回归正轨，但受在校学生数量变化的影响，教育出版市场规模总体上增长乏力。为促进教育出版的可持续发展，教育出版单位积极投身教育强国建设中，走高质量发展路线，不断提升教材教辅图书质量，同时全力落实国家教育数字化战略行动，加快教育出版融合发展步伐。

为进一步推动习近平新时代中国特色社会主义思想进教材进课堂进头脑，更好落实立德树人根本任务，中宣部会同教育部组织编写了《习近平新时代中国特色社会主义思想概论》。2023年8月，该教材由高等教育出版社、人民出版社联合出版发行。[8]这是教育出版领域引人注目的重要成果，受到了全社会的广泛关注，新闻联播等中央重要媒体进行了相关报道。

教育部组织编写的中等职业学校思想政治、语文、历史统编教材，由高等教育出版社出版，于2023年9月开始在全国实施中等职业学校教育的各类职业学校（含技工院校）投入使用，2024年秋季新学期实现使用全覆盖。中职三科统编教材意识形态属性强，是国家意志和社会主义核心价值观的集中体现，具有特殊重要的育人作用。[9]

教育出版单位积极落实国家教育数字化战略行动，持续推进教育出版融合发展。高等教育出版社自主研发了教材生产创作工具——数字教材"云创"平台。依托该平台，建立从选题、生产、审核到上线出版、运营服务的全流程生态体系，截至2023年11月底，"云创"平台在编教材360余本，正式出版上线33本，实现销售5 000余册。[10]外语教学与研究出版社的新形态高等外语教材等纸数融合产品与硬件设备，推动出版社数字化赋能成果显著。2023年外研社数字化相关收入已经占到总收入的30%，社内全职从事数字化业务的员工占比超过四分之一。[11]

4. 专业与学术出版

专业与学术出版单位立足自身专业优势，通过建设数字平台、开发数字产品、研发数字技术等方式，推动数字化进程，用专业知识服务实现商业模式转变。人民卫生出版社发挥其医药卫生专业出版优势，打造的中国医学教育题库目前已服务全国600余所医学院校和教学医院，实现销售订单超6 000万元，其打造的知识服务数字平台——"人卫助手"覆盖机构用户700余家、个人用户40万。江苏凤凰科学技术出版社发挥医学出版的优势，开发了凤凰中医药知识服务创新平台，一方面，提供中医图书和视频课程，助力全省中医人员培训；另一方面，传承中医文化，通过名老中医经验分享、流派传承、古籍新注和非遗技艺等，提升中医传播效果。截至2023年9月底，平台实名注册用户超万人，浏览次数近4 000万次。[12]

专业与学术出版单位还积极"走出去"，增进中外学术交流，增强我国的学术影响力和学术话语权。2023年10月18日，在第75届法兰克福国际书展上，清华大学出版社与施普林格·自然集团联合举办"同谱中国学术新篇章"英文学术图书合作成果展示活动。30年来，清华社通过与施普林格·自然集团的合作，出版了约130种中国学者的英文版学术专著，涉及自然科学和社会科学的诸多领域。[13]上海交通大学出版社通过与施普林格·自然、爱思唯尔、剑桥大学出版社等国际主流出版商达成战略合作，近三年来共有近300种图书版权输出到海外数十个国家和地区。[14]

古籍出版单位全面贯彻落实《关于推进新时代古籍工作的意见》和《2021—2035年国家古籍工作规划》要求，深入推进古籍整理出版工作。同时，借助科技赋能古籍，让古籍"活"起来。读者出版集团2023年启动了文溯阁《四库全书》数字化影印出版工程，还依托甘肃文化资源优势打造"敦煌书坊"融合出版平台，完成数字化加工敦煌学和丝绸之路研究学术专著2 000余册、古籍500种、图片5万幅、音视频500多段。2023年2月8日，国家图书馆、北京大学和字节跳动公司合作推出的《永乐大典》高清影像数据库（第一辑）正式上线，免费面向公众开放。[15]

5. 大众出版

2023年整体图书零售市场码洋规模恢复正向增长。大众出版市场中，文学类、科普类、心理自助类等类别的图书受到欢迎。

2023年，文学类图书表现出色，知名作家的新作上市和茅盾文学奖的公布带动文学类图书销量。莫言、王朔、阿来、马伯庸等知名作家均有新作上市，并取得不错的市场表现，余华面向年轻读者的主动沟通和对话，带动了本人及史铁生作品新版的热销。2023年8月，第十一届茅盾文学奖获奖作品公布，5部获奖作品获得社会广泛关注。

2022年年底，美国AI公司OpenAI发布AI聊天机器人程序ChatGPT。2023年，人工智能大模型成为热门话题，从机器学习到智能创造，从PGC、UGC到AIGC，人工智能引发的生产力变革影响到人们工作和生活的方方面面，《ChatGPT：AI革命》《人工智能时代与人类未来》《超级AI与未来教育》等关于人工智能的科普类图书适时推出，受到读者喜爱。

传统文化主题的历史类图书在2023年保持热销。近年来，随着社会公众对于中华传统文化的认同感和自信心提高，读者对传统文化方面的图书需求越来越旺盛。历史类图书类型丰富、形式多样，热销程度高，畅销新品数量多。《如果历史是一群喵》《历史的温度7》《素书》《故宫文物南迁》等历史类图书表现出色。

随着社会生活节奏的加快，大众对于心理自助类阅读需求普遍增加，2023年涌现出众多心理自助类新书。这些心理自助类图书中，不仅有服务于成年读者的优秀作品，也开始出现面向青少年读者的儿童心理发展方面的优秀作品。市场表现较好的新书有《相信》《通透》《找事：给年青一代的就业解惑书》《亲密关系》《漫画小学生心理学》等。[16]

二、2023中国图书出版业发展亮点

2023年，图书出版业在新冠肺炎疫情防控转段后加速发展，在新技术拓展和"走出去"方面有了更多探索。图书出版机构将疫情期间发展起来的"直播+短视频"荐书方式常态化，同时积极组建自有直播团队，并积极探索无人值守直播。疫情防控转段后出版机构"走出去"的热度被重新提升，在"一带一路"倡议提出10周年之际，图书出版机构与"一带一路"国家出版合作取得丰硕成果。此外，图书出版机构还推动人工智能与出版业融合，开发应用多种出版领域专业化大语言模型。

（一）"直播+短视频"荐书常态化，积极探索自播和无人值守直播

2020年，新冠肺炎疫情期间实体书店生意受阻，催生了"直播+短视频"的线上售卖模式。近三年来，直播和短视频已逐渐成为图书零售的重要渠道。越来越多的出版机构纷纷开辟直播和短视频渠道，"直播+短视频"推荐和售卖图书逐渐呈常态化发展。

直播成为书展宣传推广和推动全民阅读的有效方式。在2023年2月举办的第35届北京图书订货会上，以抖音为代表的电商，组织数十位主播对订货会现场进行直播，中信出版集团、新华文轩、外语教学与研究出版社等29家单位实现销售达1.6亿元。[17]直播带货在推动图书销量增长的同时，也对推进全民阅读产生积极影响。随着图书直播平台的规范化发展，部分图书直播间不再过于强调价格，而是更加注重"阅读与陪伴"，营造宁静、舒缓的阅读氛围，受到观众喜爱，成为全民阅读推广的一部分。

2023年，出版机构投入更多精力组建自有直播团队。浙江文艺出版社、机械工业出版社、中信出版集团等在图书自播方面都取得了不错的成绩。出版机构自播，不仅能带动图书销量，还能在用户群体中建立口碑，通过自播模式筛选并逐步培养像董宇辉这样的标杆性主播，将给出版机构带来更多收益。

此外，出版机构还在直播领域进行技术研发和项目探索，以提升直播效率、降低直播成本。北京师范大学出版集团启动了智能编播系统项目，实现新媒体矩阵多平台无人值守直播。系统无人值守的运营模式不仅降低了成本，而且确保了服务的稳定性，增加了出版社的收入。截至2023年底，项目执行直播共计50场，累计直播曝光量高达100万次，涨粉5万人，每场直播的观看人数维持在2万+。[18]

（二）"走出去"热度被重新提升，"一带一路"国际出版合作成果丰硕

2023年10月，习近平总书记对宣传思想文化工作作出重要指示，明确提出"七个着力"，其中"着力推动文化事业和文化产业繁荣发展，着力加强国际传播能力建设、促进文明交流互鉴"等重要论述，为出版单位做好出版"走出去"工作明确了方向。

2023年，出版业"走出去"的热度也被重新提升，中国精品图书亮相多个国际书

展。中国以主宾国身份，参加了第 40 届马来西亚吉隆坡国际书展和第八届塞浦路斯尼科西亚图书节。中国代表团还参加了伦敦书展、阿布扎比国际书展、美国图书馆协会书展、法兰克福书展、伊斯坦布尔国际书展等 10 多个国际书展。此外，经典著作互译计划稳步推进，中国分别与泰国、约旦、尼泊尔、土耳其、越南签署了经典著作互译出版备忘录。中国还和沙特签署了文学、出版、翻译领域项目执行计划。

2023 年是共建"一带一路"倡议提出 10 周年，出版业与"一带一路"国家的交流合作在这 10 年间取得了丰硕成果。丝路书香工程重点翻译资助项目实施 8 年来共资助 2 900 多个项目，版权输出到 87 个国家和地区，涉及 55 个语种。出版发行单位通过创建"一带一路"共建国家出版合作体、接力—东盟少儿图书联盟、"一带一路"中阿友好文库等合作平台，以及在"一带一路"国家建立海外分支机构，促进中外文明交流互鉴。[19]

（三）人工智能与出版业加速融合，开发应用多种专业化大语言模型

随着 OpenAI 出现，人工智能、大模型、AIGC 成为科技领域的年度热词。出版业作为知识生产行业，掌握着庞大的语料库，能为大模型提供源源不断的数据"燃料"；人工智能技术能够帮助出版机构大大提升内容生产的效率，出版机构与人工智能公司的合作可以实现互利共赢。

2023 年 12 月，德国媒体巨头施普林格与美国人工智能公司 OpenAI 达成战略合作，OpenAI 将付费使用其出版物内容，使施普林格成为全球首家与 OpenAI 合作的出版商。此前，中原出版传媒集团下属大象出版社已与施普林格·自然集团签订中英文同步出版协议，因此被视为国内首家与 OpenAI 间接合作的出版社。

大语言模型虽未全面应用于图书出版全流程，但在编辑、翻译、有声制作、视频制作等环节已有探索。2023 年 5 月，中信出版集团创建实验室研发 AI 在校对、编审及多媒体内容生成等出版环节的应用，推出"中信书院 AI 阅读助手"插件。城市传媒完成"万象"大模型测试版，并于 2023 年 12 月与科大讯飞共建"AI 出版传播创新研究院"，推动 AI 与出版产业融合。

出版机构在专业出版、教育出版、大众出版等多个板块已开发和应用大语言模型。在专业出版领域，中华书局古联公司推出了"荀子"古籍大语言模型。中国图书进出

口（集团）有限公司旗下的中图科信数智技术（北京）有限公司，研发了针对农业、水利、医学、出版知识服务等四大领域的垂类大模型。在教育出版领域，浙江大学、高等教育出版社、阿里云、华院计算等单位共同研制了"智海—三乐"教育大模型。在大众出版领域，果麦文化携手爱漫阁公司，发布了国内首款专业动漫图文模型与AI工具。[20]

三、中国图书出版业存在的问题及对策建议

图书出版业在各个板块、新技术应用以及"走出去"方面有诸多亮点，但也存在大中专教材盗版严重、古籍整理和出版出现"面子工程"、运用人工智能技术面临风险和挑战等问题，需要引起重视，并加以改进和完善。

（一）图书出版业发展存在的问题

1. 大中专教材盗版严重，扰乱图书市场正常秩序

近年来，教育出版单位走高质量发展路线，全面提高教材质量，打造更多"培根铸魂、启智增慧"的精品教材，但大中专教材出版发行工作中出现了盗版教材、私印教材、学生购买率下滑等现象，严重扰乱了教材市场的正常秩序。2023年12月，科学出版社、机械工业出版社、化学工业出版社、人民邮电出版社、电子工业出版社、北京大学出版社等11家出版社联合发出倡议，倡议各高校使用高质量教材、倡议保障高校教材发放、倡议杜绝盗版高校教材流通。

部分学校在教材使用过程中，允许和纵容学生选择不规范、不正规的购书渠道和用书方式，扰乱了图书市场正常秩序，还涉及盗版侵权问题。越来越多的院校让学生网上自主购书，这使得出版社教材渠道管理面临更加复杂的形势，更难预判教材销售数量。学校让学生自主购书后，一些学生为了省钱不购买教材，或购买版本陈旧、内容过时的二手教材，或购买盗版、私印的问题教材，这种做法不仅影响学生的学习效果，也给不法图书商贩提供了可乘之机。他们利用"绿色环保"、教材循环使用的名

义，将盗版教材混入二手教材中售卖，以此牟利。有些学生由于缺乏辨别能力，误将盗版当正版，发现图书印刷不清晰或使用不方便时，向相关部门投诉或在网上曝光，给出版社的声誉和形象造成不利影响。

2. 古籍整理和出版被高度重视，但滋生"面子工程"等诸多乱象

近年来，随着对中华优秀传统文化重要性的认识不断加深，党和国家对古籍整理和出版工作的重视程度也不断提高。2022年4月，中共中央办公厅、国务院办公厅印发了《关于推进新时代古籍工作的意见》；2023年6月2日，习近平总书记出席文化传承发展座谈会并发表重要讲话，深入阐释了马克思主义基本原理与中华优秀传统文化结合的重大意义，从而使各级出版管理部门和出版机构将古籍整理和出版工作的重视程度提升到新的高度。当前古籍整理和出版工作取得了不少成绩，但也存在一些亟待解决的问题，比较突出的就是出现了一些形象工程、面子工程，出现貌似重视，实则忽悠、应付的情况。比如，近年来，各省竞相推进"文库"项目，其中不乏重复出版的现象。某些省份在已有类似丛书影印出版的基础上，再度启动"文库"项目，并设定紧迫的出版时限。执行人员通过改换包装、重新拼凑原有内容的方式来应付交差。这种"跃进式"做法既浪费资金，又败坏学风。近些年，虽然古籍整理出版作品数量大幅增长，但质量问题频出，甚至引发舆情。认字不准、句读错误、校勘不精、注释掺水等古籍图书问题饱受诟病。[21]古籍整理与出版专业人才匮乏使得古籍整理与出版工作受到阻碍。古籍整理与出版工作专业性强，对从业者资质要求高，专业人才培养周期偏长。古籍整理作品在高校和科研院所的评价机制中受重视程度不够，导致有能力者不愿意从事这项工作。

3. 人工智能赋能图书出版业，但面临一系列风险和挑战

随着ChatGPT、Sora等人工智能模型的涌现，出版业界和学界对于人工智能技术应用于出版业带来的影响展开了广泛讨论。人工智能技术不仅可以提升图书内容生产的效率，实现大批量内容的快速生成与处理，缩短出版周期，更在图书产品创新方面展现出潜力。人工智能有助于打破传统文本形式的限制，创造出更丰富多样的产品形态，如动态图像、有声书、短视频等。人工智能在图书营销领域也将发挥作用，一方面可以通过智能推荐算法精准锁定目标受众，另一方面可以自动生成营销短视频进行宣传推广，全面提升图书营销传播效果。

但人工智能技术应用于图书出版业也将面临一系列风险和挑战。首先，版权问题成为出版机构运用人工智能技术面临的一大难题，如何确保人工智能生成内容的原创性和合法性，避免侵权，同时如何避免自己被侵权，是出版机构面临的严峻问题。其次，由于人工智能训练数据的来源和偏向性，出版机构运用人工智能生成内容，可能面临文化、意识形态等方面的风险。此外，如果出版机构过度依赖人工智能生成内容，可能导致内容创作的同质化和肤浅化。最后，人工智能技术的滥用还可能引发内容深度伪造的问题，对出版单位的信誉和公信力造成不利影响。

（二）促进图书出版业发展的对策建议

1. 多方合力应对教材盗版问题，共创良性教材市场

打击教材盗版盗印行为，需要全面系统地应对，多方共同努力，齐抓共管，创造良性、可持续发展的教材市场。

在学校层面，学校应增强版权意识，严防盗版教材进校园、进课堂，抵制影印教材的盗版侵权行为，营造风清气正的校园教学环境，同时建立面向师生的教材需求反馈机制，开辟统一订购教材的渠道。

在学生层面，加强学生教材版权意识的宣传教育，提高学生对不买教材和购买盗版教材危害性的认识，培养学生购买正版教材的习惯。

在出版社层面，为应对学校开放自主购书，出版社应增强柔性生产和灵活供货能力，保障课前到书的同时也要避免库存积压，如化学工业出版社在2023年正式上线POD系统，满足教材用户的定制需求，增加了印制的灵活性。出版社还应加大对盗版教材的打击力度，设立专门的打假部门或委托专业打假公司来打击盗版教材，在各大电商平台中定期搜索和监测盗版教材侵权行为，同时制定合理的教材定价策略，确保正版教材在市场上的价格竞争力，减少因价格因素导致的购买盗版教材行为。

在平台层面，平台应积极打击教材盗版行为，对图书店铺实施黑白名单管理，并利用数据技术识别盗版教材，一旦发现教材价格低于成本价，结合出版社的判别，判定为盗版教材后及时给予处罚并删除商品链接。

在法律层面，立法、行政和行业协会需共同努力，为教材出版发行营造良好营商

环境。当前对盗版图书侵权的判赔金额过低，未能覆盖维权成本，影响维权人积极性，建议适当提高判赔金额，给维权行为以鼓励。

2. 加强古籍整理出版工作监管，提升古籍整理出版质量

为有效应对古籍整理和出版工作中出现的形象工程、面子工程以及重复出版、内容拼凑等问题，需采取综合措施。在推进古籍整理和出版项目前，应进行全面评估和审批，避免无效投入，确保资金有效利用。政府部门和学术机构需加强监管，保障项目进度和质量。执行人员必须恪守学术规范和道德准则，出现学术不端行为应严惩不贷。同时鼓励社会监督和公众参与，通过公开透明的方式展示古籍整理和出版项目进展及成果，提升项目质量和效益。

近些年，古籍整理出版作品数量大增，但质量问题频出，这不仅反映了古籍整理出版质量监管体系的不完善，也反映出专业人才的匮乏和水平有限。因此，一方面，应建立严格的质量监管体系，制定古籍整理出版的质量标准和规范；加强对古籍整理出版成果的审查和把关，确保作品的质量符合专业规范和要求；建立责任追究机制，对出现质量问题的作品和相关责任人进行严肃处理。另一方面，应加强古籍整理与出版专业人才培养和队伍建设，高校和科研机构应设置古籍整理出版相关专业和课程；同时设立全国古籍人才培训库，建设古籍人才培训基地和古籍整理研学一体的培训平台。

我国现存海量的古籍是历经数千年积淀的宝贵文化遗产，其丰富的知识内容和深厚的思想内涵有待深入挖掘，古籍整理与出版工作难以一蹴而就。出版单位对于古籍整理与出版工作应做好长远规划，切忌急功近利。应将古籍整理与出版工作的社会效益摆在首位，避免因经济效益不足而中断这项工作。有出版单位对此就做了尝试，福建人民出版社本着社会效益优先的理念，早在2015年就对主要承担古籍出版任务的古籍编辑室不考核经济效益，先行先试，效果显著。

3. 出版机构应多措并举，应对人工智能风险和挑战

对于人工智能技术应用于出版业可能带来的风险和挑战，出版机构可以采取一系列应对措施。首先，建立健全针对人工智能生成内容（AIGC）的版权管理机制，对人工智能生成的内容进行严格审查，确保不侵犯他人权益，同时也做好自身版权保护，避免被盗用和抄袭版权内容。其次，重视AIGC审核工作，加强对AIGC真实性、准确

性、导向性和价值观的把关,避免传播虚假或不良信息。同时,强化人工编辑在出版流程中的不可替代作用,发挥其专业知识和经验优势,提升出版内容的质量和价值。此外,应加大人才培养力度,提升出版从业人员的人工智能技术应用能力,在选题策划、内容生产、插图设计、审核校对、营销推广等多个环节运用人工智能技术提高效率,以适应出版行业发展的新形势和新需求。最后,积极探索人工智能与出版业深度融合的新模式和新路径,不断拓展人工智能应用场景和功能边界,为出版业的融合发展注入新动能。

四、中国图书出版业趋势展望

2024年,图书出版业的主题出版、大型出版工程、专业与学术出版、大众出版预测将平稳增长,教育出版受人口因素影响或将迎来转折。图书出版业的销售渠道将继续向线上转移,私域流量的潜能凸显。在国际市场上,疫情防控转段后将给出版"走出去"带来更多新机遇。人工智能技术的发展,将使得出版业在2024年乃至未来相当长一段时间内发生革命性变化。

(一) 多个板块将平稳增长,教育板块或增长乏力

自党的十八大以来,主题出版发展迅猛,逐渐壮大为一个独立板块。2024年主题出版将会继续围绕党和国家中心工作,尤其是围绕贯彻落实党的二十大精神和全国宣传思想文化工作会议上提出的"七个着力"及习近平文化思想的宣传进行持续发力。2024年是新中国成立75周年,是人民政协成立75周年,是邓小平同志诞辰120周年,是澳门回归祖国25周年,是实现"十四五"规划目标任务的关键一年,围绕这些重要的时间节点,出版机构将推出一批主题图书。

在大型出版工程板块,2024年一批重点工程将陆续完成。备受关注的《唐五代诗全编》,预计于2024年由上海古籍出版社出版,共1 225卷、超1 500万字、50册。多部"国史"修订加速,《北齐书》2024年3月出版;《明史》计划2024年完成编校,

2025年出版。古籍出版单位还以深入浅出的方式对中华优秀传统文化进行创造性转化，呈现出重点出版项目与面向大众普及读物共同推进的趋势。

在教育出版板块，随着近年来在校生数量的变化以及在校生学历结构的变化，教育出版市场将迎来转折。从2021年开始小学生招生及在校人数开始下降，基础教育教材开始稳中有降，在校大学生、研究生人数虽然增加，但由于高校教材购买和使用方式与基础教育不同，学生有自主决定是否购买的权利，因此，这一板块人员数量的增长并不能带动教材的相应增长，教育板块市场规模总体上增长乏力。

在专业与学术出版板块，随着国家层面、高等院校以及科研机构对中国特色自主知识体系构建的深入关注，原创性学术研究和专业著作将更加受到重视和推崇，因此，该板块的发展前景将呈现出稳健的态势。专业与学术出版将持续为学术繁荣和知识创新作出贡献。

在大众出版板块，女性读物、老年人读物、心理类、科普类、科幻类大众读物等大众市场将有所增长。青少年读物尤其是少儿读物市场面临拐点，从十多年前的高速增长转向低速增长，环比开始下降，而且随着2023年人口出生率再创新低，这一板块的出版物将迎来持续低增长，甚至开始出现下降趋势。[22]

（二）销售渠道与宣发方式持续创新，国际市场将迎来更多新机遇

2024年，受总人口增长放缓影响，出版产品的总需求也可能增长缓慢。销售渠道将继续向线上转移，尤其是短视频电商和直播带货，成为图书出版市场重要的渠道力量。小红书、抖音、B站等平台将越发成为图书宣发的重要阵地，直播博主（网红博主）的个人影响力更加凸显。但图书出版机构在这些平台的营销推广也面临一些困难和挑战，一方面是获取流量的成本和难度上升，市场竞争日趋激烈。另一方面，短视频和直播平台的混乱价格战对出版物市场秩序造成冲击，需要呼吁管理部门出台政策进行规范。

在公域流量获取成本逐渐上升，且在用户黏性降低的背景下，越来越多的出版机构进行私域流量运营，私域流量的市场效益将进一步凸显。一方面，通过构建自有的App和小程序，将公域流量转化为私域流量，实现对用户和流量的精准运营。另一方面，通过社群运营，增强读者互动和黏性，开辟社群团购渠道，以团购优惠策略，刺

激读者的购买欲望，提升图书销量。

此外，在国际市场上，疫情防控转段后将给出版"走出去"带来更多新机遇。出版机构应积极行动，提升中国出版业的国际竞争力和影响力。总体来看，2024年图书出版业市场将呈现需求稳步增长、销售渠道与宣发方式持续创新、国际市场机遇增多的趋势。

（三）人工智能的影响将持续渗透，出版机构将采取行动加快探索

随着AIGC技术的迅猛发展和快速迭代，出版业将在2024年乃至今后相当长一段时间内发生革命性变化。人工智能技术在出版领域的应用，不仅能够降低内容生产的门槛，而且还能够大大提高出版效率，使得内容生产变得简单高效。可以预见，出版内容的产量将因此激增，但同时，这也带来了版权归属判定难、内容把关难、编辑工作量激增等一系列新的问题和挑战。在宣传营销方面，AI能够辅助文案写作、图片设计、音视频处理等工作，还能帮助出版机构更精准地分析读者需求，帮出版机构做出营销决策，提升宣传营销的效率和效果，但同时也可能面临营销内容同质化、用户数据安全、决策过程不透明等问题。在2024年乃至未来很长时间，越来越多的出版机构会采取行动加快在人工智能领域的探索，但出版机构需要警惕技术的双刃剑效应，在享受技术带来便利的同时，采取措施规避其中的风险。

人工智能技术的升级迭代离不开数据"燃料"，而出版业是提供优质内容和海量语料的核心产业。在人工智能技术浪潮中，出版机构不仅要考虑如何利用人工智能技术强化自身实力，同时还要考虑如何发挥自身内容资源优势，成为推动社会进步的新引擎。

（周蔚华　中国人民大学新闻与社会发展研究中心研究员、中国人民大学新闻学院教授；
程丽　中国人民大学新闻学院博士研究生）

参考文献

[1] 杜翔，李旗．辞书出版有规可依——汉语辞书出版标准化助力文化强国建设[N]．光明日报，2023-12-10（5）．

［2］［7］［17］［19］李婧璇，左志红，商小舟．出版业：文化立魂 坚守使命［N］．中国新闻出版广电报，2023－12－25（5）．

［3］《明文海》点校本、影印本出版发布会在北京召开［EB/OL］．（2023－06－12）［2024－03－22］．http：//ent.people.com.cn/n1/2023/0612/c1012－40011815.html.

［4］展圣洁．近千名专家学者参与，《中华医藏》首批图书正式发布［EB/OL］．（2023－07－14）［2024－03－22］．https：//www.bjnews.com.cn/detail/1689326834129451.html.

［5］洪玉华．《儒藏》（精华编）入藏国家图书馆［N］．中国新闻出版广电报，2023－03－23（1）．

［6］徐雪纯，黄慧仙．首次开放式展览1 559册文澜阁《四库全书》影印本亮相杭城［EB/OL］．（2023－09－01）［2024－03－22］．https：//www.nppa.gov.cn/xxfb/dfgz/202309/t20230901_767159.html.

［8］新华社．《习近平新时代中国特色社会主义思想概论》教材出版发行［EB/OL］．（2023－08－28）［2024－03－24］．http：//www.news.cn/politics/leaders/2023－08/28/c_1129828773.htm.

［9］教育部教材局负责人就中等职业学校三科教材统编工作答记者问［EB/OL］．（2023－09－07）［2024－03－25］．http：//www.moe.gov.cn/jyb_xwfb/s271/202309/t20230907_1078731.html.

［10］［18］左志红，张雪娇．多元融合 创新发展——2023年度出版发行业创新案例28强扫描［N］．中国新闻出版广电报，2023－12－25（6－7）．

［11］尹琨，孙海悦，李美霖．带着热情与希望砥砺前行［N］．中国新闻出版广电报，2024－01－16（1）．

［12］刘蓓蓓．用专业知识服务实现商业模式转变［N］．中国新闻出版广电报，2023－12－06（3）．

［13］同谱中国学术新篇章——清华大学出版社与施普林格·自然集团合作成果法兰克福书展展示活动举办［EB/OL］．（2023－10－20）［2024－03－26］．http：//www.tup.tsinghua.edu.cn/newscenter/news_10641.html.

［14］陈华栋．以大出版理念办刊，让中国学术更好走出去［EB/OL］．（2023－11－

25）［2024－03－26］. https：//www.chinaxwcb.com/2023/11/25/99834333.html.

［15］张馨宇. 古籍新韵 展现时代生命力［N］. 中国出版传媒商报，2023－05－12（5）.

［16］杨伟. 2023年全国新书码洋品种贡献效率达近10年最高点［N］. 中国新闻出版广电报，2024－01－15（5）.

［20］聂慧超. 出版人站上大模型风口［N］. 中国出版传媒商报，2023－12－22（1）.

［21］周绚隆. 扎实推进新时代古籍深度整理［N］. 中国社会科学报，2023－06－15（6）.

［22］周蔚华. 2024：出版业在深度融合中探索前行［N］. 中国新闻出版广电报，2024－01－08（5）.

2023—2024中国学术出版市场发展现状与趋势展望

于殿利

学术出版是记录学术成果、传承学术思想的重要实践，是展开学术争鸣、推动学术创新的重要平台。

从出版受众的角度看，学术出版可分为狭义和广义。狭义的学术出版，以"高、精、尖"为特点，主要针对从事相关学术研究的特定读者群体，也可称为专业学术出版。广义的学术出版，则包括专业学术出版和以学术大众化、普及化为特点，面向更广阔受众的科普或大众传播的大众学术出版，大众学术出版也可称为学术文化出版。基于狭义概念的专业学术出版面向学界，尤其突出创新价值，可视作金字塔的塔尖，代表着一个国家科学研究和学术文化建设的高度；而基于广义概念的学术出版则面向大众，尤其突出传播价值，往往反映出一个国家科学发展的普及程度，代表一个国家文化建设的基准水平。

一般来说，学术出版应该包括自然科学和人文社会科学两大领域，但一方面那将是一个庞大的工程，非本文所能涵盖；另一方面，本人的学术背景和出版实践背景也不支持将自然科学的学术出版纳入本报告，所以，本文仅聚焦人文社会科学的学术出版。

考察2023年以来中国图书市场的整体情况，我们不难发现，在整体图书零售市场恢复正增长的背景下，以商务印书馆、中华书局和三联书店等为代表的传统人文社会科学学术出版机构，在致力于深挖专业学术出版的同时，积极探索将学术语言转化为大众语言，将学术研究成果和理论专著开发成普及读物，努力搭建"专家之学"与"大众之学"之间的桥梁，积极达成学术研究的"破圈"与新价值体现；一些出版机构则借助热点事件激活经典学术出版，迎来学术著作"翻新式"销售高峰；一些新兴出版品牌，对标短视频等营销渠道特点，兼顾年轻读者追求新知且期望"短平快"获取新知的阅读需求，以学术为"内核"，出版一系列具有学术性的文化读物，取得了良好的市场表现。应该说，学术出版机构以及学术图书市场的一系列努力与表现，更多地反映出广义学术出版的状况，折射出了现阶段中国学术出版所面临的学术创新与科学普及两大课题，专业学术文化建设与大众学术文化建设的双重任务，以及社会效益和经济效益的双重考量。国家"十四五"规划在"发展社会主义先进文化 提升国家文化软实力"篇章提出的三大任务中，居于首位的是"提高社会文明程度"，根据我们的理解，"提高社会文明程度"的基础和关键在于提高全民的科学文化素养。在新时代如何推动中国学术高质量发展，如何将学术推向大众、提升大众的整体科学文化素养和水平，则是中国学术出版所面临的一个"一体两面"的重要命题。

本报告在广义学术出版的概念下，以开卷公司相关学术图书市场数据为基础进行分析，试图寻踪2023—2024年中国学术出版的走向，以及未来的发展趋势。

一、2023中国学术出版市场基本情况分析

据开卷相关数据统计，2023年整体图书零售市场呈正增长态势，同比增长率为4.72%。学术相关图书零售市场增速超过整体市场，同比增长率达到19.04%。

（一）专业学术出版市场占比少，期待销量和影响双突破

2023年度，专业学术出版聚焦时代"关键词"展开研究，向读者传递了准确、科学、规范、前沿的知识点，从学术层面推动社会各群体的认知，为各领域发展提供了学理支撑。如2023年底"新质生产力"的概念提出后，不到半年就有7种以"新质生

产力"为关键词的学术图书出版，引领大众了解新名词的内涵及发展方向，使其对科技创新发展有了具象化认识。随着"考古热"持续升温，年度内以"考古"为关键词的图书多达 498 种，中华书局出版《从考古看中国》、三联书店出版《了不起的文明现场：跟着一线考古队长穿越历史》等书分别获得"中国好书"奖和"文津奖"，双效显著，折射出"考古热"背后中华传统文化的复兴。以"依法治国"为关键词的图书有 49 种，以"中国式现代化"为关键词的图书有 101 种，仅人民出版社出版的就有《中国式现代化：内涵与逻辑》《中国式现代化理论与实践》《人类文明新形态——中国式现代化》《中国式现代化与高质量发展》《文化强国建设与中国式现代化》等，从一个侧面反映出 2023 年度以来的专业学术图书呼应时代之需、人民之需的出版创新取向。

不过应当看到的是，专业学术图书的内容虽具引领性和前瞻性，但其与大众文化类图书的市场销量相比差距明显。如在细分渠道中占比较大的历史类图书，新书销量年榜前 20 名中，专业学术图书仅有《中国近代史》《枢纽：3000 年的中国（增订版）》（精）2 种上榜；前 50 名中，专业学术图书仅有 11 种。专业学术图书销量最好的《中国近代史》，年销量仅占该榜单首位图书销量的 1/17。哲学类细分渠道中，新书销量年榜前 20 名的图书多为传统文化经典读物，专业学术图书只有 2 种，其中的《犬儒主义》一书年销量不足万册，明显低于前 20 榜单中其他大众类图书的销量。

目前专业学术图书主要通过媒体推文种草、专家讲座等传统形式进行营销推广，流量发酵速度慢，读者很容易被大众类图书多渠道、多样态的"强火力"营销吸走注意力。如何通过新的营销形式或传播方式让读者更快速、更深入理解专业学术图书的高品质、权威性，进而加快推动社会进步发展的脚步，是专业学术出版亟须解决的现实问题。例如，对地方志、乡土文化主题的学术关注，不仅能为国家政策制定和乡村文化建设提供理论支撑，还能为人工智能和新质生产力发展提供生产资料数据，但由于宣传角度和力度等原因，该类图书销量很少，没有形成较大的市场影响力和传播度。在开卷学术文化一级分类中，以"地方志"为关键词搜索，2023 年实现销售的图书品种共 409 种，销量最高的图书仅逾千册。如何让这些专业学术出版物脱颖而出，引领学术阅读，引领文化风尚，是专业学术出版面临的难题之一。

(二) 学术文化类市场集中度不高，系列化、大众化助推实洋增长

2023年度，在与学术相关的图书市场中，学术文化类板块在整体市场中的码洋比重进一步增加，达到9.91%，同比增加1.19个百分点。增速的原因有两方面：一是源于细分类中大众历史、哲学畅销书销量的带动，二是短视频渠道对学术文化类图书销量提升明显，促使整体数据有较大增长。

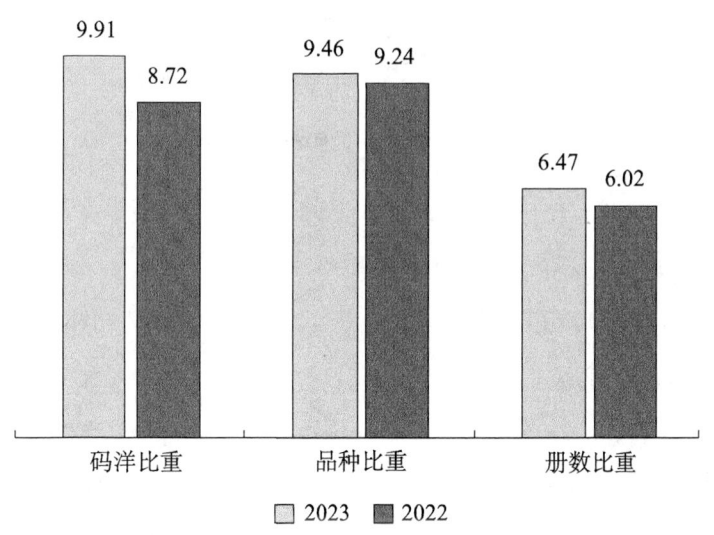

图1　2022—2023年学术文化市场在整体市场中指标对比图（%）（开卷数据）

但值得关注的是，学术文化类图书的码洋增长，更多源于老书的带动。其中2020年以前的图书码洋比重超过50%，2023年新书码洋占比不到10%，可见码洋更多依靠常销书贡献。2023年度的新书"黑马"主要为"如果历史是一群喵"系列，提示出学术文化类图书"造血"不足、亮点乏善可陈。

2023年，共有580家出版社参与学术文化图书零售市场的竞争，较2022年增加4家。从市场集中度来看，2023年学术文化市场CR5和CR10分别为25.77%和36.19%，属于低集中度市场。与2022年相比，CR5和CR10均同比减少，位于市场最头部的领先社市场份额有所减少，竞争更为激烈。

从出版集团层面看，2023年学术文化零售市场实洋排名首位的是中国出版集团，实洋占有率为13.51%，同比上升2个百分点，主要受到中华书局的"中华经典名著全本全注全译丛书"系列图书带动，销售最好的是受电视剧《狂飙》带动的《中华经典

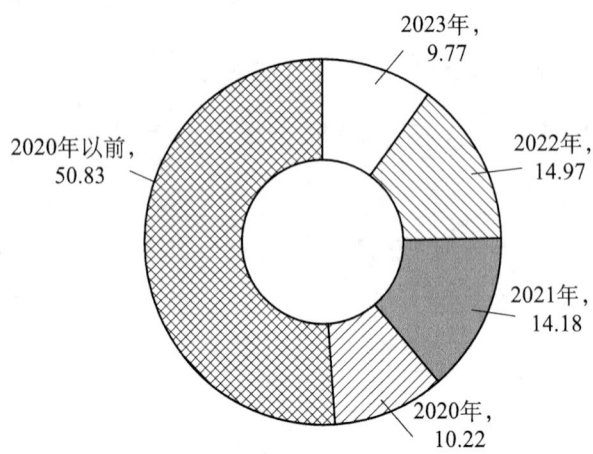

图 2　2023 年学术文化图书市场不同上市时间图书的码洋比重（%）（开卷数据）

名著全本全注全译丛书·孙子兵法》（精），此外还受到一些高定价图书的带动，如《资治通鉴》（精装全本全译十八册·传世经典·文白对照）、《复兴文库（第三编·1949—1978）》（全92册）等；其次是中南出版传媒股份有限公司和上海世纪出版（集团）有限公司，实洋占有率均在4%以上。

从出版社层面看，2023 年学术文化市场中中华书局位居首位，实洋占有率为6.59%，北京联合出版有限责任公司和广东旅游出版社分别位居第二、三名，实洋占有率在5%—6%，其他出版社实洋占有率均在5%以下。广东旅游出版社的实洋占有率主要受大众历史类图书"如果历史是一群喵"系列带动。

从集中度高的头部出版社情况可以看出，学术文化类图书的系列化、大众化特点对出版社实洋的提升有明显推动作用。

（三）销售渠道向网上转移，短视频电商渠道上升最快

2023 年实体店渠道中，学术相关图书市场的码洋比重为 7.37%，比 2022 年减少 0.64 个百分点，主要是因为 2022 年畅销的主题出版图书在 2023 年销量回落；垂直及其他电商渠道中学术相关图书的码洋比重为 11.54%；短视频电商渠道中，学术相关图书市场的码洋比重为 10.11%；平台电商渠道中，学术相关图书市场的码洋比重为 9.99%。其中，学术文化类在垂直及其他电商和平台电商渠道中码洋比重上升，主要受一些畅销书的带动，如"如果历史是一群喵"系列以及《始于极限：女性主义往复

书简》《显微镜下的大明》《中华国学经典精粹·孙子兵法》等。和 2022 年相比，学术文化类在 3 个网店渠道的码洋比重均同比上升，其中在短视频电商渠道中同比上升最多，增加 3.81 个百分点。但我们也应看到，短视频电商渠道销量的增长主要是受到一些低折图书的带动，在短视频电商渠道学术文化类畅销前 10 名中有 7 种图书折扣在 3 折以下。2023 年短视频电商渠道中学术文化类销量前 3 名的图书分别是《一读就入迷的中国史》《中国人的规矩》《国学经典·中华上下五千年（全 6 册）》。

（四）历史类图书占据细分渠道半壁江山，漫画类图书成年度爆款

2023 年，从不同细分渠道学术文化市场下级细分类结构来看，历史类在 4 个渠道中均为规模最大细分类，在垂直及其他电商和短视频电商渠道中码洋比重均超过 50%，在实体店和平台电商渠道中码洋比重在 40%—45%。哲学类在 3 个网店细分渠道中码洋比重均为第二大分类，其中在短视频电商渠道中码洋比重为 22.5%，高于其他两个渠道。政治类下降明显，主要是受到主题出版图书销售回落的影响。

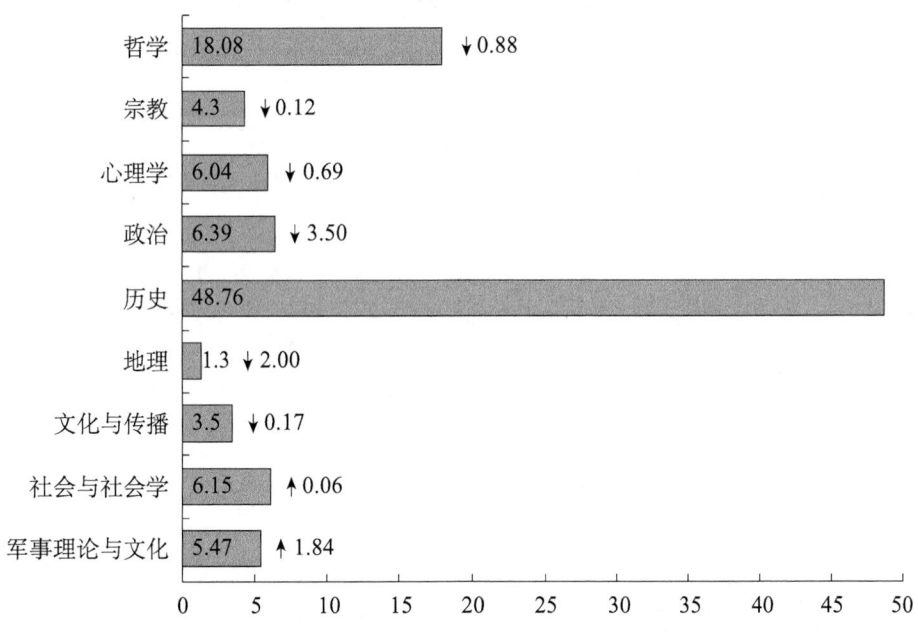

图 3　2023 年学术文化图书各细分类码洋比重（%）和比重同比变化（开卷数据）

历史类码洋比重增幅最大，上升了 7.52 个百分点。大众类历史读物《一读就上瘾的中国史》、漫画类"如果历史是一群喵"系列、考古历史类《翦商：殷周之变与华

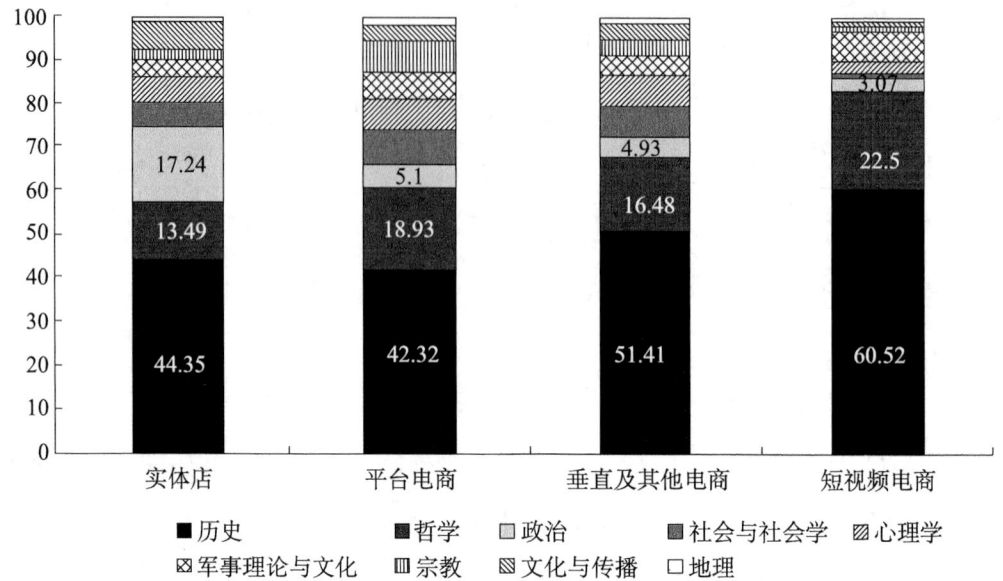

图 4　2023 年不同细分渠道中学术文化图书下级细分类码洋比重对比（%）（开卷数据）

夏新生》（精）等图书拉动整体销量。这其中，通过漫画的形式传播学术知识、深入浅出解读历史故事成为畅销原因之一。从多年前的"半小时漫画""赛雷三分钟漫画"，到"吾皇巴扎黑漫画""如果历史是一群喵"系列，越来越多的出版社加入漫画解读学术大军，出版范围也从最初的历史领域延伸到哲学、心理学、经济、军事等多个领域，覆盖各年龄层，且都销量不俗。漫画和图解类图书满足了读图时代读者的阅读心理和需求，也通过漫画与专业学术知识的结合实现了传统文化的创新性表达。

二、2023—2024 影响和推动中国学术出版的重要因素和事件

学术出版服务于国家文化建设、社会需要和大众需求，它必然反映国家之需、民族之需和时代之需，习近平总书记强调要把学问写在祖国大地上，学术出版同样需要在时代的问题和课题中寻找选题。应该说，2023—2024 年的学术出版具有较强的时代感。

（一）重大文化政策指引学术文化出版做优做强

对学术文化出版而言，2023—2024 年是极为重要的里程碑年份，以习近平文化思

想的提出为重要标志，一系列重大文化政策的出台为学术文化出版打开了新局面，创造了新机遇。

2023年2月，中央统战部等四部门联合印发《关于加强铸牢中华民族共同体意识理论研究体系建设的意见》，明确提出要建立和完善铸牢中华民族共同体意识理论研究的学科体系、学术体系和话语体系。

2023年6月2日，习近平总书记在文化传承发展座谈会上发表重要讲话，深刻阐释了中华文明的连续性、创新性、统一性、包容性、和平性。指出在五千多年中华文明深厚基础上开辟和发展中国特色社会主义，把马克思主义基本原理同中国具体实际、同中华优秀传统文化相结合是必由之路。并强调"第二个结合"是又一次的思想解放，让我们能够在更广阔的文化空间中，充分运用中华优秀传统文化的宝贵资源，探索面向未来的理论和制度创新。

2023年9月5日，中共中央宣传部等印发《关于组织开展2023年"全民国防教育月"活动的通知》，以"踔厉奋发强国防　勇毅前行向复兴"为主题，在全社会广泛开展特色鲜明、形式多样、内容丰富的群众性国防教育活动。

2023年10月，中央宣传部、文化和旅游部、国家文物局等13个部门联合印发《关于加强文物科技创新的意见》，从优化文物科技创新布局、建强文物科技创新平台、壮大文物科技创新人才队伍、完善文物科技创新激励机制等方面进行部署，加强新时代文物科技创新。

2023年10月7日至8日，全国宣传思想文化工作会议传达了习近平总书记对宣传思想文化工作的重要指示，并首次提出习近平文化思想。习近平文化思想丰富和发展了马克思主义文化理论，为做好新时代新征程宣传思想文化工作、担负起新的文化使命提供了强大思想武器和科学行动指南。

重大文化政策的利好，激发了学术出版界的极大热情，也促进了学术出版在新时期、新技术背景下的高质量发展。出版了《中华优秀传统文化何以通向马克思主义》《马克思主义同中华优秀传统文化相结合的历史经验》《马克思主义与中华优秀传统文化相结合十讲》《马克思主义新闻观及其中国化研究》《学思平治——名家谈中华民族现代文明》《新时代这十年（2012—2022）》《习近平新时代中国特色社会主义思想概论》《论马克思主义中国化时代化大众化》《中国式现代化面对面：理论热点面对面（2023）》《马克思的事业：从布鲁塞尔到北京》等理论和学术著作。

（二）重大学术出版工程持续推进彰显文化力量

2023—2024 年，一批国家级重大学术出版工程持续推进，并陆续实现社会效益和经济效益的双重提升。《复兴文库》已出版三编共计 37 卷，《中国大百科全书》第三版主体建设任务已经完成。《马克思主义发展史》（十卷本）、点校本"二十四史"修订工程，《永乐大典》、敦煌文献系统性保护整理出版工程，中华版本传世工程，中华民族音乐传承出版工程等国家重大出版工程稳步推进，相关阶段性成果成为我国学术文化建设的标志性成果。《复兴文库》是党中央批准实施的重大文化工程，习近平总书记亲自作序指出，这部典籍的出版，对于我们坚定历史自信、把握时代大势、走好中国道路，以中国式现代化推进中华民族伟大复兴具有十分重要的意义。

《中国大百科全书》第三版以网络版为主体，同步编纂出版网络版、纸质版，于 2014 年正式启动，是新时代国家重大文化出版工程。2023 年，百科三版已集中发布 50 万个网络版条目；2024 年 1 月，首批纸质版 18 个学科 19 卷集中面市。

2023 年是"一带一路"倡议提出 10 周年，以"一带一路"为主题的学术出版佳作频现，如《习近平谈"一带一路"（2023 年版）》《一带一路：区域与国别经济比较研究》《丝绸之路：一部全新的世界史》等。

2023 年，中国语言资源保护工程、古文字与中华文明传承发展工程、中华思想文化术语传播工程、中华精品字库工程、中华经典诵读工程等一系列国家重大语言文化工程取得重大进展，在学术层面建成了世界上规模最大的语言资源库，《中国语言文化典藏》《中国语言资源集》《甲骨文摹本大系》等一系列标志性成果出版。[1]

2023 年，在马克思主义研究领域出版了一系列有影响的丛书和译丛，值得关注。包括《马克思主义研究丛书》《中央党校思想库丛书》《马克思主义经典著作研读丛书》《中国社会科学院文库·马克思主义研究系列》和《马克思主义研究译丛》等。

持续推进和实施重大出版工程，进一步提升了学术出版的影响力，有力地推动了出版业高质量发展。

（三）人工智能跨越式发展引发学术和出版同频共振

2023 年，ChatGPT 横空出世，生成式大模型开始席卷整个人工智能市场。2024 年

《政府工作报告》提出开展"人工智能＋"行动，人工智能正在成为产业创新的关键抓手和驱动新质生产力的关键引擎。国家数据局等17部门联合印发的《"数据要素×"三年行动计划（2024—2026年）》。所有这一切都形成一种强大的动力，推动着相关领域的学术研究和学术出版，同时也推动着出版业通过新技术实现产业不断升级的步伐。

在有关数字技术和由数字技术创造和推动的新经济或数字经济的学术出版领域，中国出版集团公司旗下的中译出版社表现最为突出，形成了集群式产品和领先优势。具有引领价值作用的数字技术板块，包括全球首部研究AIGC专著《AIGC智能创作时代》，以及《AIGC传播时代》《大模型时代》《AIGC设计创造新未来》《超级AI与未来教育》《第二大脑》《元宇宙通证》《元宇宙十大技术》《虚拟数字人》《元智人——世界未来报告书》《基因开关》等；具有实践价值的数字经济研究，包括《模拟化生存》《智能的启蒙——通用人工智能与意识机器》《数字原生》《AIGC商业宝典》《数字金融》《AI大战略》《循环——AI如何影响人类，人类如何应对AI》《元宇宙经济》《元宇宙大投资》《元宇宙与碳中和》《数字经济及其治理》《数字经济十大趋势》《NFT与数字经济》等；还有具有超前意识的"后系列"，包括《后数字时代》《后元宇宙时代》《后稀缺》《后秩序》《后增长》等。

数字技术和人工智能的发展深刻影响着学术创作和学术出版，包括内容的生产、编辑、传播及营销环节。学术界和出版界已经行动起来，要在学术研究和出版实践双向发力，既要积极开拓创新，又要谨慎稳步推进。

（四）出版市场热点为学术出版创新提供新思路

近年来出台的一系列扶持中华优秀传统文化发展的新政策，点燃了读者内心深处对中华优秀传统文化的学习热情，也引发了历史热、考古热、文博热、典籍热等国风新选题。

2023年度，考古文博类图书持续大热，在《翦商：殷周之变与华夏新生》（精）等轻学术书获得高销量的同时，一批考古文博图书获得各类重要奖项，如《溯源中华文明》《品读中国：风物与人文》《动物寻古：在生肖中发现中国》入选2023年度中国好书，《观念的形状：文物里的中国哲学》入围2023年度中国好书，经济效益与社会效益双丰收。多层次、多角度考古文博图书的出版，塑造了考古文博品牌，开拓了传承中华优秀传统文化的实践，构建了新时代传统文化出版的新格局。"传统文化热"在图书的装帧和设计方面也有体现，《千古霓裳：汉服穿着文化》一书图案构造、服饰排版新颖独特，外封"汉""服"两字的意象图形采用烫金工艺，内文装帧布折叠成竹简的形式，不仅受到广大读者的关注和喜爱，还获评了2023中国"最美的书"之一。

2023年度，女性主义相关话题图书热度一直不减，如在2023年整体学术文化市场的畅销书中，《始于极限：女性主义往复书简》《从零开始的女性主义》等图书尽皆在榜；呼应近年来学术界对于近现代女性群体的关注和书写，以女性视角讲述个人生命史的杨苡口述自传《一百年，许多人，许多事》的市场表现令人欣喜。

如果说与学术有关的图书之前给人的印象是阳春白雪式的"曲高和寡"，那么2023年学术文化图书市场的鲜活生动则为其增添了不少烟火气十足的"平易近人"，对政策热点的追踪跟随、对社会话题的关切回应，成为新时期学术文化出版创新的发力点。

三、中国学术出版现阶段存在的主要问题

不同层次的读者对学术图书的需求各有指向，与其相呼应的学术图书出版细分领域也因此面临不同的问题与挑战。

（一）专业学术图书出版周期长、受众少、库存风险大

专业学术图书的读者多为专业学者、学生或深度学术爱好者，他们更加关注图书的内容质量和专业水准，对价格不是十分敏感。但专业学术文化著作具有一定学术标准，写作难度大、成稿周期长，甚至需要耗费学者毕生的精力和心血，且需要出版社投入大量时间和编务、财力成本。销售方面，因受众少导致印制成本高、发行量不足，推广难度较大，甚至会导致一定程度的库存积压。

（二）轻学术作品大众化转化不理想，市场表现欠佳

轻学术作品的读者多为有一定学术基础和阅读习惯的人群，他们希望通过阅读兼

顾专业性与趣味性的作品，更高效更轻松地获取更多学术知识。但在实际出版过程中，一些学术文化作品虽具有较强的创造性、科学性、专业性，但在用通俗化、大众化的方式表达方面转化不理想，市场表现存在"高不成低不就"的情况。往往是推荐时"种草"，购买后"拔草"，时有"专业人士不愿看，普通读者看不懂"的情况发生。

（三）大众学术文化类图书质量良莠不齐，受短视频电商低折扣冲击最大

大众学术文化类图书的读者多为学术基础相对薄弱的普通人群，希望通过阅读掌握一些基础的学术知识，提高文化素养。对于这一出版板块，一些出版社只着眼于快速回应大众市场热点，一味跟风出版，只为吸引读者眼球，一定程度上放松了学术文化类选题应有的专业性，导致内容把关不严，知识性错误频出，编校质量不过关。

此外，短视频电商对学术图书的低折扣冲击在大众文化板块表现尤为明显。据开卷数据统计，2023 年短视频电商渠道学术文化销量前 50 名中有 17 种折扣在 2.0 折以下，其中前 10 名中有 5 种图书在 2.0 折以下，多为大众文化类图书。事实上，2.0 折意味着出版社几乎没有利润，折扣层面这种激烈的拼杀最终只会倒逼出版上游"萝卜快了不洗泥"，选用非"学术"背景的作者写书，为销量牺牲质量。这不仅会影响优质作者的出版信心和版税收益，也不利于出版社学术产品线的长期积累，长此以往还会从根本上损害优质学术研究的产出与转化。

四、中国学术出版市场趋势展望及建议

2023 年的学术出版在取得一定成绩的同时，也存在一定的问题，这些问题恰恰可以成为 2024 年乃至今后学术出版应该改进和努力的方向。除了继续强化出版的责任使命和担当作为等理想信念方面的职业教育外，还应进一步提高出版人的视野和眼界，进一步提高编辑的思想素养和专业能力。在学术出版方面，应该着力提高编辑的学科专业能力，还应该努力提高编辑的市场营销能力，尤其是利用新媒体、新技术的综合营销能力，树立融合出版的新思维，让融合出版为内容创新助力，为国际传播助力。

（一）坚守专业底线，做好图书差异化分层

无论哪类学术图书，出版社都要坚守专业底线，将科学性和准确性放在首位，在内容上经得住科学的考量。

对于专业学术图书，可根据市场实际情况通过按需印刷等技术控制印量，服务好专业读者群体；用学术思想引领社会发展，引发大众阅读兴趣，提升国民整体素质。

对于轻学术类图书，要做好创造性转化和创新性发展。既要有严谨的理论支撑，也要有生动的案例分析；既追求高质量学术水准，也要兼顾大众阅读偏好。

对大众市场化的文化图书，在严把作者关、质量关的前提下，可通过创新呈现方式形成差异化，通过多元化的产品矩阵全方位满足不同渠道读者的需求。

以《资治通鉴》为例，中华书局自1956年出版第一部标点本《资治通鉴》起，至今已经发展出数十种相关单品。针对不同群体先后推出繁体竖排文言版、简体横排文言版、白话文版、文白对照版、青少版、精装版、典藏版、线装本、礼品装等，包括对《资治通鉴》进行专门研究的学术专著，围绕这部名著打造了结构完整、质量优秀的"通鉴家族"产品群，积累了更多的读者群体，提高了自身的竞争力。

（二）加强交叉融合，以小切口折射大主题

近年来，交叉学科逐渐成为学术研究的重点之一，与之对应的学术出版也需进一步加强交叉融合，从专业性上体现交叉学科的丰富性和科学性。

在大众学术文化类学术图书方面，多学科融合、以小切口折射大主题的图书日益受到市场认可。开卷2024年1—2月学术文化类畅销新书数据中，将地理与历史、历史与心理学等不同学科领域相结合的作品频现榜单，如位列新书热销第6位的《透过地理看历史——春秋篇》从地理视角向读者趣味揭秘历史规律。以朝代、建筑、军事地理枢纽、武器装备、文物、服饰、食物等小切口折射深远、宏大主题的图书也受到读者喜爱，如《消失的名菜》基于广州博物馆馆藏的老菜单和老菜谱，对业已消失的名菜珍肴进行还原、重塑和创新，为研究中华传统美食文化提供了新的视角。

（三）用好新渠道，为学术图书开辟新赛道

学术图书的传统销售渠道主要包括实体店（馆配）渠道、平台电商渠道，目前已拓展至短视频电商、垂直及其他电商渠道，但在新文化传播形势下，需要进一步开拓与学术图书气质契合的新赛道。

2023 年，微信月活用户达 13.36 亿，视频号看播规模增长同比超 300%，日活跃创作者数和日均视频上传视频量同比涨幅均超过 100%，带货销售额同比增长 800%。图书类目在视频号版位的 GMV，占到图书类目在腾讯广告全流量 GMV 的 70% 以上。目前，不少出版机构已入局视频号，通过自播或与达人合作打造出了爆款书。视频号当前在图书产业存在着巨大的红利期。就综合成本而言，投放比其他短视频产品的转化率表现更好，因此具备成本优势；就用户画像而言，视频号的人群画像和图书购买的人群更为吻合，更容易融入场景，与用户人群产生共鸣，实现精准营销。当前图书营销的数字化不仅是图书营销手段的变化，更重要的是理念的变化。图书数字化营销不是简单地、孤立地使用数字化的理念、方式、手段，而是在一个更复杂、更宽广的视野上，将上述领域、对象、手段进行融合。

另如小红书平台的受众因受教育程度较高、追求生活品质且需求旺盛、对价格不十分敏感等特点，与学术文化读者群体契合度高，也已成为学术图书渠道营销的新蓝海。截至 2022 年底，小红书已有 2.6 亿月活用户，累计超 6 900 万创作者的社区，分享人数占比达 25.54%[2]，成为中国 2020 年以后成长最快的移动互联网产品之一。据书业媒体报道，2023 年 5 月小红书电商图书类目销售数据显示，成人书的行业平均客单价为 90 元左右，与其他平台 2.0 折的低折扣形成了鲜明对比。目前，中华书局、清华大学出版社、上海古籍出版社等学术文化类出版社已在小红书开设账号并收获不少粉丝。人民日报出版社粉丝数达 28.8 万人，获赞数为 36.2 万；译林出版社等一众品牌店铺直播成交量稳步提升。学术图书如何借小红书之船"出海"，可从以下三个方面考量：一是借助小红书口碑营销的特点凸显图书价值。可充分利用小红书的"种草"功能，找准营销点，精准触达学术图书受众。二是借助小红书"颜值加分"的特点，在书籍设计、宣传文案上下功夫。比如，广西师大出版社的特装书《宋徽宗》因为装帧精美，符合小红书受众的审美需求，在私域流量销售后又在小红书上架，仍实现了 500

多册的销量，体现了该平台的转化率。三是借助小红书"专业达人"的特点，发挥严选优势。小红书博主们多从自身专业背景出发，输出有价值的知识内容，因而很适合推荐有专业门槛的学术文化类图书。

（四）用好新技术，为学术图书插上"智能芯片"

2024年是中央发布《关于推动传统媒体和新兴媒体融合发展的指导意见》10周年。10年来，数字传播技术给出版融合发展带来了历史性变化。

借助新技术，未来出版社可以在通用大模型的基础上，打造适合出版社专属应用场景的L2专业大模型，打通学术文化生产、传播、读者体验全流程。推动利用AI助手协助作者进行专业学术资料的检索、内容撰写，协助编辑完成学术文化选题的策划、编校，协助营销人员制定"千人千面"的营销方案。例如，四川人民出版社就借助人工智能大数据采集和智能分析技术，挖掘海量数据，并对信息内容进行多维度分析，从而提取选题要点，形成选题分析报告，以此为编辑人员提供全面的辅助性决策信息。[3]

此外，人工智能与AR、VR、元宇宙技术的结合，也有利于学术文化读物以更多元的形式呈现给读者，如商务印书馆借助人工智能技术将书籍内容转换成音频、视频等多媒体形式，并以商务印书馆全媒体生产运营平台为载体进行广泛分发，向不同层面的用户提供了多形态的书籍内容，实现了学术书籍由可看到可听、可视的转变。[4]未来，利用人工智能技术在地方志、乡土文化等专业大数据中提炼有效内容，与地方文旅结合形成地域特色IP，推动乡土文化传承发展亦应是一条可行的路径。

通过政策、技术、出版端的共同发力，"人工智能+出版"将会驶入快车道，为新质生产力的培育和发展注入澎湃动能。

（五）加大编辑培养力度，建强"学术园丁"队伍

培养编辑专业素养与学者精神兼备的编辑人才，是学术文化出版高质量发展的关键之一。在新形势和新时代的背景下，负责学术文化图书的编辑不仅需要具备足够的学术基础和敏锐的学术洞察力，与学术界保持密切沟通，还要有能力协助作者完成学

术大众化的表达转化，进一步与市场接轨。因此，我们要加大编辑培养力度，着力打造一支坚持正确政治方向、学术导向、价值取向的高素质"学术园丁"队伍，不断提升学术出版的专业水平，为学术文化图书高质量发展而努力，为建设学术中国、建成文化强国做出贡献。

（于殿利　中国出版传媒股份有限公司原董事、原副总经理）

参考文献

[1] 重磅｜2023年度"中国人文学术十大热点"评选揭晓！[EB/OL]. (2024-04-20) [2024-04-20]. https://www.163.com/dy/article/J079K42Q0514950J.html.

[2] 黄鹤林，黄天儒. 最新！小红书落户横琴，注册资本5100万元 [EB/OL]. (2023-06-21) [2024-04-29]. https://baijiahao.baidu.com/s?id=1769328705497762982&wfr=spider&for=pc.

[3][4] 人工智能技术浪潮下的学术出版该怎么做 [EB/OL]. (2024-03-11) [2024-04-20]. https://epaper.chinaxwcb.com/epaper/2024-03/11/content_99838827.html.

2023—2024 中国少儿出版发展现状与趋势展望

史 妍

2023 年，少儿图书继续蝉联图书零售市场码洋占比榜首。中国少儿出版在主题出版创新、原创生产力提升、融合发展精品化建设等方面有诸多亮点，在满足我国青少年多元文化需求、培养德才兼备人才、服务文化强国建设方面发挥着越来越显著的作用。但同时由于外部环境的剧烈变化，也存在低折、乱价、盗版、高仿等市场乱象严重，少儿消费市场规模缩减，传统出版转型升级困难等问题与挑战。本文对以上问题提出对策与建议，同时也对 2024 年及未来一段时间少儿出版的发展趋势做出预测与研判。

一、2023—2024 中国少儿图书市场基本情况

2023 年，从整体市场规模来看，少儿图书虽依旧是中国零售图书市场码洋占比最大的类别，但码洋比重持续下滑。在 2023 年整体市场码洋规模转正，大部分细分品类实现正向增长的情况下，少儿图书的市场地位下降值得关注。同时，图书销售渠道巨变，短视频电商作为唯一正向增长的渠道，已成为仅次于平台电商的第二大销售渠道，由此带来的是少儿图书折扣持续走低，少儿出版单位利润受到严峻挑战，少儿图书市场竞争加剧，本就集中度不高的少儿图书市场进一步分散。

（一）品种与码洋规模

2023年，整体图书市场码洋同比增长率由负转正，实现了4.72%的同比增长，但实洋同比增长率却呈现负增长，降幅7.04%。少儿图书零售市场在2022年首次出现拐点后，2023年延续了下滑趋势，同比下降0.42%，虽未能止跌，但降幅有所收窄。2023年少儿图书虽仍是整体图书市场中码洋规模占比最大的类别，占整体图书零售市场的27.21%，但码洋比重也降幅最大，同比2022年下降1.4%。2023年少儿图书动销品种数338 609种，与2022年的328 558种相比有所增长。新书品种数21 132种，与2022年的19 506种相比增幅较大。新书品种数增加一方面由于疫情期间新书出版相对保守，各出版单位都有一定数量的储备选题，另一方面也与年初业界对疫情后少儿图书市场的相对乐观预期有关，同时，由于短视频渠道对畅销书的带动作用，新书码洋贡献率达到17.94%，不但相较2022年的11.76%有一定增长，也达到了2015年以来的最高水平。

（二）销售渠道情况

销售渠道加速迭代与变革，不但实体书店难以止跌，近年来高速增长的平台电商与垂直及其他电商也成了变革中的"传统渠道"，2023年经历了不同程度的下滑。短视频电商作为整体市场中唯一正向增长的渠道，继续保持高速增长，同比增长70.1%，已超过垂直及其他电商，成为第二大销售渠道。少儿图书作为短视频电商中的主要图书类别，所占的码洋比重也是所有渠道中占比最高的，2023年少儿图书在短视频电商中的码洋占比为41.5%。

虽然短视频渠道增速迅猛，对头部品种，尤其是新书销售拉动作用明显，但由于短视频渠道更偏向于销售高定价低折扣的少儿图书，新书销售生命周期相对其他渠道更短。短视频渠道的一枝独秀也带来了少儿图书的折扣水平不断下降，少儿出版单位的利润率持续走低，少儿出版的可持续发展受到严重挑战等问题。

（三）细分品类情况

2023年的少儿图书零售市场中，码洋贡献率最大的"三驾马车"少儿科普百科、少儿文学与少儿绘本结构基本稳定。少儿科普百科保持了 2022 年以来最大细分市场的位置，且市场份额持续增加，占比为 27.2%；少儿文学虽仍为第二大细分市场，但市场份额继续下降，占比为 20.31%，少儿绘本市场份额与 2022 年持平，占比 19.62%。从渠道表现来看，除实体店的少儿文学图书占比最高之外，其他三大渠道少儿科普百科都占首要贡献，少儿绘本位居第二。

少儿科普百科近两年增速迅猛，一方面与"科学阅读""科学进校园"的阅读新风尚以及学校和家长对科学阅读的重视程度不断提高有关，另一方面也与在异军突起的短视频渠道，科普百科类图书更易传播有关。少儿绘本由于长时间以来创作者、出版者与阅读推广者的合力，目前市场和读者已相对成熟，随着原创生产力的不断提升，优秀原创绘本的不断涌现，少儿绘本在今后一段时间内仍将稳中有升。

（四）市场竞争情况

2023 年，进入少儿市场的出版社持续增多，整体市场趋向分散。根据开卷数据，2023 年参与少儿市场竞争的出版社为 558 家，为 2014 年以来的最高水平。同时，码洋规模排名前十的出版社所占的市场份额从 2014 年的 35.44% 下降至 2023 年的 25.54%，码洋规模排名前五的出版社所占的市场份额从 2014 年的 23.24% 下降至 2023 年的 16.38%，本就市场集中度较低的少儿图书市场日趋分散。

与此同时，与几年前专业少儿社领跑市场不同，非专业少儿社市场份额明显增加，领先出版社中非专业少儿社数量增多。2023 年排名前五的出版社中非专业少儿社占三席，分别是排名第二的中信出版集团股份有限公司，排名第四的北京联合出版有限责任公司及排名第五的人民邮电出版社。

二、2023—2024 中国少儿出版发展亮点

2023 年，虽然少儿图书在零售市场端的表现不尽如人意，但在党和国家的政策引导下，少儿出版人在高质量发展道路上积极探索，创新求变，在主题出版、原创生产

力提升、出版融合、国际传播等方面持续发力，取得了令人欣喜的亮眼成绩。

（一）少儿主题出版持续创新发展

近年来，在党和国家政策引领、学术研究对先进理念深入探索以及少儿出版界的主动作为下，少儿主题出版蓬勃发展，势头向好。2023年，少儿主题出版持续创新发展，在出版规模、出版主题、产品形态、创作方式、媒介传播、市场反馈等方面都有了令人振奋的增长与进步。

从2019至2023年这5年的数据来看，每年的主题出版少儿图书品种数、品种占比、册数占比呈现逐年上升的趋势，并在2023年创造了历史新高；码洋占比除2022年出现小幅波动外，整体呈现上扬趋势。另一方面，虽然少儿主题出版的规模逐年上升，但总体占比不高，仍有较大发展空间。

表1 少儿主题出版市场在整个少儿市场的占比

年度	册数占比（%）	码洋占比（%）	品种占比（%）	品种数（种）
2019	0.15	0.11	0.66	1 961
2020	0.23	0.17	0.73	2 185
2021	0.92	0.68	0.96	3 055
2022	0.97	0.63	1.17	3 851
2023	1.12	0.65	1.26	4 274

（数据来源：开卷公司）

2023年，在少儿主题出版的内容题材与出版形态上，各出版单位积极探索，创新求变，取得了令人欣喜的成绩。

一方面，在出版主题上，除了一直以来备受关注的红色文化与优秀传统文化题材外，有了更多贴近当下现实生活、表达时代新风的精品力作。比如，明天出版社的"我的山野中国"原创图画书系列，通过讲述农民、牧民、渔民、山民的生活故事，带领当下的孩子踏上一段与自然对话的寻根之旅。少年儿童出版社的《河水清清到我家》、江苏凤凰少年儿童出版社的"金山银山——我和自然"绘本系列，让孩子们在阅读中了解"绿水青山就是金山银山"的先进生态观。南京出版社的《科技强国——给青少年讲述中国当代重大科技成果》、北京少儿出版社的《北斗牵着我的手》，则是在我国先进科学技术日新月异的大背景下，为孩子讲述当代中国科技发展成就和科学家精神的优秀读物。

另一方面，在表现形式上，除了一直以来作为少儿主题出版主力军的少儿文学作品，我们欣喜地看到，2023年少儿主题出版有了一定数量质量上乘的漫画、图画书、电子出版物等更加丰富多元、充满童趣的表现形式。比如，"美丽中国·从家乡出发"（漫画版），就是以深受中小学生喜爱的"条漫"形式，向读者全方位展示祖国各地悠久的历史文化及丰富的民俗生活。此外，该作品在创作方式上也有所突破，这套书由中国少年儿童新闻出版总社牵头，共有37家专业少儿出版社参与其中，号称少儿出版界的"百团大战"。除了传统纸质图书，2023年的少儿主题出版物在媒介形态上也有所突破，如童趣出版有限公司的《中国古代科技探秘》，就是充分把握少儿出版数字化、网络化、智能化方向，创新内容呈现的传播方式，将多种媒体形式融合，力求给孩子生动多元地展现中国古代科技的辉煌成就。

（二）少儿出版原创生产力显著提升

在目前原创和引进并驾齐驱的少儿出版市场上，原创力更能体现少儿出版的核心竞争力。中国少儿出版原创力不断增强，是我们由文化大国走向文化强国的必要条件。新时代为少儿出版的繁荣发展提供了前所未有的历史机遇和广阔舞台，也为少儿出版工作者提供了无比丰富的选题来源和出版素材。2023年，少儿出版原创生产力不断提升，不仅在原创作品的数量上有所增加，更在原创作品的质量、原创品牌的打造以及市场反馈上有令人欣喜的进步。

根据开卷数据，在少儿图书的头部品种中，原创图书占比进一步提升。2023年少儿图书零售市场Top100中，原创作品占61种，新书市场Top100中，原创作品占81种。本土少儿原创新作在少儿图书市场的占比越来越大，2023年本土原创新作占整个少儿市场的21.66%，是近十年来的最高值。这也是少儿原创生产力提升在市场端的映射。

2023年，少儿图书市场的三大品类：少儿科普、少儿绘本及少儿文学都显示了蓬勃的原创生产力，高原之作不断涌现。尤其值得标记的是原创绘本，在创作者、研究者、出版者和推广者的共同努力下，2023年的原创绘本迸发出了不一样的新鲜活力，无论是从创新性、引领性、艺术性的突破上，还是丰富多元的题材，抑或是兼具中国特色的深厚底蕴与国际视野上，都让人眼前一亮。比如，长江少儿出版社的《萝卜大厦》，天天出版社的《嘿，有一个洞》，山东教育出版社的《一切都是最好的安排》，都在图文表达上呈现出独具东方美学特点的气韵。此外，2023年原创绘本呈现出"推陈"与"出新"并举，名家名作与新人新作交相辉映的生动局面。比如，著名诗人、作家高洪波老师和李海燕合作的《图书馆之夜》；著名画家周翔老师在奠基作《荷花镇的早市》后推出的又一部热气腾腾的集市新作《我和爸爸逛巴扎》；"黄金拍档"黑鹤与九儿合作的又一力作《鄂伦春的熊》；著名画家蔡皋老师与萧翱子合作的《火城1938》，都是兼具文学性、艺术性、儿童性与创新性的上乘之作。新锐创作组合"和畅团"佳作不断，新作《萝卜大厦》和《捉》不但在国内屡获大奖，而且销量可观。此外，16岁高中生宗祖儿的处女作，表现自闭症儿童内心世界和生活际遇的《小猫丁丁》等新人新作，都有令人欣喜的表现。

（三）少儿出版融合发展精品化趋势日益明显

在国家政策引导及少儿出版界的不断努力下，少儿出版业全媒体阵地不断拓展，媒体融合发展取得显著成效，进入传统的纸质阅读和新型的电子阅读共存的时代。2023年，少儿出版融合发展精品化趋势日益明显，少儿出版企业开始由内容提供商向综合服务商转型。融媒体产品开发日益常态化，发展方向日趋多元，新媒体营销意识形成普遍共识，跨界融合进入初步探索期，全产业链运作态势初显，培育出令人振奋的新的产业增长点。

在2023年国家新闻出版署公布的41个项目入选数字出版精品遴选推荐计划中，少儿类融合出版项目、儿童成长数字内容平台占10家。包括人民教育出版社有限公司的《习近平新时代中国特色社会主义思想学生读本》配套教学资源平台，浙江少年儿童出版社的"少儿多维度阅读服务项目"，湖南省新华书店的"四维阅读"青少年书香工程等。入选项目内容质量精良，产品形态丰富、参与主体多元，且入选单位有望依托数字出版精品项目的示范作用，进行平台式、矩阵式出版融合升级。

随着越来越多跨行业，或掌握内容资源、平台数据、渠道优势的机构参与内容生产，少儿出版的行业资源受到其他行业进入者的挑战。2023年，面对新时代新技术洪流，部分少儿出版单位充分利用自身优秀的图书内容IP，尝试开展多介质多平台跨行业开发，取得了上佳成绩。

2023年，二十一世纪出版社集团成立了IP运营项目部，以大中华寻宝记IP为核心，开展文创产品生产与IP授权业务，开发了毛绒玩具、文具盒等数百个品种，在全国30余家实体书店上架销售；浙少社充分发挥内容资源优势，策划了一系列音视频、电子书、搭载智能硬件的交互式图书、课程等跨介质融合出版产品的开发与运营。其中，《装在口袋里的爸爸》系列有声书全网播放量超10亿人次。海豚数媒以优质版权为基础，推出了豚小蒙双语学习机、熏听机等一系列智能硬件产品，在与传统硬件厂商、转型的在线教育和线下教培企业的市场竞争中取得了先机。

（四）少儿出版国际传播力与影响力不断扩大

近年来，在少儿出版界的共同努力下，越来越多的少儿图书创作者、图书作品、阅读推广者及学者走向世界，获得国际认可，参与国际合作，融入国际体系。中国少儿图书已经成为我国"走出去"最多、在国际上获奖最多的图书品类。2023年，中国少儿出版继续从各方面、各层次积极开展国际交流与合作，立足中国，融通世界，在扩大国际传播力与影响力上取得了亮眼成绩。

2023年10月，中国画家陈巽如凭借《牛王节》一书荣获第29届布拉迪斯拉发国际插画双年奖（BIB）金苹果奖。截至目前，已有七位中国插画家赢得金苹果奖。"中国图画书熊猫荣誉作品国际巡回展"首站——BIB特展于同期在斯洛伐克首都布拉迪斯拉发举行，特展借助BIB平台，向世界推介中国图画书最新创作发展成果和BIB金苹果奖历年获奖华人画家作品。

2023年，北京师范大学文学院教授陈晖当选第29届布拉迪斯拉发国际插画双年展（BIB）奖项评委。南京师范大学教授谈凤霞当选2024年国际安徒生奖评委，成为继北京外国语大学教授吴青之后第二位进入国际安徒生奖评委会的中国学者。

2024年4月，在世界最大的国际少儿书展，第61届博洛尼亚国际儿童书展上，中国受邀担任本届童书展首次设立的"市场焦点国家"。60余家中国重点出版集团、少儿出版社和印刷企业参展，展会期间成功举办"世界少儿出版高质量发展论坛""卓越大师·中国"插画展等40余场活动，向世界展现了中国少儿出版业在新时代的新气象，积极推动中国少儿出版走向世界。

三、少儿出版发展面临的问题与挑战

中国少儿出版受外部环境变化与内部动能转化的影响，仍面临诸多问题与挑战，其中一些问题已相当严重而急迫，造成了出版业的生存发展困境。少儿出版的高质量发展，不单指产品内容高质量，也包括产业生态的高质量。因此，我们必须直面问题、解决问题，才能整装上路、向未来进发。

（一）流量时代折扣、规模与利润之困

近年来少儿图书销售渠道迅速变化，而新渠道的销售逻辑都要靠低折扣、高运营成本支撑，从而导致图书销售折扣一降再降。根据开卷数据，少儿图书的零售页面折扣由2022年的5.8折下降至2023年的5.1折，其中短视频渠道的折扣最低，2023年只有3.4折；垂直及其他电商的降幅最大，由2022年的7.7折下降至2023年的5.5折。少儿图书全渠道低价、低折销售日益常态化，少儿出版企业不得不面对规模与利润、流量与折扣的挑战，部分少儿出版企业甚至出现了利润倒挂的情况。

低价、低折扣是对出版业的一种绞杀。消费者并未真正得到实惠，出版社失去了利润空间，最大的受益者可能是销售平台，它们收获了流量和规模，而"流量"和"规模"已经不是高质量发展时代的首要考核标准。出版社已经转向而渠道不转，出版社也很难真正上路。渠道多元、第三方书店数量庞大，甚至很多个体经营的网络书店手中无货也上架商品信息，并随意确定网络售价，导致图书销售价格混乱现象十分严重，出版社实现高效控价难度极大。低价、低折、乱价等市场乱象将严重影响少儿出版的可持续发展，少儿出版要实现高质量发展，亟待对这些市场乱象予以整治。

（二）盗版、高仿、跟风书现象猖獗

尽管国家在立法、执法、政策层面不断加大对盗版、侵权行为的打击力度，我国的知识产权保护也取得了显著成效。但在实际工作中，少儿出版盗版、高仿现象依旧

猖獗，严重损害了内容生产者的基本权益和再生产热情，对读者、消费者也是伤害和误导。盗版、高仿、跟风书问题一直得不到根本性的解决，对少儿出版的未来发展影响巨大。特别是网络盗版存在交易隐秘性强、盗版门槛低、维权成本高等问题，尤其难以应付，而电商平台不做实质性自查，对盗版行为的放任态度，如拼多多和淘宝，就让出版社的打击盗版之路尤为艰难。

在直接盗版以外，少儿出版业的高仿现象同样难以断绝，严重影响出版业的创新与高质量发展。一本原创作者辛辛苦苦打磨三年五载创作出来的图书，一旦畅销，就被无良机构改头换脸，以最快的速度、更低的价格推向市场，抢占原作生存空间，这是对知识产权的践踏，损害了专业创作者、出版社的合法利益，更会损害创新者的创作热情。长此以往，少儿出版的创新与高质量发展将难以实现。因此，将知识产权保护落实到位，全面打击盗版，杜绝高仿，是帮助少儿出版企业走上良性循环的必兴之举，也是当前的燃眉之急。

（三）儿童消费市场规模缩减的影响

尽管国家开放了二孩、三孩政策，各地也都相继出台推动生育政策，但近十年来，中国的新生儿数量呈下降趋势。除2016和2017年受二胎政策影响数据略有回升外，其余年份出生率持续下降，见图1。2023年人口出生率为6.39‰[1]，跌破10‰。新增人口逐年下降，未来儿童消费市场面临规模缩减的挑战。就少儿出版而言，6个月开始的儿童即是服务对象，以卡片、挂图、低幼启蒙、少儿图画书主要服务的0—6岁读者而言，适龄读者人数下滑，叠加二孩、三孩家庭新增消费频次减少，儿童消费市场一定程度上的规模缩减近在眼前，需要引起业界关注。

图1 2013—2023我国出生人口情况

数据来源：国家统计局

(四) 微利时代人才队伍建设的窘境

作为文化创意产业,出版业要想实现高质量发展,必须要有一支高素质、有文化、综合能力强的人才队伍。出版专业人才培养标准高、周期长,理论上无论对从业者还是出版单位来说,都应该是一种长期选择。长期,意味着需要从中获得足量而持续的收益,获得终身学习和发展的通路。在少儿出版业过去二十年的高速发展中,出版队伍的建设与出版人才的培养走了一条相对"速成"的道路,对新编辑的培养周期大大压缩,但对编辑的综合能力要求又大大提升,导致编辑人才普遍存在基本功不够扎实等问题。

长期观念在市场化过程中一定程度被打破,人才逐利而行也成为普遍现象。如今,少儿出版业又由于愈演愈烈的低价、低折扣问题进入极端微利时代,高水平出版人才流失,新的出版人才资源又很难补充进来,进来后又难以维持长期稳定。当下以及未来一段时间的中国少儿出版业,还将面临人才队伍建设的挑战。

(五) 传统出版转型升级的挑战

"双减"政策落地,为教育减负之后,2010 年以来爆发式发展的互联网 K12 教育被按下停止键,仅有少量从业人员外溢到少儿出版业。而诸多转型的互联网教育公司为盘活其原有教育内容资源,开始把业务转向教育出版,如新东方、学而思等都开始将其原有课程内容转化为学习类读物,投入市场,其产品的学习属性、多年学科教育积累的品牌效应以及短视频渠道的加持作用使其能够快速占领市场。这对传统少儿出版业来说是一次巨大的冲击。

与此同时,尽管已经进入移动互联网时代多年,媒体形态也经历了多轮更迭,很多传统出版社的组织架构、策划思路、营销方式,仍未能与互联网 3.0 时代接轨,更不用提人工智能等发展趋势。不能领先时代,至少也应做到与时俱进。传统少儿出版机构在内部机制与企业文化的建构上,亟须优化升级,与时代全面接轨。

四、推动少儿出版高质量发展的建议

当下，少儿出版的竞争已从选题、品种、渠道等微观层面的竞争发展至图书产品线、版权资源、市场影响力、人才队伍、企业文化等综合实力的高级竞争阶段，市场集中度将进一步强化。要实现少儿出版的高质量发展，需要有关部门及少儿出版从业者共同努力，统筹推进出版行业管理，实施依法治理、源头治理、系统治理、生态治理，为少儿出版新发展解决无序竞争、价格乱象、盗版高仿等多年顽疾，破除发展困境，创造健康有序的行业生态环境。

（一）优化少儿出版体系建设，增强少儿出版专业性

少儿出版要坚持价值出版和"双效"创新，在追求文化影响、社会影响、国际影响的前提下，追求可持续性发展。随着社会环境不断变化，出版业和出版机构的考核评价体系也应随着时代发展做出优化调整，用新的"双效"考核体系来考核评价出版机构和出版业。现在还有一些出版单位把经济效益指标当作硬指标，把社会效益指标当作软指标。不符合出版规律和国家宏观经济发展形势的经济指标会导致有些少儿出版单位盲目增加图书品种，拼命扩大生产规模，甚至买卖书号，以提高自身的市场占有率，造成同质化出版、重复出版，扰乱图书市场，造成资源巨大浪费。

少儿出版机构必须要既重视经济效益，也重视社会效益，重视规模、体量的扩大，更重视出版的质量提升。少儿出版单位要坚持专业立社，聚资源出精品，激发原创内驱力，充分利用自身的专业定位、产品线规划、作者资源、营销优势等，不盲目跟风，扎实走高质量发展之路。同时，出版单位需要在内部构建并完善高质量精品图书出版流程，逐步通过构建先进的生产体系，系统化获取、使用出版资源，进而合理配置资源，提高少儿出版专业能力。

（二）加大行业监管力度，重塑良性市场生态

由于尚未建立图书定价折扣和新书销售价格保护机制，少儿出版企业在价格战、

折扣战面前没有任何话语权和控制权。中国图书市场定价折扣战此起彼伏，从当当、京东等传统电商的折扣战，到社群电商促销战，再到抖音、B站、小红书等新媒体平台的营销，都拿少儿图书作为引流的主要工具。销售平台掌握着图书市场的主要销售渠道，"渠道为王"逐渐主导着图书市场的议价话语权。部分平台为追求流量曝光，以低折扣、高佣金的众多满减、促销活动，不断挤压出版企业利润空间，被迫提升图书定价，导致出版产能后劲不足，少儿图书产品创新减弱。

2021年12月28日，国家新闻出版署印发《出版业"十四五"时期发展规划》，其中明确提到"推动图书价格立法"。图书出版是文化产业的核心构成之一，图书具有传承文明、传播文化的重要作用，这种文化特性使图书定价不同于那些可以完全受市场竞争影响的普通商品定价。因此，尽快推动图书价格立法，遏制图书低价销售、低折倾销，建立健全图书定价保护机制对于少儿出版业的健康发展极为重要和迫切。

（三）加强知识产权保护，系统打击盗版侵权

图书盗版现象猖獗，盗版数量触目惊心，极大损害了作者和出版社的合法权益。少儿图书是图书盗版侵权的"重灾区"。盗版侵权行为严重损害了出版机构的合法权益，极大破坏了出版生态环境，不利于出版行业健康可持续发展。打击盗版是个系统工程，需要政府部门、平台电商、行业协会、出版机构和消费者等多方合力参与。要加强对电商平台的监管和规范，提高销售盗版书的成本，追究电商平台负责人、售卖盗版书的店铺责任人的相关法律责任。加大对线上销售图书店铺的资质审查力度，严惩售卖盗版图书的电商平台，从源头切断盗版的销售通路。出版社要主动对侵权盗版图书"亮剑"，积极开展打击盗版图书专项行动，用好法律武器，维护正版权益，保护出版生态，让好书有更好的生长土壤。

此外，全社会应加大知识产权保护意识的宣传力度，组织开展知识产权教育讲座，也可设置举报盗版图书热线，对提供盗版图书线索的读者给予奖励，提升全民自觉抵制盗版图书的意识。

（四）加快推进融合出版，不断拓宽出版边界

伴随着技术发展、社会进步，人们的阅读场景、内容载体、图书营销的内涵和手

段都发生了变化，可总结为四个方面。一是数字化。内容通过图像、音视频等方式进行数字化传播。二是社交化。消费者在哪里聚集就在哪里交流，社交体验逐渐引领消费。三是扁平化。销售重心正在由 TOB 向 TOC 转移，抖音带货、大 V 带货等日益成为销售引擎。四是兴趣化。消费者以兴趣为标签，自发融入或者被大数据划分为一个个社群。

由于发生了这些变化，出版业要改变理念，从传统营销向新零售转型，研究读者阅读场景、内容载体、阅读行为等方面的变化。调整销售通路，改变网络布局，强化线上营销，建设更为灵活的产品组合与渠道形态。发展自营渠道，打造自营账号和店铺矩阵，让出版机构自身能够在市场上发出更大的声音。在出版的过程中，要打开思路，打破壁垒，与更多的母婴、艺术、教育等不同形态的产品实现"集合式"的销售，构建全新的"物理"形态。少儿出版应积极打破产品形态出版边界，拓展出版产业链，使内容资源有效实现产业转换和跨界融合。

（五）实施人才扶持计划，助力高质量人才培养

建设高素质的出版人才队伍，首先要增强出版学科建设。人才培养是学科建设的落脚点，人才建设离不开学科发展做支撑。出版学科建设应借助出版专业的师资与学术力量，深入推进出版学科体系构建，不仅要尊重高等教育规律，还要紧密对接经济社会发展的新需要，培养拥有良好理论基础和实践训练的高素质人才队伍，向出版业输送新鲜血液。

此外，还应不断优化在职出版从业者的继续教育培训。建议出版单位及上级主管部门加强对青年编辑的培训工作，为青年编辑提供对外交流学习的机会，举办针对出版从业者的高级研修班，进修关于编校技能、印装知识、数字出版等内容，增加出国研修深造的机会。重视校对、排版、美术设计等实用型人才的培养，增强职业认同感、归属感和荣誉感。

同时，要建立健全符合新时代新发展需求的人才评价体系。构建多元评价体系，从社会效益、能力提升与贡献等多维度进行考量，优化人才考核激励机制和成果分配机制。健全以创新能力、质量、实效、贡献为导向的出版人才评价体系，让更多优秀出版人得以在新时代文化强国建设新征程上施展才华。

五、中国少儿出版趋势展望

奋进新征程，筑梦新时代。有党和国家对少年儿童与出版工作的高度重视，有执着热爱、永不言弃的少儿出版人，我们没有理由不相信，中国少儿出版的前景一定光明。进入新发展阶段的中国少儿出版要坚持以习近平新时代中国特色社会主义思想为指导，找准历史方位，提高政治站位，在大局下谋划，在大局中推进，切实履行历史使命。在解决历史问题、用好时代机遇的基础上，实现自我的新发展、新超越。回望来时路，审视当下现状，2024年及未来一段时间的中国少儿出版将呈现如下趋势与特点。

（一）主题出版政策将持续激发更大增长空间

从2003年至今，经过近20年的探索与实践，主题出版随着我国大国崛起的进程不断与时俱进，越来越多的主题出版精品力作不断涌现。自2012年起，党和国家相关部门对以聚焦重大事件、重要时间节点等的主题出版工作愈发重视，宏观动力机制逐渐明晰。包括2012年国家出版基金为主题出版提供的特别通道，2015年中宣部主题出版重点出版物项目的实施，以及"十三五"规划（2016—2020）首次设立的"主题出版规划"子项目，到"出版业十四五规划"（2021—2025），进一步明确主题出版的统领地位。2015年开始，全国优秀儿童文学奖，桂冠童书奖以及向青少年推荐的百种优秀出版物，加上中国好书、"五个一工程"、中华优秀出版物等系列奖项把少儿类主题出版纳入其中。

各少儿出版机构积极打造主题出版精品图书，推出了一批反映新时代少年成长精神特质、弘扬红色文化传承革命精神、传承发展优秀传统文化、讴歌新时代新成就的原创精品，取得较好的社会效益。以中宣部主题出版重点出版物入选的少儿类主题出版选题来看，2015—2023年间，少儿类主题出版整体上入选数量呈稳重上升态势，入选比例稳定在平均10%左右。

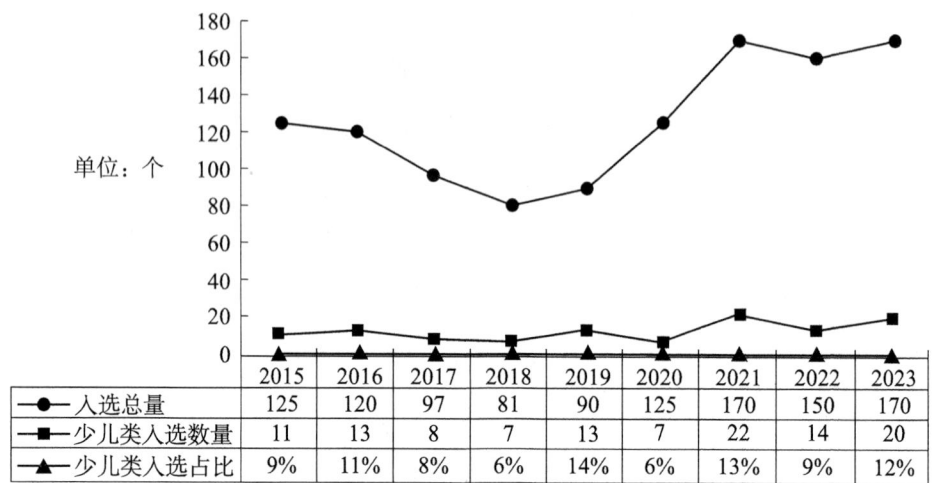

图 2　中宣部主题出版重点选题少儿类主题出版入选趋势变化

数据来源：中宣部主题出版重点出版物选题目录

这些精品主题出版图书，有相当一部分已成为畅销书，在双效实现方面取得良好成绩。比如，儿童文学类的主题出版读物《雪山上的达娃》销量超过20万册；党史读物《伟大也要有人懂：一起来读毛泽东》销量超过20万册；少儿科普类的主题出版读物《美丽中国·从家乡出发》系列销量超过58万册，《中华先锋人物故事汇》销量超过1 600万册。由此可见，主题出版不仅是出版人的社会责任和文化担当，更是巨大的可以拓展的市场空间。

根据开卷数据及各个重要奖项的获奖情况可以看出，少儿主题出版图书的数量、规模、质量、效益同步提升，市场潜力愈发显现。然而，虽然增长势头良好，但少儿主题出版图书的码洋占有率仍不到少儿图书市场的1%，仍有很大提升空间。

随着少儿主题出版题材与内容的不断创新，读者年龄层的进一步扩展，媒介形式更加丰富与多元，少儿主题图书必将越来越受到读者青睐。尤其是在新的营销格局下，当出版机构的营销推广能力不断提升，自营渠道日益增强的情况下，这些源于儿童本位创作，有趣有用的少儿主题出版读物，必将迎来更大的市场空间，成为未来出版机构撬动市场的有力杠杆之一。对于少儿出版业，主题出版是大趋势，更是新机遇。在高质量发展导向下，少儿主题出版将成为未来少儿出版领域最核心、发展潜力最大、经济效益最好的板块之一。

（二）新营销格局将构建少儿出版品牌新生态

如今，少儿出版的竞争已从产品竞争时代步入品牌竞争时代。品牌化是少儿出版高质量发展的必然结果。有核心出版品牌的专业少儿社、走特色发展之路的非专业少儿社及民营出版机构正在新的营销格局下快速发展。

根据开卷数据，2005 年之后参与少儿市场竞争的品牌数量不断增加。2005 年及以前少儿出版品牌只有 40 种左右，2015—2020 年增长至 450 余种，2023 年增长至 509 种。2023 年少儿品牌图书在少儿"金品种"码洋占比中超过四成。特色化、品牌化将是少儿出版发展的必由之路。

随着新媒体渠道的一枝独秀，多平台多中心化的营销格局逐步建立。

一方面，专业少儿出版社的经典图书品牌在市场上仍有经久不衰的生命力。比如，长江少年儿童出版社的"百年百部中国儿童文学经典书系"、二十一世纪出版社集团的"彩乌鸦中文原创系列"等品牌图书历久弥新，表现上佳。

另一方面，部分走特色化道路的非专业少儿出版社及民营机构，充分借助新媒体渠道的宣传推广势能，在优质少儿品牌的打造与运营上创新求变，积极突破，取得了亮眼成绩。根据开卷数据，2023 年少儿市场出版品牌中超过 50% 是少儿专业领域品牌，而在少儿专业品牌中出版社的子品牌有 43 个，出版公司及子品牌有 230 个。2023 年，少儿市场中实洋排名前三的少儿专业出版品牌乐乐趣、爱心树童书和海豚传媒，都是在少儿出版领域深耕多年，凭借知名图书套系不断夯实品牌认知的民营公司品牌。此外，在细分领域占优势地位的少儿品牌中大多数是非专业少儿社或者民营公司品牌。比如，在少儿科普百科中占优势地位的乐乐趣、小猛犸童书、蒲公英童书馆；在少儿绘本领域占领先地位的信谊图画书、爱心树童书、蒲蒲兰绘本馆。

特别是一些民营公司发挥自身优势，聚焦细分赛道，打造了不少连续增长、具有良好读者基础的新兴少儿品牌。比如，聚焦传统文化类少儿图书的狐狸家、米莱童书；聚焦益智早教及融合产品的宝宝巴士；聚焦少儿科普百科的磨铁星球等。尤其值得关注的是在少儿绘本、桥梁书和低幼启蒙都有表现突出的新兴品牌青葫芦，凭借"小羊上山""大英儿童百科"等畅销图书品牌，逆势迅速增长。根据开卷数据，在全国少儿图书公司排名中，2022 年还名不见经传的青葫芦 2023 年已经跻身全国 TOP10 行列，

2024年单月实洋排名全国第二。

少儿出版未来需要走品牌化的特色发展之路，这是趋势所向。在新的营销格局下，拥有较强原创能力与自营渠道优势的少儿出版机构将在市场竞争中占据优势地位，流量和口碑将进一步向优质品牌聚集，少儿出版的品牌新生态将逐步形成。

（三）新技术应用为少儿出版业发展提供新动能

2024年是习近平总书记作出"加快传统媒体和新兴媒体融合发展"重要指示10周年。2024年3月5日，十四届全国人大二次会议的政府工作报告提出，要在数字经济领域开展"人工智能+"行动。这标志着人工智能成为数字经济时代的核心驱动力，将全面干预各行业和领域，打造具有国际竞争力的数字产业集群，少儿出版也不外乎此，出版融合发展早已成为少儿出版产业发展的重要趋势。

新兴技术的发展日新月异，融合出版的未来势不可挡。随着数字技术和网络技术的迅猛发展，全民阅读的深入开展，数字阅读市场规模的不断增长，少儿出版融合产品内容日益丰富，形式更加多样，与技术的融合正在加深，少儿出版融合格局正在迅速演变。这也对少儿出版业顶层设计、业务布局等方面提出了更高的要求，整个少儿出版业正在不断创新发展模式，构建发行业新生态，力争快速实现从出版机构向知识服务机构转型。

少儿出版企业必须要把握好出版业数字化转型升级的大趋势，把融合发展和数字出版产业作为未来主攻方向，更好地促进内容生产和传播手段融合化、现代化，切实推动数字阅读、数字教育和知识服务等核心板块的内容革新与技术融合，不断加强内容建设、扩展受众圈层、延长出版产业链，提升产品和服务的新兴技术含量，增加数据和用户运营手段，扩大数字出版新业务在出版总业务中的占比，使内容与科技双向奔赴、深度融合，形成新质生产力，为少儿出版高质量发展贡献力量。

（四）少儿出版"走出去"进一步提质增效

文化竞争力是国家竞争力的重要体现，文化出海是文化强国的关键着力点。随着我国综合国力不断提升，我国出版走出去发展态势良好，总体呈上升趋势，不仅内容题材更加丰富多元，版权贸易形式也呈现多样化特点。

随着"走出去"意识的不断增强，国际出版合作机会逐渐增多，"中国创意，全球创作"的合作模式成为突出亮点，越来越多的中国出版商以独资或合资的形式走向海外市场。除法兰克福书展、北京国际图书博览会等国际书展外，国家对经典中国国际出版工程、丝路书香工程等项目的扶持力度不断增加，出版单位的积极性也越发提高，为增强少儿出版的对外传播话语权提供了重要保障。

少儿出版因面向低年龄段的读者群体，对图书的材质、工艺、装帧形式都有着更丰富、更复杂的要求，如撕不坏的"布书"、立体书、卡板书等。在此类工艺制作上，国内有着较大生产优势。通过此类需要复杂工艺的高品质图书，为更多出版物实物出口提供了契机。应在优化内容选题，挖掘本土特色，讲好中国故事上下功夫，让更多国外小朋友了解到中国的故事和文化。

同时，要立足国内、国外两个市场，做好顶层设计与资源统筹，既要巩固、稳定已有国际合作资源与渠道，同时也可以通过项目投资、企业合建、开设海外分支机构等方式，运用资本、产品等打开少儿出版新的目标市场，拓展平台合作，扩大国际影响力。

此外，技术创新与文化创意结合才会增强对外传播能力。数字出版是技术与文化结合的集大成者，在对外话语体系重构中可以发挥重要作用。通过技术创新、媒体融合，搭建数字化平台等方式，可以让少儿出版在国际传播话语体系中大有作为。借助5G、区块链技术、VR 技术等，为本土 IP 赋能，让更多人感受到中华文化的魅力。

未来，少儿出版将打造出版走出去技术创新、内容创新、融合创新的高质量创新链，构建多主体融合的国际市场生态新体系，拓展出版走出去的广度与深度，全面提升出版产品的核心价值和国际传播力。

（史妍　童趣出版有限公司总经理）

参考文献

［1］中国网. 国家统计局：2023 年我国全年出生人口 902 万人［EB/OL］.（2024 – 02 – 29）［2024 – 06 – 30］. https：//baijiahao. baidu. com/s？id = 1792212485475133133&wfr = spider&for = pc.

2023—2024中国大众出版发展现状与趋势展望

任殿顺　杨石华

大众出版是出版业的核心业务板块之一，也是市场敏锐度较高、竞争激烈、创新能力较强的出版门类，对其进行年度回顾和趋势研判有助于对我国出版业整体发展情况有更为清晰准确的把握。从2023年初新冠疫情防控政策放开以来，出版业进入行业复苏的过渡期，作为出版市场前端的大众出版有何变化、存在哪些问题、呈现何种发展趋势，值得系统性地分析和梳理，这将有助于大众出版从业者及时调整自身策略以适应新的市场需求。

一、大众出版的界定

2002年程三国在谈论现代出版业时，沿用欧美的概念将其分为大众出版（Consumer Books）、教育出版（Educational Books）和专业出版（Professional Books 或 STM Books），其中大众出版指的是"与大众的日常生活、休闲阅读以及文化体验相关的出版"，其运作逻辑是商业逻辑并"以人们的生活娱乐和兴趣来分类，常见的类别有小说、传记、少儿、艺术、旅游、保健、文化、科普、理财、自助、励志等"[1]。随着社会消费偏好的发展和人们阅读需求的变化，出版业也正在面临新的变化，大众出版同样如此。2020年周蔚华对大众出版的理解有所更新，指出大众出版在商业特性方面具有投资门槛低、投资风险高、盈利性差、回报期短的特点，在营销模式上注重原创性产品、定价弹性大、以零售渠道为主并有渠道依赖、注重媒体组合和渠道组合的推广方式。[2]既有的研究在讨论大众出版时，均强调其市场化的运作逻辑，并对相应的出版范围和类型给予了大致的划分，但它们存在范围过于宽泛的问题，因此是广义上的大众出版。随着少儿出版的壮大和发展日益趋向专业化，产业界逐渐将其视为一类特定的出版活动。少儿出版因其知识信息内容混杂和幼稚化，加之其消费驱动的教育压力化，与业务实践和日常讨论的大众出版有着诸多隔阂和不适性，为此我们需要对狭义性的大众出版进行界定。

在本报告中，我们借鉴逻辑学视域下的出版概念界定方式，采用"属加种差法"对概念进行界定。在采用这一概念界定的方法时，出版科学定义的"四维一体"范式尤为值得参考，"四维"即出版主体、出版客体、出版媒介以及出版环节、"一体"指出版属概念。[3]因此，我们尝试将新时代的大众出版定义为：出版机构为满足普通大众（不包括学龄儿童）日常知识信息（不包括教育辅助学习类知识信息）和娱乐文化需求，对出版资源进行公共媒介生产与大众传播的社会活动。大众出版相较于其他出版活动而言，市场化运作逻辑较为明显，其出版物范围包括人文社会科学和自然科学等非虚构类和文学艺术等虚构类作品，这些出版物是大众情绪的媒介载体和反映时代阅读偏好的指明灯。

二、2023—2024中国大众出版的发展背景与规模测算

2023—2024年中国大众出版所处的社会环境决定了其实际出版规模和市场份额。在宏观经济复苏缓慢的背景下，大众出版业的行业复苏直接受到影响；财税政策的调整对整个大众出版业的影响尤为显著。

（一）不如预期的"行业复苏"

2023年，随着我国疫情防控政策的放开，各行各业正式进入复工复产的阶段。整

体而言，2023—2024年中国经济发展处于一个缓慢发展的复苏期。据《中华人民共和国2023年国民经济和社会发展统计公报》数据显示：全年国内生产总值1 260 582亿元，比上年增长5.2%；全年人均国内生产总值89 358元，比上年增长5.4%；全国居民人均可支配收入39 218元，比上年增长6.3%；全年全国居民人均消费支出26 796元，比上年增长9.2%，其中教育文化娱乐性支出占比10.8%为2 904元；全年全国规模以上文化及相关产业企业营业收入129 515亿元，按可比口径计算，比上年增长8.2%；出版各类报纸258亿份，各类期刊18亿册，图书119亿册（张），人均图书拥有量8.40册（张）。[4]虽然整体趋稳向好，但经济发展的"体感"呈现出一种"大病初愈"状态，因此与"复苏"密切关联的"固本培元"成为2023—2024年中国经济发展的一个核心关键词。大众出版作为一种基于市场化运作逻辑的出版实践，经济发展水平尤其是读者的人均可支配收入直接影响着其阅读消费行为的发生。因此，在经济发展缓慢的"复苏"期中，相较于有着刚性需求的教育出版和专业出版而言，大众出版受到了更为直接的影响，呈现出需求低迷、规模萎缩的态势，行业期待的"口红效应"并未出现。

（二）文化税收政策调整影响出版产业发展

2023年9月，财政部、税务总局发布的《关于延续实施宣传文化增值税优惠政策的公告》规定，2027年12月31日前，对不同类别的出版物在出版环节执行增值税100%或者50%先征后退政策。这一税收优惠政策对出版业发展是利好消息。但是由于经营文化企业所得税优惠政策的适用范围调整，国有出版企业的压力显著提升。为此，在2024年的"两会"期间，来自出版界的代表和委员们纷纷建议相关部门对出版企业继续免征所得税，持续利用财税政策杠杆，为出版业高质量、可持续发展提供实实在在的经济支撑。[5]值得注意的是，民营图书公司此前并未在税收政策中享有优惠，因此受影响程度不大。

（三）对2023年我国大众出版市场规模的数据测算

根据北京开卷信息技术有限公司的监测数据，2023年中国图书零售市场码洋规模同比增长率由2022年的负增长转为正向增长，同比上升了4.72%，码洋规模为912亿元；不过，和码洋正向增长形成了鲜明对比的是，2023年实洋同比增长率为负7.04%，这一差距背后直接指向折扣的变化，2023年零售折扣从2022年的6.6折下降至6.1折。[6]

行业另一家重要的数据公司——中金易云科技有限责任公司发布的数据：2023年我国整体图书市场码洋达到1 240.70亿元，同比2022年下降1.51%，表现不及预期；其中文教和少儿大类码洋同比呈上升态势，其余各类均有所下降，科学技术类图书降幅最大，达到14.78%；新书方面，整体均呈下降态势，降幅21.91%，主要是由于政治、历史类新书销售大幅下滑；但新书中文艺类图书表现突出，成唯一正增长新书类别，涨幅5.07%。[7]

中南传媒产业研究院研究团队从2018年开始连续发布《中国阅读产业发展报告》，其中大众出版板块2022年的码洋规模约为700亿元；2023年码洋规模约为680亿元。

开卷和中金报告中的年度零售市场规模数据，包含市场零售类的教辅和少儿出版，以及少量通过零售到达消费者手中的学术出版物（属于专业出版的范畴）的码洋。《中国阅读产业发展报告》的规模统计中，"大众出版"的概念中包含"少儿出版"板块。结合本报告的统计口径，将以上非大众出版的因素剔除后，我们预估，2023年我国大众出版的市场规模约为500亿元码洋。考虑打折销售的因素，要换算为实洋，为250亿—300亿元。

2024年4月，开卷发布了2024年第一季度图书零售市场数据，数据显示2024年第一季度图书零售市场码洋同比出现5.85%的负增长；头部图书的平均销量较去年同期有所下降；各类图书的码洋构成中少儿类码洋占比最大，为26.98%，其次是教辅和文学类占比分别为20.77%和11.71%。[8]同月，中金易云科技有限责任公司发布的《2024年一季度纸质图书市场分析报告》指出：2024年第一季度图书市场码洋达到252.73亿元，同比2023年下降14.71%，降幅明显；新书方面，销售码洋显著下降，降幅42.90%，主要是由于文艺、社科类新书销售大幅下滑。[9]从这一数据来看，以文艺、社科类为中心的大众出版物新书下滑趋势预示着大众出版在2024年依然面临着艰难的市场环境，这对大众出版产业的规模测算有着较大影响。

依据开卷和中金易云的数据，结合2024年开年的市场实际情况，本报告预估，2024年我国大众出版市场的码洋规模为450亿—500亿元。

三、当前大众出版产业的主要特征和存在问题

要系统性地观察大众出版产业发展，宏观的产业整体层面、中观的市场主体层面以及微观的产品层面是必不可少的维度，它们能够较为全面地呈现其主要特征和存在的问题，有助于为大众出版从业者提供相应的决策参考。

（一）当前大众出版产业的主要特征

1. 大众出版呈现整体下滑、倚重文艺品类驱动增长

在开卷年度总榜数据中，通过去除一级分类"社科"中的"马列思想及政策性读物"和资格考试用书、职业伦理、高等教育教材，一级分类"生活休闲"中的"地图"品类，一级分类"语言"，一级分类"少儿"，一级分类"教辅教材"，2023年度总榜的大众图书前50本，《相信》《一读就入迷的中国史》《洛克菲勒写给儿子的38封信》等社科类图书位列第一，共33本（心理自助15本、经济与管理3本、学术文化9本、教育5本、法律1本）；《额尔古纳河右岸》《红楼梦（上下）》《红岩》等文艺类图书位列第二，共15本，另有1本生活休闲类图书《宝宝脾胃好，病不找》和1本科技类的医学图书《美绘国学书系·经典名著·黄帝内经》进入Top50；值得注意的是，其中只有《相信》《商业的底层逻辑》《成为学霸：从大学选起（上）》《成为学霸：从大学选起（下）》《如果历史是一群喵（12）·元末明初篇》5本是新书。在开卷2023年度新书榜的大众图书前50中，《商业的底层逻辑》《高手控局：中国历史中的殿堂级处世智慧》《给青年的十二封信》等"社科类"位列第一，共30本，其中心理自助14本、教育6本、经济管理5本、学术文化5本；《太白金星有点烦》《自我突围：向理想前行》《流浪地球2电影制作手记》等"文艺"类位列第二，共18本，其中文学13本、传记3本、艺术2本；此外，另有《百病食疗》《故宫日历（2024年）》"生活休闲"类2本。从开卷2024年第一季度的图书零售数据来看，整体图书零售市场码洋同比出现5.85%的负增长，在大众出版中，文学（0.38%）、生活（0.34%）、艺术

（0.02%）增长较小，其余则出现负增长。[10]

综合开卷2023全年和2024年第一季度的数据来看，大众出版整体呈现下滑趋势，尤其是新书创新性不足、销售的持续性较差等问题，成为当前制约大众出版发展的因素。文艺类板块"独木难支"，经管、科普、家庭教育等呈现"温吞"态势。就细分板块而言，偏向现实主义的生活类和人物传记对大众还有着较好的吸引力和阅读消费刺激力，如《图说天下·国家地理系列·中国最美的100个地方》等生活休闲类图书对大众的文旅消费有着较好的实用参照价值；另外，《商业的底层逻辑》等经管类和《洛克菲勒写给儿子的38封信》等家庭教育类图书在短视频的流量加持下也有较好的销量。

2. 多元市场竞争主体推动大众出版健康发展

从出版主体来看，我国大众出版市场的市场集中度不高，而民营图书策划公司是市场重要的参与者，也是多数畅销书的幕后推手。开卷《2023年我国图书零售市场年度报告》指出，2023年出版集团层面实洋占有率排名前三的分别是：中国出版集团、中南出版传媒集团和凤凰出版传媒集团，三者市场占有率相加不足15%。出版社层面实洋占有率排名前三的是中信出版集团、人民出版社和北京联合出版公司，三者市场占有率相加不足15%，市场仍然处于一个相对零散、竞争程度比较高的状态。在出版社的三强中，中信出版社是大众出版领域的翘楚，人民出版社（包含人民东方出版传媒）则以党政读物为其核心出版方向，而北京联合出版公司除了自身出版业务外，也为多家民营图书公司提供出版（书号）通路；出版公司层面实洋占有率排名前三的是北京磨铁文化集团股份有限公司、新经典文化股份有限公司和中南博集天卷文化传媒有限公司。[11]从整个大众出版零售市场格局来看，国有力量中信出版集团独占鳌头，人民文学出版社紧随其后，其他的市场则被大量民营图书公司占据份额。这种多元化的市场竞争主体，有效保障了大众出版市场的竞争活力，共同推动了该产业的健康发展。

3. 产品结构偏爱于恢复性叙事主题

在大众出版产品中，恢复性叙事主题的大众出版物备受读者欢迎。这种认可度虽然有来自作者或推荐者的流量驱动，但更多的还是其主题内容与所处的社会心态、时代情绪有关。恢复性叙事指的是：在遭遇外界压力时，为了更好地恢复到原本状态而进行的叙事活动。2023年"固本培元"的恢复性叙事主题已成一种集体心态。因此，聚焦于恢复性叙事主题的出版物自然更加能够为大众提供情绪价值并获得情感共鸣，进而促使阅读消费行为的发生。这种恢复性叙事主题分布在文学（如《活着》《我与地坛》）、心理自助（如《相信》）、生活休闲（如《百病食疗》）各个类别之中。在畅销书榜单中《额尔古纳河右岸》（总销量破520万册）是2023年度虚构类榜单首位、同时也是年度榜单首位，《我与地坛（纪念版）》是年度非虚构类榜单首位；在新书榜中《相信》是非虚构类首位，同时也是年度新书总榜榜首书。[12] 史铁生的《我与地坛（纪念版）》《病隙碎笔》和蔡磊的《相信》都聚焦于人生遭遇重大突发事件后，人如何面对并走出困境的问题，其中的恢复性叙事主题在后疫情时代中能够为大众读者提供契合的情绪价值，在营销的助推下自然会受到大众读者的欢迎。这种恢复性叙事主题的大众出版产品结构特征还在"心理自助""经济管理"这些品类的热销中得到直观体现。这是因为，"2023年虽然大众生活和工作节奏已经回归正常，但是经济、就业等环境仍存在诸多不确定性，很多消费者需要阅读该类图书来调整心态、提升自我、寻求自洽"[13]。

（二）当前我国大众出版产业存在的一些问题

1. 文化消费不足导致一般图书购买力下降

在经济复苏期，虽然整体经济增长和人均收入都呈现上升趋势，但这种增长与大众出版的消费者群体并不存在一一对应的关系。大众出版产业的消费者群体在复苏期面临"固本培元"的局面，因此无论是在阅读心态方面，还是在消费行为方面都受到了直接影响。故而，整体上大众出版的阅读消费需求存在着内生动力不足的问题。这种阅读消费困境很大程度上是外部环境的产物，可以通过相应的政策调整来改善外部环境，进而带动大众出版消费者群体的阅读消费需求。

2. 渠道分化促使大众出版利润被进一步摊薄

技术发展对出版业的直接影响体现在了渠道分销上，大众出版受到的影响最为直接。以"拼多多"为代表的下沉渠道和短视频的快速崛起让出版物的发行格局发生了重大变化。京东网、当当网、淘宝网三大电商网站（出版业俗称"三网"）正在经历以往它们给传统分销渠道带来的变革冲击，其流量正在被抖音、快手等短视频和拼多多蚕食。开卷和中金易云的报告中,均指出短视频渠道已成为当前我国图书销售的第二大渠道,但这种渠道增长目前已经有"见顶"的趋势。主打平价和下沉市场的拼多多,拓展了大众图书的市场渠道,出版机构在时代潮流下最终只能选择拥抱新渠道,这也让大众出版市场进一步下沉。然而渠道分化对于出版商而言并非全是利好之事,多元渠道间的竞争和主播达人分销的高额佣金,进一步挤占了图书出版商的利润空间。

3. 市场下沉带来"劣币驱除良币"的副作用

技术变革下的渠道分化与市场下沉不仅让出版商的利润空间被稀释,还带来了"劣币驱除良币"的副作用。相较于教育出版和专业出版,大众出版的门槛相对较低,因此在新技术渠道赋能下一些品质平庸但又能够快速吸引大众注意力的作品也可以得到很好的曝光度,从而在市场竞争中获利。为此,一些投机取巧的大众出版者纷纷加入炮制行列,进而出现了大量"低价低质投流书"挤占榜单的现象,致使大众出版的精品化发展面临巨大挑战。这类图书大行其道的根基在于电商渠道,尤其是在拼多多和短视频渠道的助力下,《狼道》《鬼谷子》《人性的弱点》等图书充斥市场并占据榜单,拉低了大众出版的水位,"劣币驱除良币"的副作用正在大众出版市场中蔓延。

四、中国大众出版的趋势展望

中国大众出版产业在政策、经济、技术等多方面的综合影响下正在面临着更加严峻的市场挑战,这些挑战直接关乎内容生产、布局方向、渠道建设等方面的发展趋势。

(一)大众图书产品趋向经典书和低价投流书并存

新书越来越难做,受益于新媒体传播环境的变革,近两年,大众出版领域经典书的"二次翻红"现象显得尤为引人瞩目。例如,在董宇辉、余华、赵健的推荐下,《额尔古纳河右岸》《我与地坛》《画魂》等经典老书再次进入广大读者的阅读书单。经典书的"二次翻红"是时代需求和阅读需求的复合体。在时代需求方面,"固本培元"的具体语境让大众读者需要恢复性叙事主题的图书来提供相应积极情绪,《活着》《我与地坛》《病隙碎笔》等恢复性叙事主题的图书则正好满足了大众的积极情绪需求。在阅读需求方面，随着全民阅读的深化发展和读者的阅读质量提高，在新书锐减的前提下，重返经典书籍的阅读自然成为一种必然选择。新媒体传播环境的变革在让经典书籍重返大众书单的同时也为低价投流书带来了机会。在"固本培元"的社会语境中，伴随高端社科图书市场遇冷而来的则是低价投流书的崛起。低价投流书在新媒体技术的赋能下，有效地捕捉了大众读者的注意力和情绪爆发点，故而促使大众出版市场的产品结构正面临新的冲击。

笼统地说，如今的大众出版从功能上，要么提供知识价值（实用价值），要么提供情绪价值；知识价值是刚需，也是大众出版和教育出版、专业出版关联重叠的交叉区域，而情绪价值则是最大公约数的大众读者所需要的内容，同时也是最能够激发其进行阅读消费行为发生的关键性因素。[14]作为市场化运作程度最高的大众出版，在经济逐步恢复的时期，出版人必将更加重视情绪价值在图书"产营销"过程中的作用。无论是经典书还是低价投流书它们都在情绪价值方面有着较好的体现，因此，在2024—2025年大众出版市场中，这种经典书与低价投流书并存的局面将会得到更加明显的体现。

（二）聚焦存量优化与下沉市场的竞争

虽然大众出版的读者群体遍及各个社会阶层并以普罗大众为主体，但因其知识消费的特殊性，知识精英在大众出版市场中仍是备受关注的核心主体。然而随着市场环境的变化和受特定时代语境的影响，目前的大众出版市场"做大增量"已无太多空间，更多的机会可能在于"存量优化"和聚焦下沉市场。越是精英阶层群体对时事和社会变化的感知越敏感，当泡沫破碎、金融降薪、大厂"毕业潮"袭来，那些曾经是社科书主力消费者的知识精英们突然发现，原来没有时间读的那些书，如今根本没有心境去读。[15]在当下"固本培元"的社会环境下，虽然这一群体的知识消费和娱乐阅读正在走向常态，但心境的变化对其阅读消费行为的影响仍存在。故而大众出版在高端市场的遇冷在2024—2025年仍会有所体现，为此出版者的注意力更多地会转向为下一层级的大众读者精挑细选出符合最大公约数社会心态所需的情绪价值（大众出版物），而这种精挑细选的过程正是"存量优化"的体现和对下沉市场崛起的适应性行为。

一个直观的趋势印证是，科普类图书选题正在受到出版者和读者的欢迎。科学普及的主要对象是非知识精英的普罗大众，并一直以来都有相应的政策支持。随着大众读者自身生活水平的提高和对人与世界关系主题的关注，普罗大众对自身科学素养知识的重视直接带动了科普类出版物的正向增长。例如，江苏凤凰文艺出版社的《神秘的答案之书》、中国科学技术出版社的《DK博物大百科 自然界的视觉盛宴》、人民教育出版社的《中国科普作品精选 灰尘的旅行》等图书在2024年第一季度的零售中都取得了较好的成绩。值得注意的是，科技改变生活的主题日益凸显，为此大众读者对《ChatGPT实操应用大全》（中国水利水电出版社）、《Vlog短视频创作从新手到高手》（清华大学出版社）等泛科技化选题图书的关注度也日益增加。

（三）顺势而为的"短直渠道"打造

在技术变迁的影响下，渠道在大众出版市场中的影响不言而喻。开卷发布的《2023年图书零售市场年度报告》指出，"短视频渠道超过垂直及其他电商，成为第二大图书销售渠道""短视频电商渠道对头部产品的影响日益增强，但销售生命周期最短[16]"。中金易云科技有限责任公司发布的《2023年全年纸质图书市场分析报告》指出：传统电商渠道的销售正在不断下滑，短视频电商增长挽回市场颓势，其中民营出版公司业绩成效显著，但整体短视频电商渠道的流量趋于饱和、增速放缓。[17]

两份报告共同指向了媒介技术变革下图书销售渠道面临的巨大变革，"短直渠道"（短视频和直播）已成为当下书业尤其是大众出版产业的关键性销售渠道。为此，大众出版者积极投入到"短直渠道"的打造之中。但这种新销售渠道的搭建和应用对于传统出版企业而言有着诸多挑战，这是由企业基因所决定的，故而"短直渠道"的建设目前存在着一种进退两难的境遇。《出版人》黄璜指出"短视频渠道不做没销量，做了没利润"，因此值不值得做就成了一个问题，解决问题的关键在于要清晰地认识图书生产的成本结构变化问题，但囿于定价机制的问题，出版企业并没有其他选择。[18]整体而言，"短直渠道"在大势所趋的市场环境下，出版机构在利润微薄的条件下也只能投入其中并期望能够打造出属于自己的超级主播。

（四）大众出版的达人资源争夺和经典版权竞争进入白热化

渠道分化日益突出了关键意见领袖的图书营销影响力，如主持人王芳、与辉同行的董宇辉、自媒体读书达人赵健等人在电商直播和短视频平台中的图书带货能力得到了大众出版市场的广泛认可。为了让大众图书能够获得更多的注意力资源和消费转换率，大众出版商不得不加入营销达人资源的抢夺之中。但头部达人的坑位资源、曝光资源和直播时的挂车容量都是有限的，往往只能触及少量头部新品和存量经典产品，每年大量新书如何获得有效曝光和关注仍然是一个待解的难题。同时，渠道分化也在进一步稀释大众出版商的利润，而这促使了大众玩家们在内容方面的竞争进一步升级。大众出版商除了在公版领域的产品创新上拼命"卷"之外，也进一步加大了对于头部流量作者、存量经典作品和新锐作家的潜力作品的争夺。

（五）人工智能技术（AI）或引领大众出版的内容再生产

人工智能技术尤其是生成式人工智能在传媒领域掀起了巨大的内容生产变革，这种变革同样适用于图书出版领域。2023 年 12 月，中国音像与数字出版协会发布了团体标准《出版业生成式人工智能技术应用指南》，预示着出版业正在积极拥抱人工智能技术，也是新质生产力在出版业中应用的实例。目前，用人工智能技术协助出版的选题策划、内容生产、稿件校对、起草宣传脚本、绘制插画设计封面等已经开始得到了应用。就大众出版的生产端而言，生成式人工智能技术的辅助将使得大量的大众阅读消费行为数据转变成为出版人选题策划和论证决策的参考信息。另外，2023 年年初国内一本借助 ChatGPT 写作 ChatGPT 的书《ChatGPT：AI 革命》在很短的时间内得以创作并出版，受到了广泛关注。这种人机协作式的内容生产对大众出版同样有着变革性的影响，尤其是已经进入公共版权领域的大众书籍和相应的知识再生产。在我国悠久的文明体系中有着庞大的公版领域知识资源，结合如今的人工智能技术已经可以快速生成同一主题、统一画风、情节连续文本的技术条件，以及在出版从业者的协同辅助下，这将在公版领域刮起一场人机协作的内容再生产风暴。

（任殿顺　中南出版传媒集团产业研究院、中南博集天卷文化传媒有限公司；
杨石华　中国传媒大学传播研究院）

参考文献

[1] 程三国. 理解现代出版业（上）[N]. 中国图书商报，2002-10-11（30）.

[2] 周蔚华. 重新理解当代中国出版业[J]. 出版发行研究，2020（01）：5-15.

[3] 姚凯波，杨海平. 逻辑学视角下出版概念研究[J]. 出版科学，2022（01）：15-23.

[4] 国家统计局. 中华人民共和国2023年国民经济和社会发展统计公报[N]. 经济日报，2024-03-01（9-11）.

[5] 王双双，陈麟. 两会代表、委员：取消财税优惠，对出版业影响近乎地动山摇[EB/OL]. （2024-03-09）[2024-04-09]. https://mp.weixin.qq.com/s/2DW2Y_0lm48e2_5uV4EPIg.

[6][11][12][16] 北京开卷信息技术有限公司. 2023年图书零售市场年度报告发布[N]. 出版商务周报，2024-02-04（13）.

[7][13][17] 中金易云. 第一份2023年度书业零售市场报告来了！中金易云年度数据有哪些看点？[EB/OL]. （2024-01-05）[2024-04-09]. https://mp.weixin.qq.com/s/ZWbFnji79OSDVIqISLvNQA.

[8][10] 北京开卷信息技术有限公司. 季度发布丨寻找市场中的微光，2024年第一季度图书零售市场趋势[EB/OL]. （2024-04-08）[2024-04-09]. https://mp.weixin.qq.com/s/mNvhp-rOZCVZOfu0UXnbmQ.

[9] 中金易云. 数据来了！第一季度图书市场表现如何？丨中金易云2024年一季度图书市场报告[EB/OL]. （2024-04-07）[2024-04-09]. https://mp.weixin.qq.com/s/ckHwuZNQrRIJd97hCwExkg.

[14][15] 任殿顺. 对2024书业趋势的15个判断[EB/OL]. （2024-01-15）[2024-04-17]. https://mp.weixin.qq.com/s/oxMUzhqGMX2Vy4YnZ1abpg.

[18] 黄璜. 如何答卷？[J]. 出版人，2024（02）：13-16.

2023—2024 中国民营书业发展现状与趋势展望

鲍　红

2023 年 7 月，中共中央国务院发布《关于促进民营经济发展壮大的意见》，提出"民营经济是推进中国式现代化的生力军，是高质量发展的重要基础，是推动我国全面建成社会主义现代化强国、实现第二个百年奋斗目标的重要力量"。2024 年 3 月 5 日，习近平总书记参加十四届全国人大二次会议江苏代表团审议时再次强调：要完善落实"两个毫不动摇"的体制机制，支持民营经济和民营企业发展壮大，激发各类经营主体的内生动力和创新活力。

改革开放以来，我国民营经济在稳定增长、促进创新、增加就业、改善民生等方面发挥着积极作用，是推动我国经济社会持续健康发展的重要力量。数据显示，截至 2023 年底，我国登记在册的民营企业数量占全国企业总量的 90% 以上，提供了 80% 以上的城镇就业岗位，缴纳税收占比超过 50%[1]。

这个数字，用在出版业中的民营书业身上，同样是贴切的。据国家新闻出版署发布的《2021 年新闻出版产业分析报告》显示，2021 年新闻出版行业共有 15.1 万家企业法人单位，其中民营书业企业占比 87.8%；在出版物发行企业中，民营企业在行业营业收入总额的占比约 74%，在行业纳税总额的占比约 75%。

一、2023—2024 中国民营书业发展状况

经过几十年的发展，民营书业无论是从业者，还是企业发展模式，都经过大浪淘

沙，几代更迭。当前的民营书业发展呈现以下特征。

（一）头部相对稳定，产业集中度提升

近年来，民营书业无论在大众图书领域还是教育图书领域，整体市场格局都相对稳定。那些头部的民营书业企业，通常都具有 20 多年甚至 30 年的从业经验。他们随着中国的改革开放政策萌芽，在邓小平南方谈话扩大改革开放之后逐渐壮大。

在大众图书领域，以前曾经主要靠畅销书拉动，企业业绩很不稳定；但近些年来，随着资本的进入和企业市场运营能力的增强，优质的作者和版权资源越来越集中在少数大企业手中，企业规模不断壮大，业绩也更加稳定。在大众图书的各个板块，都出现了一批优秀的民营书业品牌。在文艺图书领域，大部分文艺类畅销书集中于几家大的民营图书公司，如新经典、磨铁、博集天卷、读客、果麦等。在少儿图书领域，除了海豚、爱心树、启发、远流经典、荣信、蒲蒲兰、步印、禹田等老品牌，磨铁、读客、博集天卷、后浪等大公司的少儿板块也成长迅速。在财经图书领域，有引进版图书较为知名的湛庐文化，以及原创图书较为优秀的蓝狮子。在学术图书领域，理想国、后浪等在行业与读者中广有口碑。在地图图书领域，天域北斗一枝独秀。

在教育图书领域，由于教材出版有较严格的准入限制，民营机构从事的主要是教辅图书策划发行。由于教辅是学生刚需，市场需求较大，进入教辅市场的企业很多，市场竞争激烈，群雄并起，每个细分领域，都成长起一些广为消费者认知的教辅品牌。在小学阶段，讲解类有时代天华，练习类有曲一线和阳光课堂。在初中阶段，讲解类有金星教育，练习类有世纪华章，中考类有万唯。高中阶段，考试和同步类有理想众望，试卷有天星教育。还有一些企业在某些学科表现优异，如新东方、星火的英语专项，维克多的英语听力，天域北斗的地理类教辅。还有一些企业专注本地服务，在当地有较好的口碑，如江苏南通的通典文化，河南洛阳的朝霞文化。

经过多年市场积累，这些企业无论在经营管理、市场运营、渠道管控，还是在资金实力、品牌影响等方面，都具有较大的优势，它们发展稳健，也抬高了后来者进入的门槛。与之相伴的，是市场集中度不断提高。查询开卷监测的销售数据，那些市场排名较前的图书多出自这些企业之手。

头部企业相对稳定，并不是说它们可以轻松地保持在头部状态，事实上，那些能

够多年挺立潮头的企业，都是不断学习、自我革命的典范。以曲一线为例，成立20年来，它们的产品向各个学段延伸都比较成功，不断从一个成功走向另一个成功。其董事长卫鑫认为，谁都愿意找到一种固定的模式、固定的思路，但是，只要你这么想，你就会变得僵化，你就要开始落后。社会、行业、市场，每天都在发生变化，今年与去年不一样，今天与昨天也不一样，一切都是变化的。所以，它们没有一成不变的部门制度和组织形式，部门能撤能立，领导能上能下，一切"按需而立、顺势而为"，每个人都不能懒惰懈怠。不到20年间，它们的高层已经经过3代更新，企业不断启用新人开发新产品，推动企业阶梯向前发展。

（二）市场变化较快，永远都有新机会

虽然行业整体市场格局相对稳定，但平静的水面下暗流涌动，技术、市场和消费者都在变化，企业永远都有发展的新机遇。

民营大众图书领域，后浪可算是后起之秀。它们早期专注电影、艺术类图书，随着人们教育水平的提高，这些小众的市场不断扩大，后浪高品质的图书在分众领域赢得了良好的口碑，目前后浪出品的图书涵盖人文社科、文学艺术、历史哲学等多个领域。后浪创立少儿品牌"浪花朵朵"时，中国童书市场已经非常繁荣，全世界最好的童书几乎都已经引进到国内。但它们居然能独辟蹊径，人们看到"浪花朵朵"，仍感觉眼前一亮，由此可见它们选品的独到。

民营教辅领域，理想众望是近年来成长较快的一匹黑马。2012年教辅新政以来，教辅市场政策收紧，并不利于新企业的成长，但理想众望却稳健扎实地逆势成长为市场一线品牌。公司创始人杨文彬和刘燕夫妇，分别毕业于北大和北师大，都出身于中学教师。为了保证产品的质量与适用，杨文彬一年有几个月在学校调研，经常在课堂听老师讲课，与老师反复沟通策划细节。其核心品牌《必刷题》系列，已经成为高中市场的头部品牌。

尤其是随着近年抖音、快手等新媒体电商的崛起，为大量中小企业迅速崛起提供了新的机遇。开心、豆伴匠、荣恒、时光学等，都是较早享受新媒体电商红利的企业，有的企业几乎是几何级增长，这在传统产业中是很难想象的。据开心文化发布的年报业绩报告，2023年公司实现营业收入12.74亿元，同比增长75.15%，净利润1.92亿

元,同比增长131.35%,在整个行业增长乏力的背景下显得格外亮眼。

新媒体电商跨越层层代理商,直接触达消费者;它们的算法也更精准,可以实现定向营销;而且在新媒体电商信息透明,回款周期较短。这些正好解决了传统渠道需要层层代理、大量铺货、漫天撒网,且回款周期长的痛点。新媒体电商的崛起,颠覆了传统的渠道模式,产品直接面向终端消费者,在新媒体电商渠道,一本书也可以畅销,使得以小博大成为可能。如快读慢活的《减糖生活》,新荷传媒的《漫画小学生心理》等,便是依靠抖音短视频走红,通过垂直精准的大规模流量投放,为小企业提供了生存和赶超的机会。

(三) 积极筹备上市,教育民营书业遇阻

曾几何时,人们认为大众图书主要靠创意,并不需要多少资本,因此不需要融资。教育图书企业则因为利润较好,并不缺钱,对上市也没有什么兴趣。但是后来,大众图书领域个别先吃螃蟹的民营书业获得融资后资金更为充裕,在人才、版权的争夺中占据优势,规模也迅速做大。于是,越来越多的大众图书企业或出于主动,或感于压力,也开始吸收融资。教育图书领域因为投资在线教育需要大量资金,也希望通过上市筹集资金。

创业板注册制开始实施,为更多民营书业上市融资提供了契机。继早期天舟科教、新经典、世纪天鸿成功上市后,读客、果麦、荣信等也纷纷上市成功。于是,博集天卷、海豚、世纪金榜、全品、天域北斗等更多民营书业企业加快了上市筹备的步伐。

民营大众图书企业热衷于上市融资,其中一个客观原因,在于大众图书版权资源的公共性。教辅企业的版权资源基本在企业手中,个别作者与员工的离开对版权基本没有影响,这保证了企业发展的稳定性。而大众图书的版权资源——无论引进版权还是名家作者——是相对公共的,企业通常只有5年的版权期。通常来说,谁付的版税高,这些版权资源就归谁。企业竞相融资,也是为了在版权竞争中取得更大的优势。

大众图书领域民营书业的上市潮,一方面有利于企业进一步发展壮大,规范运营,也有利于政府监管和社会监督。另一方面,上市企业通过前期融资和上市融资,拥有更充裕的资金,在获取知名作者与优秀版权方面占据明显优势。尤其在少儿图书领域,一些知名作家和版权资源成为企业争抢的对象,一些知名引进版图书的版权费被不断

抬高，让企业承受很大的压力。这也使大众图书的产业集中度不断增强，抬高了大众图书的进入门槛。

相比之下，教育图书领域的民营书业上市之路并不顺利。早年间，民营教辅领域规模较大的企业并不热衷于上市，因为正常经营中它们不缺资金，没有动力上市。后来，数字教育资源几乎成为品牌教辅的标配，它们为客户所需，却没有直接收益，而建设数字资源所需的投资很大，民营教辅企业极少吸引外部资金，也很难拿到政府的数字出版扶持资金，完全靠自己一本本卖书的利润。为了解决数字资源的投资资金，越来越多的教辅企业将上市融资提上日程，有的企业已到上市辅导的后期。但2021年7月"双减"政策发布以来，在线教育企业被禁止融资，受其影响，教辅企业的上市进程也被打断，多家教辅企业上市遇阻，多家已筹备多年的民营教辅企业不得不终止上市计划。

二、中国民营书业面临的困境

企业发展中永远都会面临诸多困难。有些困难是企业自身可以解决的，不必政府出面，这也是磨砺企业的试金石。但有些困境具有鲜明的时代特征，或是企业自身难以克服的，就需要政府有所作为。目前民营书业发展面临的突出困境有两个方面。

（一）经营环境压力较大

新冠疫情过后，许多企业对触底反弹充满期待，结果发现，疫情三年来，无论是世界格局、国内形势，还是读者的消费习惯、消费能力都发生了很大改变。出版业相较于其他行业较少大起大落，算是相对稳定的行业，但依然承受了很大的压力。

政策方面，2023年来，国家出台多项支持民营企业发展的文件，但每个行业面临的问题是很具体的，宏观政策并未能解决民营书业面临的实际问题，内容审查更加严格，因为怕出事，各地出版社和出版局对内容审查层层加码，选题限制更多，一些几年前正常出版的图书重印时不能通过。选题敏感范围越来越大，审批时间变长，要送审的范围更多更广。由于内容审查的时间变长，加之书号审批的周期变长，企业的经营效率也大大降低。还有一些省份的民营书业企业反映，当地对民营策划企业扶持力度不足。近几年不通知民营图书企业参加会议，不来民营企业调研，不颁发奖项，也不再审批民营企业的产业资金。受此影响，一些民营书业企业士气低落，觉得政策风险较大，发展前景不明朗。

经营方面，新媒体对传统价格体系造成很大冲击。网上渠道快速变迁，京东、天猫、当当等网上书店已经成了传统渠道，增长乏力。抖音等新媒体电商成为图书销售的新宠。实体渠道持续萎缩，读者消费习惯变化，渠道加速往线上转移，也使民营公司愈加依赖电商渠道。新媒体电商显示了惊人的销售效果，与此同时，新媒体电商的折扣显著低于包括当当、京东在内的传统电商，除了"双11"，"4·23""6·18""双12""年货节"等电商节活动，促销周期越来越长，各平台互相竞价，图书折扣越打越低。大量图书转向新媒体电商渠道后，流量红利迅速消失，转而要付出更大的投流成本，新媒体电商平台话语权越来越大，出版企业利润越来越低。

因为新媒体电商的折扣太低，一些企业为了保证利润，在新媒体渠道的图书定价更高。而新媒体渠道的价格体系，对于传统价格体系构成了挑战。新媒体渠道定价偏高而折扣较低，传统定价体系是定价偏低而折扣偏高，两种定价体系对应的是不同的渠道。目前新媒体电商渠道飞速发展，但传统渠道仍占较大份额，这使企业定价体系面临两难。

不少出版人士呼吁政府出面规范折扣，制止无序竞争。就此，新闻出版主管部门曾多次与价格管理部门沟通，但发现价格立法存在两个巨大的障碍：一是自由定价是市场经济的核心机制，在法律上没有针对图书的法律豁免；二是在实际执行中的监管难度很大。全国有近20万个发行网点，几十万家网上书店，人们的消费习惯和商家的经营都已经习惯打折，而且网店的促销方式多样——满减、买赠、积分换购……如何监管和处罚？而监管不到位的话，规则又形同虚设，行业管理也面临两难。

（二）教辅管理隐含风险

教辅是民营书业涉入的重要板块，也是中国出版业规模最大的一个板块。科学有效地进行教辅管理，关系到整个出版业的健康发展。

2012年以来,以教育部为首的四部委《关于加强中小学教辅材料使用管理工作的通知》规定:由各省教育厅评议优秀教辅进行公告,地市从中选择1套供当地学生使用,其余教辅学校不能选购,行业称之为"教辅新政"。依照这一精神,各个学校只能选购省教育厅目录中的教辅,而新华书店则是唯一发行渠道。它的初衷是为学生推荐优秀教辅,但经过层层错位,实际操作中出现许多问题。由于教育厅目录产品多年垄断市场,极少修订,内容陈旧,远远无法满足不同地区教学水平的需要。各省新华书店为了满足各地教学需求,同时也实现销售业绩增长,通常会在教育厅目录之外,又向学校推荐多套其他教辅产品。据业内人士估计,各省新华书店发行的教辅产品中,目录外教辅的金额通常是目录教辅的3—4倍。但这些产品是违反政策规定的。

根据《中小学教辅材料管理办法》规定,中小学教辅材料的发行单位须经"新闻出版行政主管部门依法批准、取得《出版物经营许可证》",有这样资质的企业很多。但实际中,各地均默认或指定新华书店才可以发行,学校只能向新华书店渠道采购教辅。这是全国性的普遍现象:凡是实行教辅目录的省份,基本全是如此。教辅管理制度设计的缺陷,加大了所有相关企业与人员的风险。

2022年来,教育部酝酿重新修订《中小学教辅材料管理办法》,但就治理措施目前几部委尚未达成一致意见。借此时机,建议出版行业主管部门对2012年来教辅新政的效果进行一次全面深入的调研与评估,在客观公正的基础上凝聚共识,提出更为科学精准的解决方案,为出版和教育的长远健康发展保驾护航。

三、中国民营书业趋势展望

时代的车轮滚滚向前,信息化时代产业的变革更快。出版是服务产业,民营书业唯有深刻洞察消费者需求的微妙变化,才能找到适合自身的发展路径。

(一)实体书店亟待转型阅读空间

由于人们的购买习惯和阅读习惯都在向线上转移,实体书店生存日益艰难。据开卷 2023 年底的监测数据，实体书店在整个图书零售市场的销售份额不到 12%[2]。许多民营图书公司的线上线下销售比例已达 9∶1，有的企业甚至完全放弃了线下渠道。

最早向网上转移的是大众社科类图书，大众社科书店生存艰难早已是行业的共识，但当时的教辅图书主要销售渠道仍在实体渠道。疫情以来，教辅销售渠道也日益向新媒体电商转移。最近一些教辅经销商反映，现在教辅书店靠卖书也已经无法生存，他们不得不压缩图书在书店陈列的比例，增加学生需要的各种文具、玩具、红领巾等。

靠卖书无法维持书店生存，成为整个行业面临的严峻现实。那么，实体书店是否已经没有价值，可以任其湮灭？

走进书店你会发现，书店里并非没有人看书，只是人们很少买书了。也就是说，书店并非没有价值，只是没能转化为利润。阅读是人们获取知识的重要途径，但凡有条件，人们还是愿意去读书，书店其实具有图书馆的部分公益功能。

基于此，笔者判断，实体书店未来转型的一个重要方向，在于承担图书馆的部分功能，拓展"公助民办"的社区阅读空间——国家出台相关政策，鼓励社区文化中心拿出一些场地，邀请书店进驻，以场地换服务：以房租折价购买书店的公共服务，请书店为社区居民提供免费的阅读空间。同时为保证书店正常运营，允许书店有一定的经营活动。

对于书店来说，此举解决了书店最大的成本——房租，大大减轻了书店的生存压力。对于社区来说，一处免费阅读的空间，可以极大提升社区的文化氛围和生活质量。尤其是对于放学或放假的孩子们，这是一个令家长放心的好去处。它也可以促进社区交流，成为人们学习与休闲的场所。这种"以场地换服务"的模式，操作简单，管理方便，它不需要政府投入资金，网点却非常容易普及。

美国平均每 2 000 多人拥有一个图书馆，而我国平均每 40 多万人才拥有一个公共图书馆[3]。我国图书馆网点太少，而新设一个图书馆要建房，要养人，需要投入很大的人力物力财力，而书店恰好具有图书馆的部分功能，可以弥补我国公共图书馆的不足，极大丰富人们的基础阅读设施，共同助力涵养书香社会。

丰富的精神文化生活是国民素质提升的重要方面，以图书馆和书店替代教堂，树立起人们对知识与文化的信仰，有助于消除愚昧，开启民智，培养起一代安静、文明、进取的国民。"人民有信仰，国家有力量，民族有希望"。如此，则功在当代，利在千秋。

（二）纸质出版前路在于融合出版

许多出版企业都发现这样的一个变化：越来越多的人已经失去了完整看一篇公众号文章的耐性，更不要说一本书。随着生活节奏越来越快，人们希望以更少的时间、更轻松的方式获取更有价值的信息，音频、视频等多媒体形态也成为人们获取信息和知识的重要方式。

出版的本质是传播，将合适的内容以合适的方式传播给适合的读者。纸质图书只是出版的介质之一，所有的媒介形态都是出版业的传播介质，只是不同媒体形态的特点与长处不同。

图书主要以图文形态表现，与新媒体相比，图书记载的是沉淀下来的内容，内容篇幅更长，更为系统严谨。它的生命周期更长，但时效性较差。图书让人有较大的思考空间，较适合抽象的内容与逻辑表达。同时，由于图书传播的内容最为精深，它也离普通大众最远。

音频的好处是解放了已经过度使用的眼睛，而且人们听的时候，还能同时做别的事情，可以最大限度地利用人们的碎片时间。音频的门槛较低，不识字的人都可以听。只是，听比看更费时间，而且声音不太适合比较专业和学术性的内容。

视频最大的特点是它最为生动直观。视频同时包含有声音与动态影像，人们可以获得最为全面的感官体验。而且视频对人们的知识门槛要求低，它的受众也最为广泛。视频的不足是不易深度思考，不方便伴随性消费。

无论图文、音频、视频，每种媒体形态都有自己的特点与价值，出版人要在融媒体时代为不同内容找到合适的媒体形态和表达方式。

目前，有的民营书业企业选择固守纸质图书，记录沉淀下来的内容精华。还有很多的民营书业企业积极拥抱新世界，选择多种媒体形态综合应用，探索更有效的传播。

目前主流民营书业的负责人通常生于60年代、70年代，他们的思维方式和认识世界的框架已经基本定型，想要他们大幅更新自己的知识体系并不是一件容易的事。融合出版的拓展，有赖于互联网环境下成长起来的年轻人，他们是新媒体的原著民，更容易学习和掌握新的技术，年轻人也更理解年轻人。

（鲍红　中国新闻出版研究院研究员）

参考文献

[1] 陈锐海. 支持民营经济和民营企业发展壮大 [EB/OL]. (2024-03-22) [2024-05-24]. https：//news.cnr.cn/dj/sz/20240322/t20240322_526635055.shtml.

[2] 开卷信息技术有限公司. 开卷2023年图书零售市场年度报告发布 [EB/OL]. (2024-01-08) [2024-05-20]. https：//baijiahao.baidu.com/s?id=1787514024487846631&wfr=spider&for=pc.

[3] 探旅. 中美图书馆数量对比，看到结果扎心了 [EB/OL]. (2020-01-31) [2024-05-20]. https：//www.sohu.com/a/369746202_477856.

2023—2024 中国期刊业发展现状与趋势展望

段艳文　李　净

2023年是全面学习宣传贯彻落实党的二十大精神的开局之年，是实施"十四五"规划承上启下的关键一年。在政策的引导和市场需求的双向推动下，期刊业实现了稳中有进的发展。期刊品种不断丰富，出版规模逐年增长，质量稳步提升，品牌日益彰显，融合创新逐步深入，国际影响力不断增强，形成了学科门类齐全的期刊出版体系，正由期刊大国向期刊强国稳步迈进。

一、2023—2024 中国期刊业总体情况

（一）政策环境

2023年，有关部门针对期刊业实施了多项政策，推动期刊出版业的繁荣发展，构筑中国特色的学术体系和话语体系。

1. 项目驱动

2024年4月21日，国家新闻出版署印发《2023年农家书屋重点出版物推荐目录》，指导各地做好2023年农家书屋出版物补充更新工作。《中国青年》《百科知识》《农民文摘》等163种期刊入选。2023年4月23日、2024年4月23日，第二届、第三届全民阅读大会分别在杭州和昆明召开，两届大会举办全民阅读系列宣传推广活动，深入探讨阅读与城市发展、阅读与民族团结等话题。同时大会还先后举办了第一届和

第二届"期刊科普原创好作品"推荐活动，两届共有94件作品入选。全国各省市区全民阅读活动蔚然成风。如安徽省为农家书屋"量身定做"融媒体，福建省建设"红色书屋"赓续红色血脉等也结合自身特点为农家书屋贡献力量。[1]在科技领域和社科领域，国家通过重大项目和专项资金，持续推进"中国科技期刊卓越行动计划""哲学社会科学精品期刊资助计划"，对重点学术期刊给予资助和扶持。2023年、2024年，中宣部出版局主办第七届、第八届"期刊主题宣传好文章"活动，活动宣传阐释习近平新时代中国特色社会主义思想，深入宣传贯彻党的二十大精神，积极回应社会热点关切，大力弘扬社会主义核心价值观，生动展现中华文明风采，为不断凝聚奋进力量、壮大主流舆论作出期刊出版界贡献。2023年、2024年众多项目和活动都围绕中心、服务大局，打造更多培根铸魂、启智增慧的高质量期刊出版精品，提升期刊业内容建设水平和文化服务供给能力。

2. 规范经营

国家新闻出版署2023年6月印发《关于进一步规范期刊经营合作活动的通知》，文件针对少数期刊出版单位存在出租刊号版面、允许经营合作方介入期刊采编业务等违规问题，扰乱出版秩序，损害作者读者权益的问题进行规范管理。[2]同年9月，国家互联网信息办公室对中国知网（CNKI）依法作出网络安全审查相关行政处罚，责令停止违法处理个人信息行为，并处人民币5 000万元罚款。[3]管理部门加强制度建设和合规管理，为期刊业发展营造健康规范有序的发展环境。

3. 优税延续

2023年9月，财政部、税务总局联合印发《关于延续实施宣传文化增值税优惠政策的公告》。文件要求在2027年12月31日前，对专为少年儿童、老年人出版发行的期刊等出版物在出版环节，增值税100%先征后退；期刊、电子出版物在出版环节，增值税50%先征后退。[4]文件进一步鼓励了相关出版单位的生产积极性，推动贴近实际、贴近生活、贴近群众的优秀期刊出版、文化供给。

4. 学科共建

2023年12月，中宣部、教育部联合印发《关于推进出版学科专业共建工作的实施意见》。[5]学科共建有助于培养更多适应时代需求的人才，从而提升整个行业的人才水平和创新能力。同时实现高校、研究机构、期刊出版单位、数字技术企业及相关协会学会之间的紧密合作，促进期刊业在内容创作、编辑出版、市场推广等方面的创新和发展。从课程设计的角度来看，目前高校对出版课程设置和期刊编辑教育培养仍存在不匹配的问题。

（二）行业交流

2023—2024 年，期刊业积极举办众多学术交流活动，研讨期刊创新的路径，凝聚期刊界共识。

在探讨期刊高质量发展方面，2023 年 10 月，中国期刊高质量发展论坛在上海举行。[6]同月中国科学技术期刊编辑学会举办 2023 年学术年会；[7]11 月，第十八届中国科技期刊发展论坛举办，共谋助力高水平科技自立自强新思路。[8]2024 年 4 月，学术期刊提质增量论坛暨第 15 届 ScholarOne 中国用户年会在新疆举行，分享交流期刊发展的宝贵经验。[9]

在科技引领期刊发展方面。2024 年 3 月，北大方正电子有限公司、中华医学会杂志社联系举办"大模型技术对科技期刊的影响"的主题学术研讨会。把脉未来技术走向，共同探索在人工智能时代科技出版的新思维和新模式。[10]2024 年 4 月，以"智慧共创 华知未来"为主题的"人工智能+"产业发展论坛暨华为·知网大模型生态合作伙伴大会在深圳举行。会上，同方知网与华为共同发布了中华知识大模型 2.0 及系列解决方案。[11]

在期刊评价方面。2023 年 11 月，南京大学中国社会科学研究评价中心发布 CSSCI 来源期刊（2023—2024）；2023 年 11 月 10 日，中国科学技术信息研究所发布《中国科技核心期刊目录（2023 年版）》；2023 年 12 月，中国科学院文献情报中心发布《2023 年中国科学院文献情报中心期刊分区表》；2024 年 3 月，北京大学图书馆研制的《中文核心期刊要目总览（2023 年版）》出版；2024 年 4 月，武汉大学中国科学评价研究中心等机构发布《RCCSE 中国学术期刊评价研究报告》第七版；中国科学院科技战略咨询研究院、中国科学院文献情报中心与科睿唯安联合发布《2023 研究前沿》报告和《2023 研究前沿热度指数》报告，遴选出 2023 年全球较为活跃或发展迅速的 128 个研究前沿，[12]这些研究成果都对推动学术期刊的繁荣发展起到了积极作用。

在期刊版权保护方面。2023 年 2 月，中国文字著作权协会联合多家知识资源平台，行业上下游三十余家机构共同发起成立"知识资源平台版权合规建设与健康规范发展共同体",共同促进期刊出版单位和知识资源平台版权合规管理和健康规范发展。2024年5月18日,吉林省16种期刊加入"知识资源平台版权合规建设与健康规范发展共同体"。2024年4月,中宣部版权管理局、北京市委宣传部(北京市版权局)、天津市委宣传部(天津市版权局)、河北省委宣传部(河北省版权局)共同主办的2024年全国知识产权宣传周版权主题活动暨京津冀版权协同发展论坛在中国传媒大学国际交流中心举行,拉开版权系列宣传序幕。

在期刊集群化建设方面。有科出版有色金属期刊群实现了跨学科、跨地域、跨部门的创新尝试,通过"有科+"模式与高校、国企、央企合作,打造中英文期刊,成为"中国科技期刊卓越行动计划——集群化试点项目"。武汉大学科技期刊中心有24本刊物、19个专辑、累计出版论文超2.6万篇,实现了资源共享互通,增加了品牌辨识度,并构建了跨刊检索与知识发现系统。信通公司不断加强顶层设计和系统布局,持续打造"学术交流""科普宣传"两个阵地,推进协同发展,建设信息通信科技期刊集群。在传统的通信优势领域,发挥老刊优势,逐步调整期刊定位,坚持差异化、特色化发展,形成"学术+技术+产业+科普"的纵向矩阵;在新兴交叉与战略前沿领域,抢先布局新刊,进一步丰富集群覆盖方向,为网络强国建设提供智力支持;在科普期刊建设领域,以数字化重构科普生态,激发科普期刊活力,推动高端科技知识科普化、落地化。上海大学期刊社下辖15刊实施了"融合出版+集群建设"的数字化出版战略,[13]还有西安交通大学建设"丝路期刊集群"、中南大学出版社建设期刊集群等。期刊业通过资源整合、项目联动、线上集聚的方式,推动期刊集群稳步发展。

在期刊出版伦理规范方面。行业组织、科研机构和广大期刊出版单位,积极推动期刊在科研诚信和出版伦理建设中发挥积极作用。2023年9月20日,中国科学技术信息研究所与爱思唯尔(Elsevier)、施普林格·自然(Springer Nature)、约翰威立国际出版集团(Wiley)三家国际出版集团共同完成的《学术出版中AIGC使用边界指南》(中英文版)正式发布。《指南》针对学术出版中AIGC的使用边界、标注、责任划分等问题开展研究,详细阐述了学术出版中AIGC的使用原则,并且为作者、研究机构、学术期刊出版单位等相关主体介绍了在学术出版研究开展和论文撰写、投稿、论文发表/出版后各阶段符合诚信原则的行为框架或实践指导,以达到防范学术不端、凝练各方共识的目的。

2023年12月,第九届(2023)中国伦理学大会"大模型时代的出版伦理"分论坛暨出版伦理专业委员会筹备会在温州召开。大会围绕人工智能与元宇宙时代新闻出版业面临的出版伦理制度与规范的建设、共同寻找处理AIGC等新型技术服务环境下学术不端问题的实用方法和对策。[14]

2023年下半年,《暨南学报》编辑部、《天津师范大学学报(基础教育版)》编辑部、《图书情报工作》杂志社等单位先后发布了《关于使用人工智能写作工具的说明》,2024年1月,中华医学会杂志社印发《关于在论文写作和评审过程中使用生成式人工智能技术的有关规定》。

(三) 人才队伍

党的二十大提出,人才是第一资源。人才是期刊业可持续健康发展的重要保障。目前期刊人才队伍整体呈现出三大问题。一是基层编辑人员过剩,新媒体等复合型人才匮乏。以科技期刊为例,据《中国科技期刊发展蓝皮书(2023)》显示,2022年我国科技期刊从业人数是36 974人,其中大学本科以上学历人数占比75.11%,采编人员在编比例为60.91%。[15]需要有更多了解新技术、新媒体运营的专业人才,以适应行业发展的新趋势。二是编辑人员在薪酬待遇、工作条件等各方面相对偏低,职业上升通道较窄,影响人才的积极性。据《中国科技期刊发展蓝皮书(2023)》分析,我国刊均从业人数集中在4—7人区间的期刊占45%,编辑岗位普遍工作繁重、压力大,人才流失严重。[16]三是人才培养力度不足。目前技术的快速更迭让高校出版专业教育体系跟不上时代发展的趋势和行业发展需求。

(四) 融合发展

我国期刊业在深度融合发展上取得了显著进展和成效,呈现出以下特点。

一是内容创新。通过不断探索和实践,一些期刊通过深耕垂直领域、提升选题策划水平、创新内容呈现方式等措施,实现了内容的高质量和多样化传播。如《中国科学:地球科学》创新内容资源,将华人作为第一作者、通讯作者的文章用中英文对照发表，满足了更大范围内读者的需求。[17]

二是渠道创新。为满足读者需求的多样化，期刊业推出多介质、多角度的数字内容。如《中国新闻周刊》期刊根据不同用户需求创建了"中新汽车""有意思报告""壹读""哎呀我兔"等子媒，各子媒定位清晰，各有优势，放大了内容的精准传播效果。[18]《协和医学杂志》开展"学术+科普"的融合发展，通过科普文章、视频、漫画等形式发布高质量文章。[19]

三是业态创新。大数据、人工智能等技术在期刊出版领域的应用日益广泛，策划、编辑加工、校对、发行、营销、印刷等整个出版流程都经历了数字化改造。一些期刊利用数据挖掘和精确匹配技术，挖掘相关领域内的重要学者，提供个性化定向约稿服务，如《河海大学学报（哲学社会科学版）》。发行也不再局限于纸质期刊，而是应用短视频、网络直播、H5、漫画手绘和游戏等多种形式，如《人民文学》杂志在"与辉同行"的抖音直播间火爆"出圈"。直播带动全年12期的2024年《人民文学》杂志售出了7.7万套，并在直播结束后最终突破10万套。[20]生成式人工智能更是掀起了内容生产变革的浪潮。预计未来随着技术的不断更新迭代、成熟和普及，期刊业将破重构，为广大用户提供更多可能。

（五）国际化发展

党的十八大以来，我国高度重视文化走出去工作，在讲述中国故事、传递中国声音方面下了很大功夫，取得了很大成效，[21]中国外文局出版了多种外宣期刊，《人民画报》《人民中国》《中国报道》《今日中国》《中国与非洲》等均有英文版甚至多语种版，其中《人民画报》在对外报道中注重选题策划和议题设置，[22]构建"立体化"渠道增加国际受众触点。

但客观讲，外宣期刊也还存在讲了没人听、讲了传不开的问题。而学术期刊在一定程度上解决了这一问题，因为学术期刊意识形态色彩也相对淡一些，更容易为国外的大众所接受。[23]目前我国英文科技期刊数量逐年增加，科技期刊的国际影响力正在逐步提升，在国际学术交流中的地位和作用日益显现。中国学术期刊的国际被引频次连续多年实现正增长，影响力正在增强。[24]据2023年12月19日更新的Master Journal List数据显示全球SCI期刊数量减少至9 484种。在全球SCI期刊总数减少较多的背景下，中国大陆 SCI 期刊数量仍然保持增长态势，共计有 276 种期刊被收录。[25] 如《中国科学：数学》《园艺研究》《中国科学》《植物表型组学》《生物设计研究》 Journal of Geodesy and Geoinformation Science 等采取组建国际化编委会、参与国际数据库、举办国际会议、建立国际性审稿队伍、利用社交媒体推广、参与国内外期刊评价和认证体系等一系列措施。[26]

二、中国期刊业趋势展望

期刊的发展已经进入移动化、智能化发展的新时代，需要期刊业界不断地适应新的趋势和挑战，提高自身的水平和影响力。

近年来，随着新兴技术高速发展，以大数据、人工智能、物联网和区块链为代表的新一轮技术革命，带动全球进入产业数智化时代，为期刊业发展带来了前所未有的机会和挑战。同时，随着阅读趋势的变化，期刊出版模式也将迎来深刻变革。

（一）填补学科空白，推动区域发展成为新趋势

近年来，科技的飞速发展催生了大量新兴学科和研究方向，众多期刊名称变更和新刊创办成为填补学科空白的常态。同时期刊将进一步关注区域需求，持续推动区域创新发展。

1. 内容供给，填补学科空白

新一轮科技革命和产业变革的突飞猛进，让全球科技创新进入密集活跃期，新的学科分支和学科方向持续涌现。[27] 期刊需要持续关注、探讨一系列新问题，期刊出版单位通过变更期刊名称或创办新期刊填补学科空白。如国家新闻出版署 2023 年批复《恐龙》更名为《史前考古》、《网信军民融合》更名为《网络空间安全科学学报》、《英国医学杂志（中文版）》更名为《数字医学与健康》、《吉林农业》更名为《家政学刊》等，2024 年批复《中国卫生资源》更名为《健康发展与政策研究》、《科学发展》更名为《国际大都市发展研究（中英文）》、《中船重工》更名为《海洋战略研究》等；国

家新闻出版署2023年批准创办《电磁科学（英文）》《链（英文）》《视觉智能（英文）》《古典学研究》等，2024年批准创办《交叉学科材料（英文）》《先进电介质学报（英文）》《整合肿瘤学（英文）》《数字孪生（英文）》《设计、经济与创新学报（英文）》等。

2023年中国科协发布的卓越行动计划高起点新刊项目有49个。[28]根据学科分类，涉及交叉学科、跨领域的刊物有29个，占总量的59.18%，其中涵盖人工智能、量子科学等多个新兴领域，工程技术（18.4%）、医学期刊（8.2%）次之。关注这些领域的最新研究成果，紧跟行业发展的前沿趋势，及时发表相关领域的高质量研究成果，为相关领域的专业人士提供参考和指导。

2. 赋能创新，服务区域建设

期刊根据所在区域社会、文化、科技和经济发展需求，通过期刊更名和期刊创办，提供智力支持。国家新闻出版署2023年、2024年批复《小演奏家》更名为《甘肃学校美育》、《蒙古学研究年鉴》更名为《北疆文化研究》、《畅谈》更名为《三苏学刊》等。

长三角科技期刊发展联盟整合长三角区域的科技资源、高校资源、产学研结合，至今已连续举办19届长三角科技期刊发展论坛。[29]论坛对培育长三角科技期刊成为学科建设、行业发展、产业变革和技术创新的重要科技传播平台，对促进长三角地区科技期刊高质量发展具有重要影响。2024年5月29日，第二届京津冀科技期刊创新发展论坛召开，推动京津冀地区一流科技期刊建设，助力京津冀协同发展。2024年6月13日，北京市科学技术委员会、中关村科技园区管理委员会联合发布《关于征集2024年度支持北京市高水平国际科技期刊建设储备项目建议的通知》。《通知》指出为进一步提升本市国际科技期刊的学术影响力和国际竞争力，加快培育一批世界一流科技期刊，形成有效支撑北京国际科技创新中心建设、服务国家高水平科技自立自强的科技期刊发展体系。

（二）技术创新催生融合转型新业态

技术创新正在深刻变革期刊出版业，催生融合转型的新业态。Silverchair & Hum的预测报告中提出 2024 年及以后将"减少传统出版物，增加另类和创造性科学产出"[30]。

1. AI 技术的应用

生成式 AI 可以帮助期刊快速生成图片、文章；AI 技术可以辅助编辑进行文本校对，提高出版效率，减少错误，确保文章质量；可以分析读者偏好，为读者推荐相关文章，提高期刊阅读量和用户黏性；可以处理和分析大量数据，帮助期刊了解读者行为，优化出版策略和内容布局；可以自动化处理稿件提交、同行评审、编辑决策等流程，提高出版效率；可以通过聊天机器人等 AI 工具与读者实时互动，提供更好的用户体验。未来，作者对人工智能辅助写作的接受度将慢慢提高，出版商利用人工智能的尝试会增多，人工智能工具在未来期刊出版融合转型中展示出巨大潜力。

2. 沉浸式阅读体验

随着 VR（虚拟现实）、AR（增强现实）、MR（混合现实）等技术的发展，阅读平台更加多元化和智能化，开始提供更加沉浸式的阅读体验。通过 VR/AR/MR 技术，读者可以置身于一个全新的虚拟环境中，如历史事件的重现或者复杂科学概念的模拟，体验书中的场景，为读者提供更加生动和直观的体验。AR 还能为读者提供交互式的学习体验，如通过扫描期刊上的二维码或特定标记，读者在自己的设备上观看到三维模型、动画解释或者视频访谈等内容，对主题的理解更深入。

3. 个性化推荐服务

期刊业开始越来越多地利用大数据分析和机器学习算法，根据用户的阅读习惯和偏好提供个性化的内容推荐，满足不断变化的市场需求和用户期望，部分期刊做出多种有益尝试，如《中国科学》杂志社自主研发了符合国际学术数据交流规则和标准的科技期刊全流程出版平台（SciEngine 平台）；中国科学院科技期刊网、X–MOL 学术平台等综合性的学科资讯平台；"互动科普"数字化传播平台、维普、万方等知识服务平台；一些服务平台还运营了服务学者的虚拟学术社区。相信未来跨学科、跨领域、跨时空的应用会更多地赋能期刊出版。

科技与期刊的深度融合将不断催生新的出版模式与业态。未来的期刊融合产品将更多依赖 AI 技术，通过生成式 AI、智能文本校对、数据分析和自动化处理等手段，显著提升出版效率与质量，并提升用户体验。沉浸式阅读体验成为趋势，VR、AR、MR

技术将带来生动和互动的阅读环境。此外，多种学术和知识服务平台的兴起，预示着跨学科、跨领域应用将不断扩大，进一步推动期刊出版的智能化、个性化和互动化发展。

（三）版权合规授权亟待解决

随着数字出版和网络传播的快速发展，期刊作品的复制和传播变得更加便捷，未经授权地转载、上传至网络平台，以及通过社交媒体等渠道的非法传播等侵权行为频发，侵权问题日益突出。

国家和行业层面正在积极寻求各种解决之道，期刊出版单位通过和作者签署版权授权合同和加入著作权集体管理组织，实现版权合规运营和版权保护的规模化和集约化。[31]期刊出版单位要联合版权方，统筹考虑与版权方互惠双赢，积极挖掘版权衍生价值，同时介入现代的版权运营，提高纸媒版权管理、运用、维护能力和水平，加强IP孵化、开发和转化，实现传统媒体的转型升级。

（四）阅读传播平台多样惠及全民

近年来，期刊出版形式多元化发展显著，开放获取、预印本和融合阅读成为主要趋势。开放获取使知识传播更加自由和广泛，虽然我国起步较晚，但已有明显进展。预印本促进快速学术交流，但在国内尚需进一步认知和推广。融合阅读通过数字和社交媒体平台，实现与读者的实时互动和内容的多样化呈现，增强阅读体验。未来，期刊出版将继续推进开放获取和预印本的发展，与国际标准接轨，同时利用多平台融合，推动全民阅读，提高文化传播和知识创新的效率。

1. 开放获取

开放获取（Open Access）因其免费和易于访问的特性，吸引了大量的读者和作者，促进了知识的自由流通和创新。期刊界已意识到开放获取对科研和学术交流的重要性，出台了一系列政策和措施来推动开放获取的发展，建成一批开放获取平台，如GoOA、COAJ等。中国科学技术信息研究所构建了国家科研论文集中发布平台（China Open Access Archive，CoaA）。截至2024年4月20日，开放期刊子平台收录国内1 399种期刊，合计 1 038 万篇论文，并提供论文检索、期刊学科导航、全文下载、热点推荐等功能。[32] 与国际上相比，目前仍处于发展阶段。目前全球学术资源的开放出版平台和开放仓储平台多被欧美科技出版发达国家掌握[33-36]，如 DOAJ（Directory of Open Access Journals）等平台已经非常成熟，具有广泛的国际认可度和影响力。而我国科技期刊与国际科技期刊在出版模式与平台、收费模式、OA 出版生态、版权协议等方面存在明显差距。[37-38] 国家哲学社会科学文献中心国家哲学社会科学学术期刊数据库截至 2023 年底，在资源整合方面，国家哲学社会科学文献中心收录中文学术期刊 2 356 种，较 2022 年增加 80 种；首次上线集刊 132 种；上线文章 1 383 多万篇，较 2022 年增加 63 万篇；上线优先发布期刊 207 种、文章 832 篇，不断扩充各学科的优秀学术文章。在用户服务方面，访问总量超过 12.7 亿次，文献阅读量和下载量超过 1.6 亿次，2023 年全年访问量超过 2.7 亿次，阅读量和下载量超过 3 200 万次；国内机构用户 9 万家，国外机构用户 1 000 多家，个人用户 700 多万人，2023 年全年新增机构用户 410 家，新增个人用户超过 100 万人，分布于 190 多个国家和地区，成为最大的中文哲学社会科学开放获取学术平台，持续为各类机构和社会公众提供公益性学术信息服务，进一步提升党的创新理论传播效果，为加快建构中国自主知识体系，繁荣发展中国特色哲学社会科学和"三大体系"建设提供支撑。

2. 期刊预印本

预印本允许学者在同行评审前公开手稿，有助于加速学术交流和透明度，成为科研成果快速共享的重要渠道。

2024 年 4 月 25 日，中国特色哲学社会科学自主知识体系数字创新平台——"学术世界"在中国人民大学发布。该平台集学术资源、学术交流、学术传播、学术创新功能于一体，配套建成全国首个哲学社会科学主文献平台、首个哲学社会科学预印本平台。[39] 目前中国预印本平台有 ChinaXiv（中国科学院科技论文预发布平台）、ISTIC 国家预印本平台、中国科技论文在线、中国预印本服务系统、NSTL 等。这些平台的建设和发展反映了中国科研界对于快速学术交流的需求，以及对国际预印本运动的积极响应。

但是，在国内，预印本的概念和作用尚未被广泛认知和接受，发展滞后。国际预印本平台已经相当成熟，如 arXiv 存储了超过 150 万份预印本文档，bioRxiv 平台发布的预印本论文数达到 11 万篇以上。而中国的预印本平台如 ChinaXiv、中国科技论文在线（CSPO）和中国预印本服务系统（NSTL）虽然已经建立，但在发展规模和国际影响力方面与国际先进水平还存在一定差距。[40]

在政策和支持方面，国际预印本平台得到了广泛的政策支持和资金投入，如 bioRxiv 得到了财力雄厚的"陈—扎克伯格计划（CZI）"的支持。[41]而中国的预印本平台虽然也得到了政府的推动和支持，但相比国际平台，国内对预印本发展的态度及政策尚不明晰，科研人员发表、应用预印本成果的意愿较低。希望随着预印本概念在中国的逐渐普及，科研人员的认知有所提升，有更多的预印本平台出现，以满足不同学科领域的需求。

3. 期刊融合阅读

近年来阅读的渠道大大拓展，期刊在微信公众号、微博、LinkedIn 等社交媒体平台发布文章摘要、新刊速递、学术动态等，与读者建立更直接的互动关系；读者可以随时随地访问中国知网、万方等数字出版平台阅读和下载；在抖音、微信视频号等平台直播学术会议、发布与期刊内容相关的短视频，增强期刊内容的可视化和互动性；喜马拉雅、蜻蜓 FM 等数字阅读平台，让经典文学作品和网络文学通过声音化传播，更加生动、立体；B 站、小红书等视频和图文社交平台上，文学类 UP 主形成文学阅读、分享的社群，吸引了大量年轻用户通过视频、动漫等形式接触和分享文学作品；部分期刊还通过跨平台整合多个平台资源，将微信公众号、网站、移动应用等进行联动，形成全方位的传播网络。多样化的阅读内容和互动体验，推动了阅读的普及和文化传播，促进了作品的创新和多样性。

（五）市场格局变化加剧

在市场化经营背景下，电子期刊、在线数据库、开放获取（OA）期刊等新型出版形式兴起，更多数字平台和移动应用出现，在为读者提供更加个性化和互动的阅读体验、丰富期刊市场供给的同时，也加剧了期刊业对用户的争夺。

在期刊市场，一些大型出版集团通过并购和合作，逐渐增强了市场竞争力，占有了主要的市场份额；在细分市场上，专业学术期刊、行业特定期刊、大众消费类期刊增多，期刊出版单位需要提供更有深度和高质量的内容，提供更符合需求的内容，才能应对更细化的市场需求；在垂直领域，为吸引和留住读者，期刊开始深耕领域内容，提升选题策划水平；在内容呈现上，尝试通过短视频、直播、音频、动画、漫画等多种形式，使内容更加生动，易于消费。为实现可持续的运营和发展，部分期刊不得不尝试探索新的经营模式，如付费订阅、会员制、内容赞助等；为增加用户参与度，期刊通过建立社群、开展互动活动等方式，鼓励用户加入内容创作和讨论；为增加收入，除了传统的广告和订阅，期刊出版商还探索了新的商业模式，如会议服务、咨询服务、教育培训等。

未来，全民阅读趋势的深化与新兴技术的崛起，将共同催生期刊业的一场革新。深度知识服务作为这场革新的核心，将成为引领行业发展的新旗帜。凭借大数据的精准分析和人工智能的高效匹配，我们能够为读者提供前所未有的个性化内容推荐与深度知识解读，直击受众最真实、最迫切的信息需求。这不仅仅是对期刊内容的一次升级，更是对整个行业服务品质的一次颠覆性提升。我们有理由相信，随着深度知识服务的推进，期刊业的品牌影响力和用户忠诚度将达到前所未有的高度，引领整个行业迈向更加辉煌的未来。

三、推动中国期刊业发展的对策与建议

我国期刊业仍面临结构散弱、质量不高、学术影响力不强、国际化程度不够等多重挑战，需要有针对性地加以解决。

期刊业也面临人工智能技术的快速发展和产业变革及经济下行等多重挑战。AI智能图文生成和智能编校应用还处于初级阶段，同时AI生成的内容可能涉及版权争议，需要明确版权归属和伦理责任；过度依赖AI也可能导致期刊失去人类编辑的独特视角和专业判断，其长期效果和潜在问题仍需进一步观察和研究。

（一）制度优化完善

2023年12月，习近平总书记在中央经济工作会议上强调，"要以科技创新推动产

业创新，特别是以颠覆性技术和前沿技术催生新产业、新模式、新动能，发展新质生产力"。习近平总书记指出："生产关系必须与生产力发展要求相适应。发展新质生产力，必须进一步全面深化改革，形成与之相适应的新型生产关系。"生产力和生产关系之间的关系是密不可分的。生产力的发展水平决定了生产关系的性质和变革方向，而生产关系则对生产力的发展起着制约和促进作用。只有使生产关系适应和促进生产力的发展，才能实现经济高效、社会和谐的目标。管理部门着力破解深层次体制机制障碍，不断彰显中国特色社会主义制度优势。期刊主管单位、主办单位及出版单位加大机制创新，不断增强期刊出版单位的活力，推动期刊业高质量发展。

（二）结构性调整

在优化布局结构方面，应按照服务党和国家大局工作需要、新兴领域新兴学科发展需要、满足人民群众日益增长的文化需要，优化长期闲置期刊出版资源，调整办刊定位，鼓励专业化、特色化发展；建立和完善期刊退出机制，去除低效和无效供给；推动资源在不同学科和领域间的有效流动和整合；积极开展期刊集群化发展试点，以优质期刊为龙头，整合资源，建设导向正确、品质一流的期刊集群；打造专业化数字出版平台，加强学术期刊论文大数据中心建设。

（三）跨学科合作

期刊跨学科合作可以从以下具体措施入手。一是制定长远规划，明确期刊跨学科研究的方向和目标。二是通过教育和培训，培养具有跨学科知识和技能的编辑人才。三是促进学术交流，鼓励和支持跨学科的学术交流，期刊可以搭建促进不同学科交流合作的平台，如研讨会、工作坊和学术会议，以促进不同学科间的对话和合作。四是强化出版支持，发展跨学科期刊，为跨学科研究成果提供发表渠道，同时鼓励传统期刊开设跨学科研究专栏。通过这些措施的实施，可以有效地推动期刊在跨学科建设方面的发展，促进学术研究的创新和深入。

（四）强化版权保护

版权保护是一个多方面、多层次的工作，涉及法律法规的完善、技术手段的应用、版权意识的提高以及版权管理的规范等多个方面。

首先，现有的版权法律在应对数字环境下的版权问题时存在一定的滞后性，导致在实践中出现了许多法律争议。例如，关于网络转载的法定许可、合理使用的范围，以及信息网络传播权的归属等问题，需要对现行的《著作权法》等相关法律法规进行修订，增加与数字版权相关的专门条款，确保法律与技术发展同步。

其次，期刊编辑部对版权保护的重要性认识不足，缺乏专业的法务支持和版权管理机制，导致在版权转让、许可协议签订等环节存在疏漏。需要期刊编辑增强版权意识，通过对作者、编辑等进行版权法律知识的教育和培训，增强他们的版权意识。通过媒体、研讨会、公开课等形式，普及版权知识，提高公众对版权保护的认识和尊重。

再次，期刊在遭遇侵权或被侵权时，苦于没有专业的法律知识和技术支持，维权成本高，维权过程复杂。可以通过加入或建立著作权集体管理组织来解决这些问题，如中国文字著作权协会等组织提供版权保护服务，利用这些组织的专业能力和资源，更有效地管理和保护版权，实现版权保护的规模化和集约化。

最后，利用版权保护技术。如利用区块链技术的不可篡改、去中心化、智能合约等特性，进行版权登记确权、版权交易和维权，提高版权保护的透明度和安全性。用DRM（数字版权管理）技术、数字水印、版权信息嵌入等，帮助期刊单位追踪和管理作品的使用情况。预计未来会有更多针对数字出版和网络传播的版权法律法规出台，如对合理使用、法定许可、版权保护期限等方面的明确规定。

（五）应对学术不端

在科技论文发表总量世界第一，影响因子排名靠前的成就下，近年来一系列学术不端事件表明，诚信问题正变得日益复杂，治理任重道远。[42]2024年2月19日，中国科学院文献情报中心发布了2024年度《国际期刊预警名单》，着力防止学术不端行为（如引用操纵和论文工厂）[43]以及影响中国学术成果国际化传播和出版经费有效使用的不当行为。面对学术不端和撤稿事件的增多，期刊业可采取一系列应对措施，如加强编辑审查、改进同行评审流程、使用软件工具检测抄袭、图像操纵等不端行为。建立举报机制，允许个人或机构报告可疑的学术不端行为，一旦接到举报，期刊立即启动调查程序，根据学术不端行为的性质和严重程度，采取相应的处理措施，如警告、取消发表资格等。

（段艳文　民进中央出版和传媒委员会秘书长、中国新闻技术工作者联合会副秘书长；
李净　《中国传媒科技》杂志社编辑部主任）

参考文献

［1］中国农家书屋网．第二届全民阅读大会·阅读与乡村振兴论坛光荣榜来啦［EB/OL］．（2023－05－19）［2024－03－12］．https：//www.zgnjsw.gov.cn/ztlm/xjdx/202402/t20240220_832935.html．

［2］国家新闻出版署．关于进一步规范期刊经营合作活动的通知［EB/OL］．（2023－06－26）［2024－03－12］．https：//www.nppa.gov.cn/xxfb/tzgs/202307/t20230706_726734.html．

［3］新华网．国家互联网信息办公室对知网（CNKI）依法作出网络安全审查相关行政处罚［EB/OL］．（2023－09－06）［2024－03－12］．http：//www.news.cn/2023-09/06/c_1129848367.htm．

［4］财政部 税务总局．关于延续宣传文化增值税优惠政策的通知［EB/OL］．（2023－09－22）［2024－03－18］．https：//fgk.chinatax.gov.cn/zcfgk/c102416/c5214174/content.html．

［5］国家新闻出版署．中宣部、教育部联合印发《关于推进出版学科专业共建工作的实施意见》［EB/OL］．（2023－12－20［2024－04－15］．https：//www.nppa.gov.cn/xxfb/ywxx/202312/t20231220_822877.html．

［6］澎湃网．中国期刊高质量发展论坛在上海举行［EB/OL］．（2023－10－30）［2024－03－12］．https：//m.thepaper.cn/newsDetail_forward_25113047．

［7］中国科学技术期刊编辑学会．中国科学技术期刊编辑学会2023年学术年会在雄安成功召开［EB/OL］．（2023－10－22）［2024－03－14］．http：//www.cessp.org.cn/a1792.html．

［8］中央广播电视总台．第十八届中国科技期刊发展论坛［EB/OL］．（2023－11－

29）[2024-03-14]. https：//gongyi.cctv.com/special/qklt2023/index.shtml.

[9] 科睿唯安. 学术期刊提质增量论坛暨第15届ScholarOne中国用户年会在乌鲁木齐成功举办！[EB/OL]. （2024-04-24）[2024-04-30]. www.clarivate.com.

[10] 中华网. 方正电子参与建设丨中华医学会杂志社一体化学术期刊出版服务平台发布 [EB/OL]. （2023-07-26）[2024-04-30]. https：//tech.china.com/article/20230726/072023_1382967.html.

[11] 央广网. 华知大模型+：加速知识密集型行业大模型落地应用 [EB/OL]. （2024-04-26）[2024-04-30]. https：//tech.cnr.cn/techph/20240426/t20240426_526682618.shtml

[12] 中国科学院.2023研究前沿发布暨研讨会在京举行 [EB/OL]. （2023-11-29）[2024-04-30]. https：//www.cas.cn/sygz/202311/t20231129_4988854.shtml.

[13] 刘小燕，姚远. "世界一流科技期刊"背景下科技期刊的内在逻辑与路径探索 [J]. 编辑学报，2023，35（01）：22-28.

[14] 人民论坛网. 第九届中国伦理学大会暨首届中国健康伦理大会举行 [EB/OL]. （2023-12-15）[2024-04-12]. http：//www.rmlt.com.cn/2023/1215/690342.shtml.

[15] [16]《中国科技期刊发展蓝皮书（2023）》编写组.《中国科技期刊发展蓝皮书（2023）》内容简介 [J]. 中国科技期刊研究，2024，35（01）：137-141.

[17] 科学网. 郑永飞院士：融合创新推动科技期刊高质量发展 [EB/OL]. （2022-08-31）[2024-04-20]. https：//news.sciencenet.cn/htmlnews/2022/8/485360.shtm.

[18] 范林华.《中国新闻周刊》出版深度融合发展研究 [D]. 河南大学，2023.

[19] 刘洋，李娜，李玉乐，赵娜，董哲. 创新探索"学术+科普"融合发展，全面助力医学科技期刊双翼齐飞 [J]. 中国传媒科技，2022（09）：14-17.

[20] 新浪. "与辉同行"直播间带火《人民文学》背后：过去一年杂志期刊在抖音电商销量同比提升2倍 [EB/OL]. （2023-12-19）[2024-04-30]. https：//news.sina.com.cn/sx/2024-01-26/detail-inaevnvm4438245.shtml.

[21] [23] 刘仲翔. 学术期刊高质量发展：现状、问题与思路 [J]. 现代出版，2023（04）：43-55.

[22] 李宇. 新形势下国际传播的理论探索与实践思考 [M]. 朝华出版社，

2022：337.

[24] 汤丽云，林丹丹，伍军红，等．中国学术期刊近十年国际影响力发展概述——基于《中国学术期刊国际引证年报》的数据分析 [J]．传媒，2023（23）：12-14.

[25] 任胜利，丁佐奇，宁笔，等．2023年我国英文科技期刊发展回顾 [J]．科技与出版，2024（03）：46-54.

[26] 王学武，刘莉，刘若涵，等．不负"一流"使命 闯出科技期刊中国路 [N]．科技日报，2023-11-29（5）.

[27] 习近平在中国科学院第二十次院士大会、中国工程院第十五次院士大会、中国科协第十次全国代表大会上的讲话 [EB/OL]．(2021-05-28)[2024-04-20]．https：//www.zast.org.cn/art/2021/9/27/art_ 1229567058_ 58949904.html.

[28] 中国科技期刊卓越行动计划办公室．关于对2022年度中国科技期刊卓越行动计划高起点新刊项目拟入选项目进行公示的通知 [EB/OL]．(2022-09-09)[2023-02-11]．https：//www.cast.org.cn/art/2022/9/9/art_ 43_ 197047.html.

[29] 长三角科技成果交易博览会．人民日报 | 长三角创新机构发展研究报告发布 [EB/OL]．(2023-11-20)[2024-04-11]．http：//www.stf-expo.com/news/6570279e13dbbe6130a7d61f.

[30] 达斯汀·史密斯．2023出版技术趋势 [EB/OL]．(2023-01-10)[2024-04-20]．https：//www.silverchair.com/news/tech-trends-2023.

[31] 李燕燕，张洪波．创作之伞——中国文字著作权保护纪事（长篇纪实连载）[J]．啄木鸟，2023（11）：114-150.

[32] 国家科研论文集中发布平台．国家科技期刊开放平台 [EB/OL]．(2024-04-30)[2024-04-30]．https：//coaa.istic.ac.cn/openJournal.

[33] 陈瑞扬．国际开放科学政策新发展及其启示 [J]．图书与情报，2022（06）：91-102.

[34] 刘旸，刘园园，ROOYEN C，等．"订阅—开放"（S2O）模式的源起与发展：以EDP Sciences出版社为例 [J]．中国科技期刊研究，2024，35（01）：1-8.

[35] 曾建勋．中国特色科技期刊OA出版模式之思考 [J]．编辑学报，2023，35（06）：591-597.

[36] 丁译. DOAJ 收录的中国开放获取期刊及其收费政策的统计分析［J］. 中国科技期刊研究, 2023, 34 (10): 1356 – 1363.

[37] 阙忱忱, 叶杭庆. 学术期刊出版中作者版权保留的实践、利益协调及启示［J］. 中国科技期刊研究, 2023, 34 (09): 1119 – 1126.

[38] 汪汇源, 赵云龙, 陈希用, 等. 国内外英文农业科技期刊数据出版政策分析与启示［J］. 中国科技期刊研究, 2023, 34 (11): 1458 – 1466.

[39] 新华网. 中国特色哲学社会科学自主知识体系数字创新平台在京上线［EB/OL］. (2024 – 04 – 26) [2024 – 04 – 30]. http://bj.news.cn/20240426/80433872c5be40c986bb8c4403855a70/c.html.

[40] 中国科学技术协会. 中国科技期刊产业发展报告［M］. 科学出版社, 2023: 278.

[41] 和鸿鹏. 预印本可否替代学术期刊——基于科学社会学的视角［J］. 自然辩证法研究, 2021, 37 (07): 72 – 77.

[42] 中国科学技术协会. 中国科技期刊发展蓝皮书［M］. 科学出版社, 2022: 445.

[43] 中国科学院文献情报中心. 2024 年《国际期刊预警名单 (试行)》正式发布［EB/OL］. (2024 – 03 – 01) [2024 – 04 – 20]. https://ewl.fenqubiao.com/#/zh-cn/early-warning-article – 2024.

2023—2024中国图书零售市场发展现状与趋势展望

杨 伟

自2020年疫情发生之后，我国图书零售市场一直处于波动发展状态。2023年是疫情防控全面放开后的第一年，恢复和发展成为主旋律。从实际市场表现来看，近两年整体图书零售没能迎来大幅度的恢复性反弹，而是呈现出缓慢复苏的态势，这其中既有社会宏观环境的影响，也有图书出版业内部面临结构性调整和业务模式变革的深层原因。但是全行业斗志不减，"积极求变、努力破局"正是对上下游出版发行单位当前工作状态的贴切表述。

目前，我们在很多方面的市场观察都还难以得出定论，或者仍在"量变积累质变"，新技术推动、新模式尝试的探讨还在持续，出版行业和图书市场面临的疑惑和问题也正处于寻找答案的进程当中。

一、2023—2024中国图书零售市场基本情况

2023年图书行业经营秩序全面恢复，新书品种规模有所提升，动销品种数量持续增加，零售市场规模小幅回升，但尚未回到疫情前水平。进入2024年，零售市场码洋规模增长再次出现小幅波动，目前市场上销售规模最大的类别仍以少儿阅读和中小学教辅为多，成人阅读领域也有局部分类出现新的畅销热点。

（一）图书零售呈现恢复性增长，总体规模尚未回升至疫前水平

北京开卷[①]数据显示，2023年我国图书零售市场码洋规模由2022年的负增长转为正向增长，同比上升了4.72%。[1]但是进入2024年，第一季度零售码洋规模再次出现负增长，降幅为5.85%。[2]

近几年整体零售市场的总体码洋规模一直在800亿元到1 000亿元之间震荡，根据开卷市场研究发现，2023年总体码洋规模恢复至910亿元左右，尚未恢复到高峰年份2019年的千亿元以上规模，见图1。

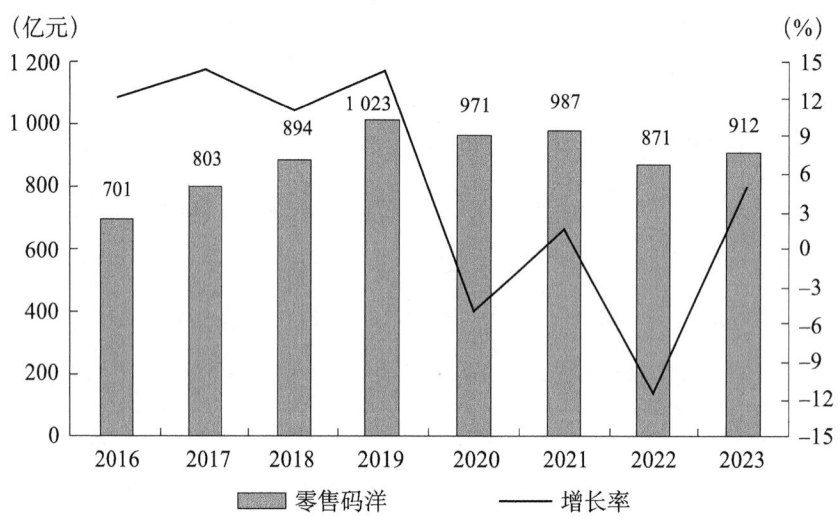

图1　2016—2023年图书零售市场码洋规模发展变化（开卷数据）

（二）图书售价折扣波动下降，2024一季度跌至60折

在疫情防控转段后的市场恢复过程中，出版发行机构纷纷铆足劲头，全行业在努力弥补"丢失的三年"，这也在一定程度上加剧了市场竞争。再加上电商平台的"推波助澜"，图书售价折扣进一步走低——拼多多平台针对图书品类持续推行低价策略，抖音平台上的众多直播间将"全网最低价"作为卖点，就连原本以"品质与体验"著称

---

① 北京开卷，全称北京开卷信息技术有限公司。本文中关于零售市场规模、结构等相关数据，未经特殊说明，均来自北京开卷相关数据分析，其数据统计来自1998年开始建立的"全国图书零售市场观测系统"。截至2024年，该系统覆盖全国线上、线下的万余家图书零售终端，图书零售主流渠道和平台均纳入其中。

的京东平台也开始强化"低价优势",图书垂类电商当当网在本站营销力度加大的同时也进驻其他电商平台进行全网业务渗透。于是在 2023 年,"全网最低价"一度成为各电商平台、渠道角逐的卖点,而图书产品的终端售价折扣也由此进一步降低。

从北京开卷自 2020 年开始"页面售价"[①]监测以来,图书售价折扣一直保持在 6.0—7.0 折之间。2020 年监测售价折扣为 6.4 折,2021 年降至 6.3 折,2022 年一度回升到 6.6 折左右,而在 2023 年该指标仅为 6.1 折。2024 年一季度,页面售价折扣进一步降低至 6.0 折。事实上,再进一步结合满减、优惠券、限时破价等促销方式,图书的实际售价折扣只会更低。

(三) 新书出版规模开始恢复,动销品种数持续累加

2023 年图书零售市场全年新书品种数达到 18.4 万种,比上一年度有明显增加。从 2024 年一季度的情况来看,新书品种数达到 4.1 万种,比 2023 年同期的 4.0 万种也呈现小幅增加。这说明全行业的新书出版能力已经恢复,新品规模达到一个相对稳定的水平。

但是如果结合疫情前的情况来看,新书品种的总体趋势仍旧偏向收缩态势。2023 年的新书品种数不仅低于疫情前 2019 年的 19.4 万种,也低于恢复型年份 2021 年的 19.7 万种。再结合 2019 年以前的情况来看,零售市场上新书出版已经进入"弱化数量、强化质量"的发展模式,出版单位更加重视单品效益的提升而非通过增加品种来撬动出版规模增长。

在新品规模基本稳定的同时,零售市场上的动销品种数持续累加。2023 全年动销品种数 237.4 万种,比上一年度有所增加。2024 年第一季度动销品种数 163.4 万种,与上年同期大致持平,见图 2。

(四) 少儿、教辅类码洋规模最大,刚需类别市场表现突出

按照开卷二级分类统计 2023 全年图书零售市场的规模构成,少儿图书仍旧是码洋

---

① 北京开卷监测的图书售价折扣均根据页面显示售价统计得出,不含电商平台上的满减、优惠券、会员专属优惠、直播间限时破价等营销方式的影响。

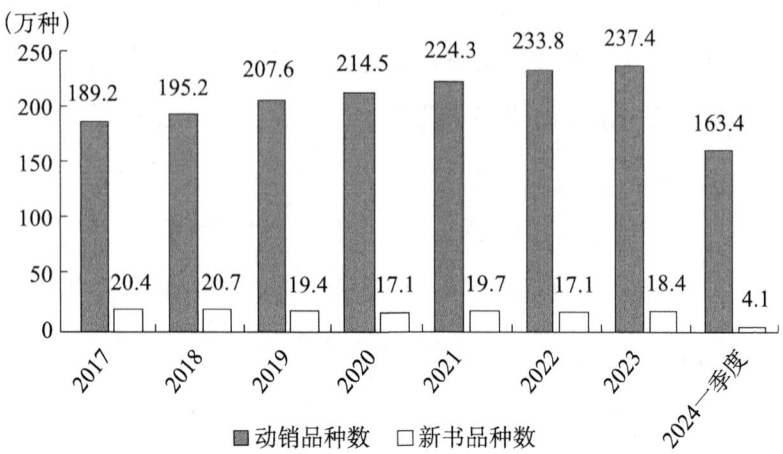

图 2　近 6 年图书零售市场品种规模比较（开卷数据）

比重最大的类别，码洋比重为 27.21%；其次是教辅类和文学类，码洋比重均在 10% 以上；学术文化、经济与管理和马列思想及政策性读物类码洋比重在 4%—10%，也属于较大的类别，见图 3。

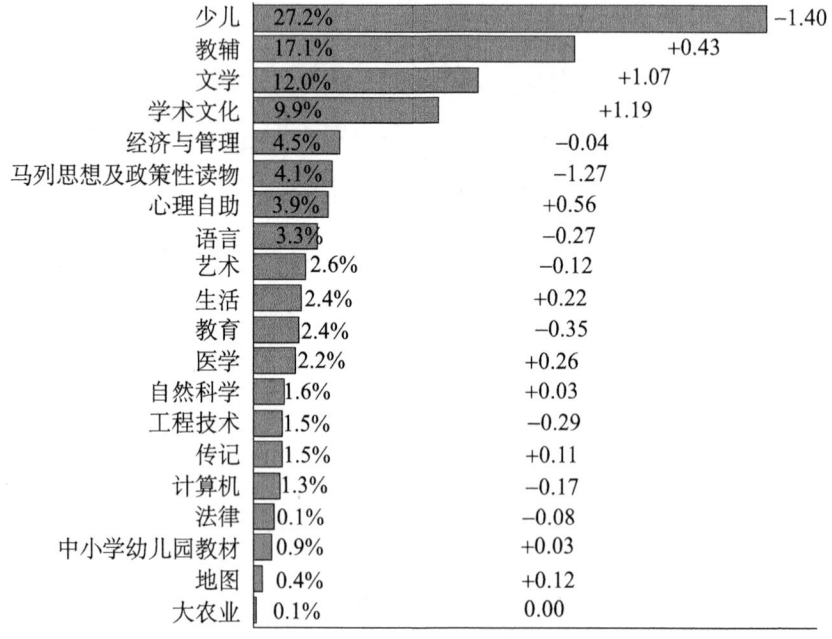

图 3　2023 年图书零售市场各分类码洋比重及其同比变化（开卷数据）

值得注意的是，目前规模最大的两类（少儿类、教辅类）均面向儿童及青少年学生群体，两者合计规模占零售市场的四成以上，这在一定程度上反映了儿童和青少年群体对零售市场的高影响力。2023年，少儿类码洋占比有所下降，而教辅类码洋占比有所提升，这一特点在2024年一季度进一步加强——少儿类和教辅类的码洋比重分别达到27.0%和20.8%，即教辅类占比进一步放大而少儿类占比略有收缩。

单就各类别的同比增长率来看，2023年开卷二级分类中有13个细分市场实现正增长。这些实现增长的门类可归为以下几类：第一类和身体健康有关（医学类和生活类），主要源自疫情后读者对中医类图书关注度的提升；第二类和知识、技能提升有关，涉及类别为心理自助类和经管类，主要表现为短视频电商渠道中一些与个人沟通、表达能力提升有关的话题图书销量爆发；第三类和热点话题、影视以及直播推荐相关，比如学术文化类中的女性主题图书、影视剧带动的关联作品等，受直播带动的经典名著等；第四类是和学生学习相关的教辅教材或教育辅导类，这类图书偏刚需，无论是课外读物、地图产品还是针对孩子学习痛点的辅导理念书都取得了较好的销量表现，见图4。

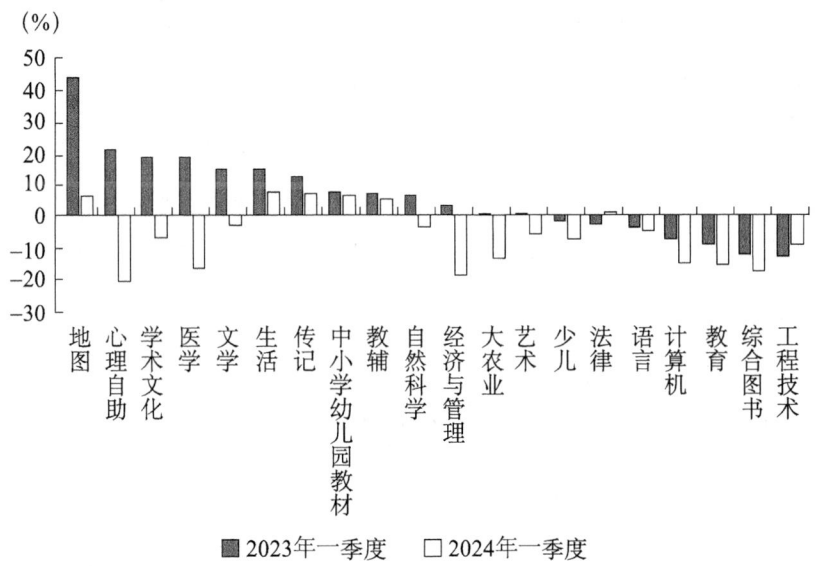

图4　2023—2024年一季度零售市场中各细分类码洋同比增长率（开卷数据）

2024年一季度，随着整体零售同比由正转负，表现为增长的细分类数量有所减少，教辅、地图、传记、生活等类别仍旧继续增长，法律类因一些热销普及读物带动实现正增长，而文学类、自然科学类、艺术类、语言类的同比增速也超过整体市场平均水平。

二、零售渠道分化带动图书市场产生深层变化

纵观近几年的图书零售市场，渠道层面的变化是隐藏在规模波动背后的最大影响因素。"向外分化"不断调整着图书销售通路和读者的信息获取及购买习惯，"向内融合"则带动业内机构的业务关系产生了新的竞合模式。拨开市场表象深入思考则会发现，如果回归到阅读需求本身，内容价值正在悄然成为图书零售市场发展中的重要驱动力。

（一）电商行业持续裂变，带来图书零售方式多样化与渠道分化

如今，一本书出版后到底通过怎样的渠道到达读者手中有无数种可能。除了相对传统的实体书店、大型垂直电商、依托平台电商POP模式开店的各类经销商以外，内容电商、兴趣电商、社群电商也开始形成越来越大的规模和影响。同时，互联网上日益强化的"品销合一"特点也让图书营销和销售的关联愈加密切，原本以"传播"见长的微博、以"种草"见长的小红书也纷纷开启电商业务。于是，图书销售渠道和营销通路也因为持续跟进这些扩展而变得越来越分化。我们对当前图书电商的主要模式和代表性平台和机构做了归集，见图5。

（二）渠道分化影响市场结构和图书畅销模式

根据不同网店平台的经营模式和特点差异，北京开卷将图书网店渠道细分为"平台电商渠道"[①]"短视频电商渠道"[②]和"垂直及其他电商渠道"[③]。

[①] "平台电商"是指由电商提供平台，图书发行经营单位入驻开店的销售方式。目前典型的平台电商包括天猫书城、京东图书POP业务、当当图书POP业务、拼多多图书等。

[②] "短视频电商"是指以短视频、视频直播为主要内容方式的图书销售平台，包括抖音、快手等。

[③] "垂直电商"是指电商经营者采取自营方式，即"进货—销售"的方式进行图书零售的方式，典型代表包括当当图书自营业务、京东图书自营业务、互动出版网、大V店新华发行集团自建电商站点等。除了上述三种电商以外，还有个别其他的电商经营模式，因为规模较小，所以作为"其他"与垂直电商合并进行数据统计。

图 5　图书零售渠道和运营模式持续分化中的细分类型与典型案例

1. 短视频电商超过垂直及其他电商,成为第二大图书销售渠道

2023 年,短视频电商依然呈现高速增长态势(同比增长 70.1%),仍旧是带动整体零售市场增长的主要动力,这也是 2022 年至 2023 年唯一正向增长的图书零售渠道。平台电商和垂直及其他电商分别下降 3.7% 和 10.1%。实体店渠道依然呈现负增长,同比下降 18.2%,降幅较上一年度明显收窄,见图 6。

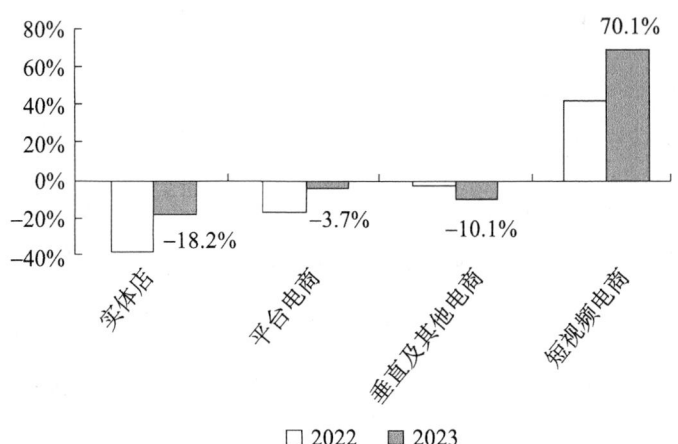

图 6　2022—2023 年不同渠道零售市场同比增长率(开卷数据)

目前图书零售渠道的结构性变化还在进行中，不同渠道的成长性差异在一定程度上代表了流量在不同渠道间的转移和变化。基于开卷对2023全年市场推算，平台电商在四个细分渠道中码洋规模依然是最大的（码洋比例41.5%）；其次是短视频电商，码洋比例达到26.7%，该细分渠道在年内首次超过垂直及其他电商（码洋比例19.9%），成为第二大销售渠道；实体店渠道所占码洋比重仅为11.9%，见图7。

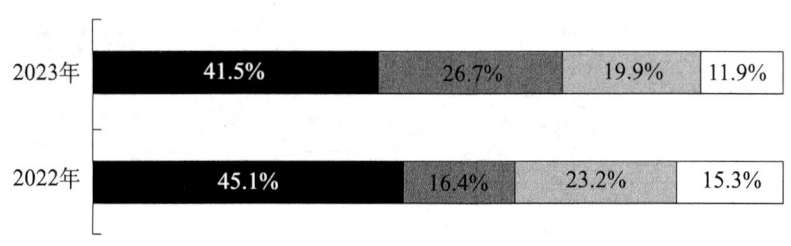

图7 近两年整体零售市场中不同渠道码洋结构比例（开卷数据）

短视频电商渠道作为近两年唯一实现增长且高速增长的细分渠道，吸引了全行业的注意，其增长背后尽管有开拓下沉市场带来的增量效应，但不容忽视的还有对其他三个传统零售渠道的购买力分流。传统电商时代的两大图书自营巨头当当网、京东图书均已在短视频电商平台入驻开店，就是在流量迁移背景下的应对之举。这些做法也进一步推动短视频电商渠道持续增长而其他三个细分渠道表现下降。

2. 各细分渠道图书畅销点有所不同，体现出背后购买需求差异

在各细分渠道增速差异的同时，我们也发现其图书畅销品种的明显差别。以2023年开卷监测的四个细分渠道前10本图书榜单为例，实体店渠道销量最高的图书主要为时政类和主题出版相关图书；平台电商渠道和垂直及其他电商渠道畅销书既包括时政和主题出版图书，也包括一些大众热度比较高的名家作品以及社科图书、语言工具书；而在短视频电商渠道，上榜畅销书则更多体现了功能性阅读的特点，除了和平台及垂直电商共同热销的《额尔古纳河右岸》以外，更多的则是心理自助、商业阅读以及学生教辅及小学生心理读物——并没有出现时政类、主题出版物、工具书，上榜大众阅读品种也和其他细分渠道呈现明显的差别，见表1。

表1　2023年度图书零售市场各细分渠道畅销图书榜单（开卷数据）

销量排名	实体店渠道	平台电商渠道	垂直及其他电商渠道	短视频电商渠道
1	中国共产党章程	中国共产党章程	我与地坛（纪念版）	中国式沟通智慧
2	习近平著作选读（第一卷）（普及本）	中共二十大报告（2022年10月16日）（单行本）	中国共产党章程	额尔古纳河右岸
3	习近平著作选读（第二卷）（普及本）	我与地坛（纪念版）	长安的荔枝	好好接话：会说话是优势，会接话才是本事（插图升级版）
4	中共二十大报告（2022年10月16日）（单行本）	额尔古纳河右岸	额尔古纳河右岸	60天优美句段篇积累（句子+段落+篇章）（共3册）
5	习近平新时代中国特色社会主义思想学习纲要（2023年版）（小字本）	洛克菲勒写给儿子的38封信	中共二十大报告（2022年10月16日）（单行本）	漫画小学生心理（全4册）
6	习近平谈治国理政（第四卷）（平装）	活着（2021版）	习近平著作选读（第一卷）（普及本）	一读就入迷的中国史
7	习近平新时代中国特色社会主义思想专题摘编（党建读物出版社）	现代汉语词典（第7版）	蛤蟆先生去看心理医生	销售就是会玩转情商：别人不说，你一定要懂的销售心理学
8	党的二十大报告辅导读本	古汉语常用字字典（第5版）	习近平著作选读（第二卷）（普及本）	云阅读：笔尖下的畅想·小学生一句话日记
9	习近平新时代中国特色社会主义思想专题摘编（中央文献出版社）	三体	被讨厌的勇气："自我启发之父"阿德勒的哲学课	商业的底层逻辑
10	论党的自我革命	被讨厌的勇气："自我启发之父"阿德勒的哲学课	习近平新时代中国特色社会主义思想专题摘编（小字本公开版）	学生课外必读丛书.尼尔斯骑鹅旅行记（彩绘注音版）

电商行业高速发展很大程度上源于各平台对社会化流量的深入挖掘，新增流量、下沉市场被发掘出来，而平台和渠道间差异源于用户画像及其消费需求的不同。所以，上述四个榜单差异也源自四渠道购书人群差异或者说购买需求和决策动因的不同。在线上线下巨大的售价折扣差面前，实体店渠道的主要消费者越来越聚焦在价格非敏感人群以及需要更多增值服务的机构客户，所以实体店上榜书往往是价格刚性强、很少打折的品种。而习惯在平台电商、垂直及其他电商渠道购书的读者，大多有相对主动的阅读意愿和购书需求，也倾向于在品种丰富的大型电商平台中自主挑选。相比之下，短视频电商渠道总动销品种少，销售达成更多靠基于内容的算法推送或靠主播推荐来实现，于是更多受到"应用功能直接""卖点表达明确"的话题和产品影响。[3]

3. 零售总榜受短视频电商爆品策略影响明显，被动消费模式冲击榜单

短视频电商模式具备"爆品"特性，该渠道中更容易让部分品种短期内爆发出相比传统渠道更高的销量，2023年的开卷大众畅销书榜单已经可以看出端倪。数据显示，2023年开卷大众零售总榜的10本畅销书当中，有6本书在短视频渠道中的销量比例超过50%，其中除《额尔古纳河右岸》以外的5本短视频渠道销量比例均超过80%，见表2。

表2 2023年度全渠道大众阅读销量最高图书TOP10（开卷数据）

总销量榜	ISBN	书名	出版社名称	作者	定价	新书时间	售价折扣
1	9787020139590	额尔古纳河右岸	人民文学出版社	迟子建	32	201906	54%
2	9787515830292	中国式沟通智慧	中华工商联合出版社	孙玉忠	58	202201	56%
3	9787558063183	好好接话	江苏凤凰美术出版社	林思诚	36	201910	48%
4	9787020084357	我与地坛（纪念版）	人民文学出版社	史铁生	29	201104	60%
5	9787218146768	漫画小学生心理（全4册）	广东人民出版社	翰图	140	202209	49%
6	9787530221532	活着(2021版)	北京十月文艺出版社	余华	45	202110	75%
7	9787549629916	销售就是会玩转情商	上海文汇出版社	王小怡,管鹏	36	201911	52%
8	9787572608582	长安的荔枝	湖南文艺出版社	马伯庸	45	202210	67%
9	9787111495482	被讨厌的勇气	机械工业出版社	[日]岸见一郎	55	201504	61%
10	9787546431116	一读就入迷的中国史	成都时代出版社	陆锋	68	202211	39%

图例：实体渠道　平台电商　垂直及其他电商　短视频电商

《中国式沟通智慧》《好好接话：会说话是优势，会接话才是本事（插图升级版）》《漫画小学生心理（全4册）》《销售就是会玩转情商：别人不说，你一定要懂的销售心理学》《一读就入迷的中国史》这五本书能够达到市场领先销量几乎就是依靠短视频渠道——首先这几本书的售价折扣相对偏低，且书名具备适合该渠道卖点鲜明直接的特点——表述通俗、内容直达功效。相比之下，另外4本畅销书《我与地坛（纪念

版)》《活着（2021版）》《长安的荔枝》《被讨厌的勇气》的分渠道销量分布更均衡，售价折扣普遍达到了6折以上（高于图书零售市场平均水平）。

对于图书行业来说，短视频渠道能对头部大众榜单产生如此之大的影响是值得深思的。在传统售书渠道当中，读者选购过程主要表现为主动选择，即"通过货架和页面浏览发现图书"或"通过搜索主动寻找"。而短视频电商是用"货"去找"人"，而且是"找更多的人"——首先通过强化内容卖点提升读者认同度，然后通过平台的兴趣推送关联更多潜在消费者以达到人群破圈的效果，再借助直播售卖氛围和低价促销等手段达成销售转化。两者发起方不同，涉及的人群数量不同，于是构成了巨大的差异。货架销售（含实体店、平台电商、垂直电商）模式下，读者的主动选择占大多数；而在短视频电商渠道中，"兴趣引导+算法推送"促成了更多读者的被动消费。

（三）细分渠道新书规模各异，图书发行"双选"模式成形

随着图书零售渠道愈发多样化，出版单位的产品发行范围也就有了更多选择。如今，一本书直接全渠道发行往往并不是投入产出比最好的做法，"需求匹配"和"适销对路"会更加必要。于是，"适合发哪个渠道"，或者"先发哪个渠道"，以及是否"不发某些渠道"也就成了出版单位的策略选择。

新书发行就已经呈现出渠道差异化发行的特点。开卷数据显示，2023年的18.4万种新书在实体店渠道动销的比例达到90.3%，而在平台电商、垂直及其他电商渠道的动销比例分别为65.7%和58.0%，全渠道新书在短视频电商渠道中的动销比例仅为5.2%。也就是说市面上的绝大多数新书还是依赖传统销售渠道，尤其是实体店上市发行。对当年零售规模领先的10家社进行分析，可以发现，领先社之间的新书渠道策略也有不同：中信社、湖南文艺社倾向于采取"多渠道大量覆盖策略"，三个传统细分渠道的新品投入均比较高而且进入短视频电商渠道的新品比例也达到30%以上；而机工社、商务印书馆的新书投放仍以传统渠道为主，三个传统渠道覆盖投入比例高且接近，但投入短视频电商渠道的新品比例很低；人民教育社、凤凰文艺社对短视频电商渠道投入相对不多的同时，在三个传统细分渠道的投放差异却比较明显，见图8。

在实体店时代，因为货架长度有限，几乎所有的书店都会选品种经营，这时的选择权在下游。如今，尽管电商虚拟货架空间可以无限延展，但各网店细分渠道实际容

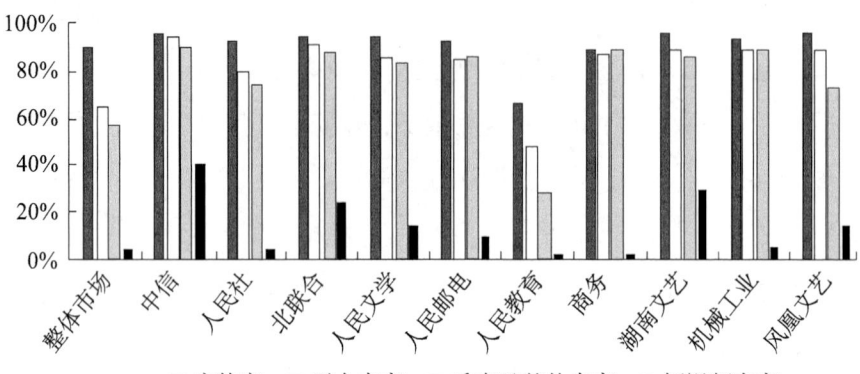

图 8　2023 年整体市场及领先社新书品种分渠道覆盖比例（开卷数据）

纳的新品数量反而比实体店渠道更少。这其中有下游选择的原因，也有上游主动为之的结果——有多家出版单位表示，为了提升渠道效率也为了避免本版产品在各电商平台的过度竞争，会对本版书的渠道投放进行差异化，如有的品种会收缩实体店铺货范围，也有的会针对不同电商平台定制和投放不同的产品版本。

在上下游选择都日益丰富的当下，大一统的同质化图书发行模式已经被打破，"下游书店选品""上游单位选渠道"的做法同时存在，"双选模式"开启，由此促成了图书产品发行普遍差异化。

（四）上下游业务关联融合，前向一体化和后向一体化现象普遍

线上销售规模已达全国图书零售的近九成，因此也聚集了行业上下游的广泛关注，上下游单位之间的业务融合越来越普遍。

一方面，出版机构上网开店的做法已经非常常见，"前向一体化"趋势明显。在实体店时代，建筑书店、三联书店等专业社办书店是出版社向下游渗透的代表，但总体数量并不多。进入电商时代，天猫书城、京东商城的平台 POP 模式为上游机构线上开店打开了通路，而之后更多电商平台进一步丰富了出版机构的选择。开卷监测数据显示，2023 年平台电商渠道开店出版社达到 380 家以上，短视频电商渠道开店出版社达到 190 家以上——也就是说全行业 580 家出版社中的大多数均已开网店。甚至有的出版社网店不仅销售本版书，还同时销售其他出版社的书。

另一方面，下游书店卖书的同时也在向出版业务扩展，形成了行业内的"后向一

体化"。以各省新华书店为代表的实体店群体,在打破了线上和线下的经营界限之后,为了弥补自身在售价方面的营销空间不足,开始向上游出版单位定制图书甚至直接从事图书策划。据了解,全国多地新华书店都已经开始"独家品定制"的业务模式。知名民营连锁书店品牌西西弗创办出版品牌"推石文化",将定制书做成了本店特色。平台电商时代的知名童书经销商葫芦弟弟,已转型为集图书内容创作、IP 孵化运营、消费者触达、品牌运营服务为一体的综合型文化创意企业"青葫芦文化",策划推出了《打开故宫》、"小羊上山"等多套畅销图书。

(五)以内容为核心的营销和服务正在成为重要的市场驱动力

社会公众对内容的需求仍旧旺盛,在短视频充斥、碎片化阅读大行其道的表象之下,还有更多系统化的内容需求有待满足。换个视角来说,短视频电商的破圈效应也说明了事实上还有大量传统图书销售模式未能覆盖的市场空间,尤其是被新发掘的下沉市场以及一些原本并不明朗的购书需求。

目前图书市场年动销品种高达 237 万种,上市新书 18 万种,市场供应极度丰富的同时也大大增加了读者的选择难度。读者想买一本书很简单,但是要找到适合自己的书却有相当难度。因此,以内容为核心的营销和服务正在成为重要的市场驱动力。在实践中,零售商的销售过程和销售模式开始增加越来越多的内容元素——图书产品介绍清晰、推荐得当,消费者才能找到适合自己的书,零售商才能实现销售价值以及后续因读者认同而带动的复购价值。

拨开各大电商平台和营销平台的竞争迷雾,图书零售的实际经营者仍旧以书业机构为主——比如出版社、图书策划公司、图书垂类电商、新华书店集团、民营发行公司等,同时也有一些新参与者——主播达人/KOL、荐书机构、分销团长等。这些深耕图书行业的机构和达人要把业务做好,往往已经不是在简单售卖图书,而是面向图书消费者提供有针对性的内容价值和产品组合。比如,垂类电商当当网建立了上千个书单并大力发展荐书人,以内容专题、推荐书单等形态为读者提供选书支持;再比如,新华书店体系针对学生人群,将图书产品与内容型活动或研学课程形成组合包,作为拓展客流、增加转化的重要手段;还有些荐书达人在推介图书的时候会依托体系化的阅读层级图谱,辅助家长和孩子规划阅读路径;据介绍,外研社在推介本社英语分级读物时，已多轮组织目标读者开展各难度层级的共读打卡和阅读辅导服务，形成与读者的深度互动并增强持续消费黏性。

三、2023—2024影响和推动图书零售的重要因素和事件

从2023年到2024年，图书市场在延续中发展。来自政策层面、行业主管部门以及市场层面、消费层面的多种变化也在影响着市场发展的未来走向。

（一）"全民阅读"再入政府工作报告，代表提案针对性强

2024年3月全国两会召开，"全民阅读"第11次写入政府工作报告。报告对"全民阅读"的表述也在不断探索和完善，从2014年至2016年的"倡导全民阅读"、2017年的"大力推动全民阅读"、2018年到2021年的"倡导全民阅读"，到2022年和2023年"深入推进全民阅读"。2024年政府工作报告提出"深化全民阅读活动"，与党的二十大报告中的表述一致，进一步明确了全民阅读相关工作的落地方向。

全国两会期间，多位行业代表委员也就"如何深化全民阅读"提出议案，提议更具针对性。全国政协委员，商务印书馆执行董事、党委书记顾青倡导深度阅读、加大经典图书的推荐力度。全国政协委员、北京十月文艺出版社总编辑韩敬群认为阅读活动应常态化、持久化。全国政协委员，中国作家协会副主席、党组成员吴义勤建议建立"作家文学阅读大使"荣誉制度、打造权威的文学阅读榜。全国政协委员，上海报业集团党委书记、社长李芸建议做好统筹规划、顶层设计，加快推动线上线下、实体阅读空间和数字阅读平台同步融合发展。[4]

（二）习近平文化思想首次提出，文化传承铸就文化自信

2023年6月，习近平总书记出席文化传承发展座谈会并发表重要讲话，用"连续性、创新性、统一性、包容性、和平性"为中华文明画像，为坚定文化自信自强，扎实推进中华民族现代文明和社会主义文化强国建设指明了前进方向。10月，全国宣传

思想文化工作会议召开，会上首次提出了习近平文化思想。习近平文化思想的理论创新和实践伟力，在"文化自信""建设中华民族现代文明""两个结合""全球文明倡议"等多个方面展现，丰富和发展了马克思主义文化理论，明确了新时代文化建设的路线图和任务书。

在习近平文化思想指导下，出版行业和图书出版发行工作也将承担起自身责任。根据习近平在文化传承发展座谈会上的指示，图书出版行业在历史典籍挖掘研究、中华文明阐释等方面还有大量工作要做，争取构建一批熔铸古今、汇通中西的文化成果。[5]假以时日，这些文化成果必将为图书市场带来丰富、高品质的产品和话题。

（三）相关税收政策发布，所得税调整给图书经营单位带来近期压力

2023年7月，国家税务总局发布《支持协调发展税费优惠政策指引》，涉及新闻出版业的包括图书批发、零售免征增值税，古旧图书免征增值税，党报、党刊发行收入和印刷收入免征增值税等。2023年9月，财政部发布《关于延续实施宣传文化增值税优惠政策的公告》，2027年底前免征图书批发、零售环节增值税；对专为少年儿童出版发行的报纸和期刊以及中小学学生教科书、专为老年人出版发行的报纸和期刊、少数民族文字出版物、盲文图书和盲文期刊等出版物在出版环节执行增值税100%先征后退，其他出版物在出版环节执行增值税50%先征后退的政策。

2023年10月，财政部、税务总局、中宣部联合发布《关于延续实施文化体制改革中经营性文化事业单位转制为企业有关税收政策的公告》延续了2019年相关文件对新转制企业在转制注册之日起5年内享受免征所得税优惠的规定，但未单独强调原已转制企业可继续免征。因大部分出版社已在2019年以前完成转制，按照本次新规能够获得此项税收优惠的出版社屈指可数。[6]鉴于近几年图书市场增长乏力，此项新规将可能使得当前处于市场增长困境的出版行业近期经营压力进一步加大。

（四）低折和盗版问题持续困扰，网发工委成立有助于规范市场秩序

随着直播售书、低价电商对消费者和消费场景的持续渗透，图书售价折扣一降再降。开卷数据显示，短视频电商渠道的售价折扣近两年保持在40折左右。在短视频电

商平台的流量裹挟下，传统电商平台也纷纷跟进，"全网最低价"追求一度成为困扰所有零售机构的枷锁。由于读者分辨能力不足，也有店铺利用读者求低价的心理售卖盗版书，让出版单位苦不堪言，"限价"和"打盗版"也就成为出版单位的日常负担。

中国书刊发行业协会网上发行工作委员会于2023年10月成立，旨在凝聚多方力量，助力规范市场秩序、优化营商环境。行业内部专门组织的成立无疑将有助于规范市场秩序，加强从业者行为自律。

（五）大型书展书市全面回归，市集等现场交流售书模式仍受欢迎

作为疫情后全面恢复的第一年，2023年全国各地书展书市全面重启。

首先，行业三大展会全部恢复。2023年2月，第35届北京图书订货会召开，参展规模扩大，展台数量成为历届之最；2023年6月，北京国际图书博览会（BIBF）召开，吸引了来自56个国家和地区的2 500多家图书企业参展；2023年7月，时隔两年的第31届全国图书交易博览会在济南召开，全国各地1 700多家出版印刷发行单位参展，共展出各类出版物76万余种。

与此同时，地方书展火热开展，热门活动不断出圈，多个地方书展的全国性趋向显现。2023年4月，浙江省之江好书节举行，共开展400场活动，吸引60万人次线下客流和112万人次线上用户。2023年7月，第13届江苏书展开幕，"我们云上见"全媒体直播活动总阅读量超1.6亿人次。2023年8月，第19届上海书展召开，较疫情前的2019年总销售增长41.47%；同月，2023南国书香节暨羊城书展同期举行，展区面积和参展商数量均创历史新高。2023年9月，北京书市回归，接待48.74万人次读者参与，规模业绩再创历史新高。2023年10月，天府书展举办，零售、馆配、文创销售均创历届之最。[7]

除了大型展会以外，各地灵活化的图书市集也获得了读者热捧。与传统的书市由官方组织不同，图书市集多是民间机构自发组织，在特定的场地和时间举办短期售卖活动。因其规模小、形式灵活、互动性强而受到城市读者广泛欢迎。在图书市集上少见超级大的书店展位，取而代之的往往是独立书店和出版社的小展台甚至某些出版品牌的专属陈列，而且时不时还有图书编辑亲自坐镇。因此，与其说是市集，不如说是做书人与读书人的约会，集章打卡，和喜爱的图书编辑、出版品牌当面聊聊都成了图

书市集上的独特体验。对于读者来说，市集形式更加贴近生活日常，更加社区化，也更能体验淘书和交流的快乐。有业内人士表示，图书市集火热的背后，既反映了市民对文化生活的需求，也反映了出版机构对提升图书品牌认知度、扩大"书友圈"的迫切需要。

四、中国图书零售市场趋势展望

近两年，图书零售市场缓慢复苏，经营秩序恢复未能迎来图书消费力的全面回归。内外部多项因素影响之下，我国图书出版发行业还处于转型升级的关键时期。当市场增速放缓、人口结构调整、新技术发展等多种因素同时出现，而图书行业上下游机构正在探索技术与业务模式升级的当口，各种长期市场机会、短期业务压力共同摆在行业面前。

（一）图书零售市场进入稳定阶段，内涵式发展将成为主基调

从2023年到2024年一季度的市场趋势来看，图书零售市场很难在短期内产生爆发式增长，市场恢复还需要一定时间，出版发行机构将在未来一段时期进入"存量竞争"状态。

存量市场的竞争固然激烈，但也可以有助于各家单位进一步修炼内功，业务工作更加审慎和精细化，将整体工作重心放在提升单品效益、强化内涵式增长方面。毕竟在一个结构复杂且规模增长空间不足的市场中，面对纷繁复杂的销售渠道和营销通路，出版单位"做得对"比"做得多"更加重要。

（二）融合出版、新技术能力助推图书行业新质生产力升级

2024年4月发布的第21次全国国民阅读调查显示，2023年我国成年国民图书阅读率为59.8%，与2022年持平；数字化阅读方式接触率为80.3%，较2022年增长0.2个百分点。[8]一则来自图书馆领域的调研显示，近年来高校图书馆纸质书借阅数据明显下降，

部分学校降至最高峰时的一半甚至三分之一；与之对应的是，部分高校电子书人均阅读量已经超过纸质书。[9]社会公众数字阅读接触率持续提升及数字阅读比例的加大，反映出出版行业在纸质出版物之外还存在别的市场机会。而这些机会与图书并不是割裂的，因为内容共通性和读者跨载体阅读习惯正在逐渐养成，图书行业可能面临更多数字化融合的出版机会。

其实，我们在近几年的图书市场上也见到越来越多结合了融合出版技术的图书产品，从少儿科普图书采用的AR/VR技术，到市场热销的融合地图产品，以及教辅图书随处可见的"扫码获取数字资源"方式，融合出版技术正在带给市场和读者更便捷的产品体验。

2023年以来大热的AI应用创新，也可能被用于图书行业的内容加工和内容服务。我们相信，以融合出版、人工智能应用为代表的新技术将会带动图书行业的新质生产力升级，为图书市场带来更加丰富的产品和体验。

（三）人口结构调整带动类别规模变化，传统文化科普相关需求向好

2023年全国新生儿数量902万人，比2022年的956万人又有所降低。上一个高峰年份（2016年）出生的孩子如今刚上小学，学龄人口在一段时间还会保持较高规模，但是6岁以下的幼儿人口数量正在逐年下降。生育率走低以及幼儿数量减少，已经开始影响孕产育儿等方向的图书需求。考虑到目前图书零售市场上少儿类、中小学教辅图书零售码洋占比高达45%的现状，未来图书零售的整体类别结构也将面临变动可能。与儿童人口数量变化趋势对应的是人口"老龄化"，因此围绕老年人群的文化服务和阅读需求，图书出版市场也可能面临一些新的机遇点。

近年来，"传统文化"无论是在政府工作报告还是各地全民阅读活动中出现的频率都很高。与传统文化有关的各类古籍作品、公版题材也在不断通过产品创新的形式进入图书市场和读者视野，其中不乏获奖作品以及销量表现优秀的图书产品。而"素质教育""素养学习"的热潮也带动各类内容题材的科普图书多样化出版，成人科普、少儿科普等图书将会面临日益广泛的市场需求；在社科和科技出版领域，一些专业作者出版的轻学术作品也开始进入大众视野，甚至在法律领域出现了像《法治的细节》《圆圈正义》这样的超级畅销书。

相信伴随着全社会范围内读者知识结构的丰富和阅读水平的提升，传统文化题材、科技和专业普及读物的需求还会持续增加。

（四）业务管理精细度要求增强，出版机构"产营销"协同一体化

北京开卷"三维度"大众畅销榜单①显示，2023年度非虚构类和少儿类在"总销量榜""货架销售榜""兴趣电商榜"三维度前100名榜单的重合品种仅为20种和6种。这说明在目前的出版市场上，非虚构类和少儿图书已经开始普遍采取差异化的需求定位和渠道策略。

畅销书只是观察市场的冰山一角，榜单以外的众多品种同样面临市场选择。图书出版和发行工作已经随着渠道分化而产生不同的运作模式，出版机构不得不面临渠道多样化以及细分渠道背后的差异化需求。对于一个产品甚至出版单位内部的某个出版品类来说，想要兼顾主动消费者以及被动消费者是有难度的，因为双方对内容深度、产品形态的需求有差别，形成购买决策的动因有区别，甚至实际发生消费的渠道和平台也不同。在这样一个极度分化的市场中，出版机构对业务管理的精细化要求逐渐增强，基于图书内容的"产（选题出版）—营（营销发布）—销（销售转化）"的一体化协同成为必然。

在具体的业务实践中，编辑提供产品和卖点价值，新媒体营销带动流量，而销售端负责承接流量并在多渠道实现销售转化，协同发行、营销、新媒体和编辑各部力量，将会甚至已经成为出版机构业务开展的重要逻辑。这种更加复合式的业务结构，对出版单位的整合营销能力以及供应链管理能力提出了更高的要求。

（五）实体店面定位更新，作为图书零售商线上线下并举

受内外多重因素影响，实体书店的店面经营近年来压力巨大。疫情改变了读者的消费习惯，2023年初以来众多实体书店客流恢复不足，读者购买力更是被各类电商大

---

① 北京开卷自2024年初开始发布三维度大众畅销书榜单，其中"总销量榜"是全渠道大众阅读品种基于纯销量统计的结果，"货架销售榜"覆盖对实体店、平台电商、垂直及其他电商渠道统计，"兴趣电商榜"针对短视频电商渠道进行统计，后两者分别代表了不同的细分渠道中的图书畅销达成方式。

幅挤压，实体店面的图书业务沦为"展示为主"的功能。于是，在店面零售不给力的情况下，各地书店进一步加大在本地市场的机构业务投入，如面向本地公共图书馆、高校图书馆的馆配业务，再如面向政、企、事业单位的团购服务和以阅读为核心的定制服务等——这些业务正在成为实体书店新的收入来源和利润支撑。

目前，实体店面在从"传统图书卖场模式"向"本地化文化服务商"模式转型过程中，越来越强调多形式、多场景的有效融合，实体店面承担了融合业务的物理载体功能，因此店面本身也在进化。比如，对店面类型进行创新，通过细分旗舰综合店、特色主题店、社区店、校园店等多种店型细分服务场景；同时，在各店型当中着力打造标杆，有针对性地开展青少年研学、中小学课后辅导、非遗手工实操、空间活动运营等各类新型业务——把图书卖场改造为新的内容传播场和读者连接器。而这些设计，也正在成为实体店面的新定位逻辑。

与此同时，以新华书店、民营连锁品牌为代表的传统实体经营单位也开始打破"实体经营"的固有定位，回归到"图书零售商"的角色，通过上网开店、自建社群等多种形式在线下线上全面开花——回归专业售书的身份，读者在哪里，销售店铺就可以开到哪里。当线下店铺不再受限于实体店面和实体渠道的进货折扣，书店人也可以打开图书销售的新局面。在此等环境下，实体店面反而会成为其线上业务的助力——已有书店从业者明确表示，在当前市场中，线上线下闭环能够达成对目标客群的全面覆盖，这也将是书店线上营销的终极目标。[10]可见，实体书店的融合发展阶段正在到来，定位更新也正在形成。

（杨伟　北京开卷信息技术有限公司副总经理）

参考文献

[1] 开卷研究.2023年中国图书零售市场报告［R］.北京开卷，2024-01-06.

[2] 开卷研究.2024年第一季度图书零售市场趋势［R］.北京开卷，2024-04-08.

[3] 开卷研究.一文读懂畅销书榜单背后的新逻辑［J/OL］.出版人杂志，（2024-01-31）［2024-04-05］.https：//mp.weixin.qq.com/s/dzQs817O3dV8lCjVEN2FVw.

[4] 王双双，陈麟.代表委员热议政府工作报告 推进全民阅读再升阶！［N］.中

国出版传媒商报，2024-03-08（6）．

［5］［7］陈香．2023年出版十件大事［N］．中华读书报，2023-12-27（16）．

［6］王双双，陈麟．两会代表、委员：取消财税优惠，对出版业影响近乎地动山摇［EB/OL］．（2024-03-09）［2024-04-10］．中国出版传媒商报，https：//mp.weixin.qq.com/s/2DW2Y_0lm48e2_5uV4EPIg．

［8］第二十一次全国国民阅读调查成果发布［EB/OL］．（2024-04-24）［2024-04-26］．第三届全民阅读大会，https：//www.nationalreading.gov.cn/wzzt/2024qmyddh/cgfb/202404/t20240424_844854.html．

［9］2024图书馆配市场调查：纸书借阅走低 馆配渐陷胶着［N］．中国图书传媒商报，2024-03-29（6）．

［10］王双双．都在做直播，书店人怎样才能领跑？［N］．中国出版传媒商报，2023-11-24（10）．

2023—2024中国出版物发行业发展报告

焦 翔

2023年是全面贯彻落实党的二十大精神的开局之年，也是实施"十四五"规划承前启后的关键一年。据基于"国家出版发行信息公共服务平台"的销售数据和中国出版传媒商报·奥示"中国出版业市场监测系统"线下ERP数据、线上监测数据统计显示：2023年图书零售市场销售数量同比增长6.53%，销售码洋同比增长0.98%，市场规模约932亿元。[1]

回顾2023年线下发行渠道的发展，一方面，虽然疫情不再成为阻碍人们出门的因素，但线下回暖趋势并不明显，不少实体书店面临客流未达预期、门店销售仍未恢复的难题。但另一方面，实体书店向"上"走，向"外"走，取得了不小的成绩。例如，向"上"走，即拓展线上销售渠道方面，2023年1—9月，浙江新华一般图书线上板块销售同比增长60%；[2] 向"外"走即拓展店外经营方面，江苏书展5天销售超2.5万元码洋，单日入场突破6万人次，效果远超预期，客流与销售额均创新高。[3]

线上方面，兴趣电商（短视频、直播）的发展迅猛，部分头部主播单场直播码洋破千万，在销售方面，甚至远超部分地区实体书店年一般图书销售码洋。京东图书、当当等则发力TB业务［针对企业客户（B端）的销售模式］，联合出版单位实现强强联手。各新华系电商也表现出了强劲的发展势头。

一、图书零售市场整体增长 线上渠道比重加大

2023年，就出版物零售市场的整体发展来看，与2022年相比有所增长，虽然实体

渠道有所下滑，但在图书主业经营上，教材教辅、主题出版物发行优势仍在，并不断依托教育、企事业单位文化需求，拓展更多文化服务。越来越多的实体书店发力线上，打通线上线下、店内店外发展瓶颈，持续拓展线上、店外销售。

（一）新华书店扎实做好主业经营，以新理念持续推动新发展

一是使命必达，做好"两教"发行。在 2023 年春、秋两季中小学教材征订发行工作中，各地新华书店奋勇争先，奋力做到"课前到书，人手一册"。面对教材发行中存在的实际困难和多种突发情况，各地新华书店不仅加班加点，增派人手，确保顺利完成相关工作，还组建教材发行专班，并提前做好低温雨雪冰冻天气预案。例如，面对教材招标启动晚、供型晚、发行周期压缩、发运量提高带来的多重压力，云南新华书店提前部署、多方协调、上下联动，抢时间、提速度、拼进度，通过成立教育服务工作管理委员会，与当地教育行政主管部门、学校、出版社、印刷厂等积极沟通，形成联动机制，确保教材发行工作快速有序推进。河北省新华书店全系统各单位强化统筹，形成工作合力，建立"三个 24 小时"常态化工作机制，做到 24 小时收货、24 小时分拣、24 小时发运，保证"随到、随装、随发、不积压"。安徽新华发行集团下属公司皖新供应链为推进集团"送书到校、分书到班、服务到生"战略落地提供坚实的物流服务保障。2023 年秋季江苏凤凰新华书店集团推出了专门的线上教材服务，搭建了"凤凰新华中小学教材书店"微信小程序。江苏各地新华书店也推出了"掌上新华"小程序，可查询书店教材库存，也可以线上购买。

在做好主题出版物发行方面，各地新华书店充分发挥党宣传文化主阵地和图书发行主渠道作用，通过成立发行专班，举办主题书展、运用线上线下多种渠道构建发行新矩阵，并与阅读活动结合等多种创新模式，持续满足不同阶层读者的需求。例如，安徽新华发行集团将重点主题出版物列为发行"一号工程"，拿出最好的位置、做出最大的努力，不断总结发行经验，优化发行机制，创新开展新书首发、红色快递、全国首创发行绿色通道、承办系列文化活动、开发征订数字平台等，《习近平著作选读》《习近平新时代中国特色社会主义思想学习纲要》等重点政治读物发行覆盖率全国排名靠前。例如，浙江省新华书店集团举办"高质量发展"主题书展，发行主题教育学习读物 130 万册，在主题出版物发行的同时，与浙江省工商银行开展全省金融系统青年

党员"走进书店读原著"系列活动，探索主题出版物新书发行和阅读推广双同步、双服务。湖南新华始终将主题出版物发行作为"第一工程"来抓，《习近平著作选读》第一卷、第二卷，《习近平新时代中国特色社会主义思想学习纲要》等主题出版物发行量位居全国前列。通过打造"一体布局、三级发力、责任到人"的发行机制，成立省店时政读物发行中心和市县分公司主题出版物发行领导小组，以区域负责制为抓手组建工作小组，广泛深入党政机关、企事业单位等开展服务，在线上以阅达平台为主体，以"三微一抖"等新媒体为补充，构建主题出版物宣传推广"1+X"矩阵。北京发行集团成立主题出版物发行专班，落实全员责任，全力以赴做好主题教育学习服务保障工作，累计发行《习近平著作选读》第一卷、第二卷等重点主题读物近200万册。[4]

二是加快实体门店场景升级，构建新阅读场景。如何吸引人们重新回到书店，这是近年来新华书店持续思考并发力的重点。尤其是疫情以来，"颜值"的魅力愈发难以取得预期成绩，如何破局？在以新理念、新模式构建新文化空间之际，越来越多实体书店通过引入特色文化、地域文化元素，持续构建。一方面是新品牌、新门店的持续拓展。例如，2023年，新华文轩首家熊猫主题书店正式亮相，该店以"欢迎年轻的旅者和心动的灵魂"为理念，店内外集中呈现齐全的熊猫相关图书、奇趣的熊猫特色文创、年轻时尚的熊猫主题餐饮，以及全方位提供熊猫打卡体验服务、全天候熊猫直播等。河南新华发行集团中原图书大厦围绕本土文化，结合"三类文化、两类人物"，挖掘传统文化元素，植入功能特色，形成门店的鲜明地域特色和品牌辨识度；开封书城注重营造"地域文化"主题氛围，以高品质文化供给温润开封；卫辉市购书中心结合图书业态先后打造了"诗书传经""四宝草堂""贡院街长廊""豫版卫辉"等多类文化场景。新疆乌鲁木齐市新华书店连开3家特色门店，包括乌鲁木齐首家乡村新华书店达坂城分店、聚焦新时代文旅融合发展理念的大巴扎新疆是个好地方主题店等。上海新华"江南书局"品牌第二家门店开业，着力打造以江南文化为主题的新型书店业态，拓展实体书店新型商业业态。另一方面是门店重装，以新理念完成转型升级。2023年，安徽新华发行集团对合肥四牌楼新华书店完成迭代升级，以全新理念推出了"元·书局"新门店。该店汇聚即兴表演、青年文化沙龙、绘本剧、展会活动、增强现实设备体验、研学基地打造、智慧门店等多种新玩法，致力于创建青年文化场域、打造亲子活动空间。前言后记安庆劝业场店重装开业，新店延续书房模式，将内部33个房间布置成22个不同主题的书吧，包括人物传记专区、民国风情区、世界历史专区等。上海新华书店金山万达店完成升级改造，增添文化活动空间及青少年阅读空间，融入党建和教育元素，举办多角度多形式的读书活动。上海书城重装开业，发布"新华悦读"品牌，链接企业、政府单位和学校各个领域，满足不同读者的个性化需求。云南新华持续对旗下旧有门店进行升级改造，将传统图书销售卖场，以全新理念、全新面貌打造成为当地的文化会客厅。陇川书城以全新的空间环境和多元文化业态，打造集阅读、文化、休闲、服务相交融的第三生活空间。瑞丽国门书城成为中缅边境又一融合阅读、文创、咖啡等多业态功能的文化消费服务平台。普洱镇沅书城一改单一销售模式，增设全民阅读活动区、阅读消费区、文化走廊等阅读空间，主动融入镇沅县公共文化服务建设，助力全民阅读和"书香镇沅"建设深入开展。云南曲靖书城以丰富的文化活动、多样的文化产品，打造当地文化会客厅。石家庄市新华书店各级实体门店基本完成转型升级，并依托《关于推动实体书店与公共文化空间融合发展的实施意见》文件精神，积极探索公共文化空间新模式，提升文化"供给力"。黑龙江哈尔滨市南岗新华书店重装开业，着力构建城市文化地标和标志性文化品牌，并通过打造公共阅读服务体系，形成布局合理、特色浓郁、多业融合的发展新格局。

三是大型活动举办更加有效，扎实推进全民阅读。2023年，各地停办许久的大型线下活动纷纷重新起航，借力新模式、新理念，均取得了不小的成绩，同比增长显著。例如，江苏凤凰新华在活动举办上，更加注重社会效益与经济效益双措并举，并着力创新活动模式。"奋进新时代，好书共品读"江苏高校凤凰读书节期间共设置书评大赛、"大学生最喜爱的二十本凤凰好书"网络票选、短视频讲书大赛、读书节阅读推广IP形象设计大赛、名家讲座暨精品图书展销活动等五项子活动。江苏全省新华书店举办"百家名社百日图书优惠展销"活动，百余种精选热销图书5.5折优惠促销；开展"凤凰优选"主题展，同步限时促销5.5折，童书低至5.0折；同步在全省开展"学习新思想 做好接班人""学科学 爱科学""典耀中华"主题青少年阅读活动等。全国首个以"文学书"和"文学+"为主题的图书、文创市集2023南京文学季暨南京文学书集在南京举行，共吸引10万余人参与，实现图书销售近120万元。此外，连续举办多年的江苏书展及南京馆藏图书展销会也再创佳绩，第十三届江苏书展期间，主分展场举办活动2 000余场，线上线下实现销售约2.52亿元码洋，"我们云上见"全媒体直播活动总阅读量超1.6亿人次，14余万人次走进苏州主展场读书、购书、参加阅读活动。[5]2023天府书展参展规模超过历届，线上线下吸引了近40家出版传媒集团、600余家出版发行单位、100余家馆配机构和众多文创机构参展，线上线下、主分展场80万种图书参展，其中主展场图书近9万种、2 500万元码洋；主展场线下逛展超10万人次，同比增长超过3.8倍；实现总销售码洋1.51亿元，线上和线下零售、馆配交易会采选、文创产品销售额均创历届之最；共举办998场文化活动，同比增长1.3倍。[6]河南新华重点针对党员干部主题读物学习、青少年快乐阅读和书香校园建设阅读推广，积极整合中原出版集团系统内部各出版社资源信息，邀请作家、编辑、名师等形成阅读服务推广团，甄选推荐新书、重点书、主题图书，推出"最美读书声·新华荐读"月度阅读推荐书目/书单，统筹全省新华书店在门店进行主题展台陈列，并举办线下图书分享会、新书交流会等；重点推动"最美读书声"全民阅读活动进农村、进社区、进校园、进军营、进企业、进机关、进家庭，尤其是针对尚不具备实体网点建设条件的基层乡村，确保流动售书服务在偏远乡村地区实现全覆盖。河北新华组织开展惠民书市和惠民阅读周、"新华书香节""三下乡"和图书"七进"等文化惠民和全民阅读推广活动，全年让利1 100余万元。新华优选商城组织开展读书月、金秋购书节等线上文化惠民活动，通过发放优惠券等方式实现让利652万元。第二届"书香安徽 皖美阅读"全民阅读系列活动期间，安徽新华不仅举办了"皖美好书"全省线上线下联展、皖美阅读大讲堂等活动，还在安徽全省新华书店开展出版物展示展销、品牌阅读示范、皖美阅读大讲堂、校园青少年阅读、家庭亲子阅读、文化惠民六大系列活动，通过丰富的文化活动助力"书香安徽"建设。2023中国黄山书会在安徽省各市县新华书店、部分城市书房和公共图书馆设立200个分会场，在皖新传媒、时代出版线上书城和学习强国平台设立26个线上分会场，突出"展会＋互联网"特色，以"皖新云书店"小程序构建线上宣传平台、交易平台和服务平台，实现线上线下双向互动，全面联动办会，线下线上展示展销图书20余万种，规模超过历届。湖南新华书店集团在第二届岳麓书会期间共举办活动161场，其中线下活动58场，包括1场开幕式暨主题阅读大会、12场重点主题活动、45场系列活动；线上直播103场，百场活动联动，实现累计观看、参与读者近2 000万人次。[7]全国图书交易博览会连续两届在山东济南举办，书博会期间，山东全省新华书店高效联动，切实推动文化惠民落到实处，策划开展了一系列亮点纷呈的文化活动,借力新开发的"书博购"等相关软件,从技术上支持书展的顺利开展;开展"惠民书券"等一系列惠民活动,真正做到让利于民、服务读者,营造了浓郁的书香氛围。书博会期间,山东新华直播间的流量比日常流量翻了近10倍。福建新华以"学习新思想 建设新福建 书香伴我行"为主题,在福建全省举办新华惠民书展,共有超过百万人次读者参与活动,实现订货、销售码洋4 500多万元。[8] 2023福州新华书展期间,为读者带来全国上百家优质出版社近年推出的数量超10万册的新书,书展汇集来自福州各地的"福"文化非遗产品,首设"福"文化元宇宙体验区,吸引众多读者驻足。北京发行集团参与承办北京书市,参与承办第八届北京十月文学月,大力推进"书香京城"建设,进一步掀起文学热潮、阅读热潮。还充分发挥图书专业选品和文化资源整合优势,积极探索多元化新业态经营模式,组织旗下北京图书大厦等四大书城和中国书店、北京市新华书店特色门店,汇聚名社名品名家,举办2023北京发行集团"书饕节"。"书饕节"期间,北京发行集团发挥图书选品专业优势,集结专家智囊严选优品,在各参与书城、书店展陈来自全国上百家重量级优质出版单位的超10万种精品图书,将文化服务陆续送往北京多个街道社区。

四是构建阅读服务体系,持续打造新型文化供应商。满足人们的阅读需求是实体书店重要的使命,在新时期,从店内走向店外,从单一的图书销售,向文化供应商转型,成为越来越多新华书店着力的重要方向。打造专业化、体系化的阅读服务体系,也成为新华书店在2023年重要的发力点之一。例如,新华文轩阅读服务事业部2023年上半年的总销售规模同比增长7.2%,同时馆配、高校教材、农家书屋、自营文创、爆品等业务业绩均保持正向增长,客户拓展、线上云店、营销创新、阅读服务能力明显提升。为推动阅读服务高质量发展,新华文轩在"探索新模式,持续推进实体书店建设""全力做好主题读物发行,政企业务拓展获得突破""创新农村文化阅读服务,推动农家书屋建设提质增效""构建强大的供应链协同服务能力"等方面不断发力,已形成了新华文轩、文轩BOOKS、KidsWinshare、轩客会四大实体书店品牌,初步构建了"店内店外融合、线上线下结合"的新型文化消费服务体系。北京发行集团开展了阅读服务项目推介活动。"政企阅读服务"为企业客户、政府机构、社区组织等展示定制化阅读服务方案;"专属阅读推荐服务"依托北京发行集团图书选品推荐能力,联动知名出版社,为读者提供专属推荐。河南洛阳市新华书店成立政企服务小组,深入党政机关、企事业单位开展阅读服务，先后与洛阳市机关事务管理局联合打造了洛阳首个"书香洛阳·阅读空间"；与洛阳市委组织部、宣传部联合开展"新书汇"干部学习培训读书活动，并成为具有洛阳地方特色的党政机关党员干部阅读活动品牌。福建厦门市新华书店与当地多家单位合作打造阅读空间、启动阅读项目、布局城市多场景，并联合打造了新华书香学院，成立了新华幸福书屋、新华青少年健康中心；积极参与政府公共文化服务项目，承办"书香飘万家　阅读润家风"活动；与厦门市图书馆等联合举办图书荐购活动、采书柜项目，并为机关企事业单位定制专属文创等。

校园是新华书店发力文化服务的重要方向，尤其是双减以来，围绕校园，如何满足新阶段学生的新需求，推动实现新华书店新发展，2023年，不少新华书店进行了尝试。例如，湖南新华聚焦向综合教育服务提供商转型，不断延伸业务前端，持续打造完善"阅逗""智趣新课后"等数字化产品。湖南新华还启动"智趣新课后"平台第五场课程资源集中审读，百人编校专家团队围绕千余节课程资源，严格履行出版的"三审三校"流程，做到内容高标准，助力学校高效开展课后服务，成为湖南新华教育数字化改革的又一次新探索。湖南长沙市新华书店以"校园书店＋共享书屋"模式，深化家校共读项目，联合当地教育局和学校，常态化开展演讲、知识竞赛、名家进校等系列主题阅读活动。河北省石家庄市新华书店在所辖多个门店开展课后托管服务，石家庄书城暑期开展了课后服务角，开展"职业体验""非遗文化""机器人编程"等实践活动；八度书屋联合石家庄市第十一中学，挂牌"小学生暑期托管定点服务单位"等。山西太原新华书店尝试融入更多服务教育的产品和项目，一方面推广助力学生义务教育阶段在线课后学习的会员权益卡——"新华云书慧读卡"，同步提供学习权益和会员权益；另一方面推进门店校外阅读基地、研学基地建设，旗下文瀛城市书房与当地10余所中小学校签约"校外阅读实践基地"。

五是多维发力推动线上探索，线上营销矩阵日臻成熟。伴随着线上渠道在出版物发行中的占比日益扩大，线上渠道日益重要。一方面，传统的平台建设、O2O发展等在2023年日趋完善，经营管理模式逐渐成熟；另一方面，越来越多的门店加入线上直播的行列中，每日开播、录制短视频等，成为书店人的必修课。例如，"双11"期间，博库网在部分平台增长20%—30%，私域营销触达超过600万人次，增长27%。文轩在线重点经营的童书、历史、国学、考试教辅等品类图书成交额同比增长均超过

100%。凤凰新华电商销售再创新高，实现图书销售超 2 亿元，同比增长 142%。云书网销售额同比增长 386.98%，浏览量同比提升 61.58%，访客数同比提升 417.67%。湖北新华电商运营按照"三个聚焦，两个突出，一个强化"（聚焦核心人群、核心平台、核心供应商；突出营销升级、考核激励；强化产品保障）的工作思路，加大线上营销，累计完成销售码洋突破 7 200 万元，同比增长 189%，销售额同比增长 107.7%，订单量同比增长 102%。河南新华持续拓展云书网和百姓文化云两大线上平台，云书网文化电商平台围绕大阅读、大教育、大文化方向，创建以文化与教育为重点、覆盖全品类的数字消费服务链条。百姓文化云公共文化数字平台汇集全省公共文化资源和社会文化资源，为广大群众提供多种文化服务。此外，河南新华已初步构建起了全省区域社群运营体系，通过线下实体门店网络、线上新媒体矩阵互通互融，切实满足人民群众新时代的精神文化需求。山东新华一方面组织各级分公司在流量密集的平台开设店铺，在天猫、京东、淘宝等组建了全省店铺群；另一方面开拓新的三方平台市场，着力打造丰富的分销供应网络，通过线上商城、知识外卖服务、直播荐书、社群运营等多种新服务方式，为消费者提供跨渠道、无缝化的购物体验。如内蒙古新华积极寻求传统经营模式向数字化经营模式转变，借力"内蒙新华马上购"（小程序）为用户带来更快捷的体验；上线草原书屋百姓点单系统，1.1 万余家线下实体书屋借书与 1 万余种电子读物线上阅读双头并进；打造线上线下融合的一站式图书采购的图书馆配送系统；连续开展"阅旧知新　图书共享"计划，利用遍布全区 200 多家新华书店网点、线上小程序及第三方平台，有效探索"以捐带销"的公共文化服务社会化运营新模式，将文化服务直抵群众。福建新华启动"百家万品 & 全员营销"项目，布局私域流量运营。通过整合上游优质出版社资源，发动员工借助自己的朋友圈、社群等传播渠道，进行数据沉淀、采集与分析，研判福建省域读者（员工私域圈层的主要群体）的阅读趋势，持续优化选品方向，提升选品能力，打造可持续发展的核心竞争力。福建新华还与厦门正观易知科技有限公司签署战略合作协议，为双方在物权电子书的出版发行、销售以及阅读应用等图书数字领域进行深度合作，共同推进书业数字化转型奠定基础。宁波新华旗下新零售平台"新华伴读"2023 年用户数净增 30 万人，平均日活用户 3 000 人，年营收 4 500 余万元，[9] 借力"新华伴读"小程序平台，宁波新华打通了线上线下渠道，攻克线上线下订单通、商品通、会员通三大技术难题，实现了销售数据化、商品线上化，会员一体化，并入选首届新华书店品牌强企案例征集活动"融合发展案例"，进一步提升了品牌的传播力。

在线上直播、短视频方面，广东新华利用新媒体平台大数据，以抖音为主阵地，覆盖微信视频号、快手、小红书、B 站等新媒体全平台，分别开设新媒体账号 143 个，打造单月成交额突破 700 万元的影响力账号"广东新华严选"直播间，累计实现直播曝光人次达 1 547 万，单日 GMV113 万元，并通过准确把握用户画像、捕捉市场敏感点，完成从图书选题到营销全链条的策划，定制出版了《漫画小学生心理》《漫画中小学生自我管理》《漫画中外历史对照》3 款爆款图书，总销量近 500 万册，销售突破 6 亿元码洋，取得长足发展和进步。[10] 从智慧书城建设 1.0 到打造专业销售团队 2.0，新华书店的线上探索逐步从尝试走向成熟。例如，太原市新华书店着力推动"知识带货"，联合希望出版社推出"共读晋版好书"图书专场，打造太原新华抖音直播间。浙江乐清市新华书店整合线上图书小组、线上文化用品小组和职高幼教小组成立了文创部；2023 年 4 月，旗下四家直营门店上线文创店铺，形成了线上多元业务矩阵；门店在微信视频号、抖音和小红书平台开设账号，上传视频和开展直播，内容包含品牌宣传、书店活动、文化用品、科学实验以及多元创新品种等，有效拓展了宣传和销售渠道。"钱塘鸿书"会员、门店自营多元网店、直播和社群互动等，推动了门店双循环建设发展。湖北襄阳新华书店在抖音、视频号等新跑道上赶跑发力，做优新媒体平台，激发文化消费和文化教育服务新活力。

（二）民营加快融合发展 持续探索文化供应商定位

2023 年对民营书店来说，仍然是极具挑战的一年。疫情带来的消费习惯改变深刻影响着实体渠道，商业大环境亟须"回血"，对书店这一业态尚未恢复信心。面对不利困境，民营书店破圈突围，从图书向文化运营商转型，在定制出版、破圈合作、深挖门店文化服务等方面发力，取得了一定的成绩。

一是强化合作，推进营销活动破圈共享。在活动开展中，民营书店一方面实现破圈，联合更多品牌开展影响力更大的文化活动。例如，PAGEONE 书店积极与今日头条、抖音、知乎、网易等互联网平台跨界联动，尝试各种破圈玩法，借力互联网大平台的流量和传播优势，实现了"门店引流"和"品牌曝光"。多场内容展览活动，实现强打卡、强互动、强传播。几何书店聚焦于电影、音乐、艺术、儿童等诸多大众流行文化和非遗、戏剧、AI、电竞等小众文化形态上，共开展了接近600场文化活动。另一方面，积极与上游出版单位合作，吸引更多作家作者开展文化活动。例如，钟书阁十周年体验日当天，举办"编辑面对面"活动，邀请20余位来自全国各大出版社的编辑与读者一道，感受文字之外的故事。青苑书店力推高质量书友会活动，即一线知名作家、畅销书作家，如葛剑雄、大冰、傅真、梁永安、阿乙、熊培云、张皓宸等。重庆精典书店举办了将近40场分享活动，其中重庆籍作者以及关于重庆本土内容的文化活动占了相当大比例。

二是走出去，发力文化服务扩大书店"朋友圈"。例如，北京PAGEONE书店与街道社区、工会和企业开展合作，为其持续提供内容支持与定制化内容服务。钟书阁积极参与当地公共文化服务，主动策划各类公益活动，承办政企文化项目，为读者和客户提供更多服务。包括主题讲座、读书分享会、作家签售等；还与地方文化组织合作，推出文化展览、艺术展示和表演活动等活动，丰富当地文化生活。南昌青苑书店进社区、进企业、进学校，开展"名家讲坛走进赣州、吉安"活动，"科普进校园"活动等各类阅读活动。青苑书店还参与了江西省首届全民阅读大会系列活动。结合"南昌文旅一卡通"，青苑书店开展了上门售书服务，在线上，借助抖音平台、微信视频号等开辟线上销售渠道。山东文友书店组织多场优秀主题图书巡展活动，让书店开到读者的家门口，并依据时间节点，设定不同的主题，优选新书、好书，走进学校、社区、单位，为更多的读者朋友提供读书的选择，让更多的新书、好书走进千家万户。湖南弘道书店从"请进来"变为"走出去"，将图书、文创、文化定点服务打包成整体产品"弘道文服"，为企事业单位提供定制化的整体打包文化服务，包括开展系列青年读书会，儿童植物拓染、女神节香道等非遗文化活动以及线上线下文化讲座等，持续拓展利润空间。

三是持续推动门店建设，构建新型城市文化空间。打造新品牌门店，对书店从硬件到软件实现经营理念升级，推动门店建设是民营书店在2023年的重要发力方向。例如，几何书店在湖南长沙落地全国第二家1万平方米的几何生活中心，该项目是包含几何书店在内的文化生活中心形态，首家24小时书店在浙江绍兴开业，在浙江临安落地首家"在文化遗址上的公共文化空间运营项目"。此外，几何书店还在杭州、无锡、海盐、温江等城市陆续拓店。云南大方书店完成了复合式文化空间的迭代升级，在提供专业化服务上提出更高要求，着力提升垂直领域及商品细分方面的专业水平。山东文友书店打造场景化与体验式书店，构建新型文化阅读空间，店内开设"文友益智馆"，与当地政府部门合作共建"城市书房"和"书香驿站"等新型阅读空间；建立"泰山书房·文友附中店""泰山书房·文友开元店"等"书香驿站"。

四是多元经营的引入和创新受到不少民营书店的关注和重视。例如，南京可一书店加强综合体运营，以"立足实体空间，以密集的高质量的文化活动，引流、推广品牌"为运营方式，引进了餐饮项目、素质教育培训项目和大空间的阅读区，并强化品牌特色，自主研发可一文创艺术衍生品图书产品等。线上作为渠道建设愈发重要的环节，2023年，不少民营书店的发力颇有成绩。PAGEONE书店网店运营在继续保持其差异化选品的基础上，进一步细分其功能板块和服务，积累并沉淀高黏度垂直客群，建立更多的私域流量，实现精准触达和转化。山东文友书店基于读者购书习惯的变化，创新尝试了线上直播的方式，在小鹅通、抖音平台、微信视频号等开启直播，并组建了一支专业直播团队。

二、出版物发行面临的问题

当前，实体书店面临着诸多发展困境，一方面线上发行乱价竞争，折扣战、价格战愈演愈烈，实体书店早已无价格优势；另一方面，消费者购物、阅读习惯在疫情之下加速向线上转变，也客观导致了实体书店客流下降。此外，实体书店近年来虽不断向文化中心发力，打造文化服务商，但不少实体书店一方面仍旧摆脱不了传统思维，真正从图书销售商向文化服务商转型面临较大挑战；另一方面，如何引入更多适合书店定位和未来发展的多元商品和服务，对书店来说并没有一劳永逸的方法，需不断根据市场需求进行调整变化。

（一）实体书店无客流或有客流无商流

客流下降是自疫情发生以来实体渠道不得不面对的难题。根据中国新华书店协会

2023年发起的调研显示,在142份问卷、1 365家实体书店门店中,仅有40%的实体书店客流量有所上升,相当一部分实体书店的客流量与2022年同期相比下降。而在营业额方面,下降的数量略高于上升的数量。[11]总体而言,实体书店人流量的复苏并未达到预期,整体盈利情况也并不理想。虽然部分书店在优化店内产品、拓展多元渠道以及深化会员服务等方面发力,取得了一定的进展,但与实体书店整体的下滑相比,这种利润无异于杯水车薪。如何重新吸引客流,并将客流转化为商流,亟待破题。

(二)线下渠道负增长,一般图书发行向持续兴趣电商转移

近年来,受到疫情的影响,图书销售渠道持续向线上,尤其向直播、短视频平台转移。《2023年图书零售市场年度报告》显示:实体店渠道呈现负增长,同比下降了18.24%,平台电商和垂直及其他电商分别下降了3.68%和10.08%;短视频电商呈现高速增长态势,同比增长70.1%,成为唯一正增长渠道。与2022年相比,实体渠道虽然下降比例趋缓,但市场份额难再恢复到疫情前的水平。[12]而根据《2023年度中国数字阅读报告》显示,2023年我国数字阅读市场总体营收规模567.02亿元,用户规模已达5.7亿人,[13]相比较2023年图书零售市场码洋规模的912亿元,数字阅读大有后来者居上的势头。

此外,根据2023年中国新华书店协会等联合发起的一项调研来看,在受访的1 365家实体书店门店中,线下图书零售在2023年上半年的营收同比2022年下降了45.77%,企事业单位大客户营收同比下降了30.99%。[14]企事业单位大客户以往是实体书店的重要目标群体,无论是企业书房还是团购业务,以往来看,都是支撑实体书店利润来源的重要路径。

(三)市场化书店面临多变市场环境,转型升级待突破

2023年,虽然市场大环境得到了根本性转变,但就实体书店来说,书店的运营成本高,利润率低,在当前阶段有着明显的劣势。一方面,部分市场化运营的书店面临租约到期、房租上涨的生存难题。尤其是疫情后,部分商圈急于回笼资金,砍掉收益

率不高的书店业态几乎成为必选项，大多数书店也无法承担高昂的租金成本。

此外，部分由实体书店打造的文化综合体也面临着招租难题。商圈或聚客能力下降，客流量下滑，商户更愿意到年轻群体聚集的新商圈入驻，导致2023年不少文化综合体的联营商户处于空置状态。入驻自有产品又面临成本和经验不足的压力。

为实现新发展，近年来实体书店在多元方向全面发力，从多元产品到多元项目，持续以新理念升级经营模式。但从2023年实体书店的各项调查报告来看，多元经营带来的增长远未达到预期，这一方面是由于部分书店虽完成了转型升级，但后劲不足，对市场的变化和读者的需求没有充分把握，造成了门店虽新，但经营理念仍旧的现状。另一方面是受体制机制的影响，部分书店面临软件"硬着陆"，经营定位不清晰，营销方式落后，同时，人才队伍建设有待加强。

三、出版物发行业变革发展的建议

虽然当下实体书店发展面临困境，但从政府、企事业单位到个体，对阅读仍有很大的需求。"全民阅读"连续11年写入政府工作报告，一定程度上为实体书店的文化转型指明了方向。此外，线上渠道并非独占，实体书店应摆脱传统思维，积极触网扩大线上发行渠道，借力多种平台，在提高销售、扩大影响力方面持续发力。此外，实体书店还要凭借多年来门店运营经验的累计和优质内容产品的供给，持续提升向外输出文化服务的能力，下大力气转变传统经营逻辑，做好适应当前市场需求的人才引进与培养。

（一）深化全民阅读，推进图书"七进"

如何重拾线下渠道优势，一方面在经营中要找准自身发展优势。实体书店的现货优势，让读者购书"不用等"。如何发挥这一优势，转变经营思维，变坐商为行商，积极走进更多生活场所，积极推动图书七进工程，让人们无须线上下单等待配送，推动知识"秒达"服务。另一方面，举办多种文化活动也是触达更多读者的有效方式。

2023 年，第二届全民阅读大会举行，各省、自治区、直辖市等也纷纷开展了多种不同类型、不同规模的文化活动，进一步在全社会范围内营造爱读书、读好书、善读书的浓厚氛围。实体书店具有空间优势、服务优势以及货品优势，充分借力相关政策，做好经营服务工作，不仅可以进一步提升全民阅读的质量和水平，还可以缓解门店客流量下降带来的经营压力。

（二）推动阅读升级 持续探索线上渠道

价格是长期困扰实体渠道图书的难题。与线上渠道相比，从进货价格这一起跑线来说，线下就无法拿到更高折扣，线上渠道平台补贴更让一般图书一度低至3—4折。近年来，以广东新华、西西弗书店为代表的实体渠道，通过定制发行业务，实现了对图书内容品质和价格的掌控。以广东新华为例，2023年成功打造出了《漫画小学生心理》等四款优质定制出版爆品，多款图书连续位居开卷发布的图书零售市场少儿类图书榜首。打造图书销售的爆款，线上渠道是重要的发力方向，广东新华打造了"广东新华严选"抖音账号，西西弗书店则推出了自有小程序。布局抖音、快手、小红书、B站等平台，借助平台高流量，能够快速有效地提升线上发行能力。

（三）引入高附加值新业态，做好人才梯队建设

多元经营是实体书店转型中的必由之路，做好这一板块，既有利于书店构建文化中心，也有利于实体书店的长远发展。在转型中，一方面，要了解当地读者的实际需求，以小数据撬动市场增量，并根据门店所在位置不同，以"新""特"为发展理念，打造适合不同区域、不同读者的多元经营发展模式。同时，引入高附加值新业态，并与国家政策相联系，如引入传统文化相关体验项目，引入科技体验活动等，将书店构建成为区域重要的教育文化场所。另一方面，人才是企业发展的根本动能，要积极引入异业人才，敢于拓展新项目，同时，以多种方式，挖掘员工潜力，将适合的人才配置到合适的位置，在线上直播、渠道拓展、社群营销等方面，"以新带老"，让年轻人的理念活化书店运营团队，推动经营理念升级。

（焦翊 《中国出版传媒商报》编辑、记者）

参考文献

[1] 文东. 2023年图书零售同比微增 [N]. 中国出版传媒商报，2024 – 01 – 12 (1) .

[2] [5] [6] [7] [10] 焦翊，王新雪. 2023实力分销商"新"字打头"培"字为先 持续推动高质量发展 [N/OL] . （2023 – 12 – 08） [2024 – 06 – 28］. 中国出版传媒商报，http：//dzzy.cbbr.com.cn/html/2023 – 12/08/content_ 55908_ 16837980.htm.

[3] 苏州发布. 嚯! 超60 000人，创纪录啦! [EB/OL]. （2023 – 07 – 03）［2024 – 06 – 28］. https：//mp.weixin.qq.com/s?__biz = MjM5MzY5ODY0Mw = = &mid = 2656379338&idx = 1&sn = d7d9ce849aa842f98c81ba59b5b41382&chksm = bd3287f68a450ee0c247c3e3ee4621bdd52be89d5ba9f4362de1e43a145f8029584e3e748190&scene = 27.

[4] 焦翊. 14位发行老总回溯2023展望2024——持续推进"线上全平台发行 + 线下全方位服务" [N/OL]. （2024 – 01 – 12）［2024 – 06 – 28］. 中国出版传媒商报，http：//www.etjbooks.com.cn/post/157/71456.

[8] 焦翊. 18家新华发行集团的2023成绩单来了! [N/OL]. （2023 – 12 – 14）［2024 – 06 – 28］. 中国出版传媒商报，https：//baijiahao.baidu.com/s?id = 1785216558973578564&wfr = spider&for = pc.

[9] 宁波市国资委. 会员数达35万! 宁波新华书店发力线上渠道激发经营新活力 [EB/OL]. （2023 – 12 – 26）［2024 – 06 – 28］. http：//gzw.ningbo.gov.cn/art/2023/12/26/art_ 1229116680_ 59040643.html.

[11] [14] 搜狐文化. 1365家实体书店生存调研报告 [EB/OL]. （2023 – 11 – 07）［2024 – 06 – 28］. https：//www.sohu.com/a/734353411_ 120005162.

[12] 中国出版传媒商报. 2023年图书零售市场年度报告 [EB/OL]. （2024 – 01 – 08）［2024 – 06 – 28］. http：//www.xinhuanet.com/publish/2024 – 01/08/c_ 1212325309.htm.

[13] 王鹏, 字强. 第21次全国国民阅读调查结果发布 [EB/OL]. （2024 – 04 – 23）［2024 – 06 – 28］. https：//www.gov.cn/yaowen/liebiao/202404/content_ 6947066.htm.

第三编 专题报告

2023中国出版业上市公司发展现状与趋势展望[①]

程 丽 周蔚华

2023年，在三年新冠疫情防控转段后，出版上市公司的经营业绩整体向好。28家出版上市公司营业总收入、净利润总额、资产总额、政府补助总额都实现增长。文章分析了出版业上市公司的经营业绩、"走出去"情况、履行社会责任情况等，并归纳了出版业上市公司在开拓IP衍生业务、入局人工智能领域、开辟课后服务等方面的亮点，还为出版业上市公司的未来发展提出相应建议。

一、2023年出版业上市公司发展情况

2023年，沪深两市共28家出版上市公司，本年度没有新增出版业上市公司。因为阅文集团为港股上市的出版企业，业绩统计标准有所不同，所以本报告未将其纳入统计范畴。纳入本报告统计范围的28家出版业上市公司分别是（均使用该公司的股市简称，以简称汉语拼音字序排名）：城市传媒、出版传媒、读客文化、读者传媒、凤凰传媒、果麦文化、龙版传媒、南方传媒、内蒙新华、荣信文化、山东出版、时代出版、世纪天鸿、天舟文化、皖新传媒、新华传媒、新华文轩、新经典、长江传媒、掌阅科

[①] 本文相关数据均来源于2023年出版业上市公司年报。

技、浙版传媒、中国出版、中国科传、中南传媒、中文传媒、中文在线、中信出版、中原传媒。2023年，28家出版业上市公司总体经济指标呈现增长趋势。其中，营业总收入为1 483.94亿元，较上年增长3.46%；归属于上市公司股东净利润总额为206.54亿元，较上年增长30.42%；资产总额为2 915.03亿元，较上年增长5.46%。政府补助为9.91亿元，较上年增长3.33%。

（一）营业收入总体平稳增长，大部分公司净利润上涨

2023年，28家出版业上市公司营业收入总额约1 483.94亿元，同比上年增长3.46%（见表1）。营业收入超百亿元的公司同上年保持一致，仍为7家。其中，凤凰传媒已连续6年营业收入位居第一，连续3年入围"全球出版50强"前十。

在28家出版业上市公司中，有9家公司的营业收入下跌。营业收入涨幅超过10%的上市公司有4家，分别是中文在线、世纪天鸿、时代出版和内蒙新华。营业收入涨幅最大的是中文在线，同比增长19.44%，主要是其IP衍生开发产品的营业收入大幅增长所致。

营业收入同比上年跌幅最大的是天舟文化，同比上年下滑26.07%。这主要是因为其部分老游戏产品收入同比下降，同时新游戏产品研发周期延长、上线后营业收入不及预期。

表1 2023年出版业上市公司营业收入情况

序号	公司简称	2023年营业收入（亿元）	2022年营业收入（亿元）	增长率
1	凤凰传媒	136.45	135.96	0.36%
2	中南传媒	136.13	124.65	9.21%
3	山东出版	121.54	112.31	8.23%
4	新华文轩	118.68	109.30	8.58%
5	浙版传媒	116.74	117.85	-0.93%
6	皖新传媒	112.44	116.87	-3.79%
7	中文传媒	100.84	102.36	-1.49%
8	中原传媒	98.33	96.29	2.12%
9	南方传媒	93.65	90.61	3.35%
10	时代出版	86.43	76.46	13.03%

续表

序号	公司简称	2023年营业收入（亿元）	2022年营业收入（亿元）	增长率
11	长江传媒	67.59	62.95	7.37%
12	中国出版	62.98	61.41	2.55%
13	中国科传	28.79	27.09	6.29%
14	掌阅科技	27.78	25.82	7.59%
15	城市传媒	26.92	25.54	5.38%
16	出版传媒	24.12	26.11	-7.64%
17	龙版传媒	18.44	18.06	2.14%
18	内蒙新华	18.40	16.58	10.93%
19	中信出版	17.17	18.01	-4.65%
20	中文在线	14.09	11.80	19.44%
21	新华传媒	13.05	12.59	3.62%
22	读者传媒	12.95	12.91	0.24%
23	新经典	9.01	9.38	-3.94%
24	世纪天鸿	5.07	4.33	17.20%
25	果麦文化	4.78	4.62	3.49%
26	天舟文化	4.48	6.06	-26.07%
27	读客文化	4.34	5.14	-15.49%
28	荣信文化	2.74	3.21	-14.67%
	合计	1 483.94	1 434.27	3.46%

28家出版业上市公司归属于上市公司股东净利润（以下简称净利润）总额约为206.54亿元，同比上年增加30.42%（见表2）。在28家出版业上市公司中，净利润超过10亿元的出版业上市公司有9家，绝大部分出版上市公司实现净利润增长，其中净利润下滑的出版业上市公司有5家。

2023年，净利润同比上年增长率最大的是新华传媒，净利润3 618.37万元，同比上年增长312.10%。在新华传媒经历了上一年度净利润下滑73.72%后，其净利润有所回弹，其参股的上海房报传媒经营有限公司实现净利润4 256.88万元，带动了整体净利润的增长。

净利润出现亏损的有2家公司，分别是天舟文化和读客文化。2023年，天舟文化实现净利润-5 982.62万元，同比减亏81.83%。除了游戏产品收入不达预期对其净利润造成影响外，天舟文化还优化其游戏团队，确认相应离职补偿金费用1 183.64万元，对其净利润产生了影响。读客文化是净利润降幅最大的出版上市公司，实现净利润-328.25万元，同比下滑105.27%。由于读客文化纸质图书业务的营业收入和毛利率下降，加上毛利率较高的数字内容业务和推广服务，分别出现了9.13%和39.50%的收入下降，以及其在自有渠道建设、人员和版权储备方面的投入，导致其整体利润出现了进一步的下滑。

表2 2023年出版业上市公司净利润情况

序号	公司简称	2023年净利润（亿元）	2022年净利润（亿元）	增长率
1	凤凰传媒	29.52	20.82	41.80%
2	山东出版	23.76	16.84	41.12%
3	中文传媒	19.67	19.30	1.88%
4	中南传媒	18.55	13.99	32.55%
5	新华文轩	15.79	13.97	13.06%
6	浙版传媒	15.09	14.14	6.76%
7	中原传媒	13.89	10.32	34.55%
8	南方传媒	12.84	9.55	34.39%
9	长江传媒	10.16	7.29	39.27%
10	中国出版	9.67	6.50	48.67%
11	皖新传媒	9.36	7.08	32.21%
12	时代出版	5.55	3.44	61.21%
13	中国科传	5.13	4.69	9.53%
14	城市传媒	4.08	3.36	21.39%
15	龙版传媒	3.44	4.78	-27.94%
16	内蒙新华	3.15	2.68	17.55%
17	新经典	1.60	1.37	16.48%
18	中信出版	1.16	1.26	-7.72%
19	出版传媒	1.12	0.75	48.77%
20	读者传媒	0.98	0.86	14.28%
21	中文在线	0.89	-3.62	124.71%
22	果麦文化	0.54	0.41	31.45%
23	世纪天鸿	0.42	0.36	18.86%

续表

序号	公司简称	2023年净利润（亿元）	2022年净利润（亿元）	增长率
24	新华传媒	0.36	0.09	312.10%
25	掌阅科技	0.35	0.58	-39.48%
26	荣信文化	0.10	0.23	-57.46%
27	读客文化	-0.03	0.62	-105.27%
28	天舟文化	-0.60	-3.29	81.83%
	合计	206.54	158.37	30.42%

（二）大部分公司总资产增加，过半的公司政府补助下滑

28家出版业上市公司2023年总资产约为2 915.03亿元，较2022年增长5.46%（见表3）。凤凰传媒的总资产突破300亿元，成为首个总资产突破300亿元的出版上市公司。总资产同比上年增幅最大的是时代出版，增长率为20.10%。时代出版通过一系列资本运作，有效拓宽了产业投资领域，其资产结构得到优化，为其转型发展提供了重要的资源和资本支持。

2023年，总资产下滑幅度最大的是读客文化，同比上年下降9.29%。总资产降幅较大的还有天舟文化，其已连续4年总资产缩减，2023年天舟文化总资产同比减少7.72%，这主要是因为天舟文化对初见科技股权回购款计提信用减值准备4 412.97万元，对其业绩产生了重大影响。

表3 2023年出版业上市公司总资产情况

序号	公司简称	2023年总资产（亿元）	2022年总资产（亿元）	增长率
1	凤凰传媒	313.50	297.02	5.55%
2	中文传媒	292.90	287.36	1.93%
3	中南传媒	253.69	248.19	2.22%
4	山东出版	228.54	206.52	10.66%
5	浙版传媒	222.64	220.72	0.87%
6	新华文轩	217.88	206.51	5.50%
7	皖新传媒	188.63	175.05	7.75%
8	中原传媒	174.87	158.01	10.67%

续表

序号	公司简称	2023年总资产（亿元）	2022年总资产（亿元）	增长率
9	南方传媒	162.38	149.98	8.27%
10	中国出版	156.26	148.73	5.06%
11	长江传媒	132.34	124.72	6.11%
12	时代出版	92.32	76.87	20.10%
13	中国科传	70.91	67.89	4.44%
14	龙版传媒	53.21	50.38	5.61%
15	城市传媒	44.22	40.94	8.01%
16	内蒙新华	44.04	40.27	9.36%
17	出版传媒	42.02	42.04	-0.04%
18	新华传媒	40.60	39.66	2.35%
19	掌阅科技	34.45	34.03	1.25%
20	中信出版	33.37	31.93	4.52%
21	读者传媒	25.11	24.48	2.56%
22	新经典	21.84	22.03	-0.85%
23	中文在线	18.36	18.68	-1.71%
24	天舟文化	14.74	15.97	-7.72%
25	世纪天鸿	11.24	10.42	7.78%
26	荣信文化	9.61	10.08	-4.67%
27	果麦文化	8.05	7.48	7.70%
28	读客文化	7.34	8.09	-9.29%
合计		2 915.03	2 764.08	5.46%

2023年，28家出版业上市公司计入当期损益的政府补助（与公司正常经营业务密切相关，符合国家政策规定、按照一定标准定额或定量持续享受的政府补助除外，以下简称政府补助）总额约为9.91亿元，同比上年增长3.33%（见表4）。28家出版上市公司中有16家政府补助同比上年下滑。获得政府补助额最高的出版业上市公司是凤凰传媒，约1.80亿元。获得政府补助涨幅最高的是新经典，同比上年增长116.05%。

表4　2023年出版业上市公司的计入当期损益的政府补助情况

序号	公司简称	2023年（万元）	2022年（万元）	增长率
1	凤凰传媒	17 964.12	14 974.93	19.96%

续表

序号	公司简称	2023 年（万元）	2022 年（万元）	增长率
2	中文传媒	6 590.75	4 612.95	42.88%
3	长江传媒	3 003.80	2 652.92	13.23%
4	皖新传媒	2 564.92	3 604.47	-28.84%
5	中南传媒	5 339.20	5 661.55	-5.69%
6	山东出版	10 132.36	5 596.52	81.05%
7	中原传媒	3 382.93	1 729.99	95.55%
8	新华文轩	2022.30	2 405.18	-15.92%
9	时代出版	1 060.59	2 770.15	-61.71%
10	南方传媒	9 745.47	9 567.00	1.87%
11	中国出版	15 880.82	12 993.39	22.22%
12	出版传媒	4 048.28	6 848.06	-40.88%
13	中国科传	31.51	188.81	-83.31%
14	城市传媒	1 165.62	1 678.29	-30.55%
15	掌阅科技	1 148.70	1 229.06	-6.54%
16	新华传媒	234.45	199.05	17.79%
17	天舟文化	316.83	358.04	-11.51%
18	新经典	216.50	100.21	116.05%
19	中文在线	445.49	730.29	-39.00%
20	读者传媒	787.20	2 618.76	-69.94%
21	世纪天鸿	38.16	169.42	-77.47%
22	中信出版	770.14	1 047.03	-26.45%
23	浙版传媒	6 230.57	5 870.90	6.13%
24	龙版传媒	2 125.68	2 071.47	2.62%
25	内蒙新华	3 127.49	4 610.81	-32.17%
26	读客文化	194.35	256.60	-24.26%
27	果麦文化	95.65	93.46	2.35%
28	荣信文化	434.91	1 269.57	-65.74%
	合计	99 098.82	95 908.89	3.33%

（三）主营业务收入总额稳步增长，多数公司出版和发行收入上涨

28 家出版业上市公司 2023 年主营业务收入总额约为 1 443.49 亿元，较 2022 年增长 3.16%，占总营收比例为 97.27%（见表5）。其中，10 家出版业上市公司主营业务

收入出现下滑，天舟文化主营业务收入下滑幅度最大，同比上年减少24.84%，其主营业务中图书出版发行和移动网络游戏的营业收入都出现下滑，其中移动网络游戏的下滑幅度达45.19%。读客文化的主营业务收入下滑也较多，同比上年下滑15.12%，其主营业务中的纸质图书、数字内容、推广服务收入等均出现营业收入的下滑。

在主营业务收入占比方面，28家出版业上市公司中，绝大多数的公司主营业务占比都超过95%，掌阅科技的主营业务收入占总营收的比例高达100%。仅有2家公司主营业务收入占总营收比例低于95%，分别是新华传媒（占比89.35%）和读者传媒（占比67.71%）。

主营业务毛利率排名前三的分别是掌阅科技（74.91%）、果麦文化（48.67%）、新经典（48.54%）。掌阅科技主营业务中的数字阅读平台的毛利率高达81.51%，新经典主营业务中数字内容的毛利率高达67.56%、版权运营的毛利率达58.50%，分别拉高了它们主营业务的毛利率。主营业务毛利率同比上年增长率增幅最大的是世纪天鸿，同比上年增长4.00%。2023年，世纪天鸿积极拥抱人工智能带来的技术红利，顺应教育科技发展趋势，其主营业务中的教辅图书和策划费均实现毛利率增长。

在传统业务方面，多数出版业上市公司的出版和发行业务营业收入同比上年有所增长。28家出版业上市公司中，出版业务营业收入排名前三的是中国出版（46.21亿元）、凤凰传媒（45.25亿元）、中文传媒（41.35亿元），中国出版与凤凰传媒的出版业务营业收入与上年基本持平，中文传媒同比增长7.82%。

发行业务营业收入排名前三的是中南传媒（113.13亿元）、凤凰传媒（104.89亿元）、新华文轩（104.87亿元），这三家公司的发行业务较上年均实现增长，其中中南传媒和新华文轩的涨幅较大，分别增长15.01%和8.70%。

在传统出版发行业务的毛利率方面，中国科传出版业务毛利率最高，达48.96%。在毛利率同比上年增长率方面，涨幅最高的是读客文化的版权运营业务，增长28.20%。读客文化的版权运营业务毛利率达46.66%，主要包括版权对外输出和影视版权出售两大类。

表5　2023年出版业上市公司主营业务营业收入情况

序号	公司简称	2023年主营业务收入（亿元）	2022年主营业务收入（亿元）	同比上年增长率	占总营收比例
1	中南传媒	134.51	123.01	9.35%	98.81%

续表

序号	公司简称	2023年主营业务收入（亿元）	2022年主营业务收入（亿元）	同比上年增长率	占总营收比例
2	凤凰传媒	131.36	131.46	-0.08%	96.27%
3	新华文轩	116.90	107.78	8.46%	98.49%
4	山东出版	116.11	109.67	5.87%	95.53%
5	浙版传媒	113.56	114.94	-1.20%	97.27%
6	皖新传媒	109.28	114.58	-4.63%	97.20%
7	中文传媒	98.82	100.67	-1.84%	98.00%
8	中原传媒	95.29	93.55	1.86%	96.90%
9	南方传媒	91.27	88.74	2.85%	97.46%
10	时代出版	85.73	75.83	13.06%	99.19%
11	长江传媒	66.03	61.62	7.14%	97.69%
12	中国出版	61.22	59.73	2.50%	97.20%
13	中国科传	28.58	26.86	6.38%	99.24%
14	掌阅科技	27.78	25.82	7.59%	100.00%
15	城市传媒	26.37	25.12	4.97%	97.97%
16	出版传媒	23.47	25.32	-7.31%	97.30%
17	龙版传媒	17.94	17.55	2.23%	97.26%
18	内蒙新华	17.93	16.17	10.83%	97.44%
19	中信出版	16.80	17.53	-4.17%	97.86%
20	中文在线	14.03	11.72	19.69%	99.55%
21	新华传媒	11.66	11.54	1.03%	89.35%
22	新经典	8.95	9.33	-4.09%	99.32%
23	读者传媒	8.77	7.67	14.27%	67.71%
24	世纪天鸿	5.01	4.29	16.92%	98.74%
25	果麦文化	4.71	4.56	3.24%	98.42%
26	天舟文化	4.41	5.87	-24.84%	98.56%
27	读客文化	4.29	5.06	-15.12%	98.91%
28	荣信文化	2.73	3.20	-14.64%	99.89%
	合计	1 443.49	1 399.21	3.16%	97.27%

（四）大部分数字出版营收减少，IP 衍生业务表现亮眼

2023 年，大部分数字出版业务营业收入较上年减少，降幅在 40% 以上的包括凤凰传媒的软件行业业务、天舟文化的移动网络游戏业务和中南传媒的数字出版业务（见表6）。但也有部分公司的数字出版业务表现亮眼，掌阅科技衍生业务的营业收入和毛利率都大幅增长。2023 年，掌阅科技大力推进衍生业务布局，积极拓展以 IP 为核心的视频内容生产、制作与运营。依靠数字阅读领域积累的丰富 IP 资源和精细化运营能力，其衍生业务在内容侧建立起了质量和数量稳定输出的能力，回收侧运营效率保持较高水平，并逐渐成为掌阅科技的"第二增长曲线"。中文在线的 IP 衍生开发产品业务表现也较为亮眼。中文在线以文学 IP 为核心，向下游延伸进行 IP 培育与衍生开发，打造"网文连载＋IP 衍生同步开发"的创作模式，实现营业收入的增长。

表6 2023 年出版业上市公司主营业务中数字出版业务情况

公司简称	业务	营业收入（亿元）	毛利率	营业收入比上年增减（%）	毛利率比上年增减（%）
掌阅科技	数字阅读平台	22.23	81.51%	-0.27%	6.18%
	衍生业务	2.67	39.41%	2 826.29%	44.14%
	版权产品	2.61	60.97%	-17.12%	-1.08%
中文在线	数字内容授权及其他相关产品	7.13	44.53%	-12.19%	-12.38%
	IP 衍生开发产品	6.64	44.22%	94.41%	12.07%
时代出版	数字出版及电子商务	3.43	12.66%	-13.89%	-4.61%
凤凰传媒	数据服务	2.70	61.44%	-0.66%	-3.67%
	软件行业	0.56	36.03%	-49.87%	-14.32%
天舟文化	移动网络游戏	0.98	60.28%	-45.19%	14.84%
读客文化	数字内容	0.53	38.46%	-9.89%	-13.90%
新经典	数字内容	0.47	67.56%	19.28%	-0.80%
中南传媒	数字出版	0.32	-52.62%	-40.42%	-51.89%

备注：本表为不完全统计数据，有部分出版业上市公司年报中将数字出版业务归入"其他"或"新业态"板块，将数字出版业务与其他业务混合统计，未单独对数字出版业务进行统计，这部分数字出版业务数据未纳入本表；主营业务分析中与传统业务混合统计的数字出版业务数据也未纳入本表。

从数字出版业务的毛利率来看，读客文化的推广服务收入毛利率最高，达97.52%。读客文化的推广服务收入主要通过经营微信公众号等各大社交网络平台账号、线上线下销售渠道以及其他推广平台投放推广内容获得推广服务收入。掌阅科技的数字阅读平台营业收入的毛利率也较高，达81.51%。掌阅科技利用"掌阅""得间"等数字阅读平台面向互联网用户发行数字阅读产品，一方面通过用户充值付费获取收益，另一方面利用用户流量价值为各类客户提供多样的商业化增值服务来获取收益。

（五）国企总体业绩平稳增长，民企业绩两极分化严重

在28家出版业上市公司中，20家为国有企业，其余8家为民营企业，分别是新经典、掌阅科技、世纪天鸿、天舟文化、中文在线、读客文化、果麦文化、荣信文化。2023年，这8家民营企业营业收入、净利润、总资产、政府补助排名相对靠后。

20家国有出版业上市公司2023年的相关数据为：营业总收入1 411.65亿元，同比上年增长3.50%；净利润总额203.27亿元，同比上年增长25.70%；总资产2 789.40亿元，同比上年增长5.77%；政府补助总额9.62亿元，同比上年增长4.91%。大部分的国有出版上市公司的营业收入、净利润和总资产实现增长，但一半的国有出版上市公司的政府补助下滑。

8家民营企业2023年的相关数据为：营业收入总额72.29亿元，同比增长2.76%，但一半的民营企业营业收入下滑；净利润为3.27亿元，同比上年增长197.89%，其中，中文在线的净利润大幅增长，扭亏为盈，而读客文化的净利润由盈转亏，大幅下滑，另外，掌阅科技和荣信文化的净利润下滑幅度也较大；总资产125.63亿元，同比下降0.91%，5家民营企业的总资产缩减；政府补助2.89亿元，同比下滑31.29%，其中只有新经典和果麦文化的政府补助实现增长。

（六）积极推进海外合作与布局，AI助力出版"走出去"

版权输出数量是衡量出版业上市公司走出去成效的重要指标。11家出版业上市公司披露了这一指标（见表7）。出版业上市公司稳步推进版权输出，出版"走出去"成

效持续提升。中国出版的版权输出数量稳居国内第一，通过参加马来西亚、塞浦路斯、法兰克福等重点国际书展和主宾国活动，持续推进公司优质产品和内容的对外传播。新华文轩的版权输出数量也位居全国前列，新华文轩 2023 年版权输出数量同比增长 10%，书刊出口码洋 570 万元，同比增长 5%。先后参加 10 余场涉外展会，展示自有精品书刊近 3 000 种，举办 80 余场对外文化交流活动。

在国际合作方面，中国出版与施普林格·自然集团、泰勒—弗朗西斯出版集团等国际头部出版企业开展深度合作。山东出版利用"一带一路"版贸会、尼山书屋、中日韩出版协作共同体等平台，相继在奥地利、意大利、哈萨克斯坦等 10 个国家和地区开展文化交流活动，新落地"中华文化之角·尼山书屋" 3 家，深化了与国外出版机构的出版合作和文化沟通。中信出版新增与"一带一路"国家伊朗、孟加拉的合作，目前中信出版已与 27 个共建"一带一路"国家展开出版合作。

在海外布局方面，时代出版启动了马来西亚中心、沙特中心、德国中心等一批海外出版中心。2023 年，新经典以美国子公司群星出版社为主体，搭建国际化出版平台，在全球范围内发掘优秀的作家和作品，同时积极推广中国作家与作品。海外图书产品由当地内容团队基于本地市场开展选题策划与编辑出版，通过市场领先的图书发行商进入亚马逊、连锁书店等主要销售渠道。新经典海外业务实现营收 1.35 亿元，同比增长 53.82%。

中文在线还充分利用 AI 技术，推动出版"走出去"。2023 年中文在线实现 AI 漫画作品《招惹》出海，签约印尼语、越南语、泰语、西班牙语、葡萄牙语、法语等多语种及地区，与日本头部漫画平台 linemanga 及 piccoma 扩大合作，签约《福宝三岁半，她被八个舅舅团宠了》等多部作品。中文在线还通过 AI 技术的支持，已成功将超过 2 500 万字的小说 IP 内容转化为外语版本，并成功推向海外市场。

表 7 2023 年部分出版业上市公司版权输出数量

公司简称	版权输出数量（种）
中国出版	近 1 000
新华文轩	538
中文传媒	489
时代出版	424

续表

公司简称	版权输出数量（种）
中信出版	404
中南传媒	364
南方传媒	317
中原传媒	178
中国科传	168
山东出版	104
城市传媒	25

（七）主动践行社会责任，取得良好社会效益

出版上市公司对社会责任给予高度重视，全面披露了社会责任的履行情况，凤凰传媒、中国出版、读客文化等19家出版上市公司还专门发布了2023年社会责任报告。在公共文化服务、乡村振兴、公司治理、绿色发展等方面，出版上市公司主动履行社会责任，取得良好的社会效益。

在公共文化服务方面，出版上市公司发挥自身优势，打造独具特色的文化服务，为进一步建立健全公共文化服务体系做出贡献。内蒙新华建成全国首家汉字研学基地"活字工坊"，利用现代科技弘扬中华优秀传统文化，同时新建全国首家火车书房，新建农牧区家庭书屋14家，"内蒙古数字草原书屋"注册40万人，为农牧民群众提供各类电子图书与听书资源。皖新传媒以"设计、建设、采购、运营"一体化（EPCO）模式拓展公共文化服务项目，积极参与安徽省15分钟阅读圈落地，打造包含App小程序、第三方电商平台、直播电商等全渠道、多场景的线上文化服务渠道体系。新华传媒积极助推残疾人公共文化服务发展，举办了"无障碍国际文化交流年"等"残健融合"活动，营造助残社会氛围。

在乡村振兴方面，出版上市公司通过文化振兴、产业振兴、人才振兴等多种方式，巩固脱贫成果，推动乡村振兴。中国出版向青海、四川、内蒙古等地的贫困地区开展图书捐赠。2023年，中国出版捐赠图书码洋达8 200万元。山东出版积极发展适合驻村的产业项目，为帮扶村安装光伏发电项目，每年给村集体增收15万元，同时创办

"新华订单班"培训项目传授就业技能,并实现"入校即入企,学习即上岗,毕业即就业"。掌阅科技的"掌阅作书匠"助残扶贫公益项目继续为残障人士提供电子书排版、校对和审核岗位,其中优秀的员工单月最高收入超过6 000元。

在公司治理方面,出版上市公司依照《公司法》《证券法》等法律法规和中国证监会《上市公司治理准则》、五部委《企业内部控制基本规范》等各类规范性文件的要求,从建设基本制度、规范日常运作、加强信息披露、保障利益相关方权益等方面入手,不断规范和完善公司治理。

在绿色发展方面,出版上市公司通过推广绿色出版理念、减少纸张消耗、优化印刷工艺、减少碳排放、推广电子出版、加强环境管理以及倡导绿色消费等多种方式,为保护环境、促进可持续发展做出了积极贡献。

二、2023中国出版业上市公司发展亮点

2023年,出版上市公司在新冠肺炎疫情防控转段后加速发展,积极寻找新的利润增长点,取得了不错的成绩。部分出版上市公司依托IP资源优势,开展IP衍生业务,带动整体业绩的增长;部分出版上市公司快速入局人工智能领域,积极拥抱人工智能带来的技术红利,表现亮眼;还有部分出版上市公司通过开辟课后服务,应对教育出版增长乏力的困境。

(一)开拓IP衍生业务,促进可持续发展

出版上市公司在夯实主业优势的同时,进一步推进业务结构转型升级,寻找新的利润增长点。依托积累的IP资源和精细化运营能力,开拓IP衍生业务。以IP资源驱动音视频内容生产、制作与运营,加大资源整合力度,持续拓展衍生业务规模,促进公司可持续发展。

中文在线的IP衍生开发产品营业收入大幅增长,同比2022年增长94.41%,毛利率同比增长12.07%。中文在线以文学IP为核心,向下游延伸进行IP培育与衍生品开

发，着力打造"网文连载+IP衍生同步开发"的创作模式。通过对优质网文进行音频、漫画、动态漫、动画、短剧、影视、游戏以及文创周边等衍生形态的全模态开发，升级IP衍生孵化链条，实现了从单一网文的生产和经营向文学IP全生命周期生产和经营的进化。

掌阅科技在稳步发展免费阅读业务的同时，积极拓展衍生业务，主要是围绕优质IP资源，进行视频内容生产、制作与运营，并获取相关收益。掌阅科技的衍生业务实现了快速发展，其衍生业务的营业收入同比2022年增长2 826.29%，毛利率增加44.14%，在带动主营业务业绩提升的同时，为公司中长期的可持续发展奠定了良好的基础。

（二）快速入局人工智能领域，促进出版产业变革与创新

随着ChatGPT等生成式人工智能技术的广泛应用，2023年被称为生成式人工智能元年。出版上市公司反应迅速，快速入局人工智能领域，以人工智能技术提高生产效率，研发了多种大模型；积极进行投资与合作，以人工智能技术赋能出版主业发展；同时设立人工智能相关的研究院、智库、实验室等研发机构，推动人工智能技术研发。出版上市公司根据自身优势，以人工智能技术在教育、医护、文旅等多个垂直领域进行产业布局，促进产业变革与创新。

在生产效率提升方面，出版上市公司研发了多款人工智能产品，赋能出版业流程的多个环节。凤凰传媒开发了凤凰智灵智能办公平台，提高办公、编辑、校对、营销效率。果麦文化主要进行AI校对、AI漫画和AI读书数字人三个方面的布局，其中"AI校对王"实现校对的自动化、智能化，AI漫画大模型实现以文生图，AI读书数字人能够精确总结百万册图书内容，服务于读者和图书营销者。时代出版搭建了基于人工智能模型的文本和图片GC机器人，在图片加工、封面设计、文字处理、数据管理等多个环节，提升出版的效率和质量。中信出版上线了AIGC数智出版平台辅助图书出版，提升出版效率、优化精准营销，实现降本增效。城市传媒研发了万象AIGC出版大模型，致力于为出版行业及教育科普、文博文旅、数字平台提供专业高效的内容生产能力。中文在线研发了"中文逍遥"数字内容智能生成模型，可实现一键生成万字小说、一张图写一部小说、一次读懂100万字小说。

在投资与合作方面，出版上市公司通过投资入股等方式，寻求战略合作，以人工智能技术推动出版产业的转型升级。浙版传媒2023年新增投资久溪基金1.5亿元，投资参股智象未来、中体新材、耀宇视芯等一批数字领域优质标的，探索人工智能、元宇宙、大数据等新技术在内容生产、传播、消费领域的应用，着力推进投资赋能主业协同发展。凤凰传媒引入中国移动作为战略投资者，发挥各自技术、能力、资源和平台优势，共同围绕智慧教育、5G+阅读服务体系、技术研发创新等方面开展战略合作，并已初见成效。果麦文化投资了上海星图比特信息技术服务有限公司和爱漫阁（上海）智能科技有限公司，共同探索AIGC、AI校对、AI漫画等领域。

在技术研发方面，出版上市公司通过组建研究院、智库、实验室等研发机构，探索人工智能技术在出版业的应用。城市传媒组建AIGC出版大模型训练及应用实验室，与科大讯飞达成战略合作共建AI出版传播创新研究院，推动音视频内容生产变现，提升版权资源价值。凤凰传媒依托智库和实验室，加快人工智能技术在出版领域的应用，推动凤凰专业知识库和大模型建设，增强凤凰智灵平台、凤凰数字人等项目赋能支撑作用，实现降本增效。中信出版组建的中信出版发展研究中心深入研究并探索试验AIGC在出版业的应用，与模型技术公司开放合作、共建生态。

在垂直领域方面，教育领域是目前较多出版上市公司争相进入的热门领域。世纪天鸿将教育科技确定为"第二增长曲线"的明确方向，快速入局智慧教育领域，开发和投资了"小鸿助教""笔神作文"等"AI+教育"的应用产品。凤凰传媒以《全国优秀作文选》40多年积累的数据为基础，开发智能导学助手"文小慧"，助力学生提升作文水平。天舟文化拟开展数字人、AI和VR在公共安全教育和职业教育等领域的业务，拟推出"天舟数字人""VR/AR虚拟科学实验室""职业智能化评测与规划"和"职业教育VR/AR实训室和平台"等智能化的工具和产品。

除了教育领域外，出版上市公司还根据自身行业优势在多个垂直领域进行布局。中国科传主要聚焦医疗健康领域和学术期刊领域，推出了"远至"百姓版、"远至"医护版、"中科医库MedAsk"等医疗健康人工智能系列产品，开发建设了SciEngine学术期刊全流程数字出版与知识服务平台。中原传媒重点从教育、文史、手工、医护、方志五个垂直细分领域入手，探索AIGC技术的产业转化。中文在线入局了AI多模态领域，在有声书、漫画、动漫、视频等多模态领域进行了技术布局和商业化落地。其中"AI主播"录制的有声书时长已超过18万小时，以AI技术将超过2 500万字的小说IP内容转化为外语版本，成功推向海外市场。并以AI技术制作了多部漫画作品和动态漫作品，降低了制作成本，提高了生产效率，也取得了良好的市场表现。

（三）顺应国家政策要求，开辟课后服务业务

随着"双减""三新""教育数字化战略"等政策的出台，国家在要求减轻学生负担的同时，对学校的服务能力及教育质量提出了更高的要求。特别是《国家教育数字化战略行动》要求大力实施教育数字化战略行动，借助数字化技术与教学深度融合，赋能教师从而减负学生成为趋势。与此同时，近年来受在校学生数量和学历结构变化以及总人口增长放缓的影响，教育出版面临市场增长乏力的问题，为了应对这一挑战，部分出版上市公司通过开辟课后服务业务，打造新的利润增长点。

时代出版实施"课后服务"头号工程。自主研发"课后服务管理平台"，打造"管理平台、课程内容、师资整合、落地运营、评价反馈"五位一体的课后素质教育服务信息化管理闭环解决方案。把"豚宝宝""萌伢童书""智慧作业"等已经较成熟的数字教育项目与课后服务相结合，把校园阅读、研学、校服采购等业务融入课后服务业务，多业态融合特色显著。目前其课后服务综合平台业务已覆盖安徽省内10个地市，成为安徽省课后服务行业标杆，首位效应凸显，形成竞争优势，成为驱动其融合发展整体前进的最重要引擎。

山东出版积极拓展课后延时服务业务，深耕课后延时"大阅读"领域，发起设立"鲁出书社"阅读机构，引导青少年走进书籍的世界，涵盖科学、历史、艺术等多个领域。打造了儒家文化研学营地、人工智能学习体验中心、沂蒙红色教育研学营地等特色研学营地集群。与山东省广电融媒等13家单位共同打造"山东青少年文体发展共同体"，将阅读项目融入活动中，并对接课后延时服务出口，互相赋能打造新的增长点。

三、2023中国出版业上市公司发展存在的问题

2023年，在出版上市公司整体业绩向好的同时，有部分出版上市公司出现了营业

收入和净利润的大幅下滑，这些公司业绩下滑反映出目前出版上市公司发展过程中存在的一些问题。随着人工智能的快速发展，无论是对人工智能技术持消极态度还是积极态度的出版上市公司，都面临着不同的问题和风险。

（一）传统书业收入下滑，渠道分化进一步加剧

三年疫情使人们消费模式、文化学习习惯深刻改变，加上优质版权资源、发行渠道、零售终端的市场竞争日趋激烈，导致部分出版上市公司的纸质图书业务收入进一步下滑，拉低了整体业绩。2023年，读客文化营业收入和净利润都出现较大幅度的下滑，主要就是其纸质图书业务下滑所致。实现销售码洋10.28亿元，较2022年同期下降了10.92%。纸质图书业务整体折扣率从38.78%下降至35.62%，由此带来纸质图书业务毛利率从35.79%下降至27.64%，下降了8.15个百分点。

传统书业的渠道分化进一步加剧，传统实体书店、传统线上渠道均出现了不同程度的下滑，以抖音为代表的短视频电商渠道在整体图书零售市场中高速增长，市场份额持续上升。部分主要依靠传统实体书店、传统线上渠道的出版上市公司业绩受到冲击。荣信文化2023年传统实体店、传统线上渠道销售收入出现大幅下滑，加上目前抖音平台的收入规模对其整体收入贡献较小，导致其营业收入和毛利额都同比下降。

（二）市场推广成本和难度增加，对盈利水平造成不利影响

近年来，小红书、抖音、B站等平台越发成为出版发行业市场推广的重要阵地。无论是传统出版还是数字出版，都越来越依托这些平台进行市场推广。虽然这些平台具有强大的引流能力，但随着行业格局的逐步成型，市场竞争的日趋激烈，获取流量的成本和难度持续上升。出版上市公司在短视频直播平台的推广费用攀升，进一步减小利润空间，对出版上市公司的盈利水平造成不利影响。

荣信文化2023年的净利润同比减少57.46%，其在抖音平台的促销推广费用投入增加、线下展会费用增加，进一步压缩其利润空间，是导致其净利润下滑的原因之一。掌阅科技在数字阅读领域形成了行业优势，但随着流量成本的升高，无论是对其存量用户还是增量用户的运营，都需要更高的市场推广投入，这对其盈利水平产生不利影响。

（三）对人工智能持不同态度，面临不同的问题和风险

随着人工智能等新技术的快速迭代升级，出版发行行业生态将迎来深刻变革，出版上市公司原有的商业模式、盈利方式将受到一定冲击。人工智能技术应用于出版发行业能够显著提升内容生产效率、降低内容生产成本、丰富内容产品形态、提升营销传播效果，为出版发行业发展注入新的活力。但在人工智能等新技术面前，部分出版上市公司仍持观望态度，固守原有的商业模式，缺乏对新技术和市场变化的敏感度和适应性，这可能导致其在激烈的市场竞争中逐渐失去竞争优势。

虽然部分出版上市公司已经在人工智能领域提前布局、加速转型，旨在把握人工智能带来的技术红利，但是受新兴市场波动性大、对关键人才和关键技术的依赖度高等方面影响，存在开拓人工智能领域效果不达预期的风险。加上人工智能等新技术存在发展迅速、前期投入巨大、不确定性强等特征，增加了出版上市公司融合发展的难度。

四、中国出版业上市公司趋势展望

对于传统书业收入下滑和渠道分化加剧，出版上市公司应在夯实传统书业的同时加速数字化转型，进行多元化渠道布局，顺应市场变化趋势。同时，以自有账号和私域流量运营，应对市场推广成本和难度的增加，以自播和无人直播降低直播带货成本，从而维持甚至是提高现有盈利水平。人工智能技术的发展，将使出版行业在未来很长一段时间内发生深刻变化，出版上市公司应主动抓住新技术发展带来的机遇，积极应对入局人工智能领域面临的风险和挑战。

（一）夯实书业的同时加速转型，进行多元化渠道布局

面对纸质图书业务营业收入的下滑，出版上市公司一方面应通过精准选题定位、提高内容质量以及加强市场推广等方式，提升纸质图书的市场竞争力，以应对纸质图书业务的收入下滑趋势；另一方面，顺应行业发展趋势，加强数字化转型，扩充现有

的产品和服务结构，寻找新的利润增长点，如推出数字出版产品、依托现有版权资源打造 IP 衍生品、顺应国家教育政策要求推出课后服务等。

对于传统书业渠道的进一步分化，出版上市公司应及时调整渠道战略，进行多元化渠道布局，在巩固现有渠道的同时，积极开辟新渠道，顺应市场变化趋势。根据北京开卷发布的《2023 年图书零售市场年度报告》，短视频电商超过垂直及其他电商，成为仅次于平台电商的第二大销售渠道。[1] 鉴于目前短视频电商渠道的快速增长，出版上市公司应积极进驻抖音、小红书、视频号等平台，通过自有账号运营、达人合作推广、直播带货等多种方式，提升短视频电商渠道的纸质图书销售量。

（二）重视自有账号和私域流量运营，以自播和无人直播降低成本

面对抖音、小红书、B 站等平台流量成本和难度的增加，市场推广费用的攀升，出版上市公司可以采取多种措施加以应对。首先，加强自有账号的建设。减少对网红达人推广的过度依赖，以自有账号推广来降低市场推广成本。其次，重视私域流量运营。通过构建自有的 App 和小程序，将公域流量转变为私域流量，实现对用户的精准运营。构建专属社群，开辟社群团购渠道，以优惠策略刺激消费，带动营业收入的提升。

在直播带货方面，通过自播和无人值守直播减少成本。一方面，投入更多的精力组建自播团队，培养董宇辉式的自播标杆人物，给出版上市公司带来更多收益。2023 年，浙江文艺出版社、机械工业出版社、中信出版集团等机构已经在图书自播方面取得了不错的成绩。[2] 另一方面，积极探索无人值守直播，通过虚拟数字人、人工智能、大数据等新兴技术，降低直播人力成本，提升直播效率。2023 年，北京师范大学出版集团已经实现新媒体矩阵多平台无人值守直播。[3]

（三）深入开展"人工智能+"行动，大力发展文化新质生产力

2024 年政府工作报告提出，要大力推进现代化产业体系建设，加快发展新质生产力。其中在深入推进数字经济创新发展方面，提到深化大数据、人工智能（AI）等研发应用，开展"人工智能+"行动，人工智能成为加快发展新质生产力的强力引擎。

文化新质生产力是"十四五"乃至更长时期产业发展的主题。

面对国家倡导大力塑造新质生产力的形势，伴随着文生小说、文生视频、文生漫画等新技术的层出不穷，出版企业融合发展进入新一轮加速期。对此，出版上市公司应加快行动，以人工智能驱动产品力、营销力升级，激发人力、组织力、数据、IP、资本等生产要素效用，提升全要素生产效率，打造新质生产力。紧紧围绕出版主业，聚焦新质生产力，在与主业相关领域挖掘适合投资商机，全面提升企业经营质效和发展活力。抓住新技术带来的发展机遇，主动拥抱新技术变革，深入开展"人工智能+"行动，积极推进产业升级和融合创新，推进高质量发展。出版上市公司避免因固守原有的商业模式和盈利方式，而在激烈的市场竞争中失去领先地位。

对于已经入局人工智能等新技术领域的出版上市公司而言，应继续保持敏锐的市场洞察力，根据市场变化灵活调整自身的商业战略和业务模式，积极适应市场变化。积极推进文化与科技融合，加快内容生产和业态创新，大力发展文化新质生产力，塑造发展新动能、新优势。主动寻求与技术公司、研究机构或高校的合作，共同进行新技术研发，降低新技术研发的成本和风险，加速人工智能技术在出版发行领域的应用转化，打造AIGC新质生产力应用平台。同时，建立完善的风险管理机制，定期评估人工智能项目的进展和风险，及时调整策略以应对可能出现的问题，确保项目能够按照预期进行。

（程丽　中国人民大学新闻学院博士研究生；

周蔚华　中国人民大学新闻与社会发展研究中心研究员、

中国人民大学新闻学院教授）

参考文献

［1］北京开卷．2023年图书零售市场年度报告［R/OL］．（2024-01-06）［2024-05-13］．https：//mp.weixin.qq.com/s/DHkEmwhwYKT5mDA5Q8d2qQ．

［2］李婧璇，左志红，商小舟．出版业：文化立魂 坚守使命［N］．中国新闻出版广电报，2023-12-25（5）．

［3］左志红，张雪娇．多元融合　创新发展——2023年度出版发行业创新案例28强扫描［N］．中国新闻出版广电报，2023-12-25（6-7）．

2023—2024 中国出版业融合发展现状与趋势展望

宋吉述　杨　阳

融合发展是出版高质量发展的必然选择，也是建设出版强国的必由之路。2023 年作为全面贯彻党的二十大精神的开局之年，是实施出版业"十四五"规划承前启后的关键一年，出版业持续深入学习贯彻习近平总书记关于媒体融合发展的重要论述，按照《出版业"十四五"时期发展规划》及《关于推动出版深度融合发展的实施意见》要求，加快推动深度融合发展，构建数字时代新型出版传播体系，在融合发展深度广度方面均有突破。本文将以数字时代背景下出版业与科技融合所形成的数字化转型升级、出版业与其他业态融合所形成的多元化文化服务新业态为主线，对 2023—2024 年出版业融合发展现状进行扫描考察，并对未来出版业融合发展趋势作出探索和展望。

一、2023 中国出版业融合发展环境

作为疫情防控平稳转段后第一年，2023 年的出版业面临着两大时代性背景：首先是疫情的深远影响。一方面随着各种社会活动的正常化，全国书展与地方书展如同雨后春笋般，重新点燃了行业发展的激情；另一方面，三年的"云交流"不仅改变了出版业的运作模式，更深刻影响了读者的阅读习惯和消费习惯。数字阅读消费方式的养成、旅游文化消费的崛起、图书零售市场的下滑，都预示着读者需求和出版业所面临

的市场形势正发生重大转变。其次，数字技术的飞速发展并未停下脚步，相反由于疫情防控需要，直播与新媒体营销、元宇宙、区块链等新兴数字技术蓬勃发展，尤其是人工智能技术日趋成熟，对各行业都产生了深远影响。出版业要回归过去的发展模式已无可能，必须面对技术发展带来的新机遇，应对文化消费新需求。正是在这样的大背景下，出版业的融合发展显得尤为重要。

（一）政策推动持续加强，产业规范不断细化

在产业数字化的总体规划方面，2023年初，中共中央、国务院印发《数字中国建设整体布局规划》，提出数字中国建设的整体框架，指出要夯实数字基础设施和数据资源体系"两大基础"，推进数字技术与经济、政治、文化、社会、生态文明建设"五位一体"深度融合，打造自信繁荣的数字文化，这标志着数字经济被放到更重要的发展位置。在此规划指导下，财政部先后发布的《企业数据资源相关会计处理暂行规定》和《关于加强数据资产管理的指导意见》，有助于出版业更好地管理和利用其数据资产，推动行业的数字化转型升级，助推数字经济发展。2023年底，为构建以数据为关键要素的数字经济，发挥数据要素的放大、叠加、倍增作用，国家数据局等17部门联合印发《"数据要素×"三年行动计划（2024—2026年)》，以进一步促进各行业在数据处理和应用方面的能力提升。

在此背景下，2023年各部委和行业管理部门发布涉及出版业融合发展、数字化转型、版权保护等数十个政策文件。[1]其中《生成式人工智能服务管理暂行办法》自2023年8月15日起施行，这是全球范围内首部直接针对生成式人工智能进行规制的国家层面法律文件，标志着我国在人工智能治理领域迈出了重要步伐。在探索与新兴业态融合方面，为了促进元宇宙和新兴视听电子产业的发展，工信部分别发布了《元宇宙产业创新发展三年行动计划（2023—2025年）》和《关于加快推进视听电子产业高质量发展的指导意见》，为出版业与相关新兴产业的融合提供了政策依据。在行业治理层面，为规范行业建设标准，音数协团标委在国标委和主管部门的指导下，2023全年立项团体标准28项，覆盖数字教材、专业内容资源建设、知识服务、有声读物、生成式人工智能技术应用、云游戏、网络游戏未成年人保护等多个领域，完成并发布了《出版业生成式人工智能技术应用指南》等10项团体标准。

（二）数字技术发展迅猛，行业带动作用日趋显现

近几年数字技术取得飞跃式发展，大数据、区块链、元宇宙等技术日新月异，多头并进。2023年最显著的技术发展无疑是内容生成式人工智能（下文简称"AIGC"）。伴随这一技术的崛起，内容生产形态也经历了从专家生产内容（PGC）、用户生成内容（UGC）、AI辅助生产内容（AIUGC）到AI生产内容（AIGC）四个阶段的显著演变。2022年底ChatGPT横空出世，标志着AIGC开始大范围进入公众视线。伴随相关技术和应用场景的迅速更新与迭代，以ChatGPT等为代表的AI文本生成技术，以Midjourney、Stable Diffusion等为代表的AI图像生成技术，再至2024年初Sora凭借60秒文生视频的横空出世，3月AI音乐工具Suno V3版本的发布，当前的AIGC工具已经可以创建大多数类型的文字、图像、视频、音频和编码内容。在此趋势下，百度、阿里、腾讯、字节跳动、科大讯飞等一众互联网企业纷纷布局大模型领域，相继推出"文心一言""通义千问""混元"等大模型。截至2023年10月，我国10亿参数规模以上的大模型厂商及高校院所共计254家，分布于20余个省市。[2]其辐射范围之广、影响程度之深前所未有，推动着生产方式、生活方式和治理方式的深刻变革。

（三）数字产业持续壮大，多元文化消费提速

伴随5G网络、数据中心、云计算平台等数据基础设施的日益完善和大数据、云计算、人工智能、区块链等技术的创新应用，数字经济日益融入经济社会发展各领域全过程，目前我国数字经济规模超过50万亿元，总量稳居世界第二，占GDP比重提升至41.5%。[3]作为数字经济重要组成部分，数字文化产业已然成为我国文化产业发展的新增长点，并为数字内容发展带来了前所未有的变革。

同时，文化消费显著提升，并呈现出鲜明的数字化、多元化趋向。《2023年度中国数字阅读报告》显示，中国数字阅读用户规模达5.7亿，首次超过50%的分水岭，占网民规模的比例达52.19%。数字阅读产业总体规模达567.02亿元，增速创下六年来新高。[4]伴随着数字文化消费的不断火热，2023年短视频精品化、在线教育智能化的趋势日渐明晰，中国微短剧全年市场规模达到373.9亿元，同比上升267.65%;[5]作业

帮、讯飞星火、好未来等多家企业先后布局 AI 大模型教育行业应用。同时，作为疫情三年后的消费行业重启之年，线下文化消费快速回暖，并呈现出从单向输出到双向互动，从内容买卖到沉浸体验，人工智能、虚拟现实、增强现实相结合的多元化趋势，促进了文化和旅游等产业的互联融合发展。在此形势下，出版业开始探索 IP 运营、元宇宙阅读等创新性文化消费场景，催生新兴消费业态，融合发展边界不断拓展。

（四）行业交流更加密切，融合创新成为热点

2023 年作为疫情后经济社会复苏之年，出版业关于融合发展方面的交流活动也日趋频繁，"融合"与"创新"成为业内两大关键词。在第十三届中国数字出版博览会上，"数智赋能 联结未来"的主题凸显了数字技术促进产业发展的主线，新技术对出版业产生何种影响、如何实现 AI 技术在出版全产业链条中的赋能作用，成为本次大会乃至 2023 年相关行业论坛的主要内容。在发行传播方面，"2023 出版业新媒体发展经验交流会"通过聚焦 AI 驱动下的内容生产以及产品营销的新形势，展现了出版业与新媒体的深度融合趋势。"2023 年出版融合与知识服务论坛"上，AIGC 的挑战与应对策略则成为重要议题，体现了行业对新技术的高度关注和积极应对态度。在"2023 有声阅读发展论坛""2023 年度出版融合与知识服务论坛"等多个论坛上，与会者不但关注有声阅读和知识服务等融合发展新业态的显著特征，并就加强数字版权保护、构建更加完善的行业标准和评价体系等关键议题进行了深入讨论。这充分展现了出版业在融合发展的大背景下，对行业规范革新、知识产权保护等方面的高度重视。

二、2023 中国出版业融合发展情况

在数字化、智能化时代浪潮的猛烈冲击下，出版业融合发展正经历着一场由外向内的变革。人工智能技术的广泛应用，不仅提升了出版效率，也催生出创新的产品形态。因此，这场变革的焦点不仅局限在技术层面的创新应用，更在于出版业如何利用

这些新技术实现数字化升级转型，并与文化、教育、旅游等多个领域进行深度融合，探索多元化新兴业态。

（一）拥抱人工智能等新技术，赋能出版产业全链路

在科技与文化深度融合趋势下，以 AIGC 为代表的人工智能技术正加速嵌入出版产业链各个环节。2023 年，业内对人工智能技术的运用主要有三种方式。一是把人工智能应用到生产经营中，提升某一个或多个出版环节的工作效率。2023 年以来，人民交通出版社、上海辞书出版社、四川人民出版社、重庆出版集团·天下图书等机构纷纷宣布接入百度文心一言，实现与通用模型的对接与合作，[6] 尝试将 AIGC 运用到选题策划、美术设计、编辑校对、市场营销等出版流程中，提高出版效率。凤凰传媒自主研发了"凤凰智能校对系统"，辅助加强对文字内容的编校质量、政治舆论导向等方面的检查。果麦文化自主研发了"图书选题十维数据分析系统"助力选题策划。二是把人工智能技术应用于产品创新中，形成专业数据库、个性化阅读，以及数字教育产品。人民法院出版社建设运营的"法信"平台采用人工智能技术提升服务，掌阅推出国内阅读行业首款对话式 AI 应用"阅爱聊"，中国知网发布 AIGC 在线检测服务系统等，通过人工智能技术强化某一优势领域的产品创新。三是利用自身数据库内容优势，结合人工智能技术进行专业模型的开发。中文在线正式发布的"中文逍遥 1.0"，可提供从故事构思、情节安排到内容撰写等全创作周期的功能辅助，中华书局古联公司联合南京农业大学信息管理学院共同发布了专门用于古籍信息处理的"荀子"古籍大语言模型，浙江大学、高等教育出版社、阿里云、华院计算等单位共同研制的"智海—三乐"教育大模型，可提供智能问答、试题生成、学习导航、教学评估等能力。

许多出版单位还在虚拟现实、区块链等新技术相关领域进行了探索。山东出版集团通过推动"山东省数字融合版权交易中心"产业化运营，完成交易平台核心业务系统搭建，成功申报获批国家重点研发计划，已完成山东画报社 2 000 件数据的上链存证，与 30 余家出版机构及 10 余家版权需求方建立合作。青岛出版集团通过与歌尔等国内头部公司合作建设虚拟现实领域唯一的国家级创新中心——国家虚拟现实创新中心（青岛），在教育科普、数字文博、内容出版、研学体验等方面进行数字化布局运作。

（二）加强技术转化，融合出版精品亮彩纷呈

产品是融合发展的基石，在前些年不断积累的基础上，2023年涌现出很多优秀融合出版产品。从9月份国家新闻出版署公布的数字出版精品遴选推荐计划项目也许能管窥一斑。40个入选数字出版精品项目涉及教育资源、阅读服务、知识库建设、科技应用等多个方面，呈现出更加丰富的阅读服务能力和多种媒体融合的显著特点。在大众出版和主题出版领域，相关产品主要致力于满足公共文化需要，提升群众的阅读兴趣，内容包括文学作品、历史资料、科普知识等。如"穿越时空的中国长城"融合出版项目，通过深度开发"长城"中国故事IP，借用"文化＋艺术＋科技"融合的全新形态，将现代人带回古代长城，来感受长城的历史和文化意义。在教育出版领域，相关产品聚焦学生和教师需求，强调教育资源的数字化和多媒体融合，注重提高学习效率和丰富教学手段，产品形态包括学习类App、在线课程和教学资源库等多种方式。如"国家虚拟仿真实验教学课程建设与共享服务项目"，以服务于高校和社会学习者使用的虚拟仿真实验为主旨，汇聚虚拟仿真课程3 444门，覆盖本科357个专业，总访问量达到1.6亿次，[7]有效解决了实验教学中的部分问题，拓展了教育出版服务的范围。在专业出版领域，入选项目多针对垂类专业人士或研究者，通过提供深度资料和数据支持，以满足医学、农业、科技等特定专业领域或行业需求，主要以数据库、知识平台等产品类型为主。如"科学数据银行项目"，主要面向全球科研工作者、出版商、科研机构，提供科学数据存储、长期保存、出版、共享和获取等服务，促进科学数据的可视性、互动性、重现性。

综合这些产品可以发现，出版社技术创新能力有了较大提升，部分产品技术含量很高，人工智能等最新技术开始应用于部分产品。呈现方式上更加多元化，内容整合范围更加广泛。主题出版和大众出版领域，有声读物、音视频与文字图片等内容相融合的数量较多；教育出版领域以融媒体教材、数字教材和信息服务平台为主；专业与学术出版领域的精品主要为信息服务平台和数据库，而应用更为广泛的前沿技术类型为大数据和AI，主要与数字教材、音视频课程、数据库、阅读或教学服务平台等产品类型进行结合应用。总体来看，相关融合出版精品项目通过数字技术的综合运用，使得知识的传播、文化的传承更加便捷高效，不仅丰富了数字出版的内涵和外延，也为

繁荣社会主义文化市场做出了贡献。

（三）强化企业主体建设，激发融合发展活力

依托互联网、大数据、人工智能等新兴数字技术，出版单位不断优化产业链条，着力构建集原创内容生产、数字版权运营、多渠道分发于一体的新型出版业态。2023年9月，国家新闻出版署公布了7家出版融合发展旗舰示范单位和23家出版融合发展特色示范单位。连同2021年首批入选单位，目前出版融合发展旗舰示范单位数量达15家，出版融合发展特色示范单位数量达35家。2024年1月，工信部等五部门联合发布《五部门关于认定第五批国家文化和科技融合示范基地的通知》，江苏凤凰出版传媒股份有限公司、读者出版集团有限公司等多家出版企业入选，这些企业积极布局未来传媒领域竞争的科技制高点，大力推进文化产品和科技深度融合，深耕数字化文化消费新场景新业态，在主题出版、教育出版、专业出版、少儿出版、数字内容制作传播等多个领域进行融合探索，综合反映出近些年加强融合发展企业主体建设的成就。

从发展趋势来看，部分出版企业的深度融合发展不再局限于图书和杂志的数字化发行，而是着力在内容生产、传播方式、运营模式等方面进行创新性变革。经过多年的探索实践，相关出版企业主体深度融合发展的阶段性目标更加坚定明确，如高教社要求未来数字化收入在全社总收入中的占比应达到30%；中国科技出版传媒股份有限公司提出到2030年"实现科学文库＋20种以上标准化数据子库销售"；人民交通出版社通过制定《"十四五"数字出版、新媒体及创新型业务发展规划》，发布《"十四五"时期公司融合发展业务核心产品线及重点项目目录》，为公司融合发展做好战略指导和顶层设计。作为一项系统性工程，企业主体开始规范制度建设，用以保障内容规范和产品建设、技术应用、资金支持、人才培养等关键方面的有效落实。例如，电子工业出版社出台了《关于促进出版创新发展的意见》，设立出版创新发展专项资金，将融合发展业务纳入部门综合业绩考核指标；中原出版传媒集团制定确立《"十四五"时期"十大工程"暨2022年度重点工作安排》，涵盖了教育平台、知识服务、数据库建设等多个领域的专项规划推进出版融合工作。[8]在贯通产学研用的精神指导下，部分出版单位主体不断强化自身研究力量，通过内部设立智库、研究院，外部成立联合实验室、项目共建等方式集聚创新资源要素，为融合发展提供理论指导、智力与技术支持。例

如,凤凰出版传媒集团综合利用出版融合发展重点实验室、江苏凤凰出版融合发展智库、博士后流动站等平台优势,通过加大内部业务骨干专业人才的培养和重点领域外部高端人才的合作引进力度,以适应和引领行业数字化的迅速变革,在技术研发和业务创新上保持发展动力。

(四) 新媒体电商快速增长,营销渠道持续裂变

2023年,出版行业显著加强了在新媒体渠道,特别是电商领域的能力建设,展现了持续的创新活力与发展潜力。根据凤凰出版传媒集团与上海新榜信息技术股份有限公司联合发布的《2023年出版单位新媒体影响力榜单》显示,行业新媒体账号的阅读量、播放量、点赞量和评论数相较2022年均有显著提升。从影响力维度观察,行业新媒体头部账号虽依旧缺乏,但中腰部账号数量显著提升,表明影响力正在稳步扩大。特别是在短视频平台的布局上,出版业展现出了极高的敏锐度和适应性,"中信书院"和"人民文学出版社"等强势账号,在提升品牌影响力和增强用户互动方面扮演了关键角色;小红书成为继微信视频号、B站后出版企业新媒体重点运营的又一重要平台,发布内容更易获得高赞,其中"清华大学出版社""中信童书"等账号的高赞内容频频出圈;从热门垂类内容来看,各平台热门垂类不一,科普生活、人文社科和教育类内容在新媒体平台上最受欢迎。

在电商零售方面,出版业充分利用现代信息技术,加快新媒体电商布局。开卷数据显示,2023年图书零售市场呈现恢复增长态势。平台电商依然是规模最大的渠道,码洋占比41.46%。而短视频电商码洋占比增长70.1%,成为带动整体零售市场增长的主要动力。长江传媒通过"项目制""赛马制"改革,加大线上微店和新媒体平台营销力度,电商销售码洋6亿余元,同比增长60%;读者传媒开设了以扶农助农为核心的"读者优选"抖音号,将农特产品、文旅产品引入直播间,全年电商收入达到了3 886万元,较往年增长50%。很多出版企业还大力推进了线上线下融合建设步伐。新华文轩构建的"百店百面"云店网络体系,不断强化门店与云店的融合发展,为用户提供了更加便捷和丰富的购书体验。皖新传媒通过优化新零售平台,推进书店线上线下业务场景的全方位融合,实现了销售码洋的显著增长。

（五）文旅文教相融合，文化服务新业态崭露头角

2023年，"研学热"持续升温，成为出版业与文旅业融合的焦点。出版企业通过寓教于乐的方式对知识内容进行深度挖掘，借助文旅方式延伸内容产业链，实现增值赋能。年报显示，山东出版通过探索"营地+"运营模式，逐渐形成集教育、文化、旅游于一体的综合性研学平台，相继整合曲阜的儒家文化、临沂的红色文化等省内特色文化资源，设立了"中华传统文化国际研学实践教育营地"和"沂蒙红色教育研学营地"。近期，中国新华书店协会还成立"研学教育专业工作委员会"，组建"全国新华研学协作共同体"，为文旅研学项目的发展提供了更广阔的平台和更多的资源支持。数据显示，山东出版2023年发团超6 000次、60万人次，实现营业收入超3亿元，文旅研学已成为山东出版的重要利润增长点。[9]皖新传媒也通过重新点亮"皖新研学"品牌，报告期内实现销售收入3 763万元，同比增长607.33%。[10]凤凰传媒则通过挖掘和整合全省公共文化资源，发挥省内渠道优势和内容优势，旗下凤凰新华70家分公司平均每周开展传统文化活动体验、职业体验、科普研学等研学活动2—4场，[11]致力于打造凤凰特色的全省性研学品牌，培育和形成体系化、规范化、规模化的研学业务板块。

短剧题材的爆发式增长，成为2023年出版业融合发展的另一大特征。艾媒咨询相关数据显示，2023年中国网络微短剧市场规模达373.9亿元，同比增长267.65%。[12]凭借IP和网文的多年积淀，阅文集团、中文在线、掌阅科技等拥有网文、小说、音频和原创剧本等较多作者和内容资源的版权方，通过发挥其基础题材和内容故事优势，与中游内容制作方和下游平台分发渠道建立起相对完善的短剧制作产业链。借助AIGC的普及应用，部分出版企业通过建立内容创作领域的垂类大模型，使得内容创作门槛及制作成本相对降低。

在出版与教育融合方面，特色品牌活动和智慧化教学方案成为2023年深耕的重点。安徽新华发行集团围绕主题教育、校园阅读、"五育并举"等，形成"产品+服务+活动"一体化方案设计和精准化需求响应，全年开展活动近千场，服务师生400多万人次，并与华为云计算技术有限公司联合实施"数字皖新"规划项目，与一流高校和企业合作，打造"美丽科学"数字教育融媒体平台，构建中小学科学教育整体解决方案。科大讯飞以星火认知大模型为底层支撑，通过与众多出版社在数字教学资源等方面开

展深度合作，开发智慧课堂、数智作业、课后服务综合解决方案等产品服务，共同构建开放协作的教育资源生态体系。

（六）跨界投资加速，做强做大融合业务版图

2023年，出版产业的投资并购活动不仅涉及传统出版资源的整合，还扩展到数字科技、教育、文化金融等多个领域，展现出了多元化、跨界融合特点。一些出版集团在保持核心业务的同时，通过收购、并购等多元化投资策略，积极拓展业务领域，寻求新的增长点。中文传媒收购北京朗知网络传媒科技股份有限公司部分股权，进一步拓宽了自身在网络传媒领域的布局。长江传媒通过投资湖北省文化金融服务中心有限公司，用以探索发展文化大数据服务。中文在线2023年6月收购北京寒木春华动画技术有限公司51%股权，将核心IP"罗小黑战记"网罗旗下。部分出版企业还通过与科技、教育等领域企业进行合作，引入先进的技术和教育资源，提升自身的创新能力和市场竞争力。凤凰传媒于2023年4月与中国移动签署战略合作协议，共同围绕智慧教育、5G+阅读服务体系、云游戏影视创新媒体融合、信息化业务、新技术研发创新五个方面开展战略合作。长江传媒旗下子公司投资文化金融服务中心，探索文化大数据服务。北京出版集团2023年9月与猿力科技旗下斑马宣布达成战略合作，结合双方优质数字内容、领先AI科技及海量出版资源等优势，在数字出版、AI技术融合、品牌资源联动等方面展开全链路深入合作。也有一些出版集团通过资源整合，以优化业务结构、提升运营效率和市场竞争力。例如，南方传媒通过收购广东岭南美术出版社和广东省地图出版社，进一步整合了省内出版发行资源。中文传媒2024年4月购买控股股东出版集团持有的江教传媒100%股权，以及江西高校出版社的51%股权，致力于提高子公司发展质量，解决同行业的竞争问题。

（七）国内外合作交流复苏，国际影响力不断提升

在数字内容"走出去"方面，出版企业数字内容的跨国传播和IP建设卓有成效。社会科学文献出版社的京津冀协同发展数据库"走出去"和五洲传播出版社的建党百年系列精品网文小说翻译与海外落地推广入选"一带一路"数字出版走出去合作典型

案例。山东友谊社"尼山馆藏"项目签约授权数字图书资源935种,销售范围涵盖美国、澳大利亚、新加坡、韩国、荷兰等21个国家的330余家公共图书馆和学校图书馆。新经典则通过举办"第二届Astra国际绘本故事大赛",共收到来自83个国家和地区的2 250份有效投稿,积极利用多种形式国际文化交流活动扩大内容影响力。凭借网文出海的成功经验加持,2023年短剧业务出海取得显著突破,其中以中文在线旗下真人短剧App ReelShort和点众科技的App DramaBox最具代表性。ReelShort面向北美受众主推40—60集1—2分钟的超短真人剧集,凭借更早搭建的海外本土化团队和内容创作优势,于2023年11月冲上美国iOS娱乐榜第一名。春节期间,DramaBox则利用专业的平台搭建以及网文为基础的版权优势连续7天在中国台湾地区登顶苹果商店娱乐榜。网文出海的本土化内容积累、精确的受众画像、低门槛、短耗时以量取胜的商业运营,成为出海成功的关键。

三、2023 中国出版业融合发展存在的问题

总体来看,当前我国出版业融合发展方向逐步明晰,技术创新从内容生产端、营销端、版权端逐渐赋能出版产业全链条,传统出版单位转型升级、融合发展迈上了新台阶,涌现出一批数字出版精品和典型示范单位。然而,我们也必须看到在技术应用和业态创新等方面还存在不足,较为突出的问题主要体现在以下四个方面。

(一)对前沿数字技术认识不深,技术力量薄弱限制了融合发展的视野与路径

应该说这些年出版企业已普遍认识到技术创新的重要性,对数字化转型发展趋势形成行业性共识,疫情三年也迫使越来越多的出版企业参与直播等网络营销方式,重视利用数字技术提升工作效率。但这两年快速崛起的区块链、元宇宙、AIGC等前沿数字技术对于大多数出版从业人员来说提出了新的认识挑战。很多出版人尚未深刻认识到作为基础技术革命的人工智能与数字技术,正在对传统出版业的内容生产方式、传播方式,以及出版业的生存发展基础与价值所在产生深远的冲击,还存在"中体西用"

的思想，将人工智能视作提升工作效率、改进工作方法，或者丰富图书内容、提升产品体验、优化图书营销手段等的简单工具，而未能在产品创新、业态丰富、产业转型升级方面下大力气。[13]即便一些出版单位能够将相关技术应用至出版流程，但由于自身缺乏技术意识、技术人才以及有效的技术管理机制，导致技术掌握的自主性远远不够，大部分产品仍多依赖技术公司研发，行业基础大模型和专业模型的开发建设相对滞后，这些问题都限制了出版业在技术融合方面的发展广度与深度。

（二）数字资源匮乏，关键生产要素不足阻碍了融合发展的实施进程

出版企业的融合发展需要人才、资金、内容等关键资源要素的支持，但目前多数企业都不同程度上面临着资源不足甚至匮乏的典型困境。作为融合发展的主体，传统编辑的数字化意识不强、高端优秀人才的吸引力不足以及复合型、梯队型人才团队建设成效缓慢，难以满足出版企业融合发展的需要；在数字出版领域，资金是推动产业发展的核心动力，由于大型数字出版平台和专业数据库等建设投入成本过高，业务回报率不稳定，再加上行业内投融资经验的匮乏，导致资金不足、投资态度过于谨慎，这些已成为制约其融合发展的关键障碍；针对最为核心的关键资源，对内容的聚焦和体系化不足，使得一些出版企业难以提供专业化、深入化的知识服务，加之数字版权运营体系不够健全等，这些问题严重削弱了出版企业的内容资源优势和市场竞争力。

（三）相关配套机制尚不完善，产业融合不深影响了融合发展效益的充分体现

如前所述，出版业在数字化转型及业态拓展方面做了很多尝试，但总体效益还很有限。从上市出版企业2023年财报来看，数字化及新业态产值占比普遍较低，出现了技术发展很快而行业应用较少、互联网产业发展迅速而出版业创新不足的情况，表面上看是技术能力不足，深层次其实是业态创新不足。融合产品的开发和业态延伸应与用户的内容需求相匹配，然而一些单位在开发相关项目时仍然受到"不知道用户是谁，不知道用户在哪，不知道用户真正喜欢何种内容"等问题的普遍困扰，从深层折射出出版企业在新的数字化消费时代，缺乏对数字内容、网络用户及过程性数据资源收集和分析应用能力的问题。需要看到的是，融合生产运营过程有其独特的运营逻辑，照

搬传统出版工作机制方式进行管理必然造成矛盾和失当。从目前整个产业链的视角审视，编、印、发等核心环节的融合发展尚未达到理想状态，一些单位受缚于传统的出版理念，对于如何利用新兴数字技术来拓展知识服务的深度与广度，尚缺乏足够的理解和实践，较为普遍地存在着传统与现代"两张皮"的脱节现象，这不仅限制了出版业在知识服务领域的创新发展，也在提升知识服务发展动能、推动知识内容供给侧改革方面，未能实现突破性的进步。

（四）标准化与规范化建设亟待加强，数字化与多元化结合的新兴文化产业有待进一步推动

尽管在相关政策、行业规范的支持下，出版业正努力融合多元文化服务，以满足日益多样化的市场需求，然而从整体产业环境看，行业相关标准规范建设仍有亟须完善之处。数字出版物的质量标准、内容格式、数据交换协议等方面尚缺乏统一、明确的标准，导致不同平台、不同设备之间的兼容性问题，影响了用户的阅读体验。同时，行业建设的推动力度也有待加强。虽然各出版企业对融合发展的理念已有一定认识，但在实际操作中，由于缺乏具体的行业指导和规范，往往难以有效实施。随着人工智能等技术的发展，就如何保护知识产权、确保数据安全等方面，也需要紧跟形势发展，出台更为详细的规定和指引。此外，目前市场上提供的多元文化服务在质量上参差不齐，内容上缺乏统一的标准和规范，以及对出版企业与大平台之间的合作关系缺乏有效的协调与管理等问题，不仅影响了用户的消费体验，也对新兴数字化、多元化文化服务行业秩序的构建形成潜在威胁。

四、中国出版业融合发展的趋势展望

自 2023 年 9 月习近平总书记首提新质生产力起，一场以科技创新为引领，加强科技创新与产业创新深度融合的出版产业新质生产力培育探索开始兴起。发展新质生产力是推动出版业高质量发展的内在要求和重要着力点，以人才技能提升、技术装备升级、内容资源创新和出版流程优化重组为基本内涵，实现以出版融合发展全链条效率显著提高为核心标志的出版业新质生产力打造，将成为今后出版业融合发展的重要方向。以劳动者、劳动资料、劳动对象及其优化组合的跃升为基本内涵，以全要素生产率大幅提升为核心标志，未来产业发展将在继续围绕出版业高质量发展的战略目标和既定任务形势下，坚持融合和创新双轮驱动，切实打造由技术革命性突破、生产要素创新性配置、产业深度转型升级而催生的新质生产力，推动融合发展走向深入。

（一）人工智能技术加快重塑出版行业生产流程，拥有垂类出版大模型的机构将具备更大优势

伴随新一代人工智能技术与产业发展的不断融合，出版业也即将开启大范围以科技创新为引领、推动科技创新与产业创新深度融合的新质生产力培育热潮。不同于活字印刷、数码照排，AIGC作为内容生成方面的重大基础性技术革命，对出版业必将造成巨大影响，挑战与机遇并存。相较其他行业，出版业对人工智能生成内容的精准度要求更高，使用规范更为严格，因此未来AIGC与出版业的融合可能主要围绕以下三种路径进行：一是将人工智能应用到出版生产经营过程中，提升AI技术在编辑、印刷、营销等某一个或多个出版环节的工作效率，通过深入探索人机协同的内容生产新流程，促进整个出版产业生产流程的重塑；二是利用开源模型或通用模型的基础优势，通过海量专业化、体系化内容训练，形成某一领域的专业细分模型，提供垂直类的模型服务，这将是有实力的大型出版集团的重点发力方向；三是以专业内容领域的垂类模型为依托，利用AIGC技术对传统出版产品赋能，通过开发Web端或数字人为交互前端的内容交互新方式并找到精准应用场景，助力出版业在知识服务、产品营销等领域进行产品创新和业态创新。

（二）元宇宙建设步伐放缓，基于数实融合的内容场景建设提速

2021年作为元宇宙发展元年，从过去仅存在于影视文学与游戏中的概念进入资本与产业领域，给人们的生活方式、思维观念和价值观念带来了巨大的想象空间。随着近两年新兴数字技术的兴起，出版业元宇宙相关探讨也从最初的热议畅想逐渐转至客观冷静，但这并不意味着与元宇宙相关的文化产业创新消声匿迹。2023年9月，工信部等部门联合印发《元宇宙产业创新发展三年行动计划（2023—2025年）》，仍将其作

为新一代数字技术集成创新和应用的未来产业。2023年4月，在中国新闻出版研究院元宇宙出版与阅读实验室的支持下，"元宇宙出版与阅读实验室嘉兴基地""嘉兴市图书馆元宇宙阅读体验馆"在嘉兴市图书馆揭幕，该阅读体验基地旨在结合虚拟现实等科技与艺术手段，构建一种虚实共生的沉浸式阅读体验空间。出版业逐渐意识到，元宇宙作为一种融汇了人工智能、AR/VR等多种先进技术的综合体，虽然距离建成完全融通虚实的沉浸式互联空间还较为遥远，但以需求为牵引，结合相关技术进行内容融合，尝试构建沉浸式的文化消费场景却有着巨大的发展潜力。同时，随着移动互联网深入发展，数字阅读方式持续演变，正朝着文字与音视频相结合并融入更多生活场景的方向发展。未来的墙壁、眼镜、头盔、汽车和各种智能家居等有可能成为智能出版载体。出版场景的全方位拓展，不仅能够满足受众伴随式阅读的需求，也预示着出版业在数字与实体融合的新场景下，将迎来更为广阔的发展空间。

（三）文化、创意和数字技术的结合越发紧密，出版与文化、旅游、教育产业深度融合不断增强

随着人口红利逐渐消失，传统基于销售册数盈利的出版运营模式已难以为继，出版业必须进行深刻的自我革新和功能属性的重新定位。出版业的核心竞争力在于内容创造和传播，但数字化智能化时代的内容创造与传播却并非仅有纸质出版物这一种产品形态。随着技术赋能的产业边界重塑与整合，出版业将向提供综合文化服务的二元型出版新业态迈进，这种新业态的核心在于"出版物+其他文化服务"，也就是与文化、教育、旅游等多个领域形成更加紧密的联系，形成新的服务理念和商业模式。

在文化产业领域，出版企业可立足自身专业内容优势，统筹各类数字化内容，利用互动式体验方式和基于内容IP产业链的开发经验等，与博物馆、艺术展览馆等文化机构围绕主题活动、文创定制、专业知识服务等领域加强深度合作，并注重利用AR/VR、数字藏品、数字人等新兴数字技术打造多元化的文化产品与活动。在与旅游业结合方面，可秉持以文塑旅、以旅彰文的文旅融合思路，结合地域性特色文化资源制定科普、教育类内容，为旅游者提供更加丰富的知识服务和旅游体验。与教育领域的合作也同样将迎来变革。随着在线教育的兴起，出版业将在开发数字教材、在线课程和互动学习工具的基础上，利用人工智能和AR/VR等技术，开展定制化的智能学习解决

方案和基于医疗、汽修等职业培训场景的仿真模拟，从而为教育市场提供更加多样化的教学资源和教学场景。在进行上述领域融合探索的进程中，出版业将积极担当起提供全方位知识服务的供应商身份，探索向订阅制、内容授权、合作分成等成熟商业模式的运营转化，从而在不断适应市场的变化和用户的需求基础上持续提供高质量的内容和服务，为社会创造更多的文化价值和经济价值。

（四）新媒体渠道协同合作，私域流量运营成为重中之重

2023年出版营销领域最大的变化就是自媒体电商的崛起，线上销售从以往大电商平台及垂类电商向自媒体电商转变，直播带货将成为新媒体营销常态。伴随数字人、智能问答、AI视频等新技术的兴起，预计2024年此种趋势将加速转变，直播的效率和频度继续呈现上升态势。结合私域流量的有效运营来大幅提高销售转化率，有可能成为各出版单位的探索重点，并呈现出基于偏重内容和偏重营销的不同发展特征。

偏重内容的新媒体运营专注于专业知识的深化与分享，致力于为读者提供更为丰富多元的内容体验。出版企业要充分利用富媒体技术，进行跨平台内容的整合与创新，确保知识信息能在多样化的渠道中无缝对接与传播。通过持续输出高质量的知识内容，以塑造出版社在专业领域的品牌形象。同时，围绕特定主题或专业领域建立的社群，将成为企业开展互动活动、增强读者归属感和忠诚度的重要平台，从而为后续的产品销售与推广奠定坚实基础。

偏重营销的新媒体更考验营销的敏捷度和渠道的通畅度，从广泛的公众推广转向更加精准的私域流量运营。通过精细化运营社交媒体群组、建立用户画像和提供个性化内容，来提高用户黏性和转化率。在营销策略方面，相关企业应更加注重与KOL的长期合作和紧跟热点的深度内容共创，注重利用大数据和人工智能技术，实现个性化的自动推送和销售，提高营销效率和用户满意度。

（五）数据资产建设进一步趋热，数据资源积累应成为重要的关注和探索方向

随着数字经济的迅猛发展，数据将成为出版业乃至整个社会的核心资源。数据将深度赋能出版业融合发展，并推动其更紧密地融入数字经济发展的大潮中。《关于加强

数据资产管理的指导意见》《企业数据资源相关会计处理暂行规定》等政策的出台，促使数据资产建设进一步规范，出版企业应根据数字产业化和产业数字化的指导路径不断规范完善自身的数字化发展，重视数据资源的发掘与积累，将其作为推动业务发展，实现数字化转型的有力手段。

在对数据资产规范建设进程中，出版业需要重视对数据资产的积累与管理，增强数据资产建设内驱力。应聚焦企业内部数据资源的统计与识别，以 ERP 等系统建设与整合为突破口，加强各类数据内容的汇聚与处理，加快数据资产建设步伐。

（六）针对人工智能技术引发的行业标准规范建设提速，新领域、新业态版权保护与监管细则不断细化

伴随以 AIGC 为代表的智能技术在内容创作领域的深度应用，我国知识产权领域将会产生重大变化，如何在促进新技术发展的同时加强知识创作主体的权利保护，并规范促进新技术赋能下知识的传播与发展，成为 2024 年法律界和业界亟须关注的重要问题。在《生成式人工智能服务管理暂行办法》出台的基础上，2023 年 11 月北京互联网法院审理了我国 AI 文生图著作权案件，2024 年 4 月又审理了全国首例 AI 生成声音人格权侵权案，这些都对促进我国 AIGC 技术的合规发展具有深远的影响，必将推动相关法律法规细则的进一步完善。

同时，以数字出版作为典型代表特征的融合发展不具备传统出版的明确边界，完整的产业流程也并不单由出版企业掌握，一些新兴业态走在了法律体系、标准规范之前，如何加强行业管理成为难题，国家标准与行业标准的配套认证等方面也需要尽快适配出台。因此，必须在主管部门、出版业界以及学界的通力合作下，围绕数据安全标准、知识产权保护适用边界以及技术应用伦理规范等重点关注领域，细化并完善相关政策规范，推动各类新兴融合出版业务健康有序发展。

面对数字化、智能化浪潮的不断冲击，中国出版业正站在新的历史起点上。2023—2024 年，出版业融合发展在政策引导、技术创新、市场需求等多方面因素叠加作用下，展现出较高的活力与潜力，不仅为行业本身带来转型升级的有力机遇，更为文化传播、知识普及、教育创新等领域提供了新的动力与平台。面向未来，出版业需要以科技创新为引领，进一步深化对前沿技术的理解与应用，通过加强数字资源的建

设与整合，完善产业融合的机制保障，推动产业环境标准化与规范化建设，以确保产业融合发展能够在健康、有序的环境中，实现更加高效、创新、多元的发展，为建设出版强国贡献力量。

（宋吉述　江苏凤凰出版传媒股份有限公司总经理；

杨　阳　江苏凤凰出版传媒集团—南京大学联合培养博士后）

参考文献

［1］陈丹丹，周蔚华. 2023 年中国出版融合发展报告［J］. 数字出版研究，2024，3（01）：68 – 77.

［2］北京市人工智能行业大模型创新应用白皮书（2023 年）［R］. 北京：北京市科学技术委员会、中关村科技园区管理委员会，2023.

［3］中国城市数字经济发展报告（2023）［R］. 上海：中央广播电视总台上海总站、中国信息通信研究院，2023.

［4］2023 年度中国数字阅读报告［R］. 北京：中国音像与数字出版协会，2023.

［5］2023 年中国文化产业发展概况回望报告［R］. 北京：中国民营文化产业商会、中国人民大学文化产业研究院、腾讯文旅，2024.

［6］聂慧超. 出版人站上大模型风口［N］. 中国出版传媒商报，2023 – 12 – 22（1）.

［7］高等教育出版社. "实验空间"：虚拟仿真实验教学 探索出版融合发展新路径［EB/OL］.（2023 – 08 – 25）［2024 – 04 – 25］. https：//mp. weixin. qq. com/s？＿＿biz ＝ MzA3MDE0OTk5Mg ＝ ＝ &mid ＝ 2651008492&idx ＝ 1&sn ＝ 062328f75b4e044603d82b41c5c6f047&chksm ＝ 8536bfebb24136fd3c10492b2a3641b096f0f8014f04539414de4bf0822dbee6a302ce08d5c5&scene ＝ 27.

［8］尹琨. 探寻破解融合发展难题的"金钥匙"［N］. 中国新闻出版广电报，2023 – 12 – 18（5）.

［9］张馨宇. 2023 出版集团最亮眼三件事［N］. 中国出版传媒商报，2023 – 12 – 22（2）.

［10］安徽新华传媒股份有限公司2023年年度报告［R］.合肥：安徽新华传媒股份有限公司，2024.

［11］李兆.研学大热，凤凰新华的行与思［EB/OL］.（2024-04-23）［2024-04-25］.http：//www.cptoday.cn/news/detail/17480.

［12］2023—2024年中国微短剧市场研究报告［R］.广州：艾媒咨询，2023.

［13］宋吉述，王惠.中国出版业的人工智能应对策略分析［J］.中国数字出版，2024，2（01）：68-74.

2023—2024 中国教育出版应对人口变化报告与趋势展望

杜 川　李建红

2018—2023 年我国小学、初中、普通高中学生人数稳步增长，由 1.74 亿人[1]增至 1.88 亿人[2]，达到近年来最高峰。与此同时，根据 2018—2021 年《全国新闻出版业基本情况》的统计数据，我国中小学课本码洋也由 2018 年的 226.8 亿元增长到 2021 年的 286.1 亿元。但 2016—2023 年，我国出生人口却由 1 883 万人锐减至 902 万人，出生人口的减少势必影响学生人数，并导致相关课本及配套产品市场规模迅速缩减，进而对教育出版单位产生深远影响。据测算，小学、初中、普通高中阶段学生人数将自 2024 年开始进入为期约 10 年的快速下滑期，并在"十六五"末期，即 2035 年到达低谷，预计届时小初高学生人数将仅有 1.13 亿人，约为 2023 年的 60%。

一、2023—2024 中国人口变化情况

出生人口与学生人数息息相关，其下降趋势将分阶段反映在小学、初中、普通高中学生人数上。同时，我国小初高入学率长期以来较为稳定，故可根据出生人口较为准确地测算未来一段时间小初高阶段的学生人数。

出生人口近年来呈快速下降趋势。国家统计局数据显示，自 2017 年开始，我国出生人口呈快速下降趋势，2016 年出生人口 1 883 万人[3]，2023 年出生人口 902 万人[4]，

降幅超过一半。根据国际经验，出生人口一旦开始下降，一般难以逆转。中国人口与发展研究中心预测，在采取积极生育鼓励政策的前提下，我国出生人口到2035年乃至更长时间将在1 000万人左右波动。[5]

我国出生人口2011—2016年基本稳定在1 800万人左右，并在2016年达到最后一个出生人口小高峰，而自2017年开始，出生人口便开始快速下降，2023年出生人口仅902万人。我国实行九年制义务教育制度，所有公民都有义务接受九年义务教育，小学初中学生人数与出生人口相关性非常强，普通高中学生人数亦与出生人口密切相关。根据出生人口变化可较准确地推测未来小学、初中、普通高中全阶段的学生人数变化。

小学阶段学生人数预计自2024年开始快速下降。根据公开数据及预测结果，2017年以来小学学生人数尚呈现小幅提升的稳步增长趋势，2017年为1.01亿人[6]，2023年达到高峰为1.08亿人[7]，但自2024年开始，小学阶段学生人数稳步增长的趋势将戛然而止，旋即开始快速下降①。预计至2035年小学阶段学生人数将逐渐稳定在0.6亿人左右②，届时学生人数将仅为2023年的约56%。小学阶段学生人数的减少将延迟反映在初中阶段学生人数上。

初中阶段学生人数预计自2027年开始持续下滑。根据公开数据及预测结果，初中阶段学生人数2023年为5 244万人[8]，预计初中阶段学生人数将自2027年开始下降③，时间节点比小学滞后三年，并于2029年短暂回升（2023年小学入学高峰期人口升入初中，导致2029年初中学生人数出现短暂回升），但自2030年便开始持续加速回落。预计随着2032年小学入学高峰人口初中毕业，初中阶段学生人数将较2023年下降约20%，即约4 200万人④，而2035年初中阶段学生人数将仅有2023年的约55%，即约2 900万人⑤。

---

① 小学在校生人数自2024年开始下降的原因是2018年出生人口大幅减少，其升入小学后影响了小学在校生人数。小学在校生人数未自2023年开始减少的原因是，我国于2016年1月正式放开二孩政策，受此影响增量人口集中在2016年下半年出生，导致小学入学高峰于2023年出现，而非2022年。
② 2035年小学在校生为2024年至2029年出生人口，根据前述中国人口与发展研究中心预测数据计算，此阶段出生人口年均约1 000万人，合计约0.6亿人。
③ 初中在校生于2027年开始下降的原因主要是2015年低谷期出生人口升入初中。
④ 2032年初中在校生为2024年、2025年、2026年小学入学，于2018年、2019年、2020年出生，鉴于尚无对应年份小学入学人口数据，可根据当年出生人口进行预测，2032年初中在校生约为4 200万人。
⑤ 2035年初中在校生为2027年、2028年、2029年小学入学，于2021年、2022年、2023年出生，鉴于尚无对应年份小学入学人口数据，可根据当年出生人口进行预测，2035年初中在校生约2 900万人。

普通高中阶段学生人数预计2030年进入加速下滑期。小学阶段学生人数变化与初中阶段学生人数变化将会延迟反映在高中阶段学生人数变化上，伴随着初中阶段学生人数预计自2027年开始持续下滑，高中阶段学生人数预计从2030年开始进入下滑期。

小初高全阶段学生人数变化由递增转向下滑。根据公开数据及预测结果，2023年小初高全阶段学生人数为1.88亿人[9]，预计自2024年开始，小初高全阶段学生人数将由每年稳步递增转而进入为期约10年的快速下滑期。在2028—2032年，每年减少的学生人数将近千万。预计2029年小初高全阶段学生人数约1.55亿人①，将仅为2023年的82%，而2035年预计仅有1.13亿人②，为2023年的60%。基于我国出生人口将长期稳定在1 000万人左右的预测，小初高全阶段学生人数在未来相当长一段时间内亦将保持低位。

二、小初高全阶段学生人口变化对中国教育出版的影响

伴随小初高全阶段学生人数的大幅减少，相关教材教辅及配套产品的市场规模势必缩减，家长的教育需求将发生变化，市场竞争亦将更加激烈，教育出版较单一的经营模式亟须优化。

（一）市场规模缩减，营业收入下降

教育出版的营收与学生人数息息相关，无论教材教辅亦或其增值配套产品，均直接或间接受学生人数影响。根据前文分析的小初高全阶段学生人数预测情况，在现有经营模式不发生重大变化的情况下，如不采取有效应对措施，教育出版的营收将伴随

---

① 2029年小学及初中在校生于2015—2023年出生，合计约1.24亿人。2029年高中在校生于2018—2020小学入学，2023年高中在校生于2012—2014小学入学，2018—2020年小学入学人数较2012—2014年增加约9%，据此推测2029年高中在校生约为0.28×1.09=0.31亿人。2029年小初高学生人数合计约1.55亿人。

② 2035年小学及初中在校生于2021—2029年出生（2024年之后出生人口按1 000万人测算），合计约0.9亿人，2035年高中在校生于2024—2026年小学入学，2023年高中在校生于2012—2014小学入学，2024—2026年小学入学人口（根据对应年份出生人口估算）较2012—2014年下降约17%，据此推测2035年高中在校生约为0.28×0.83=0.23亿人。2035年小初高学生人数合计约1.13亿人。

学生人数的下降，开始进入为期约 10 年的快速下滑期。而营收下降将对教育出版单位的战略规划、竞争策略、经营模式、工资总额等造成全面且深刻的影响。

表 1　2018—2021 年中小学课本码洋及占比

年份	中小学课本码洋（亿元）	占课本总码洋比例	占图书总码洋比例
2018	226.8	59%	11%
2019	246.3	59%	11%
2020	253.1	60%	12%
2021	286.1	58%	11%

注：根据历年《全国新闻出版业基本情况》《新闻出版产业分析报告》整理。

表 2　2018—2021 年中小学课本印数及占比

年份	中小学课本印数（亿册）	占课本总印数比例	占图书总印数比例
2018	30.7	88%	31%
2019	33.2	89%	31%
2020	33.8	89%	33%
2021	38.3	89%	32%

自 2018—2021 年中小学课本出版情况可以看出，中小学课本是图书出版产业中相当重要的一环，其印数占课本总印数的约 89%，占图书总印数的约 32%；码洋占课本总码洋的约 59%，占图书总码洋的约 11%。2018—2021 年间，中小学课本的印数及码洋呈现稳步上升趋势，与此阶段中小学学生人数逐年增加的趋势相对应，但此趋势预计将在 2024 年随中小学学生人数的下降开始快速下滑。

（二）教育需求发生变化，多样化个性化素质教育需求凸显

党的十九大、二十大报告均提出"发展素质教育"，为教育事业发展方向提供了指引，2021 年《关于进一步减轻义务教育阶段学生作业负担和校外培训负担的意见》发布，"双减"政策开始实施，素质教育需求开始凸显，同时，伴随学生人数的大幅下降，社会教育观念将进一步转变，家长将越发重视孩子综合素质的培养，教育需求将更加多样化、个性化，且对单个孩子的资源投入将持续增加。能契合此类教育需求的

产品将更受追捧。广州市家庭教育促进会调研数据显示,"双减"后家长对兴趣班的投入不变和增加的比例为85%,说明家长的教育需求由应试教育向素质教育开始转变。上市教培机构昂立教育2023年年报显示,其营收9.66亿元,同比增长27%,其中青少儿素质教育营收4.39亿元,是收入占比最大的产品,贡献总营收的46.16%,同比增长36.3%。[10]

从另一方面来看,虽然出生人口下降对医院产科、幼儿园、奶粉等行业造成了较大冲击,但高端月子中心、高端奶粉反而实现了逆市增长,其背后反映出人民生活水平的提高叠加出生人口减少,导致家长对新生儿的重视程度及资源投入提高,育儿观念发生转型升级。随着这批孩子进入学校,其教育需求也将不同以往。

(三) 市场竞争加剧,形成二元化市场格局

面对市场规模的衰减,各项博弈将更加激烈,各教育出版单位对教材教辅市场的竞争将超过以往。而经过充分竞争后,市场集中度将进一步提升,教材教辅市场可能出现二元化市场格局,即头部教育出版单位市场占有率提升至新高度,其余中小出版社则缩减规模,转为深耕细分领域。但即使对我国头部教育出版单位来讲,市场占有率的提升,亦恐难以完全抵消市场规模大幅缩减带来的负面影响。我国出版业行业集中度较低,对近3年出版上市公司营收情况进行分析发现,头部2家上市公司营收仅占前10家上市公司总营收的约24%。

表3　2021—2023年我国前10家出版上市公司营收①

年份	2021	2022	2023
前2家上市公司营收(亿元)	239.12	260.61	272.58
前10家上市公司营收(亿元)	1 021.74	1 082.44	1 121.23
占比	23.40%	24.08%	24.31%

韩国早在2001年便开始进入少子化社会。韩国2019—2021年前10强出版社中有9家从事教育出版,头部的熊津出版集团和大教出版社2家教育出版单位销售额占9家

---

① 依据营收进行排名,分析营收前10的出版上市公司。

教育出版单位销售总额的50%以上，可以看出，韩国教育出版市场已形成典型的二元化市场格局。[11]

表4 2019—2021年韩国9家头部教育出版单位销售额情况

年份	2019	2020	2021
熊津出版集团及大教出版社销售额合计（亿韩元）	13 386	12 192	12 797
前9家教育出版单位销售额合计（亿韩元）	25 754	22 629	24 090
占比	51.98%	53.88%	53.12%

（四）多元化需求迫切，教育出版需不断优化经营模式

2019年8月习近平总书记考察读者出版集团时提出，"要牢牢把握正确导向，在坚守主业基础上推动经营多元化，努力实现社会效益和经济效益双丰收"。2022年4月中宣部印发《关于推动出版深度融合发展的实施意见》对新时代深入推进出版融合发展作出全面部署。以上重要指示及文件为出版业高质量发展提供了指引。需注意的是，出版融合发展并非仅限于传统图书与数字化技术的融合，在深度融合发展中，更要实现图书出版的多次开发，多次利用。

教育出版单位对中小学教材教辅的依赖性普遍较强，受学生人数变化影响大，面对未来学生人数快速下降的困境，教育出版单位实现多元化经营、优化经营模式的需求将更加迫切。教育出版单位走多元化发展之路，一方面需从图书多元化开发角度，突破传统教材开发局限，扩宽图书品牌、深挖细分需求，以期完善产品结构，突破产品形式；另一方面需基于主业优势，拓宽业务框架，实现主业价值延伸。但面对新领域、新技术，开展多元化经营有一定潜在风险，对教育出版单位经营管理和决策的规范化、专业化、科学化水平提出了更高要求。

三、中国教育出版的应对之策及趋势展望

未来素质教育需求将愈发凸显，整个社会对青少年的重视程度将持续提高，教材

教辅市场竞争亦会进入白热化,对教材质量和呈现形式提出新的更高要求,高质量、多元化、个性化的教育产品将更受追捧。同时,面对传统市场规模的萎缩,将有越来越多的教育出版单位培育发展新质生产力,提升服务能力和范围,探索多元化经营策略,重视开拓数字教育市场,并积极"走出去",开发国际市场。

(一) 打造培根铸魂、启智增慧的精品教材

未来随着出生人口的减少,青少年受重视程度将越来越高,社会对教材的关注程度亦将超过以往,对教材质量将提出更高要求。精品教材是教育出版高质量发展的关键,是建设高质量教育体系的基础,"培根铸魂、启智增慧"是习近平总书记对精品教材寄予的厚望。教育出版单位应坚持以高质量发展为主线,守正创新,开拓奋进,用心打造适应新时代新要求的精品教材和教育图书。

坚决贯彻党的教育方针,确保习近平新时代中国特色社会主义思想进教材。近年来,教育部陆续研究制定《习近平新时代中国特色社会主义思想进课程教材指南》《中华优秀传统文化进中小学课程教材指南》《革命传统进中小学课程教材指南》等指导性文件,为教育出版单位的精品教材建设指明了方向。"尺寸教材,悠悠国事",教材是国家事权,体现国家意志,教育出版单位应坚持全面贯彻党的教育方针,落实立德树人根本任务,坚持为党育人,为国育才,树牢责任意识、阵地意识,确保习近平新时代中国特色社会主义思想进教材,打造培根铸魂、启智增慧的精品教材。

锻造一流编研团队,为精品教材建设提供强大人才保障。人是第一生产力,打造精品教材需要建设一流人才队伍。教育出版单位要坚持正确政治方向,加强对编辑出版人员的政治历练和思想淬炼,充分认识和坚持编辑出版工作的专业性,促进编辑出版人才专业发展。同时,应引育并举、汇智聚力、五湖四海、任人唯贤,多种途径吸引人才,多种方式培育人才,最终打造一支阵容强大的编辑出版队伍。[12]人教社长期坚持"编研一体"的优良传统,培养了一批专业的教材编研人员。同时,人教社还注重聚合多方力量,聘请专家学者、一线教研员,与社内编写人员共同组建了一支相互补充、相得益彰的"三结合"教材建设队伍,有力保障了教材的质量和适用性,使得人教社教材在激烈的市场竞争中长期保持较高的教材选用率。

提升经营管理质效,为精品教材建设提供高水平服务。打造精品教材离不开经营

管理的高质量，教育出版单位应进一步提升管理的信息化水平，强化印制及物资管理，提升仓储物流管理水平，强化服务保障。加强制度建设和创新，推进经营管理的科学化、精细化，提升管理效能，降低管理成本，进一步加强各业务板块、生产流程各环节的统筹协调性，全面提升教材的内容质量、编校质量、装帧设计质量、纸张印刷质量、推广服务质量和教师培训质量等。

加强调查研究，为精品教材建设提供一手调研资料。"调查研究是谋事之基、成事之道"，要增加教材适用性，提高教材质量就必须深入教学一线开展调查研究，深入了解学生的学习需求和教师的教学痛点，打造教师用起来得心应手，学生学起来爱不释手的精品教材。[13]人教社与全国多所学校建立了合作关系，编辑人员经常深入学校开展试教试学，为打造精品教材提供了坚实的调研基础。

健全协同机制，为精品教材建设提供多方合力。在教材编写、推广、使用上要主动进行体制机制创新，调动学者、学校、出版机构等方面的积极性，大家共同来做好这项工作。[14]教育出版单位应与高等院校、科研院所、教研机构等各类机构广泛建立合作关系，同时还要吸收课程教材专家、教研员、学校校长和一线教师等专业人士集体研制、科学决策，共同打造精品教材。

（二）积极开展素质教育服务，拓宽教育服务能力和范围

培育和发展新质生产力、提升教育服务能力和范围，将是未来教育出版单位破局学生人数下降的关键所在。2024年《政府工作报告》提出要"加快发展新质生产力"。中宣部印发的《关于推动出版深度融合发展的实施意见》强调要"充分发挥技术对出版融合发展的实施意见"，习近平总书记在中央政治局第十一次集体学习时强调："发展新质生产力是推动高质量发展的内在要求和重要着力点。"以上文件及总书记重要论述均为教育出版单位提升服务能力和范围、扩展更广泛的劳动对象、塑造发展新质生产力提供了科学指引。伴随学生人数下降的严峻形势，教育出版单位将进一步加快由出版商向服务商的转型，缓解学生人数快速下降带来的冲击。

一是积极开展素质教育服务，拓宽劳动对象范围。《关于进一步减轻义务教育阶段学生作业负担和校外培训负担的意见》《关于进一步规范义务教育课后服务有关工作的通知》等系列文件进一步强调素质教育的重要性，并明确要求提高课后服务水平和质量。教育出版单位作为教育文化事业的重要组成部分，应积极贯彻落实党和国家的教

育政策，响应素质教育需求，扩展素质教育服务能力。产品研发方面应以培育学生核心素养为目标，提供优质出版物，研发体育、音乐、科普、劳动等教育类产品，助力提升学校课后服务水平。同时可积极拓展校外素质教育培训服务，通过自主开发或授权合作模式开发户外、艺术、科技、书法等多种素养提升类培训课程，扩大劳动对象范围，满足教育需求，与校内教育互相补充。

二是提供一流教材培训服务，确保教材使用效果。教材培训服务是让教师"用好、用对、用深"教材的重要保障，随着教学要求的提高及教材内容形式的多元化，高质量的教材培训服务将愈发重要。人教社建立了常态化教材培训机制，组建专业培训团队，采取线上线下相结合的培训模式，贯穿教材使用全周期，有力提高了教材使用效果，使得教学培训服务成为提升教材竞争力的重要一环。

（三）大力发展知识服务，布局数字教育市场

党的二十大报告提出"推进教育数字化"，教育部怀进鹏部长亦多次表示要"大力推进教育信息化、教育资源数字化建设"，2024年1月全国教育工作会议召开，提出要"不断开辟教育数字化新赛道"。这些政策的提出，为教育出版单位大力发展知识服务、开拓数字教育市场指明了方向。

一是大力发展知识服务，充分利用新型生产工具。知识服务是教育出版深度融合发展的根本路径，也是教育出版单位由出版商转向服务商的重要方式。高技术含量的劳动资料是新质生产力的动力源泉。各种新技术的迅猛发展，极大丰富了生产工具的表现形式，为教育出版单位培育新质生产力、发展教育知识服务提供了客观条件。教育出版应提供数字教材并构建以数字教材为核心的系列产品，利用AI、大数据、VR/AR等技术提供智能伴学、答疑等服务，最终为学生提供个性化教学计划，为教师提供教学方案，甚至为学校提供整套教学规划、建设智慧校园。国际著名教育出版集团麦格劳—希尔利用AI、大数据等技术打造MH Tech技术体系，并将其注入教学服务、教学资源、教学平台中，并以此搭建了能够促进各类专业学习的智慧学习环境，为我国教育出版单位的知识服务转型提供了借鉴与参考。[15]

二是布局数字教育市场，开辟数字化新赛道。据统计，传统教育出版规模每年仅约600亿元，而2022年我国教育经费达6万亿，2011年教育部明确提出"各级政府在

教育经费中按不低于8%的比例列支教育信息化经费"，据此推算2022年教育信息化经费超过4 800亿元，是传统教育出版规模的6倍。目前我国基础教育硬件条件已基本满足数字化教学需求，未来教育信息化经费将更多投入教学服务、智慧教育等方面，市场前景广阔。

《2022—2023年中国数字出版产业年度报告》显示，2018—2022年在线教育市场呈稳步增长态势，2021年"双减"政策出台，在线教育市场经历短暂低谷期后，转型素质教育赛道，市场规模开始逐渐回升，进入稳定发展期，反映出在线教育的市场需求依然巨大。而根据《2023年（上）中国数字教育市场数据报告》[1]，2023上半年在线教育市场规模达1 786.8亿元，预测2023年市场规模3 964亿元，同比增长9.5%。预测2023年数字教育用户规模3.44亿人，同比增长9.55%。目前在线教育市场以互联网企业为主，教育出版单位较少，教育出版单位应在充分调研的基础上，发挥内容及人才等多方面优势，采取各种措施解决技术门槛高、缺少互联网思维、机制不够灵活等问题，积极开发在线教育市场。

表5 2018—2022年在线教育市场规模[16]

（单位：亿元）

年份	2018	2019	2020	2021	2022
市场规模	1 330	2 010	2 573	2 610	2 620

（四）教育出版"走出去"，积极扩展海外市场

习近平总书记在党的二十大报告中作出"推进文化自信自强，铸就社会主义文化新辉煌"的重大部署，并提出"增强中华文明传播力影响力"的任务要求，2024年全国教育工作会议明确要求统筹高水平"引进来"和"走出去"，找准参与全球教育治理的切入口，不断增强我国教育的国际影响力。作为知识传播和教育领域不可或缺的重要组成部分，将有一批教育出版单位加快"走出去"步伐，促进文化交流，推动文明互鉴，积极开拓海外市场。20世纪末，伴随本国人口红利逐渐消失，日本出版业将

---

① 该报告由"一带一路"TOP10影响力社会智库网经社电子商务研究中心联合网经社数字教育台发布，根据网经社"电数宝"大数据库编写而成。

努力拓展海外市场作为重要自救措施，大量以小说和漫画为主的图书版权输出令日本出版业收获颇丰，有效缓解了国内市场萎缩的压力。[17]而随着"一带一路"等倡议的持续推进以及我国综合国力和国际影响力的持续提升，世界范围内对中国文化的学习需求愈发强烈，为教育出版"走出去"创造了有利条件。教育出版单位可从教材"走出去"、青少年读物"走出去"、教育学术出版"走出去"等方面发力。

推动教材"走出去"，增强教育国际影响力。教材"走出去"是教育出版单位发挥主业优势的重点领域，反映我国优秀教育成果的各类教材均具有较强的"走出去"价值。其中汉语学习类教材是教材"走出去"的重中之重，汉语是中华文化的重要载体，随着我国综合国力的提升，世界对汉语学习的需求将迅速增长。目前仍有许多地区和语种缺乏体系化的汉语教材，可开拓市场巨大。作为基础教育出版的主力军，人教社完成了一系列中小学对外汉语教材的出版，其中，《跟我学汉语》《快乐汉语》被评为"全球优秀国际汉语教材"，覆盖了"一带一路"沿线多个国家，累计销售达300余万册，是教育出版单位开拓海外市场的成功案例。[18]除汉语学习类教材外，数学、物理、化学、生物等教材亦有较大开拓空间。2017年，36册上海基础教育数学教材成功引入英国校园，被英国教育界称为"世界领先的数学教程"，为数学类教材"走出去"提供了有益借鉴。

加速青少年读物"走出去"，塑造中华文化印象。青少年读物受众广泛，且青少年正处于世界观、价值观形成的关键时期，优秀的精品青少年读物将助力培养其对中华文化的兴趣，有利于培育长期稳定的读者群体，更好地讲好中国故事、传播好中国声音。未来随着中华传统文化在全球的"能见度"持续提高，各国青少年的对中华文化的学习热情亦将持续升温。著名儿童文学作家曹文轩的作品已被译作十余种语言，版权输出五十余国，其海外版权输出的成功为青少年读物"走出去"提供了实践经验。人教社《中国读本》面向海内外青少年英语读者，从国际视角看中国、以国际语言品味中国文化，取得了令人瞩目的海外销售成绩。

重视教育学术出版"走出去"，传播优秀教育成果。讲好中国教育故事是讲好中国故事的关键一环，近年来，中国教育理念和方式对中国经济发展的重要作用愈发引起世界各国的关注。未来教育出版社应积极推动教育学术出版"走出去"，介绍中国教育学术思想，传播优秀教育成果，提高我国教育话语权。教育科学出版社与联合国教科文组织、经合组织等国际组织以及施普林格·自然集团、泰勒—弗朗西斯出版集团、麦格劳—希尔教育集团先后合作出版了《中国教育：研究与评论（四卷本）》《嵌入村庄的学校：仁村教育的历史人类学探究》《历史的背影：一代女知识分子的教育记忆》《情境教育三部曲》等教育学术著作英文版，在国内外教育出版领域形成了广泛的社会影响力和品牌知名度。

教育出版单位"走出去"应合理选择目标市场，注重打造国际化作者团队、编辑团队，策划针对性选题，进行本土化叙事，并在传统营销渠道基础上构建海外自主营销渠道，加强与海外客户群体、营销策划团队的联系与合作，真正实现教育出版"走出去"。

（五）深挖各类资源，实现多元化经营

面对传统市场规模的不断萎缩，进行多元化经营可有效分散风险，一些教育出版单位将对传统单一的经营模式进行优化，积极探索多元化经营。教育出版单位开展多元化经营应注意以下几点。

做好调查研究，降低经营风险。须知多元化经营并非万能神药，面对不了解的新市场，其风险有时大过机会，为尽量降低风险，在开展多元化经营前，应对市场进行充分调查研究，理性判断自身优势及市场风险，避免经营风险。

深挖自身资源，基于主业优势开展多元化经营。充分挖掘利用自身 IP 资源、专家资源、内容资源、渠道资源，积极探索研学、文创、影视等领域，基于主业优势，开展多元化战略。例如，2023 年山东出版集团旗下山东省书香研学旅行社，研学文旅业务，营业收入逾 3 亿元，同比大幅增长，为出版界在文旅方面的多元化经营提供了实践经验。教育出版单位读者群体与研学客户群体高度重合，开展类似业务具有先天优势，未尝不可一试。

近年来，一些出版单位开展文创业务，也取得了一定成绩，如人民文学出版社文创团队在 2022 年销售额达 1 500 万元。教育出版单位有渠道优势、IP 优势，可尝试以学生为中心开发种类多样的文创产品，拓展经营模式。同时，教育出版单位经过长期的内容生产，积累了优质的版权资源。梳理版权资源，以优质版权资源为核心，拓宽图书和其他产品类型，也是开展多元化经营的有效路径。如人教社基于"教小萌"IP开发了系列表情包、文创产品等，以生动的形象、亲切的形式打造陪伴、引导和呵护儿童青少年的伙伴，赢得了广大师生家长及社会各界人士的广泛喜爱。

（杜川　人民教育出版社战略发展部；
李建红　人民教育出版社人教研究院）

参考文献

[1] 教育部. 2018 年全国教育事业发展统计公报［EB/OL］.（2019－07－24）［2024－07－01］. http：//www. moe. gov. cn/jyb_ sjzl/sjzl_ fztjgb/201907/t20190724_ 392041. html.

[2]［6］［7］［8］［9］［10］教育部. 2023 年全国教育事业发展基本情况［EB/OL］.（2024－03－01）［2024－07－01］. http：//www. moe. gov. cn/fbh/live/2024/55831/sfcl/202403/t20240301_ 1117517. html.

[3] 国务院新闻办. 国务院新闻办就 2021 年 4 月份国民经济运行情况举行发布会［EB/OL］.（2021－05－18）［2024－07－01］. https：//www. gov. cn/xinwen/2021－05/18/content_ 5607833. htm.

[4] 国家统计局. 中华人民共和国 2023 年国民经济和社会发展统计公报［EB/OL］.（2024－02－29）［2024－07－01］. https：//www. stats. gov. cn/sj/zxfb/202402/t20240228_ 1947915. html.

[5] 张许颖，李月，王永安. 14 亿人国家：迈向高质量发展的未来——中国人口中长期预测（2022）［J］. 人口与健康，2022（08）：12－13.

[10] 昂立教育. 上海新南洋昂立教育科技股份有限公司 2023 年度报告摘要［N］. 中国证券报，2024－04－30（B299）.

[11] 魏玉山，王珺. 国际出版业发展报告（2022 版）［M］. 北京：中国书籍出版社，2023：355.

[12] 黄强. 建一流编辑出版人才队伍，赋能教育出版高质量发展［J］. 出版广

角,2023(21):10-14.

[13] 王日春.新时代高质量教材的本质特征及其实现策略[J].课程·教材·教法,2023,43(07):24-29.

[14] 习近平.在哲学社会科学工作座谈会上的讲话[N].人民日报,2016-05-19(2).

[15] 张艺馨,杨海平.高等教育出版智慧化发展研究——以培生、麦格劳—希尔和圣智为例[J].出版与印刷,2023(05):18-29.

[16] 崔海教,王飚,李广宇.2022—2023中国数字出版产业年度报告[M].北京:中国书籍出版社,2023:20.

[17] 亢姿爽.日本出版业在人口红利变迁下的应对策略[J].出版参考,2017(09):21-24.

[18] 章红雨.让中国教育出版走出去走进去[N].中国新闻出版广电报,2022-12-19(T05).

2023—2024中国出版机构直播营销发展现状与趋势展望

吴永凯　张洪亮　陈　哲

　　作为近年来快速发展的新型电商模式，直播电商引起了大众的广泛关注。2024年3月中国互联网络中心发布的《第53次中国互联网络发展状况统计报告》显示，截至2023年12月，我国网络直播用户规模达8.16亿人，较2022年12月增长6501万人，占网民整体的74.7%。其中，电商直播用户规模为5.97亿人，较2022年12月增长8267万人，占网民整体的54.7%。[1]根据艾瑞咨询测算，2023年中国直播电商市场规模达4.9万亿元，同比增速为35.2%，相较于行业发展早期，行业增速出现一定下滑，但依旧在释放增长信号。艾瑞预计，2024—2026年中国直播电商市场规模的年复合增长率（CAGR）为18.0%，行业未来将呈现平稳增长趋势并步入精细化发展阶段。

　　在直播电商之前，图书营销主要依赖实体书店推广和出版社营销等渠道。《2023年全年纸质图书市场分析报告》显示，传统电商虽然是图书市场销售的主阵地，但从渠道码洋同比情况来看，传统电商销售较2022年同比下降9.19%。传统电商渠道销售不断下滑，影响了整体市场的下滑。在传统电商市场萎靡的境况下，将直播电商作为流量入口逐渐被各大出版机构提上日程。抖音电商发布的《2023抖音电商图书消费数据报告》可以看到，过去一年，超4亿个图书包裹从抖音电商发往全国各地，平均每天有超200万本图书通过平台售出；抖音电商平台上图书直播累计观看超113亿次。图书直播因其内容形式直观、文化意蕴丰厚，逐渐成为推动文化传播和知识普及的重要力量。

本文致力于探讨出版社与民营书商图书直播发展现状及入场策略,并通过相关政策和数据,预测其在未来的发展趋势,以期为行业从业者提供有价值的参考和启示。

一、出版机构直播营销现状分析

随着数字化转型的加速,出版机构积极投入直播赛道拓展营销边界。对其直播现状进行分析不仅是对当前实践成效的评估,更是推动整个出版行业在新媒体时代下转型升级、创新发展的重要依据。

(一)图书直播热度不减,出版机构自播已成常态

巨量算数统计数据显示,截至2021年底,抖音电商内活跃的图书出版企业号数量接近1万,其中近一半企业号已经尝试使用直播工具为经营增效,通过直播获得的收益占企业号总成交额近7成。[2]2023年图书直播热度持续提升,从北京图书订货会到法兰克福书展,从上海书展再到浙江书展,越来越多的出版机构涌入直播间,编辑、营销人员化身为常驻主播,成为各大展会一道亮丽的风景线。根据《出版人》杂志统计,其监测的包含出版社、图书公司在内的出版发行机构抖音账号数量较上一年有所增加,由2022年的505个增加至566个,并且有279家发力直播带货,占比近50%。[3]

中信出版集团是国内最早尝试网络直播售书的出版机构,随后,人民文学出版社、浙江少年儿童出版社等头部出版机构也纷纷加入直播营销大军。直播这一场景的切入为出版界制造了一个又一个的流量奇迹。2024年1月23日晚,《人民文学》杂志联手董宇辉直播,直播间首次"全程只卖一份文学杂志"。当晚八点至十二点,《人民文学》2024年全年订阅在4小时内卖出了8.26万套,99.2万册,成交金额1 785万元,销售码洋1 983万元,突破了单场图书销量最高1 000万的记录。[4]2024年2月28日晚上8点,著名作家余华、苏童与程永新三位聚首"与辉同行"直播间,截至当晚12点,这场直播共销售《收获》2024年全年双月刊7.32万套和长篇小说季刊1.5万套,合计销售实洋1 468万元。[5]

除了与达人合作进行图书直播带货这一形式外，越来越多的图书商家和出版社开始通过自播架起阅读桥梁。《2023年抖音电商图书消费数据报告》显示，商家自播累计超146万小时，累计观看超24亿次，开启自播的商家数量同比增长45%。可以看出，出版机构自播已经成为出版行业直播营销的一种常态化趋势。[6]

（二）构建跨平台直播生态体系，同一平台多账号运营

2023年直播进入深耕阶段，各大出版机构积极探索并持续强化直播矩阵策略，通过整合不同社交媒体与电商平台资源，实现跨平台直播布局。浙江文艺出版社自2016年开始布局新媒体平台，最初只在微博、微信和今日头条上开设官方账号，2020年开始在抖音、快手等全媒体平台建设新媒体账号与自营渠道，到2023年，该社已实现单账号全年销售额超3 000万元，新媒体矩阵年销售额破4 000万元，并形成账号裂变。[7]

而在同一平台内，精细化运营多个子账号矩阵已成为部分大型出版社的日常运作实践。以中信出版集团为例，其抖音平台的账号已超过10个，包括"中信出版集团""中信出版童书旗舰店""中信出版集团童书优选""中信出版读者俱乐部"等，并在小红书开设"中信童书""中信出版""中信书店"等账号，通过对其账号名称归类可知，面对多元化产品，出版机构通常选择在同一平台构建直播矩阵，然后通过一个主账号关联其余子账号，每个子账号确定不同的定位，发布不同的内容。当遇到特定日期时，会选择同一矩阵多个子账号同时开播。2023年2月24日至26日，第35届北京图书订货会在北京举行，外语教学与研究出版社的"外研社官方旗舰店""外研社官方旗舰店童书馆"两个直播间共成交图书一万件。[8]

（三）头部格局稳固，抖音平台成为直播优选

2023年，在《出版人》杂志监测的279家直播带货图书的账号中，排名前二的均为教辅机构开设的直播账号，分别为"学魁榜图书旗舰店""学而思剑桥英语官方"，无论是从直播场次还是从场均销售额来看，这两个直播间都明显领先于出版社的自播。出版社中累计销售额最高的为"中信出版童书旗舰店"，其累计销售额超过4 500万

元。另外值得一提的是，在出版社直播前十强中，中信出版集团共有五个账号进入前十强。[9]

就第三方直播平台而言，目前抖音在整合营销方面表现突出，构建了广告、电商、直播三维一体的商业生态圈。各出版商基于流量接入、精准营销、直播场景体系等方面的整合性考量，多会将抖音作为优选平台。从第35届北京图书订货会受访出版机构的回复情况来看，本届订货会期间使用最多的是抖音平台，甚至成为部分出版机构的唯一平台，因为从直播效果来看，抖音平台的直播效果最佳。青禾黛一文化集群公司创始人之一张洪亮表示，首先选择去抖音做图书直播营销的底层逻辑是因为其拥有数亿级的日活用户，并且用户构成以一、二、三线城市为主，高知群体占比较高，用户需求和产品更加匹配，更易形成购买转化。

二、出版机构直播营销存在的问题

出版机构在直播探索与实践的道路上亦伴随着诸多挑战与难题。从内容创造到人才培育，从技术应用到市场策略，每一步都考验着行业适应新媒体环境的智慧与能力。通过聚焦出版机构在图书直播实践中显现的核心问题，剖析其背后的深层原因，可为寻求解决之道铺垫思考的基础，探索出一条促进图书直播健康、可持续发展的新路径。

（一）人才供需矛盾凸显，直播效果无法保证

主播在图书直播过程中起到举足轻重的作用。图书品类主播不同于其他品类的主播，既要对图书内容有全面的理解，也要对图书的出版流程有一定的了解（包括编辑故事、图书装帧、版式设计等环节），才能更加专业、精准地为直播间观众答疑解惑，并引导购买。

此外，主播的话术和风格也是关键之一。图书直播既不能过于娱乐化从而消解图书的文化内涵，也不能过于无聊致使无法达成商品转化。目前出版社大多由采取达人直播的形式转移到选择现有员工组建团队进行直播，而这样的团队普遍缺乏直播经验，

无法有更好的直播效果。在对业内人士的访谈中，多位从业人员都有提到目前部分出版社中的直播主力多是社内原来从事市场营销、发行等部门的员工，很多人都是首次接触直播行业，囿于外界压力而被迫转型，直播形式较为呆板，趣味性和互动性无法得到保证。然而，具有丰富直播经验的网红主播们往往对图书相关卖点的理解不够深入，无法为观众进行深度解析，无法最大限度利用图书吸引顾客兴趣。出版社的编辑人员虽然对图书有着全面的了解，但同时存在缺乏镜头感，营销话术不足，互动不足等问题。由此来看，行业内普遍缺乏既了解图书，又具有直播经验的人才。

（二）图书直播销路不稳，精准推送难以达成

与其他品类的直播相比，图书直播在目前几个主流社交平台的销量都不算显著。图书直播的受众相对于其他品类直播并无明显优势，整体销量并不理想。在注意力经济的形态下，图书直播不能很好地抢占大众的注意力，即无法顺畅地扩大销路，提升曝光和转化。图书直播的流量来源有两个方面：一是该直播账号自身的粉丝，二是平台为直播间推荐的顾客人群。对图书本身的受众来说，直播这一购买渠道并不是他们习惯的购买方式，图书直播的"粉丝经济"并不明显。而对于广泛的直播购买的受众来说，图书并不在他们的优先购买清单之内。当直播间流量较低时，投手会选择向平台支付一定金额来购买流量，即购买付费投流，从而进一步提升直播内容的到达率，但与此同时，泛流量的接入进一步加剧了人群的不精准性。对于图书直播来说，人群精准度的重要性高于人群的广泛性，即使人群再庞大，没有精准用户依旧无法达成更高效的转化。所以一味地推流直播并不可行，而是应该建立自己精确的客户群体。

（三）顾客诉求无法及时回应，出版机构配套服务有待完善

由于图书直播扩大渠道导致售出量激增，少数出版社的仓储和物流也遇到极大的挑战。在销路打开的情况下，这部分出版社往往会选择增加直播频次，因而在直播过程中经常会出现货源不足、物流缓慢等问题。此外，直播时还需面对部分客群"野性消费"的情况，一部分出版社时常遇到退货、换货等问题，给出版社造成不少的隐形

成本，一定程度上增加了出版社的直播成本。并且有时也缺少专业人员去对顾客及时解释、解决这些问题，在一定程度上会影响商品转化和导致客户流失。

（四）头部达人高坑位费，腰部达人低转化率

目前图书直播的主播一般为达人主播，直播卖货的收益分配方式需要MCN与主播、流量平台、出版社共同协议分成，以CPS（Cost Per Sales，即按实际交易额收费）模式为主。

头部图书类带货主播如王芳、樊登、刘媛媛等抽成较大，不少主播还有坑位费等其他成本，并且随着头部主播的流量增长，其也在扩大选品类目，拓展自身IP的带货资源。对于图书类头部主播带货，时代华语营销总监张银铃提到，"王芳、刘媛媛这类头部达人的合作达成率非常低。"[10]即头部达人与图书直播这个赛道适配度并不高。

因此，出版社更加热衷与腰部达人合作。但是由于市场饱和、竞争过分激烈等原因，现阶段腰部达人直播间较低的商品转化成为众多出版机构目前不得不面临的窘境。机械工业出版社华章分社市场部新媒体渠道经理张明透露，"机工华章与合作过的图书带货达人，分销佣金在20%—30%。"[11]

（五）图书破价促销，扰乱健康市场秩序

随着各大出版机构陆续进军直播平台进行图书带货，不乏有直播间为了获得竞争优势而忽视图书品牌的质量，通过低价策略进行营销，扰乱了图书营销市场。以抖音平台为例，它的图书热榜中包含了3.9元、1.9元甚至0.9元的图书产品。

超级低廉的价格会使用户冲动消费，但难以形成长期的忠实粉丝进行消费，并不能为出版社带来稳定的销售路径。除此之外，这样的图书破价情况可能会严重干扰图书正常的零售市场，因为图书并不是快销品，其中所蕴含的知识、文化与情怀都是无法估量的。如果这种图书破价的情况持续下去，会影响大众对图书价格的判断，造成高成本图书缺少足够的市场。出版社所制作的高成本图书失去足够的市场，导致高成本图书的投入与收益的比重下降，可能影响高质量、高成本图书的策划发行。最后可能导致出现出版社、读者双输的局面。

三、推进出版机构直播营销良性发展的对策建议

如何在保障图书文化价值的同时,有效解决出版机构在图书直播领域面临的诸多困难与挑战。在这样的背景下,需细致探讨应对策略,这不仅考验着出版机构的创新能力与战略调整能力,也迫切需要行业内部的深刻反思与外部环境的正向引导。以下是从多主体视角出发提出的解决对策。

(一) 主动搭建直播团队,填补图书直播人才缺口

出版机构管理人员需从顶层设计出发,制定全流程的直播人才培养与引进方案。定期开展主播培训会与研讨会,邀请业内优秀主播来分享经验,并让每位主播总结自身的经验与不足,提出后续改进方向。而主播本人也需明晰,除去推荐图书的价格、内容质量,个人的知识水平、文化涵养、互动能力等同样可以提升直播的专业性和吸引力。[12]为此,主播仍需竭力提升内在,发挥主体价值。

"东方甄选"针对这一问题则做出了良好表率。新东方作为一家综合性教育集团,旗下拥有大量教培行业的精英老师,对图书类的产品认知理解力突出,十分贴合图书直播所需要的主播类型。以"出圈"的原新东方英语老师董宇辉为例,他可以在无台本、无提词器的情况下,持续三小时不间断输出内容,且话语真诚有料,他在直播间推荐迟子建的长篇小说《额尔古纳河右岸》时,称它为"自己心中值得刻在墓碑上的书",传递了坚韧、包容的价值理念,用故事式传播方式推动这本书成为2022年抖音电商平台上人气最高的图书。[13]

(二) 养成用户数据分析习惯,促进流量精准送达

用户思维是当前互联网运营中必须培养的一套思维体系,其核心是将出版机构传统的以图书出版物为中心转移到以用户为中心。而要做到以用户为中心,则必须加强对于目标用户的数据分析,构建精准的用户画像,洞悉潜在用户的需要、喜好和习惯

等,通过用户数据的抓取和分析来定制化呈现更符合市场需求的图书产品和直播内容。此外,各大出版机构还应当利用大数据和算法技术,跟踪和分析直播活动的效果,包括观看人数、观众留存率、互动情况及转化率等数据,据此调整直播策略和图书推广方案;提高图书直播内容的专业性和趣味性,针对不同细分市场策划专题直播,如经典文学分享会、儿童读物专场、科普图书解读等。

(三)回应用户关切,加强全流程服务体系建设

出版机构直播需按照图书类别和目标客户群体特征,合理设置直播时间段、时长和频次,做好图书营销的垂直传播。同时要控制好每场直播的上架商品数量,避免因偶发式热销而导致的库存紧张。在面对因突发性大规模销售而采取限购举措时,应及时向直播间顾客进行解释——限购措施是因订单超出承受能力,为保证发货时效的无奈之举。从而打消顾客疑虑与不满情绪,必要时还可利用线下实体店资源补充线上直播销售,当线上库存紧张时,可引导消费者至线下门店购买。

在物流层面,出版机构应当与技术服务商合作建立智能仓储管理系统,提升挑拣、打包、发货的速度,避免因物流滞后影响用户体验。同时与物流公司通力合作,借助共享仓储资源、优化配送路线等措施降低成本,提升物流效率。

在售后层面,成立专门的售后服务团队负责处理顾客的退换货请求,确保流程简易快捷,降低因高退换货比率所带来的成本问题。

(四)精细化选择主播,开发业务合作新范式

面对与头部达人合作难以为继的情况,出版机构在与腰部主播合作的过程中要想达成较高的图书购买转化率,需积极挖掘具有专业背景、与图书内容高度契合且粉丝群体较为稳定的腰部或新兴主播。在对主播的历史销售数据、粉丝画像、直播风格进行深入分析的基础之上,精准计算预期的投资回报率。同时,对于合作效果反馈良好的主播,需要耐心培养其与出版机构的持续合作关系,在互惠共赢的基础上实现双方合作收益的最大化。

此外,对于直播达人的选择,不必仅仅局限于专业主播或外包给商业 MCN,还可

与高校建立合作关系，在相关专业挑选学生，搭建直播团队，开展图书直播全流程业务。这个项目开展的益处有三：一是校内的人力资源成本较低；二是相关专业学生具备相应的文化知识素养和技能素养，这正是部分主播在直播过程中所欠缺的部分，并且多数学生领悟能力较强，经过体系化的直播业务培训能够较快适应直播岗位任务；三是可通过打造校内 MCN 挖掘具备独特视角、敏锐的市场洞察力和较强社交能力的学生，这批学生在毕业后可通过内部渠道吸纳进出版机构的直播人才库中。以北京印刷学院和青禾黛一文化集群公司合作建立校内 MCN 机构公司的尝试为例，MCN 机构在校园里通过社交媒体、线下活动等途径招募众多有意愿做主播的同学，为他们提供专业的培训和支持，帮助他们提升直播技巧和销售能力，从而实现出版机构、MCN 公司、高校三方联结构筑直播运营的新范式。

（五）主管部门推动立法监管，构筑图书行业健康市场体系

东方甄选 App 会员店 2023 年 12 月 26 日推出新年送好礼"1 元卖书"活动，活动中可以 1 元购买的图书共有 5 000 册，引起出版界震动。据《中国出版传媒商报》报道，1 元售书多是出版社自己主动进行的营销行为，出版业部分从业者为了短暂的流量"赔本赚吆喝"，最终会对整个出版行业造成恶劣影响。[14]

规范图书直播中的价格需要主管部门加快推动图书价格立法，尽快扭转图书市场乱象。在立法过程中要充分考虑图书的文化属性，把社会效益放在首位，不能简单套用一般消费品市场的"充分竞争"原则。为了强化图书产品的精神引领作用，在制定图书市场的管理规则时要借鉴国际通行惯例，强调"文化例外"确保文化安全；尽快研发、推行统一的图书发行"进、销、存"系统，实现单品图书实销实结，制约渠道串货，防止平台利用信息不对称有意延长账期占用出版社资金，从而建立起一套公开、透明、诚信、高效的图书发行运营机制。

四、出版机构直播营销趋势展望

伴随技术迭代与消费者行为的深刻变迁，出版机构图书直播不仅仅是销售渠道的

拓宽，更是技术赋能下场景所面临的一场深层次变革。展望未来，图书直播行业的发展趋势预示着一场融合创新技术、深耕内容价值、重塑消费体验的全面进化。出版机构如何因势而动、应势而为，是促进出版业在数智时代高质量发展的题中之义。

（一）数智技术驱动图书直播行业发展，提升供需两侧服务效率

伴随技术快速发展以及国家战略部署的推进，大数据、人工智能、互联网、物联网等数智技术将与出版业达成深度融合。

在直播内容呈现方面，出版机构通过引入 VR 全景直播、4K/8K 高清直播以及 5G 实时云渲染等新技术增加商品信息与用户的触点，推动消费者能够全方位地了解商品以提升购物转化率。在智能推荐方面，通过大数据分析和机器学习算法，依据用户的浏览历史、购买记录，辅之以直播间实时用户互动数据，运营人员可以动态调整推荐列表，引导用户发现更多潜在的感兴趣的书籍。在直播内容创作方面，可以使用交互式人工智能技术自动生成图书简介、封面设计推荐等，提高内容制作效率。在决策支持层方面，出版机构将集成数据中台，全面收集直播数据、用户反馈等，为运营策略、营销活动提供数据支持。并且基于对数据的分析洞察，精确调整直播时段、主播匹配、促销策略等，实现精细化运营。此外，如前所述，数智技术的"藤蔓"已延伸至仓储、物流、售后等层面，未来图书直播营销必然以技术为驱动力，促进全流程体系升级创新。

（二）法律监管与政策导向双管齐下，图书直播趋于规范化

2023 年 2 月，中共中央、国务院印发了《质量强国建设纲要》，其中第十六条提出，规范发展网上销售、直播电商等新业态新模式。[15] 2023 年 3 月 24 日，市场监管总局修订发布了《互联网广告管理办法》并于 2023 年 5 月 1 日起施行。新发布的办法进一步细化互联网广告相关经营主体责任，明确行为规范，强化监管措施，对维护互联网广告市场秩序，助力数字经济规范健康持续发展具有重要意义。其中第十九条提到，商品销售者或者服务提供者通过互联网直播方式推销商品或者服务，构成商业广告的，应当依法承担广告主的责任和义务。[16] 这一规定使得权责明确化与主体自律性提升。可以预见，书业直播电商从业者将更加自觉地遵守行业规范，提高内容质量，减少误导

性宣传。

2023年7月10日，中央网信办发布的关于加强"自媒体"管理的相关政策，特别强调了信息的真实性原则。[17]对于图书直播而言，真实性原则的坚守有助于降低主播在直播过程中虚假宣传的比例，增强图书直播行业的公信力。新政策对于"自媒体"营利权限的管理也做出了明确规定，要求申请开通营利权限的"自媒体"在申请前必须保持良好的行为规范。这一规定也将促使出版机构内的营利行为更加规范、透明。

随着相关政策的颁布实施，图书直播行业日趋步入严格化的管理环境。这种法制化进程预示出版行业的"野蛮式自由"正在丧失，逐渐转化为受到明确法律法规约束的规范行业。特别是当直播带货被正式纳入广告法监管范畴之后，图书直播在营销、内容制作、信息传播等方面都必须严格遵守相关法规，否则将面临法律责任。在这种环境下，优质资源将进一步向合规经营、内容质量高的直播平台和从业者倾斜。在"逐劣币，护良币"的政策支持下，图书直播产业正在逐步迈向专业化、透明化、规范化的高质量发展阶段。

（三）AI直播进驻图书直播领域，图书领域电商直播开启"去真人化"

AI直播，或者叫AI数字人主播，是将人工智能技术与直播相结合。通过虚拟主播或自动化系统，以娱乐性的方式向用户展示内容、推广产品，并促使用户互动和购买。这一趋势在吸引用户、提高销量、降低成本等方面具有巨大潜力。2023年，AI主播带货迅速发展。在百度智能云曦灵平台测试的带货场景中，一个全新开播的数字人直播间，由AI数字人售卖一款智能手表，首场连续开播33小时，销售额达到13 000元，而这33小时的总成本不到100元，并且从弹幕互动中来看，用户没有察觉出这位主播"AI数字人"的身份。[18]AI主播少去了场地、器材等成本，比起真人主播，运营成本大大降低，且能实现真人主播难以完成的全天24小时不间断直播。

一般认为，图书直播电商相比其他领域电商，要求具备更高的互动性、人文性，似乎这种气质是AI模拟不了的。其实，AI数字人参与图书营销活动的实践，早在2020年就已经有过实践。在2020年7月26日京东举行的虚拟线上新书《智能油田》发布会上，世界上第一位AI数字图书助理李肖帅，作为虚拟主持人主持了该场新书发布会，除了进行发布主持、嘉宾介绍、问答互动外，还与该书作者之一进行了搭档主播带货。

这场直播证明了图书直播中AI数字人的另一项优势,即相较于真人主播对大段台词脚本的记忆成本,AI数字人可以毫不费力地承担大量说明性内容、甚至知识性内容的补充。[19]

2023年,AI数字人主播悄然崛起,而随着AI技术的新一轮发展,AI数字人主播搭配真人主播的模式将大量出现,甚至图书领域电商直播"去真人化"的可能性大大增加。下一步,AI直播可能将摆脱单一的直播间场景,凭借AI视频生成技术,实现一次直播、多个场景的不断转换。借助AI技术"复活"已故去的作家、大师,实现跨越时空的交流,则进一步丰富了直播内容,如2023年年初的《中国诗词大会》上,中华书局联合技术团队谛听视界就推出了全国首位超写实数字历史人物苏东坡。[20]

(四)助力图书"出海",以国际书展为平台抓手,图书直播电商谋篇海外布局

2023年的法兰克福书展上,知名图书带货主播王芳带领的直播团队,在来来往往的外国书商间格外惹眼。国际书展不仅是展示各国图书的窗口,更是出版交流、版权交易的重要场所。通过参加国际书展,中国的图书出版商可以向世界展示中国图书,发扬中国文化在国际舞台上的自信与风采,并且还可直接与海外出版商、分销商以及读者接触,打通海外直售渠道,了解不同国家和地区的市场需求,掌握最新的出版动态和潮流。随着全球化的不断推进,文化交流日益频繁,图书作为文化的重要载体,其"出海"已成为出版行业的一大趋势。

为了更好地推动中国图书走向世界,许多出版社和图书电商开始利用国际书展这一平台,积极谋划和布局海外市场。包括招聘精通小语种的主播组建多语种直播团队;垂直分析海外市场的特点和消费者偏好,定制化推出适应当地市场的推广策略;积极探寻海外物流合作商,确保图书在当地物流配送效率;强化与国际版权代理机构合作,拓宽版权贸易途径等。

(五)全流程产业链形成,内容、营销、渠道各方资源有机整合,出版大直播局面将形成

从2023年到2024年,京东图书连续两年在年初召开合作伙伴大会。2024年的京

东图书合作伙伴大会，来自全国各地的上百家出版机构和图书商家出席了这一盛会。大会以"变革·生态·增长"为主题，对京东图书2023年的业务发展进行了整体回顾，并面向出版机构及商家伙伴分享了2024年的业务规划，共创高质量增长。作为图书零售的重要平台，京东图书的这一举措，表明图书产业在新技术发展的背景下，正朝着高度整合、强强联手的方向前进。

伴随移动智能技术日新月异的发展和互联网经济的勃兴，图书电商直播已成为当下网络营销最热门的范式，结合用户规模、购买习惯和购买场景创造出不菲的经济效益。因此，越来越多的出版商、渠道商和零售商纷纷加入直播行业。

在这样的市场趋势下，各类书业参与者开始寻求合作与整合，以充分发挥各自的优势，共同应对市场竞争的挑战。出版社和图书公司拥有优质的内容存量资源，因此其将专注于优质内容的生产和输出，确保图书的质量和市场的竞争力，在未来，其会更加注重对于增量资源的开发。并与图书专业领域的MCN机构合作，后者利用其在网络传播、粉丝运营和内容包装上的专业能力，组成专业的营销团队，通过精心策划的直播活动和节目，增强图书的市场表现力和用户的购买欲望。

渠道商在这一产业链中所扮演的角色同样举足轻重。除了打造图书的智慧仓储和快捷运输云网络，还将负责及时供货、发货以及提供优质售后服务等一系列环节，确保每一本图书能够安全、快速地送达消费者手中。他们的参与保障了整个图书直播营销供应链的高效运转，利用坚实的后勤支撑为直播带货业务流程提供保障。

当下，出版大直播的局面正在从构想走向现实。信息传播权力经由技术赋能达成了民主式下迁，读者可以通过智能终端实时与作者、出版社进行互动交流，参与到图书的推荐、讨论甚至内容创作中来。不仅拉近了读者与出版方的距离，也为图书的宣传制造了新的机遇。伴随直播电商的兴起，图书行业的各个环节都在寻求变革与创新。从内容生产到营销推广，再到物流配送，各个阶段的有机整合正在推动着整个书业生态的转型升级，开辟图书市场的新局面。

（吴永凯　张洪亮　陈哲　北京印刷学院）

（本文写作得到以下人员帮助：冯小轩、王珂、马宇菲、刘世鑫、赵艾彤、李响、罗秋艺、陈紫薇、周扬扬、马菁华、杨成、张佳宁、韩婧怡）

参考文献

［1］中国互联网信息中心. 第53次《中国互联网络发展状况统计报告》［R/OL］. （2024－03－22）［2024－05－21］. https：//www.cnnic.net.cn/n4/2024/0321/c208－10962.html.

［2］巨量算数. 抖音电商图书行业发展数据报告［R/OL］. （2022－04－22）［2024－05－21］. https：//trendinsight.oceanengine.com/arithmetic－report/detail/688.

［3］［9］年榜来了! 2023年书业抖音直播＆短视频影响力指数排行榜发布［EB/OL］. （2024－01－23）［2024－05－21］. https：//mp.weixin.qq.com/s/cI-IquKq1tQseiSk7_RpiUA.

［4］澎湃新闻,董宇辉带货《人民文学》,"4小时卖了近100万本"［EB/OL］. （2024－01－24）［2024－05－21］. https：//mp.weixin.qq.com/s/SQIwQcWOtrg4pzrohxhwbg.

［5］《收获》杂志龙年拥抱互联网,联手董宇辉直播间"收获"8万新订户!［N/OL］. 新闻晨报,2024－02－29［2024－05－21］. https：//baijiahao.baidu.com/s?id=1792228590773519454&wfr=spider&for=pc.

［6］抖音电商. 2023抖音电商图书消费数据报告［R/OL］（2024－01－10）［2024－05－21］. https：//trendinsight.oceanengine.com/arithmetic－report/detail/1046.

［7］蒋莉. 新媒体矩阵年销售额破4 000万元,这家出版社总结了3条经验［N/OL］. 中国出版传媒商报,（2023－12－05）［2024－05－21］. https：//mp.weixin.qq.com/s/1GoKD0O2t9NxVYUwP9_SnQ.

［8］焦翔. "直播＋展会":出版业交出怎样的答卷［EB/OL］. （2023－03－05）［2024－05－21］. 中国出版营销周报,https：//mp.weixin.qq.com/s/_PyHSnaXNy1ADc0kDEqHFQ.

［10］［11］孙珏. 多数不收坑位费,腰部达人入场,出版机构迅速布局!［N/OL］. 中国出版传媒商报,2021－11－23［2024－05－21］https：//mp.weixin.qq.com/s/UKPTCzCRX8D4ZNYg4ridMA.

［12］陈建峰. 新媒体时代图书直播营销优化路径［J］. 西部广播电视,2023（14）:68－70.

[13] 孙保营,吴娇阳. 短视频图书直播营销:内在逻辑、现实问题与优化对策[J]. 华北水利水电大学学报(社会科学版),2023(05):87-92.

[14] 肖颖. 东方甄选竟然1元卖书!出版还能干吗?[EB/OL].(2023-12-27)[2024-05-22]. 中国出版传媒商报,https://mp.weixin.qq.com/s/yqnNWn08ZATywXgkrxqNEA.

[15] 中共中央、国务院印发《质量强国建设纲要》[EB/OL].(2023-02-06)[2024-04-14]. https://www.gov.cn/zhengce/2023-02/06/content_5740407.htm.

[16] 市场监督总局. 互联网广告管理办法[EB/OL].(2023-02-25)[2024-04-14]. https://www.samr.gov.cn/zw/zfxxgk/fdzdgknr/fgs/art/2023/art_d93a579afd45413e8576e4623fab348f.html.

[17] 中央网信办关于加强"自媒体"管理的通知[EB/OL].(2023-07-10)[2024-04-14]. https://www.cac.gov.cn/2023-07/10/c_1690638496047430.htm.

[18] AI主播一个月带货50万,数字人直播间正在占领电商行业[EB/OL].(2023-07-13)[2024-04-14]. https://new.qq.com/rain/a/20230713A05NX200.

[19] AI主播,线上虚拟发布会,世界上第一本5维智能图书来袭![EB/OL].(2023-07-27)[2024-04-14]. https://www.sohu.com/a/409990018_516219.

[20] 数字人苏东坡登陆央视《中国诗词大会》!石景山科技激活传统文化之美[EB/OL].(2023-02-03)[2024-04-14]. https://www.toutiao.com/article/7195731027950731808/?channel=&source=search_tab.

2023—2024中国全民阅读发展现状与趋势展望

田　菲　徐升国

2024年4月23日，第三届全民阅读大会在昆明举办。在大会主论坛上，由中国新闻出版研究院组织实施的第二十一次全国国民阅读调查结果发布，体现了最近一年来国民阅读发展现状与特点。过去一年中，我国全民阅读工作进一步深入推进，阅读立法获得新的进展，阅读活动开展和阅读设施建设不断深化，生成式人工智能大模型新技术给阅读带来巨大影响。本报告将探讨分析2023—2024年全民阅读新变化、新趋势，并进一步展望数智化时代全民阅读事业的发展方向。

一、从第二十一次全国国民阅读调查看2023年国民阅读特征

中国新闻出版研究院自1999年起组织实施全国国民阅读调查，到2024年已持续开展了二十一次。第二十一次全国国民阅读调查于2023年8月启动，经过几个月的调查问卷采集、数据加工、数据复核和数据分析工作，2024年4月23日正式对外发布调查结果。本次调查共在全国173个城市采集回收样本158万个。通过对本次调查的数据进行分析，可以发现，在过去一年中，我国国民阅读呈现出如下特征。

（一）全民阅读指数稳步增长，国民阅读的"广度"与"深度"协同发展

阅读指数是对一个国家或地区全体居民的个人阅读状况和公共阅读服务设施建设

与服务水平的综合评价。课题组在第二十一次全国国民阅读调查采集到的国民个人阅读状况和对阅读环境设施使用情况相关数据的基础上，综合测算出了全国国民阅读指数。2023年全国阅读指数为70.76点，较2022年的70.64点提高了0.12点。其中，个人阅读指数为73.25点，较2022年的73.13点提高了0.12点；公共阅读服务指数为68.47点，较2022年的68.36点提高了0.11点。从两年间全国阅读指数的变化可以看出，国民个人阅读指数的增长离不开各级全民阅读行政主管部门以及其他相关部门、社会机构长期以来在公共阅读设施建设、公共阅读服务以及阅读推广活动等方面做出的不懈努力，正是得益于全国各地、社会各界持续不断地为完善社会阅读环境做出的贡献，我国国民的个人阅读水平才得以逐年稳步提升。进一步分析我国国民的主要阅读指标数据可以看出，全民阅读不但在覆盖的广度上持续拓宽，在阅读的"深度"方面也不断增强。

调查数据显示，2023年我国成年国民包括纸质书报刊和数字出版物在内的各媒介综合阅读率为81.9%，较2022年的81.8%增长了0.1个百分点。从构成综合阅读率的几大主要出版物阅读情况来看，我国成年国民的纸质图书阅读率与上年持平，均为59.8%；成年国民的纸质报纸和期刊阅读率均低于上年，分别从2022年的23.5%和17.7%降至2023年的23.1%和17.5%；拉动综合阅读率稳步上升的主力则是成年国民包括手机阅读、网络在线阅读、电子阅读器阅读、Pad阅读等在内的数字化阅读方式接触率，由2022年的80.1%增至2023年的80.3%。

如果说阅读率的提升是对阅读群体规模扩大的体现，那么阅读的深度同样是衡量一个群体阅读水平的重要维度。体现一个群体已养成良好的阅读习惯的一项重要指标就是人均图书阅读量，一定规模的深度阅读群体对推动居民个人阅读行为起到有力的示范作用。第二十一次全国国民阅读调查数据显示，2023年，在我国成年国民群体中，有12.3%的人年均阅读10本及以上纸质图书，而年均阅读10本及以上电子书的人占比也达到一成（9.9%）。以上数据表明，在我国成年国民群体中，绝大多数人日常会进行阅读，更为可喜的是，有十分之一甚至更多的人已经是深度阅读者了，他们沉浸于阅读中，并完成年均10本及以上纸质图书或电子书的阅读。

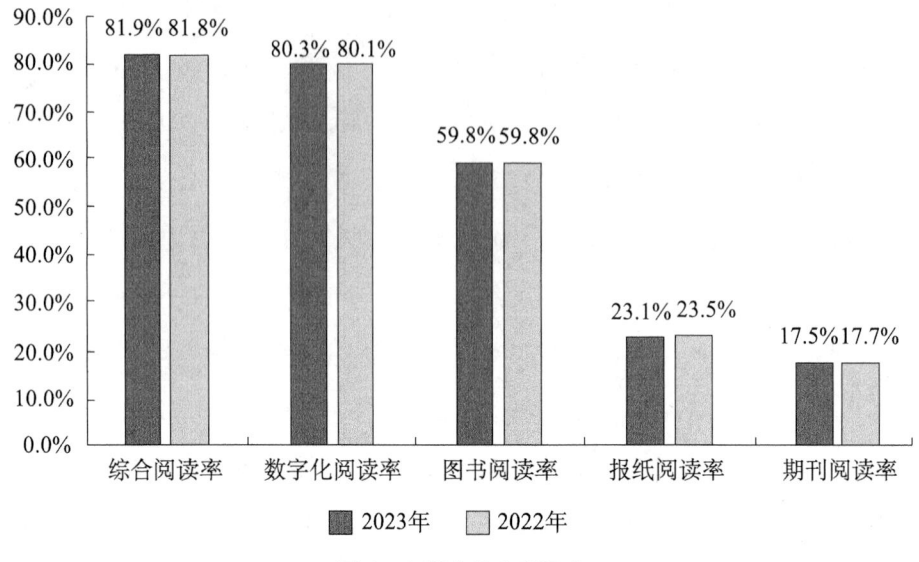

图 1　各媒介综合阅读率

(二) 阅读方式进一步多元化，数字化阅读受到广泛青睐

随着数字化技术的飞速发展，以手机阅读为代表的数字化阅读方式已经深入我国国民的生活之中，听书、视频讲书等新兴数字化阅读方式也不再是小众群体的选择。第二十一次全国国民阅读调查数据显示，在各类数字化媒介中，我国成年国民每天在手机媒介中花费的时间人均近两个小时（106.52 分钟）。此外，2023 年我国有近八成（78.3%）的成年国民进行过手机阅读，由此可见，手机在阅读普及方面发挥着重要的作用。

有三分之一以上（36.3%）的成年国民通过听书的方式阅读；而在 0—17 周岁未成年人群体中，也有三分之一（33.1%）的人通过听书的方式阅读。听书这一独特而古老的阅读方式，跨越了年龄的藩篱，在我国各年龄群体中的影响力持续扩散，受众规模日益扩大。从我国成年居民的听书渠道来看，手机等移动设备为我国成年国民听书提供了更多便利。第二十一次全国国民阅读调查数据显示，有 23.4% 的人选择"移动有声 APP 平台"听书；有 14.1% 的人选择通过"微信公众号或小程序"听书。除手机外，还有部分成年国民通过其他渠道听书，有 9.5% 的人选择通过"智能音箱"听书，有 7.8% 的人选择通过"广播"听书，有 6.1% 的人选择通过"有声阅读器或语音读书机"听书。

视频讲书这一新兴的图书信息传播和图书内容介绍方式，则迎合了短视频等新媒体平台受众的媒介使用习惯，视频播主通过短视频解读图书内容，提炼图书的精华，进而引发受众阅读整本书的兴趣，对推动读者阅读行为的转化起到了促进作用。在阅读资源日益丰富的今天，读者面临的难题并非无书可读，更多的是面对数量庞大、种类繁多的出版物，不知道该选择什么阅读的困惑，而短视频平台发布的读书类视频恰好发挥了一定程度的书目筛选功能，先由视频制作者精选出优质图书，将精华内容以短视频的方式呈现出来，受众在观看视频内容后选择是否完成整本纸质图书的阅读。第二十一次全国国民阅读调查数据显示，2023年我国有4.4%的成年国民通过视频讲书的方式进行阅读。

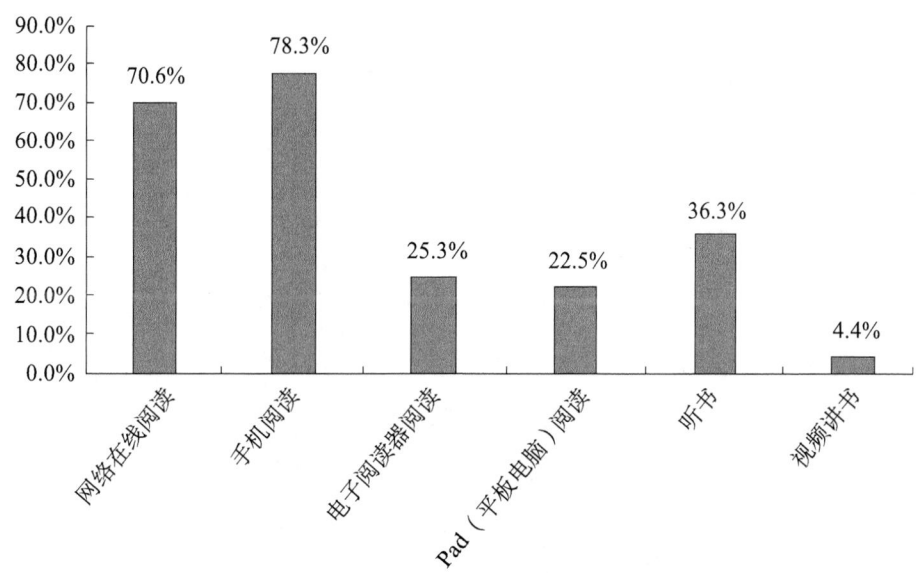

图2　2023年我国成年国民各类数字化阅读方式接触率

在数字化阅读飞速发展的今天，很多人对于通过手机等移动设备开展的碎片化阅读等问题持担忧态度，担心手机占据了大众太多的时间，其碎片化信息阅读方式也偏离了阅读的本质。但我们也要看到，手机阅读在阅读资源获取的便利性、获取成本的低廉度方面较传统纸质阅读更具优势，降低了阅读的准入门槛，辐射的人群也更为广阔，在推动更多国民投入阅读方面发挥了至关重要的作用。所以在手机时代，如何发挥好手机媒介在促进阅读中的优势，克服其弱点，是我们需要重点关注和研究的问题。

（三）公共阅读服务设施日趋多元化，深入居民日常生活场景

遍布居民日常生活场景的公共阅读服务设施为居民提供了便利条件，也为社会场域中阅读氛围的营造发挥了重要作用。除了公共图书馆、社区书屋、报刊栏等由政府相关部门管理的阅读设施外，近年来，遍布各地特色鲜明的新型实体书店和新型阅读空间/城市书房为居民阅读提供了更多的选择。除了向居民提供更为丰富的阅读资源，新型实体书店和新型阅读空间在阅读推荐、阅读环境营造、阅读推广活动方面均具有独特的个性与优势。

从第二十一次全国国民阅读调查数据来看，2023 年我国城镇成年居民对居住的街道附近的公共阅读服务设施的认知度超过五成，即我国城镇成年居民知道居住地附近设有公共图书馆、社区阅览室/社区书屋/城市书房、报刊栏/阅读屏、书店、绘本馆等至少一种公共阅读服务设施的比例达到 53.4%。

在以上几类公共阅读服务设施中，第一，实体书店的居民认知度是最高的，有超过四成（42.8%）的城镇居民表示在所住街道附近有书店，同时，书店的使用率也高于其他公共阅读服务设施，有 35.9% 的人表示使用过书店。

第二，公共图书馆始终在全民阅读中发挥着至关重要的作用。调查数据显示，有超过三成（31.6%）的城镇成年居民表示在其居住的街道附近有公共图书馆，有 15.5% 的城镇成年居民表示使用过公共图书馆。在使用过以上各类公共阅读服务设施的城镇成年居民中，公共图书馆的使用满意度最高，为 78.7%。

第三，公共阅读服务设施下沉至基层已成为各地推进全民阅读工作的主要抓手。近年来，在居民 15 分钟生活圈内开设无人值守的城市书房成为多地推进全民阅读的重点工程。而原有的社区阅览室、社区书屋等公共阅读服务设施，也积极探索多元化的运营模式，通过引入第三方专业机构等方式提升阅读服务品质。从调查数据来看，2023 年我国城镇成年居民知道所住街道附近有社区阅览室/社区书屋/城市书房的比例为 27.9%，有 13.2% 的人表示使用过社区阅览室/社区书屋/城市书房。

第四，报刊栏/阅读屏始终站在基层公共阅读服务的第一线，在街道社区发挥其独特的作用。2023 年，我国城镇成年居民中知道所居住街道附近有报刊栏/阅读屏的比例为 22.3%，有超过十分之一（10.7%）的人表示使用过报刊栏/阅读屏。

第五，虽然绘本馆面向的受众群体受到年龄或其他因素的限制，规模与书店、公共图书馆等阅读设施存在一定差距，但使用过绘本馆的群体对于绘本馆的使用满意度相对较高。调查数据显示，2023年表示自己所住街道附近有绘本馆的城镇成年居民的比例为5.1%。虽然绘本馆的使用率仅为4.8%，但使用过绘本馆的人对绘本馆表示非常满意或比较满意的比例高达77.1%。

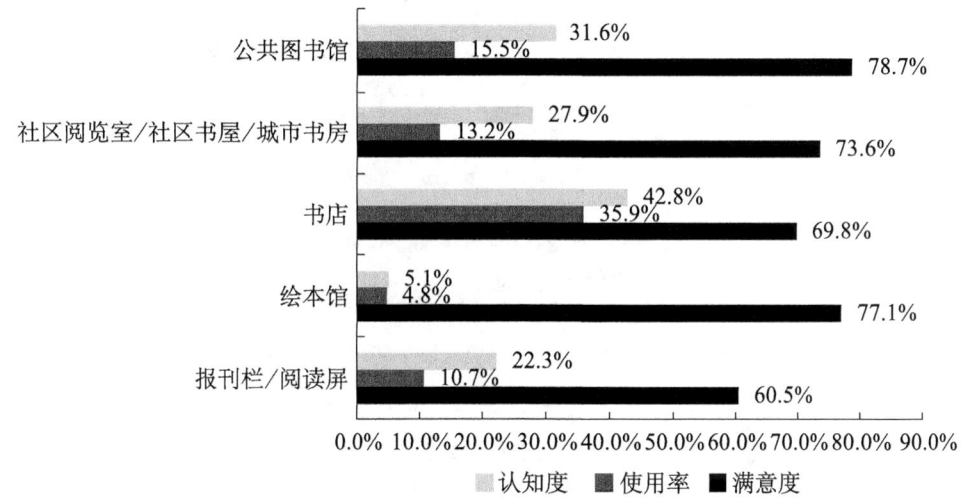

图3　城镇成年居民对居住地附近公共阅读服务设施的认知度、使用率与满意度

（四）全民阅读品牌活动丰富居民阅读体验，"本地读书月"活动影响力最大

第二十一次全国国民阅读调查数据显示，2023年有74.1%的成年国民知道身边举办过种类丰富的全民阅读品牌活动，近七成（67.5%）的人在2023年参与过全民阅读品牌活动，有72.8%的人对其参加过的阅读活动表示满意（"非常满意"或"比较满意"）。第一，在各类主流阅读活动中，"本地读书月"活动的影响力最大，无论是居民认知度还是参与度都稳居各类全民阅读品牌活动之首，2023年分别有近三成（29.9%和29.0%）的成年国民知道并参与过"本地读书月"活动。第二，"本地特色读书节（如大学生读书节、机关读书节等）"在成年国民中的影响力较大，以27.7%的知晓率和25.5%的参与度位列各项全民阅读品牌活动影响力的第二位。第三，"本地大型书展、书市活动"在成年国民中的认知度也相对较高，达27.7%，参与过该活动的成年国民比例为23.7%。第四，超过四分之一（26.0%）的成年国民知道身边举办

过"城市读书大讲堂/名家讲堂"等阅读讲座活动；还有23.1%的人在2023年参加过"本地读书会"举办的活动。第五，"阅读竞赛类活动"和"主题阅读活动"均在成年国民中具有一定程度的影响力，分别有一成以上的成年国民知道并参加过以上两类活动。

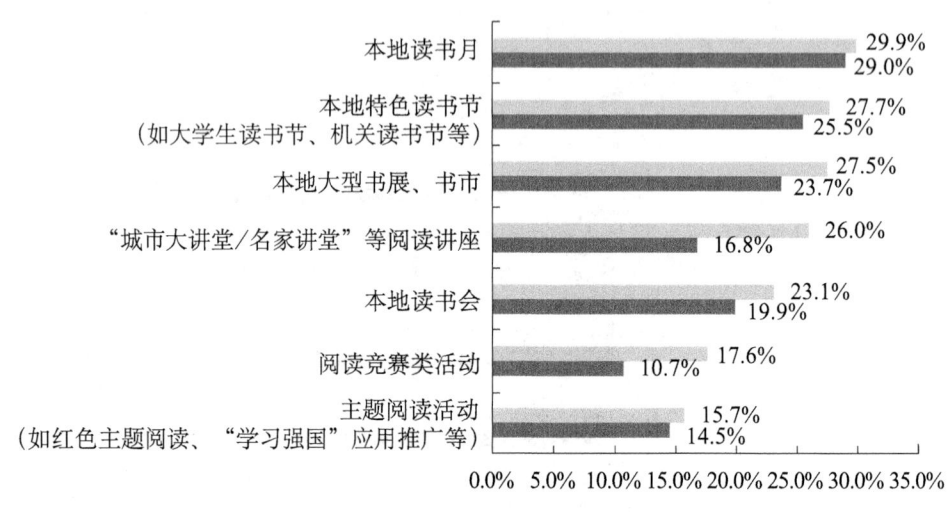

图4 成年国民对全民阅读品牌活动的知晓率与参与度

（五）未成年人比成年人更爱读书，纸质阅读仍是主流

从第二十一次全国国民阅读调查数据来看，我国0—17周岁未成年人的图书阅读状况明显优于成年群体。2023年我国0—17周岁未成年人中近九成（86.2%）的人阅读过除教材、教辅和期刊以外的纸质图书，远高于成年国民的图书阅读率（59.8%）。从纸质图书阅读量来看，2023年我国0—17周岁未成年人的纸质图书阅读量为11.39本，约为成年国民图书阅读量的（4.75本）两倍多。从阅读时长来看，我国0—17周岁未成年人平均每天用于纸质图书阅读的时长为35.69分钟，较成年国民（23.38分钟）多12.31分钟。以上数据表明，无论是纸质图书阅读的覆盖率、阅读量还是阅读时长，我国未成年人群体较成年人在阅读习惯方面的表现更佳。

虽然2023年我国0—17周岁未成年人对手机阅读、网络在线阅读、电子阅读器阅读、Pad（平板电脑）阅读等数字化阅读方式的接触率达到74.7%，但仍低于纸质图书阅读率的86.2%，这说明虽然我国未成年人的阅读方式日趋多元化，但纸质阅读仍是我国未成年人选择的主流阅读方式。

（六）农民工群体阅读状况与全国平均水平差距悬殊，他们的阅读需求值得重点关注

第二十一次全国国民阅读调查对象中，有一个人口数量庞大的职业群体值得我们重点关注——农民工。《2023年农民工监测调查报告》显示，2023年全国农民工总量达29 753万人。[1] 作为户籍为"农村户籍居民"，但在城镇从事着非农业生产的劳动者，这类群体看似拥有双重身份，可以同时体验到城乡两个地域的生活，但在实际生活中，该群体却面临着身份认同等困难。在进一步深入推进全民阅读工作的进程中，这个人口数量庞大的职业群体，是值得重点关注的弱势群体。他们面临的阅读困境可从全国国民阅读调查数据中窥见一二。

调查发现，农民工的图书阅读率和阅读量与全国平均水平差距悬殊，数字化阅读方式接触率与全国平均水平相差较小。调查数据显示，2023年我国农民工群体的综合阅读率为78.9%，较2023年全国的81.9%低3.0个百分点。具体来看，拉开农民工群体综合阅读率与全国平均水平差距的主要因素是纸质图书阅读。从调查数据可以看出，我国农民工群体的纸质图书阅读率与全国平均水平悬殊较大。2023年我国农民工群体的图书阅读率为38.8%，与全国平均水平（59.8%）相差21.0个百分点，即农民工群体的图书阅读率仅达到全国平均水平的六成左右。从对各类出版物的阅读量情况的考察来看，2023年，我国农民工群体人均阅读纸质图书1.93本，较全国平均水平的4.75本少2.82本，差距达两倍以上。2023年，我国农民工群体人均阅读电子书2.96本，较全国平均水平（3.40本）少0.44本。

以手机阅读为代表的各类数字化阅读方式是多数农民工的主流阅读方式。调查数据显示，2023年我国农民工群体对各类数字化阅读方式的接触率为79.6%，较2023年全国的80.3%低0.7个百分点。2023年我国农民工群体的手机阅读率为76.1%，略低于全国平均水平的78.3%，是农民工最主要的数字阅读方式。从阅读时长来看，2023年我国农民工群体每天在手机阅读、网络在线阅读等数字化阅读方式花费的平均时长近一个小时（54.78分钟），远高于纸质图书阅读的7.74分钟。

从农民工对于身边各类公共阅读服务设施的认知度和使用率看，他们对各类公共阅读服务设施的认知度和使用率均相对较低，对书店的认知度和使用率相对高于其他

设施。调查结果显示，2023年，我国农民工群体对自己居住的街道附近各类公共阅读服务设施的知晓率为43.8%，较全国城镇居民的53.4%低9.6个百分点。其中，农民工群体对于书店的认知度最高。调查数据显示，2023年有31.2%的农民工表示在其居住的街道附近有书店，26.1%的农民工表示在其居住的街道附近有报刊栏/阅读屏，24.4%的农民工表示在其居住的街道附近有公共图书馆，20.8%的农民工表示在其居住的街道附近有社区阅览室/社区书屋/城市书房，表示在其居住的街道附近有绘本馆的比例仅为2.7%。从农民工群体对各类公共阅读服务设施的使用情况来看，农民工对书店的使用率最高，为10.4%。其次，使用过报刊栏/阅读屏和公共图书馆的比例相对较高，分别为8.6%和8.3%。使用过社区阅览室/社区书屋/城市书房的比例为6.8%。

从全民阅读活动对农民工的影响看，全民阅读活动对农民工的影响力相对有限，认知度和参与度均不及全国平均水平的三分之一。从本次调查数据看，2023年，我国农民工群体对于当地的全民阅读品牌活动的知晓率为23.3%，不到全国平均水平的（74.1%）三分之一。与此同时，农民工群体对各类全民阅读品牌活动的参与度也远低于全国平均水平。2023年，我国农民工群体对于全民阅读品牌活动的参与度为19.9%，与全国平均水平的67.5%相距甚远。参与过各类全民阅读品牌活动的农民工对于活动的评价也相对较低，2023年，只有不到半数（49.5%）的人对自己参与过的全民阅读品牌活动表示满意，远低于全国平均水平的72.8%。

以上数据表明，我国农民工群体对身边全民阅读品牌活动的知晓率、参与度以及满意度与全国平均水平相比差距较大，全民阅读品牌活动在农民工群体中的影响力和渗透力极为有限，农民工群体对于城市精神文化生活的融入障碍依然存在。如何加强针对农民工群体、农村人口，农民工家乡留守儿童及进城子女这些阅读弱势群体的公共服务，在深化全民阅读公共服务进程中，需要重点关注。

二、2023—2024中国全民阅读工作持续深入推进

2023年以来，全民阅读作为国家战略，受到党和国家高度重视大力推进。全民阅读工作被纳入政府工作报告和各项文化领域政策中，同时各项促进全民阅读工作的专

项政策也不断出台。三届全民阅读大会的召开，不断将全民阅读推向高潮。全民阅读公共服务设施建设不断深化，人工智能和元宇宙等阅读新技术的应用，也使阅读形式和阅读体验持续推陈出新。阅读理论研究和阅读标准研制工作的推进，则为全民阅读专业化发展提供了学理支撑。

（一）全民阅读持续深入，作为国家战略高位推进

2024 年全国两会政府工作报告中，李强总理提出"深化全民阅读活动"，而在此前 2022 年党的二十大报告中，习近平总书记就特别提出"加强国家科普能力建设，深化全民阅读活动"。2024 年政府工作报告提出"深化全民阅读活动"，既是对二十大报告中关于全民阅读工作部署的落实和推进，也是对政府工作报告中连续十年推进全民阅读工作的总结和深化。自 2014 年起，"全民阅读"连续十一次被写入政府工作报告。从 2014 年"倡导"，到 2023 年"深入推进"，到 2024 年"深化"，标志着全民阅读工作受到党和国家高度重视，全面推进，逐步深化，目前已经进入到新的发展阶段。

习近平总书记对"全民阅读"极为关注，他曾表示"我最大的爱好是读书，读书已成为我的一种生活方式"。2019 年在甘肃省考察时提出"要提倡多读书，建设书香社会，不断提升人民思想境界、增强人民精神力量，中华民族的精神世界就能更加厚重深邃"。2022 年 4 月 23—25 日，首届全民阅读大会在北京举行，习近平总书记发来贺信，发出号召："希望全社会都参与到阅读中来，形成爱读书、读好书、善读书的浓厚氛围。"

全民阅读成为一项国家战略，离不开党和国家的重视，最高领导人对于全民阅读的关怀更是推动"全民"投入阅读的强大动力。在党和国家领导人大力推动下，近年来，全民阅读工作作为国家战略，得到全力推进。2016 年 3 月，《中华人民共和国国民经济和社会发展第十三个五年规划纲要》发布，明确提出要"推动全民阅读"，并将全民阅读工程列为国家八大文化重大工程之一。同年，我国出台首个国家级全民阅读规划——《全民阅读"十三五"时期发展规划》，明确提出了国家全民阅读工作的指导思想和基本原则，并从十个方面制定了进一步推动全民阅读工作走向深入的重点任务。2020 年 10 月，中宣部印发《关于促进全民阅读工作的意见》，对加强全民阅读工作进行了全面系统的部署，提出全民阅读要"以满足人民精神文化生活新期待为出发点和

落脚点"。2021年3月，十三届全国人大四次会议通过的《中华人民共和国国民经济和社会发展第十四个五年规划和2035年远景目标纲要》提出"深入推进全民阅读，建设'书香中国'"，全民阅读在国家战略层面的定位日益明朗。2023年3月，教育部联合中宣部等8部门出台了《全国青少年学生读书行动实施方案》，结合"书香校园"建设，发布《教育部基础教育课程教材发展中心中小学生阅读指导目录》，指导青少年进行科学的分级阅读，努力在广大青少年学生中形成爱读书、善读书、读好书的浓厚氛围。这些政策措施环环相扣，持续推进，不断使全民阅读工作向纵深推进。

（二）第三届全民阅读大会盛大举行，推动全民阅读工作深入开展

为了落实党中央、国务院精神，深化全民阅读活动，从2022年开始，中宣部每年发起主办"全民阅读大会"，作为全民阅读年度工作的一个重要抓手。全民阅读大会集政策解读、学术研讨、活动经验分享、大众参与体验等有关全民阅读的各项重要维度于一体，是一种基于全民阅读的全民性、公共性、专业性的全新阅读活动模式。首届全民阅读大会2022年在北京盛大举行，习近平总书记亲自致贺信。2023年，第二届全民阅读大会在杭州举办，盛况空前。2024年，第三届全民阅读大会转战春城昆明，再掀新的高潮。

第三届全民阅读大会以"共建书香社会　共享现代文明"为主题，聚焦全民阅读，结合云南地域特点，设置论坛、发布活动、主题活动、展览展示4大类36项相关活动，在全社会进一步营造爱读书、读好书、善读书的浓厚氛围。其间举办的一系列主题论坛备受关注，包括"图书馆全民阅读"论坛、阅读权益保障论坛、"阅读与乡村振兴"论坛、"青少年阅读"论坛、"家庭亲子阅读"论坛、银龄阅读论坛、"阅读与民族团结"论坛、阅读研究论坛等，对全民阅读重要领域进行深入研讨交流，探讨深化全民阅读活动的战略方向与做法经验，为进一步推进全民阅读提供了强大的推动力量。大会还同步举办年度最美书店发布、大众喜爱的阅读新媒体号推荐等活动。从第三届全民阅读大会的各论坛议题和主要活动来看，在国家层面对于全民阅读工作的布局更为开阔，社会各界对全民阅读的推进更为深入，引导各地对阅读活动的开展更为专业。

在全民阅读大会的示范效应带动下，从2022年开始，山东省与河南省每年分别举办了全省全民阅读大会，2023年10月20—24日，山东省第二届全民阅读大会在泰安

开幕，同期举行的泰山书展，向读者发放 100 万元图书定向惠民消费券。大会还组织全省各地市同步联动举行了系列阅读活动。地方省市全民阅读大会与全国全民阅读大会相互响应，为营造全民阅读浓厚氛围，提供了新的机制和平台。

（三）全民阅读设施建设全面升级，公共阅读服务效能不断提升

随着全民阅读工作的深入推进，近年来，全民阅读公共服务体系建设也不断加强。各类阅读基础设施如实体书店、书屋、图书馆更加完善，农家书屋、社区书屋、职工书屋、校园书屋、军营书屋等广泛建立，城市书房、智慧书屋在各地蓬勃兴起，以高颜值、高体验赢得越来越多的读者的欢心。

据有关部门统计发布，我国共有农家书屋 58 万多家，累计配送图书超过 12 亿册，农民人均图书拥有量从农家书屋工程实施前的 0.13 册提升到 2.17 册，增长近 20 倍，数字农家书屋数量已达 16.7 万家。[2]据全国总工会统计，全国已建成职工书屋超过 16 万家，全国工会职工书屋示范点达到 1.5 万家。"阅读经典好书　争当时代工匠"全国工会职工书屋主题阅读交流活动已连续举办七届，以各种形式参与活动的职工超过 4 亿人次。[3]

图书馆服务体系作为公共文化服务体系建设总体战略的重要组成部分，在整个公共文化服务体系中具有基础性作用。近年来，全国公共图书馆建设取得积极进展，公共图书馆设施网络体系不断完善，图书藏量不断增长。《中华人民共和国公共图书馆法》颁布出台后，全国公共图书馆服务效能稳步提升，全民阅读推广活动丰富开展。到 2023 年底，全国共有公共图书馆 3 309 个，总流通 112 668 万人次。[4]全国公共图书馆 2022 年共为读者举办各种活动 21.23 万场次，参加 1.35 亿人次，公共图书馆成为全民阅读的重要支撑平台。[5]随着移动通信、智能监控、RFID、人脸识别、云计算、万物互联、人工智能等技术的发展，图书馆总分馆体系逐渐变得形态多样、资源丰富、服务便捷、运作高效。

随着全民阅读深入推进，新型阅读设施建设也得到不断升级发展。城市书房、智慧书屋、阅读驿站、书咖书吧，还有书香酒店、书香候机厅、书香地铁、书香高铁、书香城市公园、书香景点、书香银行等各类"阅读＋设施"不断涌现，全国各地掀起了一股新型公共阅读空间建设热潮。这些空间名称各异，通常由政府主导、社会力量

参与，共建共享，面向社会公众免费开放。这些新型公共阅读空间，具备一些与时代相适应的新特征：一是高颜值的阅读环境，品质化的阅读服务，让阅读成为一种时尚；二是嵌入老百姓日常生活空间，让阅读氛围无处不在；三是24小时自助服务，或者超长时间不间断开放，让阅读成为一种日常；四是强化服务体系建设，服务效能显著。新型公共阅读空间引入了大量科技装备，从出入门禁监控到图书自助借还，从线上预约活动到线下服务利用，可以全程实现自助服务，全面体现了文化和科技的融合发展，以技术手段有效缓解了基层服务人手配备不足的问题。

实体书店作为城市的文化灯塔，近年来，国家还采取对实体书店税收减免、补贴措施，促进实体书店发展。继2016年中央宣传部、文化部等部门联合印发《关于支持实体书店发展的指导意见》之后，2023年中央宣传部办公厅、文化和旅游部办公厅再次印发《关于推动实体书店参与公共文化服务的通知》，将实体书店作为重要的文化设施和文明载体，推动实体书店在促进城乡文化市场繁荣、推动全民阅读、建设书香社会、提高全民族素质等方面发挥重要作用。支持实体书店发挥其布局广泛性、内容多样性和服务便利性的优势，积极参与公共文化服务建设，丰富公共文化产品和活动，扩大公共文化服务有效供给，丰富群众精神文化生活，推动公共文化服务高质量发展。

（四）数字化智能化阅读新模式，推动全民阅读不断创新发展

2023—2024年的全民阅读面临着数字化新技术带来的变革与挑战。有声阅读、视频讲书这些手机阅读新模式继续快速发展，元宇宙新技术新模式，生成式人工智能的爆发，又引发了新一轮的阅读媒介新技术、新模式的出现，不断重塑着居民的阅读习惯，丰富了居民的阅读资源与阅读场景，同时也对各类数字化媒介搭载的阅读内容的质量提出了更高的要求。

居民综合阅读水平的提升关键所在是越来越多的人投身阅读，听书、视频讲书等数字化阅读方式顺应了数智化时代居民的媒介使用习惯，也进一步拓宽了居民获取阅读资源的渠道。不论是精准还原图书内容的音频，还是短小精悍却引人入胜的讲书短视频，抑或是读者与作者、读者与读者之间关于阅读内容的评论互动，都表明了推动全民的阅读方向并非只能遵从传统的纸质阅读轨迹，层出不穷的数字化阅读方式与纸质阅读之间并非此消彼长的关系。

2022年，中国新闻出版研究院成立"元宇宙出版与阅读实验室"，对元宇宙相关技术对阅读的影响与机遇进行深入研究探索。2023年4月21日，实验室与嘉兴市图书馆合作，在全国建成首家"元宇宙阅读体验馆"，并正式对外开放。2024年，"元宇宙阅读体验馆"被文化与旅游部列为2023年度智慧图书馆创新应用优秀案例。2024年5月27日，国际图书馆联盟（简称"国际图联"，IFLA）宣布"元宇宙阅读体验馆"获得"年度国际营销奖"。

中国图书进出口公司中图文创于2023年推出"图壤·阅读元宇宙"，并在第二十九届北京国际图书博览会正式亮相。"图壤·阅读元宇宙"是融合虚拟数字人等关键技术打造的新兴文化平台，并借助泛终端传播体系，多元展现了可交互的沉浸式阅读内容。2024年3月11日，贵州出版集团推出非遗云村寨元宇宙图书，是集VR全景村落、非遗视听、非遗研学活动、非遗图书数据库等多形态为一体的非遗综合服务平台，从视、听、说等多维度呈现非遗文化内容，读者佩戴设备后即可沉浸式体验"云游逛村寨""民族刺绣""民俗风情"等元宇宙图书内容。这些阅读新媒体新体验，给全民阅读带来了许多新的挑战和机遇，让阅读在新时代萌发出勃勃生机。

（五）全民阅读理论研究不断推进，阅读实践日趋专业化

全民阅读研究逐步走向深入，进一步向全民阅读专业化迈进。2023年10月14日，第四届全民阅读研究年会在成都举行。大会面向全国各级全民阅读主管部门、高校研究机构、社会阅读推广组织等参与"全民阅读创新服务典范"案例评选，年会举办期间，不仅为21个"全民阅读创新服务典范"优秀案例获奖单位授牌，还为出版界、学术界等积极参与全民阅读的研究者和实践单位搭建了深入交流的平台，为全民阅读工作专业化提供了科学实践路径。

全民阅读推广人职业化制度的设计是引领全民阅读深入基层的关键所在。在阅读推广人专业化制度方面，江苏省张家港市走在了全国前列。2024年5月31日，全国首个全民阅读推广服务能力标准——《张家港市全民阅读推广服务能力标准》顺利通过专家论证，创新性地提出了全民阅读推广能力初级、中级、高级三级划分标准。与《标准》配套出台的还有《张家港市全民阅读推广人服务能力业务评价办法》《张家港市全民阅读推广人选派制度》《张家港市全民阅读推广人职业化发展行动方案》三项制

度文件。长久以来，我国阅读推广人面临着积极性大于专业性的重大问题，对于阅读推广人的能力评价与划分没有明确的标准。《标准》的出台是我国阅读推广专业化迈出的关键一步，为庞大的阅读推广人队伍向阅读能力相对较弱的群体提供专业的阅读服务与指导提供了制度保障。

三、全民阅读工作前景展望与对策建议

展望未来，全民阅读工作法制化，将使全民阅读实现制度化、体系化。全民阅读作为一项公共文化服务工程，还需要加强服务体系和服务能力建设，加强农民工、老年人、留守儿童、残障人士等重点人群和特殊人群的阅读服务，保障他们的阅读权益。随着生成式人工智能等新技术的进一步发展，全民阅读工作还需要不断融合创新，为人们迎接智能文明新时代提供强大的智慧源泉。

（一）全民阅读法制化将为全民阅读工作制度化、体系化提供强大保障

全民阅读作为国家战略，如何通过法制化建设予以法律保障，长期以来受到广泛关注。通过全民阅读立法，可以将全民阅读工作纳入公共文化服务体系，明确政府职责，加大财政投入力度，发动社会力量共同参与，为重点群体和弱势群体提供制度保障。

全民阅读立法在我国经过了一个地方先行先试，总结经验再推动全国立法的过程。2014年11月27日，江苏省第十二届人民代表大会常务委员会第十三次会议通过《江苏省人民代表大会常务委员会关于促进全民阅读的决定》，此后先后有21个省市出台了地方全民阅读法规。2024年4月26日，盐城市第九届人民代表大会常务委员会第二十一次会议通过了《关于促进全民阅读的决定》，成为第22个专门出台地方阅读法规的城市。这些地方阅读法规均把握住了一个重点——明确相关政府部门在全民阅读中的职责，鼓励社会力量积极参与到全民阅读中来，为居民能平等地享受阅读权益而共同努力。

在国家阅读立法层面，2017年3月1日《中华人民共和国公共文化服务保障法》

正式施行，2018年1月1日《中华人民共和国公共图书馆法》正式施行。这两部法律都列入了全民阅读的内容，对保障居民阅读便利提出明确要求，标志着全民阅读工作在全国层面上已经有了基本的法律保障。

从2017年起，国家层面就一直致力于推动全民阅读工作专项立法，当年，国务院法制办曾对《全民阅读促进条例》草案面向全国公开征求意见，后因各种原因而中止。2024年，《全民阅读促进条例》再次提上日程，在《国务院2024年度立法工作计划》中，《全民阅读促进条例》名列其中，显示全民阅读立法工作再次得到全面提速。全民阅读专项法规的出台，是我国全民阅读工作全面深化的重要标志，将极大地推动全民阅读工作法律化、制度化、体系化进程。展望2025年，我国全民阅读立法将出现突破性进展，并将为全民阅读工作注入强大的制度力量。

（二）全民阅读公共服务体系建设需要进一步强化，为深化全民阅读提供坚实的物质基础

党的二十大提出，要深化全民阅读活动，推动全民阅读高质量发展，到2035年建成文化强国。全民阅读作为文化强国建设的重要抓手，作为提高社会文明程度最重要的基础，必然会深入推进，在进一步提高人民思想道德素质、科学文化素质和身心健康素质方面发挥重要作用。面向2035年文化强国建设，我国全民阅读公共服务体系建设有三个发展重点。

第一，要基本形成覆盖城乡的全民阅读推广服务体系。这就要求出版业进一步加强优秀出版物的供给能力，还是要多出好书，让更多的人爱上读书，读有所得。无论纸质出版物还是数字出版物，无论是网络传播还是实物销售，都要求"开卷有益"，让人读有所得。还要求对全国各地全民阅读基础设施建设进行系统规划，包括实体书店、图书馆建设、数字农家书屋建设，以及新型阅读空间建设等，使全民阅读公共服务设施无所不在，让人们随手可及。

第二，要加强重点阅读人群特别是青少年阅读兴趣、阅读习惯和阅读能力的培育。要提高国民阅读整体水平，从国际做法与经验看，还需要从婴幼儿和少年儿童开始，着手培养儿童的阅读兴趣、阅读习惯和阅读能力。一个人如果在14岁前没有形成良好的阅读习惯，长大后就很难成为一个真正的阅读者。因此，世界各国都将儿童作为全

民阅读的重点对象。数十个国家为此开展了以婴幼儿阅读启蒙为主体的"阅读起跑线计划"或"儿童阅读启蒙计划",以国家之力,通过向所有新生儿童连续三年免费发放阅读启蒙书包的方式,培养阅读的种子。此外,在幼儿园和小学阶段,实施儿童分级阅读工程和儿童阅读能力测评工作,形成儿童阅读能力培养整体体系。在学校教育中,以阅读能力为第一学习能力,阅读教育是学校教育的轴心为基础理念,开展基于阅读能力培养的教学育人工程。这些做法对我国全民阅读高质量发展来说,都极具参考价值。[6]

第三,建立全民阅读绩效评价制度与专业标准,是全民阅读走向专业化发展道路的有力保障。接下来可将设立全民阅读服务设施建设与管理标准、全民阅读服务人员专业标准,探索全民阅读服务新模式,提升全民阅读推广专业化水平作为扎实推进全民阅读工作的主要落脚点。

(三)农民工等重点人群阅读服务需要进一步强化,保障更多人享受到阅读权益

从对农民工群体阅读发展现状、特征相关数据的分析研究中可以看出,我国农民工群体的整体阅读状况低于全国平均水平,尤其在农民工的纸质图书阅读方面差距较为悬殊。全民阅读公共服务体系对农民工等弱势人群的覆盖范围、服务程度相对较低,他们在全民阅读公共服务体系中的获得感、幸福感相对较弱,可以说,农民工和农村人口、老年人群、留守儿童和城市打工子弟、各类残疾人群的阅读服务,都还存在大量空白点和薄弱点,在深入推进全民阅读工作中,需要作为工作重点,予以大力加强。

数字化阅读以免费低廉的阅读资源和方便快捷的多元化阅读媒介等优势降低了农民工群体获取阅读资源的门槛,并为他们在繁重工作间隙开展碎片化阅读提供了无限可能。各地全民阅读主管部门可以农民工数字化阅读平台建设方面为抓手,为农民工群体提供符合其特点和需求的优质阅读资源,扩大阅读资源的选择范围,提升阅读质量。

其次,从农民工群体对于公共阅读服务设施的认知与使用度较低,全民阅读品牌活动对农民工群体的覆盖度有限,农民工对阅读活动的参与度较低等方面来看,农民工群体以"新城市居民"的身份融入城市文化生活尚有一段较长的路要走。鼓励基层

各类公共阅读服务设施为农民工群体提供必要的阅读服务与引导,以促进农民工群体与城镇居民进一步达成文化认同,缩短二者之间的"社会距离"。

除了农民工本人,还应将改善农民工子女在阅读方面的劣势地位作为全民阅读工作的另一个重点。从农民工子女的生活状态来看应分为两大类,一类是没能与父母一起进城生活,留在农村老家的留守儿童群体;另一类则是随父母一起迁至城市生活的流动儿童。无论是在家乡留守的农民工子女,还是随父母到城市生活的流动儿童均存在可获取的阅读资源较少,家庭阅读氛围薄弱等问题。因此,有条件的地区可逐步开展农村学龄前儿童阅读资源和阅读设施等方面的重点工程建设,建立深入基层的阅读推广人机制,形成家庭、学校、社会协同的阅读帮扶机制,满足农民工子女的阅读需求。

除了农民工群体,其他阅读弱势人群的阅读需求,也需要进行重点保障。阅读作为一项公民的基本文化权益,特殊群体因为其特殊困难,其阅读权益需要特别予以关注。为此,需要推进各类公共阅读空间建设无障碍通道、残疾人阅读专席等便民设施,为阅读障碍者提供盲文出版物、大字出版物、有声读物等。重点保障贫困家庭儿童、孤残儿童等群体的基本阅读需求。推动监狱、戒毒场所、社区矫正机构等为各类人群提供必要的阅读条件,开展有针对性的阅读活动。

随着我国老龄化社会的到来,还需要大力发展"银龄阅读计划",专门针对中老年人群,开展银龄阅读服务。包括专门推出针对老年人提供大字版图书、老年听书机,专门开设针对老年人的知识讲座,成立银龄读书会,建设银龄阅读空间,开展儿童与老人相互阅读陪伴活动,推动老年人群老有所安、老有所乐、老有所为,满足银发人群的精神文化需求。

(四)积极拥抱人工智能和元宇宙等智能化新技术,推动全民阅读跃迁式发展

数字化技术的飞速发展,潜移默化地改变了居民的媒介使用习惯与阅读方式,不断涌现出新的以互联网为平台的阅读内容生产者,从 UGC(用户生产内容)到 AIGC(人工智能生产内容),用户、机构、人工智能都参与到阅读内容的生产制作中来,为数字化读者提供了海量可选的阅读内容。与此同时,新技术的出现激发了数字化读者对阅读内容提出更高要求，诸多出版单位在以 5G、VR 等技术赋能传统出版内容方面做出了有益探索，开发出一系列沉浸式阅读产品，读者的阅读体验有了质的飞跃。

2023 年开始火爆全球的生成式人工智能技术，对阅读工作也形成了巨大的冲击和影响，数字人、智能体（Agent）、实时内容生成与交互，推动阅读产品、阅读模式、阅读体验正在发生新一轮革命性变化，不仅在丰富读者阅读体验方面实现了质的飞跃，在整个阅读内容生产环节也有重要的进展。2024 年 6 月，由武汉理工数字传播工程有限公司研发的 BOOKSGPT 大模型亮相，这是我国首个专属于出版业的 AI 大模型，从整个出版流程的选题策划、内容创作到发行营销、读者交互服务等环节，均通过算力提供技术支撑。在数十个不同的出版场景和图书场景下，BOOKSGPT 可通过多类型文档解析、多模态理解和生成、Agent 多轮智能对话、智能创作、文字审读与知识性校对、知识库检索与问答、推理加速、出版私有化模型部署能力全面提升图书出版效力。[7] 可以说，人工智能正在逐步改变全民阅读的生态环境，影响力持续扩散至全民阅读的上下游产业及相关领域。

从数字技术、算法模型与全民阅读事业相结合的新进展来看，生成式多模态大模型内容生成系统，以及人工智能数字人、元宇宙图书、元宇宙图书馆、元宇宙书店等重大科技创新在出版和阅读行业的应用目前尚处于探索阶段；从发展前景看，随着技术和内容的成熟，无疑将对全民阅读工作带来新一轮重大改变甚至是重构。

元宇宙技术的发展和完善，将完全改变当前知识的呈现形式。元宇宙阅读也将使阅读从平面互联网时代进化到空间互联网时代。元宇宙被称为是继 PC 互联网与移动互联网之后的第三代互联网，即库克所说的空间计算互联网，或马化腾所说的"全真互联网"。在元宇宙立体空间里，人们获得信息、知识和智慧的方式将进一步从文字阅读与思考转化成"目击"观看各类"全真信息"。人们通过仿真操控学习驾驶汽车飞机与宇宙飞船，通过数字孪生实现对物理设施的同步指挥控制。在元宇宙里，一切信息都以"全真"方式呈现在我们眼前，阅读将从文字阅读时代发展到全真阅读时代。可以说，在元宇宙时代，阅读的形式、阅读的内容、阅读的定义，都将再一次面临改写。[8]

人工智能技术的进化，改变的不仅是知识生成和获取方式，还将进一步改变人类本身。近两年爆火的生成式人工智能与大模型，将机器阅读、机器学习、机器创作、机器使用知识的场景充分体现出来。生成式人工智能正是基于机器对海量知识的阅读、学习、消化、吸收、加工、生成、再加工，直至变成产品、工作能力、自动化生产，取代人们的工作。随着生成式人工智能进一步爆发、涌现，智能体、通用人工智能AGI、超级人工智能ASI的出现都正在成为现实和可见的未来。在这一进程中，人工智能机器人作者、人工智能机器人编辑、人工智能机器人阅读陪伴者、人工智能机器人阅读导师都正在走向人们的日常生活。数字人、智能体（Agent）正在成为新型的阅读载体和阅读方式，甚至是人工智能本身也正在成为新的读者，成为阅读的主体之一。

人工智能和生物科技等新技术的爆炸式发展，正在使人类进化成神和超人。随着脑机接口、人造器官、基因工程等的不断突破，人类正在向生命3.0阶段进化，也即生物与机器相互融合，成为新的生命形态。当人工智能科技发展日益成熟的时候，人类也面临着进化到智人以来最大的改变。人类会进化成特质改变和智能升维的"超人"，将从碳基生物进化为碳基与硅基混合的新型生物体。与此同时，具有超级学习能力和阅读能力的超级人工智能还将导致硅基生命的出现，从而改变人类作为万物灵长的历史进程，会改变人类中心主义的历史。这样一来，我们阅读的未来，必将发生更加根本性的改变。

随着智能科技的进一步发展，人类面临的挑战越来越多，机会也越来越多。这些挑战与机会，主要不是来源于体力，而是脑力。面对机器超级智能的挑战，人们所需要的是对自身知识与智慧永无休止的更新升级，终身学习成为每一个人的生存之需、发展之道。人们更多享受的也将是不断升级的精神消费。从这个意义上说，智能化时代越发展，阅读能力、阅读素养就越来越成为每一个人的核心竞争力。通过各种形式的阅读，人类将实现思维、认知系统的持续升级，实现智慧的升维和生命的跃迁，"智人""神人""超人"将成为新人类的写照，阅读将越来越成为人的本质。通过阅读，每一个人都将成为更好的自己。

（田菲　中国新闻出版研究院出版所助理研究员；

徐升国　中国新闻出版研究院出版所所长）

参考文献

［1］国家统计局．2023 年农民工监测调查报告［R/OL］．（2024 - 05 - 01）［2024 - 05 - 31］．https：//www. gov. cn/lianbo/bumen/202405/content_ 6948813. htm．

［2］陈丹，王海歌，李晨玮．全民阅读深入推进背景下的我国城乡阅读一体化路径探析［J］．科技与出版，2022（05）：12 - 19．

［3］黄洪涛．2023 年全国工会职工书屋建设成果展示交流活动举行［EB/OL］．（2024 - 01 - 09）［2024 - 07 - 02］．http：//acftu. people. com. cn/n1/2024/0109/c67502 - 40155129. html．

［4］国家统计局：全国共有公共图书馆 3 309 个［R/OL］．（2024 - 02 - 29）［2024 - 07 - 02］，https：//www. zhonghongwang. com/show - 257 - 318757 - 1. html．

［5］中华人民共和国文化和旅游部．2022 年文化和旅游发展统计公报［R/OL］．（2023 - 07 - 13）［2024 - 07 - 02］．https：//zwgk. mct. gov. cn/zfxxgkml/tjxx/202307/t20230713_ 945922. html．

［6］徐升国，汤雪梅．全民阅读走向体系化新时代："十四五"时期全民阅读发展思考［J］．科技与出版，2021（05）：6 - 11．

［7］高少华．人工智能重塑出版业生态［EB/OL］．（2024 - 06 - 21）［2024 - 07 - 02］．http：//www. news. cn/tech/20240621/cd192a47f7c54b0a95887c1a77a9740c/c. html．

［8］徐升国．元宇宙时代的出版与阅读［J］．科技与出版，2022（04）：5 - 10．

2023 中国出版专业教育的现状与趋势展望

张文红　杨雨虹

我国出版教育始于新中国成立初期党和国家的高度重视，历经 70 余年的历史发展与持续改进，已逐步形成了一套比较系统完备的出版人才培养体系。党的十八大以来，我国出版教育界始终围绕构建文化强国与出版强国的长远目标，坚持以习近平新时代中国特色社会主义思想为引领，有序推进出版学科全面建设和出版专业人才的培养工作。2023 年，构建中国特色出版学科自主知识体系、推动出版学科共建深入发展成为出版教育领域的重要举措。本年度，人工智能技术实现重大突破，出版融合和高质量发展进入新阶段。这些都对出版教育产生了一定影响，使我国出版教育领域发生了新变化，出现了新趋势。

一、2023 中国出版专业教育的现状分析

在党和国家的坚强领导下，2023 年中国出版教育事业取得了显著进步和长足发展。这一年，出版教育事业坚持正确的政治方向，深入贯彻落实党的教育方针，不断推动出版教育领域的改革创新，为培养高素质、专业化的出版人才提供了坚实保障。

（一）2023 我国出版教育的生态背景[①]

2023 年，全国共有各级各类学校 49.83 万所，各级各类学历教育在校生 2.91 亿人，专任教师 1 891.78 万人。分层级看，各级各类教育均取得显著进展。2023 年，高等教育毛入学率 60.2%，比上年提高 0.6 个百分点，提前完成"十四五"规划目标。全国共有高等学校 3 074 所，比上年增加 61 所。其中，普通本科学校 1 242 所（含独立学院 164 所）；本科层次职业学校 33 所；高职（专科）学校 1 547 所；成人高等学校 252 所。另有培养研究生的科研机构 233 所。各种形式的高等教育在学总规模 4 763.19 万人，比上年增加 108.11 万人。

全国普通、职业本专科共招生 1 042.22 万人，比上年增长 2.73%。其中，普通本科招生 478.16 万人，比上年增长 2.19%。职业本科招生 8.99 万人，比上年增长 17.82%。高职（专科）招生 555.07 万人，比上年增长 2.99%。全国共招收成人本专科 445.49 万人，比上年增长 1.24%；在校生 1 008.23 万人，比上年增长 7.99%。招收网络本专科 163.42 万人；在校生 739.97 万人。全国共招收研究生 130.17 万人，比上年增长 4.76%。其中，招收博士生 15.33 万人，比上年增长 10.29%；硕士生 114.84 万人，比上年增长 4.07%。在学研究生 388.29 万人，比上年增长 6.28%。其中，在学博士生 61.25 万人，比上年增长 10.14%；在学硕士生 327.05 万人，比上年增长 5.59%。

全国共有高等教育专任教师 207.49 万人，比上年增加 9.71 万人。其中，普通本科学校 134.55 万人；本科层次职业学校 3.08 万人；高职（专科）学校 68.46 万人；成人高等学校 1.41 万人。普通、职业高校硕士以上学位教师比例 79.14%，比上年增长 0.6 个百分点。

（二）出版专业高等职业教育情况

通过全国职业院校专业设置管理与公共信息服务平台查看"职业教育专业目录"下的"高等职业教育专科专业"分类，再通过检索得知，高等职业教育的新闻传播大

[①] 此部分数据来源于教育部发展规划司发布的《2023 年全国教育事业发展基本情况》。

类共设置 22 个专业，其中新闻出版类专业 6 个，分别是数字图文信息处理技术、网络新闻与传播、出版策划与编辑、出版商务、数字出版、数字媒体设备应用与管理，本年度的新闻出版类专业设置情况与 2022 年保持一致。

在中华人民共和国教育部官网公布的《教育部关于公布 2023 年高等职业教育专科专业设置备案和审批结果的通知》中，2023 年新闻出版大类高职专业无增无减。

在"高等职业教育专科拟招生专业设置备案结果数据检索"系统中检索 2023 年度的新闻出版大类专业备案数据，较之 2022 年，2023 年全国高等职业教育院校在专业设置上出现了以下变化。

开设"数字图文信息处理技术"专业的共 10 所院校，分别是天津现代职业技术学院、晋城职业技术学院、上海出版印刷高等专科学校、江苏联合职业技术学院、滁州城市职业学院、江西传媒职业学院、山东传媒职业学院、深圳职业技术学院、广州科技职业技术大学、重庆商务职业学院。与 2022 年相比，增加了滁州城市职业学院 1 所院校，晋城职业技术学院增加了 2 年制数字图文信息处理技术专业，同时减少了四川文化产业职业学院 1 所院校。

开设"网络新闻与传播"专业的共 64 所院校，与 2022 年相比，增加了宝鸡中北职业学院 1 所院校，减少了成都艺术职业大学 1 所院校。同时，景德镇艺术职业大学撤销了 5 年制网络新闻与传播专业，广州华立科技职业学院、广州东华职业学院撤销了 2 年制网络新闻与传播专业，保留该专业 3 年制学制。

开设"出版策划与编辑"专业的共 3 所院校，分别是安徽新闻出版职业技术学院、江西传媒职业学院、东莞职业技术学院。与 2022 年相比，并无院校和学制上的改变。

开设"出版商务"专业的共 3 所院校，分别是上海出版印刷高等专科学校、安徽新闻出版职业技术学院和南充职业技术学院。与 2022 年相比，安徽新闻出版职业技术学院增加了该专业 2 年制学制。

开设"数字出版"专业的共 10 所院校，分别是北京北大方正软件职业技术学院、上海出版印刷高等专科学校、江苏联合职业技术学院、苏州工业园区服务外包职业学院、山东传媒职业技术学院、湖南大众传媒职业技术学院、广东轻工职业技术学院、深圳职业技术学院、东莞职业技术学院、成都工业学院。与 2022 年相比，增加了北京北大方正软件职业技术学院 1 所院校。

开设"数字媒体设备应用与管理"专业的共1所院校，为安徽绿海商务职业学院。与2022年相比没有院校或学制上的变化。

与2022年专业开设情况相比，2023年我国新闻出版类开设院校整体数量增加，但增加幅度不大，专业设置没有变化。各个专业的变动主要体现在对学制的调整。部分院校撤销了学习年限较长的5年制学制，部分院校增加2年制学制，体现了对于新闻出版类专业培养模式的不断优化。

（三）出版本科教育情况

1. 编辑出版学教育情况

根据教育部发布的《普通高等学校本科专业目录（2024年）》，新闻传播学专业类共包括10个专业，分别是新闻学、广播电视学、广告学、传播学、编辑出版学、网络与新媒体、数字出版、时尚传播、国际新闻与传播、会展。

我国共有70所本科院校（含独立民办院校）开设编辑出版学专业，其中北京印刷学院、南京大学、武汉大学、中国传媒大学等14所高校的编辑出版学为国家级一流本科专业。[1]查询教育部每年公布的《普通高等学校本科专业备案和审批结果》数据，可以清楚地看出：近年来我国编辑出版学专业建设点有所减少，且呈持续下降趋势。2020年虽然在辽宁传媒学院新增1个编辑出版学办学点，但有3所院校备案撤销编辑出版学专业，分别是中国人民大学、安徽新华学院和广西民族大学。2021年办学点数量继续减少，吉林艺术学院、湘潭理工学院、广西民族大学相思湖学院和昆明理工学院4所院校撤销了编辑出版学本科专业。2022年编辑出版学专业建设点再度缩紧，有3所院校在教育部备案撤销了编辑出版学本科专业建设点，它们分别是临沂大学、湖北恩施学院和昆明理工大学。

在"双一流"建设政策、国家级一流本科专业建设的推动和当前人才市场需求的快速演变下，编辑出版学专业本科教育正面临着严峻的挑战。一方面，部分高校致力于整合和优化校内资源，着力打造具有独特优势和竞争力的一流专业，这在一定程度上减少了对编辑出版学专业的直接关注，这使高校的编辑出版学专业建设面临挑战。另一方面，出版产业日新月异，新技术、新话题层出不穷，对出版人才的需求规格更新较快。同时，我国编辑出版学专业偏于传统的出版人才培养模式，与出版业的最新人才需求不匹配，难以满足出版业数字化和智能化发展的人才需求。

2. 数字出版教育情况

我国数字出版专业教育开始于 2008 年。当年北京印刷学院首先设立了数字出版专业，由于当时的《普通高等学校本科专业目录》并没有设立数字出版专业，北京印刷学院的数字出版专业以"传播学"专业名义开始招生。2020 年，北京印刷学院数字出版专业入选国家级一流本科专业建设点，是当年全国唯一入选的数字出版专业建设点，标志着数字出版专业在国家层面得到了认可。截至 2023 年，我国数字出版专业国家级一流本科专业建设点共有 2 个，分别在北京印刷学院和中南大学。

随着数字出版专业以"特设专业"名称出现在教育部《普通高等学校本科专业目录》中，数字出版专业点逐渐增多，截至 2023 年底，全国开设本科数字出版专业的院校共 24 所。根据近年教育部公布的《普通高等学校本科专业备案和审批结果》，2020 年新增 2 所院校开设数字出版本科专业，分别是南京传媒学院与山东政法学院。2021 年新增 1 所，为中国传媒大学。2022 年新增 1 所，为长春科技学院；撤销 2 所，为武汉大学和曲阜师范大学。2023 年新增 1 所，为华侨大学，无撤销。

近年来，随着信息技术的飞速发展，数字出版行业迅速崛起，成为出版领域的一股新兴力量。为了应对这一变革，越来越多的高校开始设立数字出版专业，旨在培养适应新时代出版需求的优秀人才。这一现象充分显示了国家和社会对数字出版行业的高度重视和期望。然而，尽管数字出版专业在近年来呈现出稳步上升的趋势，但总体来看，开设该专业的院校数量仍然相对较少。这主要是由于数字出版专业起步较晚，相关的教学资源和经验相对匮乏，使得一些高校在开设该专业时面临一定的挑战。相信随着技术的不断进步和市场的不断扩大，未来开设数字出版专业的高校数量将会逐渐增加。

（四）出版硕士研究生教育情况

2010 年，国务院学位委员会批准设立了出版硕士专业学位，南京大学、武汉大学、北京印刷学院等 14 所高校获得首批出版硕士专业授权点。目前我国有 34 个出版专业硕士授权点，52 个学术型硕士点招收出版方向研究生，18 个新闻与传播专业学位硕士点开设出版相关研究方向。全国每年招收出版学专业或研究方向的硕士生2 000余人，其中出版专业硕士每年招生在500人左右。[2]

"中国研究生招生信息网"相关信息显示，2023年全国范围内进行出版硕士专业学位研究生招生、培养的单位共31家，分别是北京印刷学院、中国传媒大学、南开大学、河北大学、辽宁大学、吉林师范大学、复旦大学、上海理工大学、华东师范大学、南京大学、南京师范大学、安徽大学、南昌大学、青岛科技大学、济南大学、河南大学、武汉大学、湖南师范大学、暨南大学、华南师范大学、广东财经大学、广西师范大学、四川大学、昆明理工大学、云南民族大学、陕西师范大学、浙江工商大学、湖北大学、吉林外国语大学、南昌工程学院、扬州大学。另外，在拥有出版硕士专业学位授权点的高校中，苏州大学及华中科技大学均已暂停出版硕士专业学位的招生工作，北京大学只招收推荐免试研究生，不招收应试生。

2020年获批出版硕士专业学位授权点的浙江工商大学、湖北大学、吉林外国语大学、南昌工程学院、扬州大学这5所高校在2023年正式开始招生。以上5所学校在2023年均圆满完成招生任务，为后续出版硕士专业学位的进一步建设打下了良好的基础。数据显示，2023年昆明理工大学出版硕士专业第一志愿无人被录取，也未开展调剂工作，使得本年度该校的实际招生人数为0。结合我国各高校公布的2022年、2023年硕士研究生招生计划和录取名单，统计出近两年各出版硕士专业授权点招生情况如下（见表1）。

表1　全国出版专业学位硕士点开设院校及2022年、2023年招生情况

单位：人

序号	学校名称	获批时间	开设院系	2022年招生人数	2023年招生人数
1	南京大学	2010年7月	信息管理学院	26	30（含13人推免）
2	武汉大学	2010年7月	信息管理学院	14（含3人推免）	12（含6人推免）
3	复旦大学	2010年7月	中国语言文学系	26（含推免12人，统考招生14人）	23（含推免7人，统考16人）
4	南开大学	2010年7月	新闻与传播学院	2（只招收非应届生）	4（含1人推免）

续表

序号	学校名称	获批时间	开设院系	2022年招生人数	2023年招生人数
5	四川大学	2010年7月	文学与新闻学院	9	11
6	北京印刷学院	2010年7月	出版学院	69	73
7	中国传媒大学	2010年7月	电视学院 传播研究院	33（含推免15人，实际推免8人；统考录取25人）	计划招生50（含25人推免）
8	河北大学	2010年7月	新闻传播学院	20（拟接收推免5人，实际推免0人）	30
9	河南大学	2010年7月	新闻与传播学院	20	26
10	湖南师范大学	2010年7月	新闻与传播学院	25（含2人推免）	24（含2人推免）
11	吉林师范大学	2010年7月	新闻与传播学院	5	11
12	安徽大学	2010年7月	新闻传播学院	30	30（含1人推免）
13	青岛科技大学	2014年5月	传媒学院	34（含13人非全）	31（含1人推免、10人非全日制）
14	华东师范大学	2014年5月	传播学院	22（含10人推免）	25（含12人推免）
15	上海理工大学	2014年5月	出版印刷与艺术设计学院	24	25（含1人推免）
16	南昌大学	2014年5月	新闻与传播学院	6	8
17	陕西师范大学	2014年5月	新闻与传播学院	28	25（含1人推免）
18	辽宁大学	2018年3月	新闻与传播学院	15	15
19	南京师范大学	2018年3月	文学院	45（含4人推免）	34（含8人推免）
20	暨南大学	2018年3月	文学院	23（含3人推免）	24（含4人推免）
21	济南大学	2018年3月	文学院	10	6
22	华南师范大学	2018年3月	教育信息技术学院	6	15（含1人推免）
23	广东财经大学	2018年3月	人文与传播学院	28	30
24	广西师范大学	2018年3月	文学院	31	36
25	昆明理工大学	2018年3月	艺术与传媒学院	10	0
26	云南民族大学	2018年3月	民族文化学院	17	12
27	浙江工商大学	2020年12月	人文与传播学院	—	6

续表

序号	学校名称	获批时间	开设院系	2022 年招生人数	2023 年招生人数
28	湖北大学	2020 年 12 月	文学院	—	22
29	吉林外国语大学	2020 年 12 月	国际传媒学院	—	13
30	南昌工程学院	2020 年 12 月	人文与艺术学院	—	10
31	扬州大学	2020 年 12 月	新闻与传媒学院	—	5
合计				578	666

经过对比观察可以发现，2023 年全国出版专业硕士的招生人数相较于 2022 年有所增加，这一变化表明出版专业硕士生的招收规模正在逐步扩大。尽管整体上呈现出扩招的趋势，但深入分析每所学校的招生人数变化，会发现并非所有学校的招生人数都有所增长，甚至部分学校出现了招生人数下降的情况。这一现象的出现，主要是由于 2023 年有 5 所新的院校开始招收出版专业硕士研究生，这些新加入的院校为整体的招生人数带来了增长。为满足建设社会主义现代化强国这一目标的人才需要，推动建设高等教育强国，教育部推出研究生教育改革相关政策，其中一项重要措施就是扩大研究生的招生规模。在这一政策鼓励下，众多高校不同程度增加了硕士研究生的招生名额。然而考生在选择学校时，逐渐将择校思路从过去的"名校追求"转变为"稳定为主"，更倾向于选择那些招生人数较多、办学层次相对较低但更加有把握被录取的院校。经历了一段时期的考研热潮后，2024 年我国硕士生报考人数首次出现下滑趋势。这也显示应届大学生和社会从业人员开始更加理性地探索多元化就业与学习路径。鉴于此，预计未来报考出版硕士专业学位的人数不会再次出现大幅度增长。

2023 年，由于出版学一级学科论证尚未通过，出版学仍然不具有独立学科地位，出版学学术硕士培养依旧采用"挂靠"其他学科的模式。如中国传媒大学在新闻传播学下自设编辑出版学二级学科、上海理工大学在数字出版与传播专业下设数字出版、数字编辑方向。

（五）出版博士研究生教育情况

由于出版学一级学科论证尚未通过，出版学仍然不具有独立学科地位，除了少部分学校自行设立了出版学、出版发行学的二级学科学术学位博士点，出版学博士的培养依旧主要采用"挂靠"其他学科的模式，主要依托于新闻传播学、管理学等一级学科进行人才培养。从自主设置的二级学科博士点来看，目前北京大学、武汉大学、中国传媒大学、四川大学 4 所高校自主设置了编辑出版学、出版发行学、出版学的二级学科学术学位博士点。每年全国招收出版专业博士生人数在 60 人左右。

通过查阅中国研究生招生信息网博士目录板块，以出版专业或出版研究方向为关键词进行检索，辅以博士点导师研究方向查询，统计出我国目前开设出版专业和出版研究方向的二级博士点院校共 17 所，如表 2 所示。

表 2 开设出版专业或相关研究方向博士点的高校

序号	学校	院系	专业代码	研究方向
1	北京大学	信息管理系	1205Z1 编辑出版学	（全日制）不区分研究方向
2	武汉大学	信息管理学院	1205Z1 出版发行学	01（全日制）出版营销管理
				02（全日制）数字出版
				03（全日制）编辑学理论
				04（全日制）中国编辑思想史
				05（全日制）数字出版与新媒体
				06（全日制）数字科技出版与科学传播
				07（全日制）出版史
				08（全日制）阅读史
				09（全日制）数字出版与数字人文
				10（全日制）语义出版与数字资产管理
				11（全日制）文化产业与数字文化
				12（全日制）数字内容 AI 治理
3	中国传媒大学	传播研究院	0503Z4 编辑出版学	不区分研究方向
4	南京大学	信息管理学院	120500 图书情报与档案管理	18 出版理论与历史
				19 数字出版与相关文化产业发展
				20 出版经济与管理

续表

序号	学校	院系	专业代码	研究方向
4	南京大学	信息管理学院	120500 图书情报与档案管理	21 数字出版与知识服务
				42 出版营销管理
				43 智能出版
5	北京外国语大学	国际新闻与传播学院	0502Z8 国际传播	72 跨文化传播/国际传播
6	北京师范大学	新闻传播学院	050106 中国现当代文学	03 数字出版与数字人文
7	中国科学院大学	文献情报中心	120501 图书馆学	03 数字出版与传播研究
8	武汉理工大学	计算机科学与人工智能学院	081200 计算机科学与技术	06 数字传播与数字出版
9	河北大学	新闻传播学院	050300 新闻传播学	02 文化传播
10	浙江大学	人文学院	050106 中国现当代文学	编辑出版与当代文化
11	陕西师范大学	新闻与传播学院	0501Z1 文艺与文化传播学	04 出版文化与社会发展
12	南开大学	文学院	050106 中国现当代文学	04 中国现代文学与传播
13	湖南师范大学	新闻与传播学院	050300 新闻传播学	04 编辑出版学
14	华东师范大学	传播学院	050302 传播学	01 编辑出版研究
15	安徽大学	新闻传播学院	050300 新闻传播学	03 媒介文化史
16	湘潭大学	公共管理学院	120500 信息资源管理	04 出版学
17	四川大学	文学与新闻学院	0503Z3 编辑出版学	01 出版史与出版文献研究
				02 编辑出版理论与文化研究
				03 融合出版研究

在2022年颁布、2023年实行的《研究生教育学科专业目录（2022年）》中，出版专业学位可授予专业博士和专业硕士学位。截至2024年4月9日，根据《国务院学位委员会关于开展新增博士硕士学位授权审核工作的通知》的相关要求，经过一系列严格的形式核查、专家评议以及全国各级学位委员会的审议，各省、自治区、直辖市已相继公布了拟推荐的新增博士学位授权点名单。名单显示，陕西师范大学、杭州电子科技大学、南京师范大学、暨南大学、广东财经大学、安徽大学、华侨大学、湖南师范大学、河南大学、青岛科技大学、北京印刷学院、北京语言大学、中国传媒大学、上海理工大学、河北大学等15所高校被推荐建设出版专业学位博士点。如果上述高校能够获得国家批准，将对建立完整的出版高水平人才培养体系、有效满足行业对高水平出版专业人才需求起到巨大推动作用。

二、2023中国出版教育的新形势

2023年，在出版学科共建工作的推动下，出版教育实现了学科间的深度交流与融合，为培养新时代复合型出版人才提供了广阔平台。同时，人工智能技术的快速发展为出版人才培养提出了新的要求。

（一）出版学科共建为出版学教育赋能

2023年8月30日，全国出版学科专业共建暨出版专业学位研究生教指委工作会议在天津举办。会议的一项重要议程是为南开大学出版研究院、武汉大学出版研究院、中国传媒大学出版学院这3家新增共建高校揭牌。至此，全国共有8所高校与出版管理部门、出版单位、行业协会开展出版学科专业共建工作。

2023年12月19日，中宣部、教育部联合印发《关于推进出版学科专业共建工作的实施意见》（以下简称"《实施意见》"），坚持以习近平新时代中国特色社会主义思想为指导，进一步深化出版学科专业共建工作，建设中国特色的出版学科专业，为推动出版业繁荣发展、建设出版强国提供有力支撑。[3]《实施意见》从师资队伍、人才培养、学术研究、组织保障四方面对出版学科专业共建工作提出意见和建议。在学位授权点优化、出版类项目申报立项等方面，《实施意见》作出了具体政策引导和安排，为我国出版学科共建工作提供了政策保障和资源支持。

自2022年首届全国出版学科共建工作会召开以来，8所共建高校在师资队伍、人才培养、科学研究、实践实习等方面积极开展工作。共建高校持续加强师资队伍建设，通过整合国内外专家资源，聘请业界专家兼职任教等方式，打造跨学科、多元化的师资团队。进一步优化出版人才培养，深化政产学研用，培养专业基础理论扎实、实践能力强的复合型出版人才。多个出版学院入选出版智库高质量建设计划，举办出版相关学术论坛、讲座、研讨班、学科专业竞赛，增强出版学科的影响力和公众认知度。

出版学科共建的出发点和最终落脚点是人才培养问题。学科共建旨在凝聚"政产学研用"各方力量推动中国特色出版学科的建设，重构出版学的学科体系、学术体系和话语体系，学科在不断建强的同时，也会带动出版人才培养工作不断发展完善。[4]因此，高校积极推进出版学科共建工作，充分挖掘和利用业界、学界的各类资源，对于出版专业人才的培养意义重大，能够更好地服务文化事业、文化产业繁荣和出版业高质量发展。

（二）人工智能突破性发展对出版人才培养提出新要求

2023年3月，ChatGPT的开发机构OpenAI正式发布GPT-4。相比于GPT-3.5，GPT-4可以接收图像信息，能够处理更加复杂、细微的指令，稳定可靠性增强，在各类专业和学术问题处理上接近达到"人类水平"。与此同时，百度推出"文心一言"并开启内测，阿里云推出最接近ChatGPT3.5的超大规模语言模型"通义千问"。2024年2月，OpenAI发布了人工智能文生视频大模型Sora，Sora可以根据用户的文本提示创建最长60秒的逼真视频。我国众多企业也积极参与研发面向消费者的AI大模型，推动了人工智能技术在国内的广泛应用和普及。

目前人工智能在出版行业的选题策划、内容创作、编辑加工、智能审校、营销推广工作中都得到了广泛应用。为业界培养智能化时代技能综合型出版人才，以满足媒体融合时代出版业对人才的需求与期待，成为高校出版专业人才培养的主要任务。

1. 培养能够利用人工智能进行跨专业学习的人才

出版行业中，尤其在专业出版领域，对于编辑人才的要求较高，既要求编辑具有相关学科专业的知识储备，又要求编辑具有较强的出版专业实务能力。而在传统的出版专业人才培养模式中，由于教师专业背景和培养方式限制，很难培养出同时具备上述两种能力的出版人才。如今，学生可以利用人工智能的信息检索、数据分析、代码生成、多种语言翻译等多种功能，系统、持续地获取其他学科的知识与前沿资讯。出版教育高校可以通过调整理论与实践教学体系，提升学生使用人工智能学习的效率，使学生依据自己的兴趣，利用人工智能进行跨学科学习，进而满足出版实践工作对于跨学科人才的要求。

2. 培养能够利用人工智能进行编辑实务的专业人才

人工智能目前在出版业多个工作流程中都得到了广泛应用，因此能够使用人工智能工具进行编辑业务实践的学生更加符合目前出版业对于人才的要求。

学生应当学会利用人工智能进行数据分析，了解社会热点，进行选题设计；检查文稿中的知识、语言错误，润色文稿；生成营销推广所用的文字、图片，甚至视频素材。充分利用人工智能进行编辑业务实践，能够提升编辑工作效率。高校可以通过开设"人工智能+市场调查""人工智能+创意写作""人工智能+出版营销"等类型的课程，突破传统编辑出版专业课程设置的局限性，培养学生利用人工智能进行编辑业务实践的能力，同时注重伦理素养和风险意识的培养。人工智能技术的实践操作与应用探索，或可有效弥补现有出版专业培养难以在理论与实践之间达成平衡的局限。[5]

三、中国出版专业教育未来变革趋势

未来出版教育将坚定立足于出版学科共建，深化专业建设和人才培养。持续推动学科间的交叉融合，以创新驱动专业发展建设，为出版行业培养新质人才。同时着力构建中国出版学的自主知识体系和理论体系，通过深化研究、加强学术交流，不断丰富和完善我国出版学的理论内涵，为出版教育的长远发展奠定坚实基础。

(一) 立足出版学科共建，探索数智时代出版人才培养新模式

数字技术发展、文化强国战略不仅为出版行业注入强大动能，更对培养出版人才的出版教育提出新要求。我国出版教育面临着前所未有的机遇和挑战，立足于培养传统出版人才的出版教育已无法与出版行业的实际需求匹配。未来高校需要探索出更加适应新时代发展的新型人才培养模式，培养高质量复合型人才，以满足出版融合发展和高质量发展的迫切需求。国家对于出版学科共建工作的重视，是我国出版教育改革的重要抓手。立足出版学科共建，整合各界资源，有利于出版教育模式改革的顺利推进。

1. 立足协同育人，贯通"政产学研用"，为出版业培养新质人才

科技创新是推动新质生产力的核心要素，人才创新是科技创新的关键。"政产学研用"五个方面协同发力，构建高水平人才培养体系，为新质生产力提供创新人才。

"政"是出版业的管理系统；"产"是出版业的产业系统；"学"是出版业的教育系统；"研"是出版业的科研系统；"用"是出版业的消费系统。管理系统进行顶层设计，教育系统处于核心地位，为产业系统和科研系统提供人才，消费系统最终触及消费者，近年来以生产者为中心的创新模式正在向以用户为中心的创新模式转变。"政产学研用"是出版业培育高质量人才的创新合作系统工程，通过闭环培养模式促进出版人才的循环与流动，出版业可以此为基础来培育新质人才。[6]贯通"政产学研用"五个环节，高校与业界协同育人，业界通过工作实践向高校反馈人才现实需求，高校不断优化人才培养体系，培养基础知识过硬、数字技术水平高的高质量复合型人才向业界输送，实现人才培养需求的正向反馈。同时业界、学界人才交流互动，互相借鉴学习，沟通经验，立足出版业高质量发展顶层设计和消费者的现实需要，进行出版人才培养模式设计。建设一批高质量出版智库，智库连接政府、学界、业界，学界通过智库分享科研成果，为政府决策、行业发展和人才培养提供方案。"政产学研用"协同育人，有助于培养新型高质量人才，解决出版业人才供给侧和需求侧不匹配的现实问题，为新质生产力的提供创新活力。

2. 抓住"共建"良机，加强师资队伍建设，优化课程设计

师资是决定出版学科建设和出版教育水平的关键因素。从我国学科和专业建设布

局看，出版本科专业、硕士、博士建设点整体偏少，出版学科在体量上属于"小学科"，我国出版专业师资队伍规模整体偏小。从各高校出版专业师资情况看，虽然一些高校通过"专兼结合""引育并举"等方式不断加强出版师资队伍建设，但现有教师队伍中"双师型"教师比例依然偏少，并且这些"双师型"教师原有的实务经验已经落后于当下出版行业的最新发展。现有教师的能力与经验无法满足学生对新知识、新技术的学习需求，需要进一步扩大高校出版专业师资队伍。《实施意见》中提到，要面向共建高校实施出版学术人才培养支持计划；支持共建高校之间建立师资互聘机制；吸纳重点出版社、出版集团和数字技术企业负责人、知名编辑、资深专家等担任导师；促进青年教师培养。这些举措有助于扩大出版专业师资队伍规模，构建合理、稳定的师资队伍学缘结构，同时能够为学生提供实践性更强、更加前沿的专业教育。

近年来出版业技术进步很快，业态变化剧烈，对出版人才的知识水平和基本素养提出了新要求。传统的出版专业课程体系设计过于偏重理论知识传授、忽视实践课程的实训效果，向新理论、新技术延伸的意愿并不强烈，并对理论课程与实践课程的融通设计缺乏系统性思考。当前以 AI 为代表的科技发展日益加快，若课堂学习无法紧跟时代步伐，则会导致培养出的人才无法满足行业对出版专业人才的实际需求，从而不利于学生在出版行业顺利就业。因此，出版专业的课程设计应当与行业专家共同设计、论证，从国家政策导向、行业人才需求和社会技术发展出发，吸纳交叉学科知识，优化课程体系，使出版教育各环节脱离"纸上谈兵"状况，增强学生胜任行业实岗位、解决行业真问题的实战能力。同时，高校课程设计也要与自身特色相结合，打造高校特色培养模式，以提升人才未来的行业竞争力。

3. 锚定产教融合，强化校企合作，提升实习实践效果

产教融合、校企合作是出版教育高校提升人才培养质量的重要途径。出版专业教育中非常重要的一个教学环节是综合实践教育，学生进入校内实训基地或校外出版企业进行数月的实习实训，以"助手"或"助理"身份实际参与出版行业具体工作，学习和提升出版专业技能。然而，目前一些高校所建的校内实训基地较少，大部分学生选择进入校外出版企业进行实习，实习过程中校企之间缺乏有效沟通与反馈机制，造成学生的实习实训处于松散、缺乏监管的状态。同时，部分同学进入岗位之后往往在干"杂活"，并未深入出版流程，这导致实习实训效果难以达到预期。

学校管理层应深入研究产教融合的体制机制，为校企合作提供长效保障。高校与出版企业进行合作，共同搭建实训平台，出版企业为学生提供更多的实习实践岗位，鼓励学生加入到出版项目之中，加强校企沟通，积极反馈学生在实习实践中遇到的难题。同时推动"业界专家进校园"，举办讲座、培训班等交流活动，让学生与出版业一线专家深入交流，让学生在"做出版中学出版"。

除为学生提供具体的实习实训机会外，校企合作还有多种开展形式，如高校与出版社共同开发出版项目，学生在学校教师和业界导师的指导下参与项目的各个阶段；企业专家参与学校的课程建设，提供行业动态、新技术、市场需求等方面的信息，帮助学校更新课程内容，确保教学与行业实际需求紧密相连；企业策划组织校园内的阅读推广、作家见面会、新书发布等活动；企业与学校共同举办出版创意大赛、设计竞赛等，鼓励同学创新创业，提升出版专业技能。

（二）构建中国出版学自主知识体系和理论体系，提升出版学科地位及影响力

经过多年的发展，出版学已经成为融社会科学、人文科学、管理科学和技术科学于一体的交叉综合性学科。拥有中国出版学自主知识体系和理论体系是完善中国特色哲学社会科学学科体系的重要体现。

1. 构建中国出版学自主知识体系和理论体系

出版学是中国特色哲学社会科学的重要组成部分，也要按照自主知识体系的道路开展学科体系、学术体系和话语体系建设。"对于学科建设来说，如何将出版这一学科体系及其各个要素形成学术共同体共同认可的知识体系，进而形成大家公认的出版学教学体系和教学内容，并使这种知识体系、学术体系能被其他学科所接受、所认可，构成中国特色哲学社会科学的学科体系、学术体系和话语体系的有机组成部分，而不是自说自话，独立于哲学社会科学体系之外，是我们近期需要努力的方向。"[7]

中国出版学的知识体系主要包括五方面内容：其一是马克思主义出版观。马克思主义出版观是进行社会主义特色出版学科建设的基础，出版工作与意识形态密切相关，需要有正确的思想引领，建立以人民为中心，坚持把社会效益放在首位，坚持质量第一的工作原则。其二是基础学科知识。编辑一直以来被称为"杂家"，需要掌握尽可能

多的不同学科门类的知识。文学、艺术、社会科学、自然科学的基础知识是一名合格的编辑必须掌握的。其三是出版历史、出版理论。学习出版史、出版理论有助于了解出版业的发展规律，是进行出版学专业研究和出版实践的基础。其四是编辑实务知识。包括选题策划、市场调查、文稿审读、编辑加工与校对、整体设计、宣传推广、辅文写作等。实务知识要紧跟时代发展，提升前沿性、技术性，培养能够使用数字技术、人工智能的高质量人才。其五是跨学科专业知识。是指实际进入出版工作中，针对不同学科的出版内容所需要掌握的该学科知识，可以通过自主学习、跨学科辅修等方式实现。

近年来，基于自主知识体系的出版学理论体系建设也引发学界关注。探寻我国出版学科建设的理论逻辑起点、精准确定出版学的基本研究范畴、重构出版学理论体系成为中国特色出版学科建设的核心要义。针对如上问题，有学者提出，以知识存在方式作为逻辑起点，出版知识生产、出版知识服务、出版管理和出版文化为核心的出版活动研究作为逻辑中介，出版活动基本规律的总结和把握作为逻辑终点重构出版学理论体系，出版学理论系统性和内在联系性将进一步加强。[8]

中国出版学自主知识体系和理论体系是实现出版业高质量发展、文化强国战略的重要理论基础。为了保证出版业的持久健康繁荣发展，构建中国出版学自主知识体系和理论体系十分必要，也是未来学界业界共同努力的方向。

2. 建设中国特色社会主义出版学一级学科

近年来尽管我国出版学科建设取得了一些成就，然而受制于学科地位的长期边缘化，出版学的学科发展速度受到了一定的影响。最直观的表现就是，到2020年，我国开设出版学本科专业的高校从原来的213家锐减至55家，而主要的原因是2011年国家颁布的《学位授予和人才培养学科目录》中没有出版学。囿于这一现状，诸多学者提出只有将出版专业独立为一级学科，才能从根本上摆脱该学科发展的桎梏，并身体力行推动出版学的学科建设。[9] 目前已经具备了将出版学列入一级学科的条件，第一，出版学具有明确的研究对象，形成了相对独立的知识体系。第二，出版学有若干个独特研究内容的二级学科。第三，出版学的人才培养和科学研究已经具有一定规模。第四，社会对于出版学科具有规模较大的人才需求。

从目前出版专业人才培养数量看，本科和硕士研究生的培养已经初具规模，然而仅依靠出版硕士专业学位仍不足以支撑整个出版学的学科体系，需要进一步发展博士层次教育。在2022年发布的《研究生教育学科专业目录（2022年）》中，"出版"位列其中且在招收博士方面未做限制，这说明自2023年起，出版专业人才可被授予出版博士专业学位。《实施意见》中提出要积极设立出版硕士、博士专业学位授权点，支持有学位授权自主审核权的共建高校试点建设出版学一级学科，健全完善出版学科专业本硕博衔接的人才培养机制。这是国家对学术研究界呼吁将出版学增列为一级学科的回应，也是对出版学科未来发展方向的明确指导。从2023年统计情况看，目前有17家高校依托其他一级学科博士点自主设置了出版研究方向并招生。2024年公布的拟推荐新增出版专业博士学位授权点名单涉及15所高校，这些学校要真正建成出版专业博士点并开始招生还需要一段时间。目前出版专业博士的培养尚在起步阶段，需要经过较长时间的探索与发展。

由此可见，进一步完善我国出版教育的"本—硕—博"贯通培养机制，长久长效地建设出版学一级学科，依然是出版学界和业界不懈努力的方向。

3. 打造符合新时代的中国特色出版学教材

由于出版学科始终处于一种"四处挂靠"的窘境，常年作为二级学科依附于中国语言文学、新闻传播学、图书情报与档案管理学等一级学科之下。[10]因此，各高校在课程设置和教材选择上都呈现出明显的依附性。在出版学专业授课中，教材多选用上述一级学科的经典教材，虽然这些教材专业性强，口碑良好，却没有与出版理论和出版实践相结合，无法达到良好的教学效果。现有的出版学教材数量少，出版时间早，虽经过多次修订，但其中的部分理论已经难以指导新时代的出版工作。同时，由于各高校教学特色不同，专业课程的设置也有所不同，教师多通过自编讲义的形式进行授课。总之，出版学科专业教材尚未形成符合新时代要求的统一教材体系。

新时代的出版教育需要一批出版学科专业基础通用教材和特色选用教材，并应加强数字教材建设。教材编写要坚持正确的政治导向，注重展现中国出版产业的特点，反映国内外出版研究的最新成果、出版产业新动态和数字出版技术新发展，保证教材质量。2023年，在中宣部指导下，中国特色出版学系列教材编撰工作正式启动，该教材第一批包括《出版学基础理论》《数字出版概论》《出版学研究方法》《图书出版精品案例》等共9种。这套新教材将为出版学科专业建设和人才培养提供有力支撑。

在未来出版学科和出版教育的建设与推进过程中，要深入贯彻落实《关于推进出版学科专业共建工作的实施意见》的指导思想。该《实施意见》以习近平新时代中国特色社会主义思想为引领，致力于深化出版学科专业的共建工作，为出版学科共建提供了坚实的政策保障和丰富的资源支持。这一文件不仅是出版专业教育的重要指南，更为中国特色出版学科的长远建设和未来发展指明了方向。

（张文红　北京印刷学院出版学院编辑出版系主任；

杨雨虹　北京印刷学院 2023 级出版专业硕士研究生）

参考文献

[1] [2] 王关义，周卓. 我国出版学科专业建设的历史回顾、发展现状及未来展望 [J]. 出版广角，2024 (04)：25 - 35.

[3] 中宣部、教育部联合印发《关于推进出版学科专业共建工作的实施意见》 [EB/OL]. (2023 - 12 - 19) [2024 - 04 - 10] http：//www.moe.gov.cn/jyb_ xwfb/s5147/202312/t20231220_ 1095369.html.

[4] 黄先蓉，严贝贝. 学科共建背景下出版人才协同培养的路径研究 [J]. 出版广角，2023 (04)：10 - 15.

[5] 李雅筝，刘洪权. AIGC 技术赋能高校编辑出版人才培养：转型机遇、能力重构与实践策略 [J]. 科技与出版，2024 (02)：52 - 57.

[6] 王炎龙，黄婧，王子睿. 新质生产力赋能出版业的质态、要素与体系研究 [J]. 中国编辑，2024 (04)：22 - 28.

[7] 周蔚华. 从出版的本质属性看出版学科建设 [J]. 中国出版，2022 (17)：8 - 10.

[8] 王勇安. 关于出版学核心范畴的思考：知识存在方式是出版学理论的逻辑起点 [J]. 科技与出版，2022 (01)：35 - 44.

[9] 秦艺丹，韦嘉. 再思"出版"：一个传播学的视角 [J]. 现代出版，2024 (01)：78 - 92.

[10] 万安伦，黄婧雯，曹培培. 对出版和出版学科的再认识 [J]. 出版科学，2021 (02)：5 - 13.

2023—2024中国新闻出版标准化发展现状与趋势展望

香江波

标准是重要的创新资源,是国际公认的国家质量基础设施和世界通用语言。标准作为经济活动和社会发展的重要技术支撑,与各行各业深度融合,在促进产业高质量发展方面的效能不断释放。

一、2023—2024中国新闻出版标准化工作综述

2023年,国家市场监管总局(国家标准委),以习近平新时代中国特色社会主义思想为指导,认真落实《中华人民共和国标准化法》,大力实施《国家标准化发展纲要》,紧紧围绕中央关于推动经济实现质的有效提升和量的合理增长的发展大局,加大标准供给力度,以高标准促进高技术创新、推进产业高质量发展、助力高水平开放,为推动经济回升向好和社会稳定提供有力支撑。2023年,国家标准供给规模同比增长超过110%。[1]

2023年,出版领域也聚焦新技术、新产业、新业态和新模式,健全标准供给机制,提高标准供给效率,更好促进出版业高质量发展。截至2024年5月4日,国家新闻出版署(国家版权局)归口的国家标准计划25项,归口的国家标准157项,现行145项,废止12项。其中,2023年1月至2024年5月4日,发布国家标准8项,归口的国家标准计划11项,发布行业标准10项。在全国团体标准信息平台上,可以查询到26个与新闻出版相关的团体,2003年1月至2024年5月4日,这些团体在全国团体标准

信息平台上公布了 35 项团体标准。

（一）标准化制度不断健全

2023 年以来，我国标准化制度建设迈上了新台阶，多项制度与举措首次发布。首次出台标准创新型企业制度规定：5 月 22 日，国家标准化管理委员会（以下简称"国标委"）印发《标准创新型企业梯度培育管理办法（试行）》，激发企业在标准、技术、服务及管理互动发展方面的创新活力。8 月，国标委出台《强制性国家标准实施情况统计分析指南》，健全统一协调的强制性国家标准体系。同月，发布《推荐性国家标准采信团体标准暂行规定》，《暂行规定》结合我国现有推荐性国家标准和团体标准特点，在推荐性国家标准工作机制基础上，畅通渠道、简化程序、缩短时间，规范国家标准采信团体标准程序。9 月，修订出台了《企业标准化促进办法》，并于 2024 年 1 月 1 日起正式施行，聚焦政府职能转变，着力激发企业主体创新活力，规范企业标准化工作，引领企业标准化水平提升，促进市场自主制定标准发展。11 月，国标委同教育部、科技部、人力资源和社会保障部、全国工商联共同印发实施《标准化人才培养专项行动计划（2023—2025 年）》，这是首次制定标准化人才培养文件，推动标准化人才教育迈上了新台阶。12 月，国标委修订出台《行业标准管理办法》，聚焦政府职能转变，推动标准化改革创新，强化标准协调配套，为破除行业垄断和市场限制提供规范支撑，以标准化工作引领和支撑全国统一大市场建设进程。2024 年 1 月，立足国家重大战略、重大工程、重要行业和新兴产业标准化发展需求，批准设立首批 38 家国家标准验证点，促进标准化技术支撑能力迈上了新台阶。同年，首次开展国家标准实施数据统计调查，并成功在南京举办了首届中国标准化大会，打造与国际接轨的标准化宣传新模式，在全社会营造重标准用标准的良好氛围。

（二）标准化制修订成果丰富

1. 国家标准

截至 2024 年 5 月，国家新闻出版署（国家版权局）归口的国家标准计划 25 项，归口的国家标准 157 项，其中现行 145 项，废止 12 项。其中，从 2023 年 1 月到 2024

年 5 月 4 日，发布国家标准 8 项，归口的国家标准计划 11 项。

2. 行业标准

2023 年至 2024 年 5 月 4 日，新闻出版领域备案发布行业标准 10 项。

3. 团体标准

在全国团体标准信息平台上，可以查询到 26 个与新闻出版相关的团体，2003 年 1 月至 2024 年 5 月 4 日，这些团体在全国团体标准信息平台上备案公布了 35 项团体标准。

4. 标准化技术组织

截至 2024 年 5 月，国家新闻出版署（国家版权局）主管的专业标准化技术委员会共 5 个：全国新闻出版标准化技术委员会、全国印刷标准化技术委员会、全国新闻出版信息标准化技术委员会、全国出版物发行标准化技术委员会、全国版权标准化技术委员会。其中，全国印刷标准化技术委员会下设 3 个分技术委员会。

5. 出版业科技与标准创新示范项目

2023 年，国家新闻出版署深入实施出版业科技与标准创新示范项目，广泛征集出版相关技术研发、标准研制等方面的优秀成果，以及在科技与标准应用方面具有示范作用的单位，经过评选，形成了 2023 年出版业科技与标准创新示范项目入选名单，其中有 5 项标准被评为"标准创新成果"、3 家单位入选"标准应用示范单位"。

6. 标准国际化

积极推进国际标准跟踪转化工作，在 2023 年发布的 8 项国家标准中，等同采用国际标准 6 项。组织业内专家参加了国际标准化组织（ISO）信息与文献标准化技术委员会（TC46）第 50 届年会。我国作为国际标准化组织印刷技术委员会（ISO/TC 130）秘书处承担国，在英国伦敦组织召开了 2023 年 ISO/TC 130 第 37 届春季工作组会议，在日本东京召开了秋季工作组会议及全会。2023 年我国印刷领域向 ISO 提交了 2 项新的工作项目提案《纸和纸板印刷品的平板模切过程控制及检测方法》《印刷技术　印刷产品环境因素的沟通要求　第 2 部分：印后加工》。

（三）标准支撑产业发展作用突显

1. 行业高质量发展，标准保障提质升级

党的二十大报告明确提出："高质量发展是全面建设社会主义现代化国家的首要任

务。"《出版业"十四五"时期发展规划》指出："要以高质量发展为主题，以深化供给侧结构性改革为主线，以推动改革创新为根本动力，以多出优秀作品为中心环节，以满足人民日益增长的学习阅读需求为根本目的，为人民群众提供更加充实、更为丰富、更高质量的出版产品和服务。"2023年是全面贯彻落实党的二十大精神的开局之年，是实施"十四五"规划承前启后的关键一年。2023年10月，全国宣传思想文化工作会议上首次提出了习近平文化思想，这是做好新时代新征程出版工作，推动出版业高质量发展的强大思想武器和科学行动指南。

图书编校质量是图书出版质量工作的重要方面，2023年出版行业首个针对编校质量检查而制定的行业标准《图书编校质量差错判定和计算方法》8月1日起正式实施，为出版行业内容生产树立规范，让图书编校差错判定有规可依。同期也发布实施了《汉语辞书出版规则》，引导广大读者学习和使用规范的语言文字，提高全社会语言文字规范化使用的程度。

此外，人工智能、大数据、区块链、虚拟现实、5G、云计算等新一代信息技术在出版业的创新应用成为新的发展趋势，这些信息技术的出现也为新时代中国出版业的发展带来了新的机遇和挑战。通过标准更新迭代推动传统出版业转型升级，坚持技术创新与标准研制同步，是处理好传统出版与新一代信息技术之间的关系，成为建设出版业全媒体传播体系、推动出版业高质量发展的一个重要课题。

2. 行业深度融合，标准化推动技术创新应用

从新技术的应用来看，2023年是出版业适应数字时代的发展需求探索多种深度融合发展新路径的一年。人工智能技术辅助内容创作，云计算等技术使得出版流程更加高效和灵活，5G和物联网技术使得内容的分发和传播更加迅速和广泛，虚拟现实和数字孪生技术为读者提供了沉浸式的阅读体验，区块链技术在版权保护和内容安全方面显示出巨大潜力，大数据技术使得出版商能够收集和分析读者的阅读习惯、偏好和行为数据等，新技术的应用催生了大量的出版业新业态。为推动技术应用，2023年，业内也发布了一系列相关国家标准、行业标准、团体标准，如《出版物二维码应用管理要求》《出版物虚拟现实（VR）技术应用要求》《出版业区块链技术应用标准体系表》《静态图像识别与检索技术规则》等标准为融合发展提供了标准支撑。

2023年，国家新闻出版署公布了2022年度出版业优秀科技与标准重点实验室名单、2023年度出版融合发展工程入选名单和2023年出版业科技与标准创新示范项目，

公布了数字教育出版技术与标准重点实验室等 8 家实验室为 2022 年度出版业优秀科技与标准重点实验室，形成了 2023 年出版业科技与标准创新示范项目入选名单，其中有 5 项标准被评为"标准创新成果"、3 家单位入选"标准应用示范单位"。国家新闻出版署重视标准化推动新技术应用方面的重要作用，通过推荐遴选、奖励扶持、推广应用、示范带动等方式，推动重点科技项目，形成核心科技成果，培育骨干科技企业，培养优秀科技人才，持续提升出版业科技创新和成果转化能力，带动出版融合发展向纵深推进。

（四）国际标准互鉴逐步深化

国际标准化活动是贸易国际化、贸易自由化的需要。为提高我国标准水平和产品质量，我国一直积极采用国际及国外标准。从 20 世纪 80 年代中期开始，我国出版业标准化工作采用或参考了大量国际及国外标准：以 ISO 或 IEC 标准化文件为基础起草的国家标准 17 项，其中采标 14 项（修改采用 10 项，等同采用 3 项，等效采用 1 项），非等效使用 3 项。这些采用的标准均由 ISO 发布，且在图书领域采标最多；在出版、发行、信息、版权领域的标准中，规范性引用文件与参考文献中使用了 278 项国外标准。其中，213 项为规范引用中使用，且大多数标准（234 项，占比 84.17%）为 ISO 发布的标准，其次为 W3C、IETF/RFC 等国际机构。从领域来看，信息领域参考使用的国际标准最多，达 154 项，且基本也都是在规范引用中使用，见表 1。在国际标准采标的同时，业内也为国际标准体系的完善积极贡献中国智慧，2023 年我国印刷领域向 ISO 提交了 2 项新的工作项目提案《纸和纸板印刷品的平板模切过程控制及检测方法》《印刷技术　印刷产品环境因素的沟通要求　第 2 部分：印后加工》。中国标准的国际兼容对接，对于提升中国标准的国际化水平，以及我国在国际贸易、技术交流与合作等方面发挥了重要的作用。

表 1　规范性引用文件与参考文献中使用的国际标准情况

单位：项

发布机构	ISO	IEC	W3C	IETF/RFC	ORE	ITU	NISO	合计	其中，规范引用	其中，参考引用
出版领域	59	4	7	1	1	0	0	72	31	41

续表

发布机构	ISO	IEC	W3C	IETF/RFC	ORE	ITU	NISO	合计	其中，规范引用	其中，参考引用
发行领域	35	0	0	0	0	0	0	35	33	2
信息领域	137	0	6	7	0	1	3	154	149	5
版权领域	3	2	5	7	0	0	0	17	0	17
总计	234	6	18	15	1	1	3	278	213	65

二、2023—2024 中国新闻出版业标准化工作分析

专业标准化技术委员会是标准化发展的核心力量，发挥了重要技术支撑和组织保障作用。新闻出版业目前有5个专业标准化技术委员会：全国新闻出版标准化技术委员会、全国新闻出版信息标准化技术委员会、全国出版物发行标准化技术委员会、全国印刷标准化技术委员会、全国版权标准化技术委员会。这五个行业标准化技术委员会（以下简称"标委会"）构成了出版业标准化工作的五个板块，在推进出版全行业治理体系和治理能力现代化中发挥着基础性、引领性作用。各标委会发布的标准情况见表2。

表2　2023年1月至2024年5月国家、行业标准归口标委会数量统计

单位：个

归口的标委会名称	国家标准	行业标准
全国新闻出版标准化技术委员会 TC527	1	10
全国新闻出版信息标准化技术委员会 TC553	0	0
全国出版物发行标准化技术委员会 TC505	1	0
全国印刷标准化技术委员会 TC170	6	0
全国版权标准化技术委员会	0	0
合计	8	10

统计来源：国标委网站

(一)国家标准

2023 年至 2024 年 5 月 4 日,新闻出版领域发布国家标准 8 项。

按照标准制修订划分,制定 6 项(由全国印刷标准化技术委员会 TC170 归口管理,全部为等同采用国际标准),修订 2 项(分别由全国新闻出版标准化技术委员会 TC527 和全国出版物发行标准化技术委员会 TC505 归口管理),见表 3;国家新闻出版署(国家版权局)归口的国家标准计划,见表 4。

表 3　2023 年 1 月至 2024 年 5 月发布的国家标准归口单位统计

序号	标准号	标准中文名称	发布日期	实施日期	标准状态	归口单位
1	GB/T 43856—2024	印刷技术 印刷工作流程的颜色一致性	2024/4/25	2024/4/25	现行	全国印刷标准化技术委员会 TC170
2	GB/T 18721.4—2024	印刷技术 印前数据交换 第 4 部分:显示用宽色域标准彩色图像数据[Adobe RGB(1998)/SCID]	2024/3/15	2024/3/15	现行	全国印刷标准化技术委员会 TC170
3	GB/T 18721.5—2024	印刷技术 印前数据交换 第 5 部分:场景相关的标准彩色图像数据(RIMM/SCID)	2024/3/15	2024/3/15	现行	全国印刷标准化技术委员会 TC170
4	GB/T 43828.1—2024	印刷技术 印前数据交换 输入扫描仪校准用色标 第 1 部分:输入扫描仪校准用色标	2024/3/15	2024/3/15	现行	全国印刷标准化技术委员会 TC170

续表

序号	标准号	标准中文名称	发布日期	实施日期	标准状态	归口单位
5	GB/T 43835—2024	印刷技术 印前数据交换 基于RGB印刷工作流程中使用RGB图像的准备和可视化	2024/3/15	2024/3/15	现行	全国印刷标准化技术委员会TC170
6	GB/T 18721.3—2024	印刷技术 印前数据交换 第3部分：CIELAB标准彩色图像数据（CIELAB/SCID）	2024/3/15	2024/3/15	现行	全国印刷标准化技术委员会TC170
7	GB/T 33665—2023	数字出版物声频视频技术要求及检测方法	2023/12/28	2023/12/28	现行	全国新闻出版标准化技术委员会TC527
8	GB/T 30330—2023	中国出版物在线信息交换 图书产品信息格式	2023/12/28	2023/12/28	现行	全国出版物发行标准化技术委员会TC505

统计来源：国标委网站

表4 2023年1月至2024年5月国家新闻出版署（国家版权局）归口的国家标准计划统计

序号	计划号	项目名称	制修订	计划下达日期	项目状态	归口单位
1	20241010—T—421	中国出版物在线信息交换 图书产品信息确认格式	制定	2024/4/25	正在起草	全国出版物发行标准化技术委员会TC505
2	20232421—T—421	印刷技术 胶印油墨特性沟通交流规则	制定	2023/12/28	正在起草	全国印刷标准化技术委员会TC170

续表

序号	计划号	项目名称	制修订	计划下达日期	项目状态	归口单位
3	20232422—T—421	印刷技术 网目调分色版、样张和生产印刷品的加工过程控制 第9部分：使用平版胶印的金属装饰印刷	制定	2023/12/28	正在起草	全国印刷标准化技术委员会TC170
4	20233592—T—421	印刷技术 胶印橡皮布	修订	2023/12/28	正在起草	全国印刷标准化技术委员会TC170
5	20233593—T—421	热固型轮转胶印过程控制要求及检测方法（标准号：GB/T 33713—2017）	修订	2023/12/28	正在起草	全国印刷标准化技术委员会TC170
6	20232424—T—421	印刷技术 安全印刷过程管理	制定	2023/12/28	正在起草	全国印刷标准化技术委员会TC170
7	20232425—T—421	印刷技术术语 第6部分：孔版印刷术语	修订	2023/12/28	正在起草	全国印刷标准化技术委员会TC170
8	20232426—T—421	印刷技术 四色印刷油墨颜色和透明度 第2部分：冷固型卷筒纸胶印	制定	2023/12/28	正在起草	全国印刷标准化技术委员会TC170
9	20230924—T—421	音乐曲谱出版 五线谱通用规范	制定	2023/8/6	正在起草	全国新闻出版标准化技术委员会TC527
10	20230925—T—421	音乐曲谱出版 简谱通用规范	制定	2023/8/6	正在起草	全国新闻出版标准化技术委员会TC527

续表

序号	计划号	项目名称	制修订	计划下达日期	项目状态	归口单位
11	20230438—T—421	大字本图书通用技术要求	制定	2023/3/17	正在征求意见	全国新闻出版标准化技术委员会TC527

统计来源：国标委网站

从上述计划制定和发布的国家标准类型来看，2023年至2024年5月发布的标准主要分为两类，一类是提升产品质量和服务水平的标准，如《印刷技术 印刷工作流程的颜色一致性》《数字出版物声频视频技术要求及检测方法》《音乐曲谱出版 五线谱 通用规范》《音乐曲谱出版 简谱 通用规范》《大字本图书通用技术要求》《印刷技术 安全印刷过程管理》《印刷技术 胶印油墨特性沟通交流规则》等，这类标准通过建立和实施严格的质量控制标准，可以确保出版物从内容创作到生产的每个环节都达到一定的专业水平。另一类是推动数字化和融合发展的标准，如《中国出版物在线信息交换 图书产品信息格式》《中国出版物在线信息交换 图书产品信息确认格式》等标准。这类标准有助于推动传统出版与数字出版的深度融合，实现内容的多渠道分发和多元化呈现。这些标准的制定和实施在推动出版业高质量发展的过程中，起到了至关重要的作用。

（二）行业标准

2023年至2024年5月4日，发布行业标准10项，全部由全国新闻出版标准化技术委员会TC527归口管理，见表5。

表5 2023年1月至2024年5月新闻出版业行业标准一览表

序号	标准号	标准名称	行业领域	状态	批准日期	实施日期	备案号	备案日期
1	CY/Z 32—2023	出版业区块链技术应用标准体系表	新闻出版	现行	2023/6/16	2023/8/1	90288—2023	2023/7/28

续表

序号	标准号	标准名称	行业领域	状态	批准日期	实施日期	备案号	备案日期
2	CY/T 272—2023	出版物虚拟现实（VR）技术应用要求	新闻出版	现行	2023/6/16	2023/8/1	90287—2023	2023/7/28
3	CY/T 271—2023	四角号码检字法	新闻出版	现行	2023/6/16	2023/8/1	90286—2023	2023/7/28
4	CY/T 270—2023	静态图像识别与检索技术规则	新闻出版	现行	2023/6/16	2023/8/1	90285—2023	2023/7/28
5	CY/T 269—2023	版权资源权利描述	新闻出版	现行	2023/6/16	2023/8/1	90284—2023	2023/7/28
6	CY/T 268—2023	出版企业社会责任指南	新闻出版	现行	2023/6/16	2023/8/1	90283—2023	2023/7/28
7	CY/T 267—2023	出版物二维码应用管理要求	新闻出版	现行	2023/6/16	2023/8/1	90282—2023	2023/7/28
8	CY/T 266—2023	图书编校质量差错判定和计算方法	新闻出版	现行	2023/6/16	2023/8/1	90281—2023	2023/7/28
9	CY/T 265—2023	汉语辞书出版规则	新闻出版	现行	2023/6/16	2023/8/1	90280—2023	2023/7/28
10	CY/T 264—2023	汉字字体使用要求	新闻出版	现行	2023/6/16	2023/8/1	90279—2023	2023/7/28

这十项行业标准，一是聚焦技术创新和应用，通过标准促进了新一代信息技术的应用，如VR、大数据、区块链等，这些技术的融合应用能够提升出版业的效率，丰富产品形态，增强用户体验；二是不断以标准提升产品质量和服务水平，促进产业结构的优化升级，如《出版企业社会责任指南》《图书编校质量差错判定和计算方法》《汉字字体使用要求》等增强行业的整体竞争力和影响力；三是关注版权保护和内容安全，

通过对版权资源权利描述，规范新闻出版及相关领域版权资源权利的管理和交易，保护内容创作者的权益，同时确保内容的合法使用。

（三）团体标准

2018年1月1日实施的《中华人民共和国标准化法》（以下简称《标准化法》）提出"国家鼓励学会、协会、商会、联合会、产业技术联盟等社会团体协调相关经营主体共同制定满足市场和创新需要的团体标准，由本团体成员约定采用或者按照本团体的规定供社会自愿采用"，确立了团体标准的法律地位。

《标准化法》《国家标准化发展纲要》《关于促进团体标准规范优质发展的意见》等文件的陆续出台，促进了团体标准良好有序发展，社会团体及团体标准呈现快速增长趋势。新闻出版业团体标准供给也呈现快速增长之势。2023年1月至2024年5月4日，新闻出版领域的社会团体在全国团体标准信息平台上公布了35项团体标准，其中，出版领域团体标准13项，发行2项，版权7项，印刷13项，见表6。

表6　2023年至2024年5月4日新闻出版业团体标准一览表

总序号	各领域标准序号	团体名称	标准编号	标准名称	公布日期	行业领域
1	1	中国音像与数字出版协会	T/CADPA 38—2023	数字内容分发与运营指南	2023/4/22	出版
2	2	中国音像与数字出版协会	T/CADPA 39—2023	数字出版内容资源管理通则	2023/4/28	出版
3	3	中国音像与数字出版协会	T/CADPA 40—2023	电子竞技标准体系表	2023/9/11	出版
4	4	中国音像与数字出版协会	T/CADPA 41—2023	电子竞技赛事分级分类	2023/9/11	出版

续表

总序号	各领域标准序号	团体名称	标准编号	标准名称	公布日期	行业领域
5	5	中国音像与数字出版协会	T/CADPA 42—2023	电子竞技赛事保障体系架构	2023/9/11	出版
6	6	中国音像与数字出版协会	T/CADPA 43—2023	网络文学内容自审流程	2023/11/9	出版
7	7	中国音像与数字出版协会	T/CADPA 44—2023	电子图书出口海外数据要求	2023/12/14	出版
8	8	中国音像与数字出版协会	T/CADPA 45—2023	专业内容资源聚合服务平台接入规范	2023/12/19	出版
9	9	中国音像与数字出版协会	T/CADPA 46—2023	专业内容资源聚合服务元数据	2023/12/19	出版
10	10	中国音像与数字出版协会	T/CADPA 47—2023	出版业生成式人工智能技术应用指南	2023/12/20	出版
11	11	中国音像与数字出版协会	T/CADPA 48—2024	数字出版编辑岗位能力要求 网络文学	2024/1/19	出版
12	12	中国中小商业企业协会	T/CASME 295—2023	中小学工具书编制规范	2023	出版
13	13	全国城市工业品贸易中心联合会	—	出版专业人员从业规范	—	出版
14	1	中国书刊发行业协会	T/BPDAC 002—2023	婴幼儿亲子阅读指南	2023/12/21	发行

续表

总序号	各领域标准序号	团体名称	标准编号	标准名称	公布日期	行业领域
15	2	中国书刊发行业协会	T/BPDAC 001—2023	3—8岁儿童分级阅读指导	2023/3/1	发行
16	1	中国版权协会	T/CSCCN 0002—2024	内容众创主体信誉评价指标体系	2024/3/22	版权
17	2	中国版权协会	T/CSCCN 0001—2024	全媒体版权内容影响力评价指标体系	2024/3/22	版权
18	3	佛山市版权保护协会	T/FCPS 1—2024	企业版权管理规范	2024/2/1	版权
19	4	首都版权协会	T/SDBQ 03—2023	企业版权管理师职业标准	2023/11/3	版权
20	5	首都版权协会	T/SDBQ 02—2023	版权资产管理师职业标准	2023/11/3	版权
21	6	首都版权协会	T/SDBQ 01—2023	版权服务机构服务水平评级标准	2023/11/3	版权
22	7	福建省版权协会	T/FCS 001—2023	区块链数字版权存证应用规范	2023/11/30	版权
23	1	上海市青浦区印刷协会	T/QPYX 000001—2022	包装绿色印刷管理通则	2023/1/30	印刷
24	2	北京印刷协会	T/BJPA 0001—2022	服务首都核心功能出版物印刷产品质量要求及检验规范	2022/5/30	印刷

续表

总序号	各领域标准序号	团体名称	标准编号	标准名称	公布日期	行业领域
25	3	中山市印刷包装行业协会	T/ZSPRINT 004—2023	可多次粘贴彩喷打印布	2024/1/18	印刷
26	4	中山市印刷包装行业协会	T/ZSPRINT 005—2023	一体化纸质包装要求	2023/11/30	印刷
27	5	上海市印刷行业协会	T/SPTA 001—2023	连续式喷码机	2023/12/23	印刷
28	6	龙港市印刷包装行业协会	T/LGYS 004—2023	商品二维码生产过程数据信息管理要求	2024/3/14	印刷
29	7	龙港市印刷包装行业协会	T/LGYS 003—2023	商品二维码应用综合质量要求	2024/3/14	印刷
30	8	广东省印刷复制业协会	T/GDPRA 001—2024	印刷流程控制的色调值（CTV）计算及应用要求	2024/1/12	印刷
31	9	中国印刷及设备器材工业协会	T/PEIAC 021—2023	印刷产线移动机器人	2024/2/7	印刷
32	10	中国印刷技术协会	T/PTAC AS10—2024	纺织品印花皮膜伸展性试验方法	2024/1/11	印刷
33	11	中国印刷技术协会	T/PTAC AS9—2024	纺织品印花皮膜耐寒性试验方法	2024/1/11	印刷
34	12	中国印刷技术协会	T/PTAC AS8—2024	纺织品印花皮膜抗黏连性试验方法	2024/1/11	印刷
35	13	中国印刷技术协会	T/PTAC AS7—2024	印刷企业综合能力评价分级要求	2024/1/11	印刷

团体标准是社会团体协调相关市场主体共同制定、满足市场和创新需要的标准。从 2015 年国务院首次提出团体标准至今，团体标准呈现迅猛的发展态势，其发展也日益规范，趋向成熟。新闻出版业的团体标准从无到有，伴随着政策的推动和标准化工作的加强，呈现出积极的发展趋势，这些标准的制定和实施，涉及出版业的各个领域，从内容生产到版权保护，从技术的创新应用到推动传统出版与数字出版的深度融合，从出版业可持续发展到推动符合国际标准的产品和服务更容易进入全球市场，团体标准都发挥了积极的作用。

（四）各技术委员会 2023 年标准化工作

1. 全国新闻出版标准化技术委员会

2023 年，出版标委会完成了 1 项国家标准和 10 项行业标准的起草；对古籍数字化、报纸新媒体、数字出版新职业、出版业标良实施，以及融合发展背景下国际标准进行了研究和探索；举办了 3 期培训，企业标准化良好行为（简称"标良"）试点工作正式启动。《图书编校质量差错判定和计算方法》《静态图像识别与检索技术规则》等 2 项标准入选国家新闻出版署 2023 年出版业科技与标准创新示范项目标准创新成果。2023 年有更多的民营企业参与到标准研制工作中，如 2023 年立项的国家标准制定计划项目《大字本图书通用技术要求》《音乐曲谱出版　简谱　通用规范》中，不少民营文化公司积极参与标准制定工作，为标准研制提供了技术支持。

2023 年，TC527 继续参与 ISO/TC46/SC9/WG17《研究活动标识符》和 WG18《国际标准内容标识符》2 项国际标准的制定工作，取得阶段性进展。

2023 年 5 月，TC527 派员与中宣部出版局、人民教育电子音像出版社、中新金桥数字科技（北京）有限公司、上海理工大学等单位的领导、专家共同参加了国际标准化组织（ISO）信息与文献标准化技术委员会（TC46）第 50 届年会。《新闻出版　知识服务　知识体系建设与应用》于 2022 年 7 月被列入国家标准研制计划，并同步制定外文版。

2. 全国出版物发行标准化技术委员会

2023 年，发行标委会完成一项国家标准发布审核前协助工作：自 2023 年 4 月起发行标委会积极配合国家标准化管理会服务处关于《中国出版物在线信息交换 图书产品信息格式规范》（简称 CNONIX）国家标准发布审核前协助工作；立项并发布二项团体标准：《3—8 岁儿童分级阅读指导》《婴幼儿亲子阅读指南》。在编一项行业标准：归口于发行标委会的《3—8 岁儿童阅读能力评估》行业标准。举办了"出版发行大数据建设应用推动会""走进阿里——图书出版发行数字化分享会"。2023 年 4 月 24 日，《3—8 岁儿童分级阅读指导》团体标准落地示范性项目——首家少年儿童分级阅读体验馆落户杭州市新华书店庆春路购书中心。之后，又有两家少年儿童分级阅读体验馆落地甘肃、广西。组织相关标准培训活动："幼儿园分级阅读指导课程建设高级研修班""分级阅读标准解读与少儿图书销售培训班"，开展《3—8 岁儿童分级阅读指导》团体标准解读工作。

3. 全国新闻出版信息标准化技术委员会

近年来，新闻出版信息领域标准的制定工作与产业发展紧密结合，截至 2023 年 12 月底，SAC/TC 553 已有 11 项国家标准批准发布；70 项行业标准发布实施，15 项行业标准正在研制，其中，2023 年，SAC/TC 553 有 3 项行业标准顺利推进，召开了《网络游戏术语》《网络游戏防沉迷实名认证技术要求》《移动互联网音乐超高清音质技术要求》3 项行业标准启动会暨草案评审会；积极筹备信标委换届工作；根据出版融合发展、数字出版方向重点急需标准的情况，立项新闻出版信息标准体系表修订服务项目。

4. 全国版权标准化技术委员会

2023 年，全国版权标准化技术委员会（以下简称"版权标委会"）积极开展《数字版权唯一标识符》国家标准验证工作，在此基础上完成报批材料编制上报，为超过 450 万件作品分配了 DCI，为数字网络环境下版权创造、运用、保护、管理、服务全链条生产活动数据的客观记录、智能判定和准确标识提供了有力支撑；依托 DCI 实验室和数字版权链（DCI 体系 3.0）国家"区块链 + 版权"创新应用试点工作，持续推进版权领域基础标准研制和关键技术应用规范研发，全面提升标准化科研能力。2024 年 1 月，数字版权链（DCI 体系 3.0）荣获优秀试点项目，并从全国 238 家申报案例中脱颖而出，成为 2023 年区块链创新应用案例全国十大优秀案例之一。结合版权工作实际和发展趋势，以国家职业大典新增版权数据师和版权经纪人两职业的申报工作为契机，于 2023 年 10 月完成了职业标准草案的研制工作。

5. 全国印刷标准化技术委员会

2023年至2024年5月，全国印刷标准化技术委员会TC170发布国家标准6项，2023年报批行业标准9项。2023年11月，我国专家向ISO/TC 130秘书处递交新工作项目提案《纸和纸板印刷品的平板模切过程控制及检测方法》，以便进行立项投票；另外，我国专家与美国专家共同提出ISO 22067-2《印刷技术 印刷产品环境因素的沟通要求 第2部分：印后加工》提案。我国在提出印刷领域国际提案工作中取得新进展。此外，2023年，TC170有序推进国际标准跟踪转化工作，对对口的国际标准化组织/印刷技术委员会（ISO/TC 130）现有110项标准及技术规范进行梳理，目前已列入转化目录的标准31项。TC170开展两项国家标准《数字印刷质量要求及检验方法》（GB/T 33 259—2016）《数字硬打样系统质量要求及检验方法》（GB/T 33 244—2016）外文版翻译相关工作，已获批立项，正在翻译阶段。

TC170在标准起草制定方面对军工企业（单位）、外资企业、港澳台资企业和民营企业信息公开，并积极动员和邀请上述企业参与标准制修订工作，军工企业（单位）、外资企业、港澳台资企业、民营企业参与TC占参与企业总数的比例分别为0%、7%、12%和21%，参与标准制修订占参与企业总数的比例分别为0%、8%、22%和31%。

2023年5月，TC170和内蒙古自治区印刷协会共同主办内蒙古自治区印刷业质量管理培训会；支持中国印刷技术协会团体标准工作委员会开展了《印刷企业综合能力评价分级要求》等4项团体标准的预研、起草工作，并形成送审稿。

三、中国新闻出版标准化工作趋势展望

2023—2024年，新闻出版标准化发展背景在行业升级转型、科技创新等多方面作用下推进，新闻出版业的五个标委会在标准化工作中取得了显著成效，其中包括多项国家标准、行业标准、团体标准的制定和实施。这些标准不仅覆盖了出版行业，还涉及其他多个领域，显示了标准化在推动经济发展和社会进步中的重要作用。可以预见，在标准化与科技创新深度融合的大背景下，标准化工作在推动行业发展方面将继续发挥重要作用。

（一）新一轮标准升级推动出版业深度融合

技术的变化、出版业融合的需求，激发了出版业商业模式的变化，随之市场格局、产业链、价值链也发生了变化，如大数据和大模型的应用帮助出版社通过分析读者的阅读习惯和偏好，推出了更加符合特定读者群体口味的产品以及个性化的知识服务，但相关标准目前还待进一步完善制定。因此，传统出版与数字出版的融合发展，出版业务的数字化转型，对技术提出了更高的要求，标准不再只是规范数据的导入、格式转化等，而更需要有数据交换和互操作性标准、交互性和用户体验标准、内容保护和版权管理标准，甚至人工智能、机器学习等相关技术要求，这也对标准化工作提出了新的任务和挑战。

另外，出版业标准的数字化工作正在国家新闻出版署的推动下进行，出版业正在实现标准制定过程的数字化，构建数字化工作平台。标准的数字化可以让更多的从业人员更好、更便捷地理解标准逻辑，指导出版产品的生产和出版服务的创新。新的技术应用不仅要体现在出版业融合方面，也要体现在标准数字化的工作中，如在标准的数字化开发过程中引入大模型，不仅会减轻标准制定人员的工作负担，还能提升标准制定的效率，甚至自主生成一个完整的标准技术解决方案，但这也需要大量的需求磨合和软件迭代升级。

（二）标准引领出版业高质量发展

2021年底，国家新闻出版署发布《出版业"十四五"时期发展规划》，旨在推动出版业的高质量发展，深入推进出版强国的建设。2022年，根据《出版业"十四五"时期发展规划》有关安排，《关于推动出版深度融合发展的实施意见》印发，意见围绕加快推动出版深度融合发展，对未来一个时期出版融合发展的目标、方向、路径、措施等作出全面部署，提出明确要求。两个文件强调了创新、融合和技术在行业发展中的重要性，旨在推动出版业在新时代实现更高质量的发展。

在推动出版业高质量发展的过程中，标准化工作已经成为出版业高质量发展的重要支撑，从确保出版物内容质量到优化流程、融合技术，促进内容在不同媒介间的顺畅转化和传播，再到版权保护、人才培养、出版物的国际传播与交流、行业的可持续发展等，标准化工作直接影响着出版业的整体竞争力和未来发展。

2023年至2024年，新闻出版业制定发布国家标准《数字出版物声频视频技术要求及检测方法》，行业标准《图书编校质量差错判定和计算方法》《汉字字体使用要求》等，建立和实施出版物质量控制标准，确保出版物从内容创作到生产的每个环节都达到一定的专业水平。为建立公平的市场竞争环境，防止不正当竞争，保护消费者权益，2023年发布行业标准《出版企业社会责任指南》《版权资源权利描述》等，促进行业高质量健康发展。此外，2023年中国新闻出版业在科技与标准创新、出版融合发展以及创新成果和示范单位方面取得了显著成就，这些成就也为出版业的高质量发展奠定了坚实基础。标准化工作将通过标准制定、更新迭代推动传统出版业转型升级，发挥在出版深度融合、行业高质量发展中的基础作用，顺应信息化时代发展的需要，提升产品质量和服务水平，促进产业结构的优化升级，增强行业的整体竞争力和影响力，推动出版业高质量发展。

（三）标准推动出版业与国际接轨

我国出版业目前主要参加了国际标准化组织ISO的活动，其中出版标委会TC527组织制定过一项ISO国际标准《国际标准关联标识符（ISLI）》，参加过数十项国际标准的制修订工作；中国印刷技术协会是国际标准化组织印刷技术委员会（ISO/TC 130）秘书处承担单位，该委员会主席与经理皆由我国专家担任。可以说，我国出版业具有较丰富的参与和制定国际标准的工作经验，但同时也存在一些问题：参与国际标准化活动范围较窄；出版业内转化为国际标准与国外先进标准的标准数量较少，在国际标准化领域的影响力有待进一步提升。随着出版业的深度融合，其他国际标准化组织、国外先进标准化组织的标准及其标准化活动已经开始影响到出版业的标准化工作，如IEC发布的国际标准《IEC 61966-2-1: 1999 Multimedia systems and equipment-Colour measurement and management-Part 2-1: Colour management-Default RGB colour space-sRGB多媒体系统与设备——颜色测量与管理——第2—1部分：颜色管理——默认RGB颜色空间》，IETF发布的标准《RFC 1 321 The MD5 Message-Digest Algorithm Md5 Message-Digest算法数字版权保护内容格式》、W3C发布的《Synchronized Multimedia Integration

Language（SMIL 3.0）同步多媒体集成语言（SMIL 3.0）》等在我国原新闻出版广电总局的新闻出版重大科技工程项目中均有参考使用，因此，出版业的标准化活动不会只局限于 ISO，与更多的国际、区域、国外标准组织的合作和沟通，完善交流协作机制，组织各相关利益方积极提出国际标准提案和参与国际标准制定，拓宽参与国际标准制定渠道，丰富标准国际化的载体和路径，才能发挥标准在出版业走出去中的保障作用；2023 年，出版业有三项标准启动了外文版制定工作：《新闻出版 知识服务 知识体系建设与应用》《数字印刷质量要求及检验方法》（GB/T 33 259—2016）《数字硬打样系统质量要求及检验方法》（GB/T 33 244—2016）。中国标准外文版作为中国标准走出去的一个必要条件，是中国标准国际化的基础设施，也是实施我国技术性贸易措施，服务国际贸易的一个重要支撑。因此，加强出版业标准化外文版翻译出版工作，基于已发布标准提出国际标准提案，推进出版业领域的标准向国际标准和国外先进标准转化和输出，为国际标准化世界贡献中国智慧。

（四）团体标准渐成现行标准体系亮点

团体标准是由依法成立的社会团体按照标准制定的程序，根据市场和创新需求制定发布的标准，由于团体标准制定周期短，能够快速响应市场对标准的需求，具有高效率、先导性的特点，打破了政府主导的单一标准供给模式，是我国现行标准体系的有效补充。近年来，出版业团体标准发展迅速，标准发布数量急剧增加，而且仍然呈现快速增长趋势。2023 年至 2024 年 5 月 4 日，新闻出版领域的社会团体在全国团体标准信息平台上公布了 35 项团体标准，呈现出以下发展特点和趋势：一是团体标准涉及的领域广泛，涉及出版、发行、版权、印刷等各个领域；二是团体标准的制定主体也呈现多元化的特点，包括北京中文出版传媒融合创新发展联盟、东莞市出版印刷业协会、中国音像与数字出版协会、中国书刊发行业协会、河北省版权协会、福建省版权协会等 20 多家社会团体；三是团体标准往往融入了行业先进的技术水平，技术指标一般比国家标准、行业标准高，且更快、更新、更能满足新技术应用的需求。

团体标准工作获得了巨大发展的同时，也存在一些问题，主要表现在：一是团标认可度不够，行业在采用标准时更多还是依赖国家标准和行业标准，团标实施推广不足，影响力有待提高；二是高质量团标数量相对较少，制定的规范性、严谨性有待进一步提高。因此，在团体标准制定过程中，应规范制修订管理过程，加强宣贯，提高行业对团标的认知度，建立团体标准实施信息反馈，及时开展标准修订工作；对于实施效果好且符合出版业发展趋势的团体标准，积极申请转化为国家标准行业标准，发挥团体标准在行业高质量发展中的积极作用。

（香江波　中国新闻出版研究院标准化研究所副所长）

参考文献

[1] 万静. 今年我国国家标准供给规模同比增长超110% [EB/OL]. （2023－12－08）[2024－05－08]. http：//www.legaldaily.com.cn/index/content/2023－12/08/content_8936528.html.

2023—2024 中国出版学研究热点与趋势展望

段乐川　齐方萍

2023年，是全面贯彻党的二十大精神的开局之年，是三年新冠疫情防控转段后经济恢复发展的一年。出版战线高举思想旗帜，持续做好习近平新时代中国特色社会主义思想出版宣传，围绕宣传阐释党的二十大精神做好主题出版，以高质量发展为主题，把新发展理念贯穿于出版工作全过程各领域，推动出版实现质的有效提升和量的合理增长，深入推进出版深度融合，加快出版走出去步伐，出版业发展新格局不断强化。2023年12月，中宣部、教育部联合印发《关于推进出版学科专业共建工作的实施意见》，提出建设中国特色的出版学科专业，为推动出版业繁荣发展、建设出版强国提供有力支撑，出版学科专业发展迎来重大契机。在此背景下，出版学界深入开展出版实践和理论研究创新，围绕有中国特色出版学科理论建构，努力强化出版学自主知识体系创新，出版学研究取得重要进展，主要表现在以下几个方面。

一、出版产业与高质量发展研究

高质量发展是整个"十四五"时期出版业发展的主线，也是出版研究的重要命题。张新新在《出版业高质量发展的概念界定和基本特征》一文中，提出出版高质量发展的概念问题，认为出版业高质量发展的内涵是"蕴含文化自信、高质量增长、技术赋能'三位一体'的协同创新发展"[1],指出出版业态、出版流程和研究对象构成了出版业高质量发展的外延。张新新、敖然在《出版业高质量发展三维协同创新模型建构与分析——基于"文化—经济—技术"视角》一文中提出了出版业高质量发展的三维协同创新模型,认为出版业高质量发展主要包括文化质量、经济质量和科技含量三个任务。田方斌在《出版业高质量发展的几个基本问题》一文中提出了出版业高质量发展的基本框架,即高质量发展的评价指标体系。除此以外,周蔚华、张艳彬的《出版业如何实现高质量发展——基于〈质量强国建设纲要〉的视角》,卢先和的《出版业高质量发展的内涵、要求与路径——以清华大学出版社为例》等文则对出版业高质量发展具体实现路径进行了深入细致的分析。

作为一个主线,出版业高质量发展是整个出版业发展的目标取向。依据这一目标取向,学界围绕与高质量发展密切相关的几个重要问题展开深入研究。

一是出版业与中国式现代化研究。党的二十大报告明确提出以中国式现代化实现中华民族伟大复兴的战略目标,中国式现代化成为理解未来中国发展的关键词,也赋予了出版业发展以新的内涵。学界围绕这一问题展开了深入研究,形成了出版业与中国式现代化研究的热点。周蔚华的《中国式出版现代化的时代内涵、本质特征与动力机制》、崔波的《出版业中国式现代化的意蕴、历程和未来使命》、李舒的《出版业中国式现代化:内涵、探索与使命》等文聚焦出版业与中国式现代化的关系、内涵和使命,提出了出版业中国式现代化的时代意义、历史使命和发展路径,有效深化了对出版业政治、经济、社会和文化价值的认识。隋人的《科技与出版:赋能中国式现代化的必然选择》、刘有祥的《中国式现代化视域下社科学术期刊的使命担当》、谢寿光的《中国式现代化与中国学术出版高质量发展》等文分别聚焦中国式现代化与科技出版、社科学术期刊和学术出版的关系展开思考,进一步拓展了出版业中国式现代化研究的广度。

二是主题出版研究。主题出版既是出版业高质量发展的重要组成部分,也是最富有中国特色的出版类型,是出版学研究近年来比较关注的重要理论和实践问题。陈暖的《本体、版图与边界:主题出版研究述论》一文对近10余年来主题出版研究进行了梳理分析,指出主题出版概念在理论探讨中日趋明晰统一,本体研究取得重要进展。主题出版的属性和功能认识越来越丰富,研究的边界开始受到关注。郝振省的《关于设立主题出版课程、编写主题出版教材的初步思考》一文,明确提出主题出版研究要课程化、教材化，深入细致地分析了主题出版教材的必要性、可能性和紧迫性。李婷、韩建民的《主题出版对建设社会主义意识形态的重大作用研究》一文聚焦主题出版与意识形态建设之间的关系，系统地分析了主题出版构建社会主义意识形态的三个维度，即政治上立魂、理论上创新、情感上凝聚的重要作用。周蔚华、熊小明的《深化跨界合作 推进内涵建设——2022年主题出版回顾与未来展望》一文，不仅从政策引导、实践发展和学术研究三个方面对2022年主题出版进行了深入梳理，而且对未来发展进行了展望。在主题出版理论研究之外，更多的研究视角主要聚焦于主题出版实践，从不同的出版类型探讨主题出版实践经验，如樊诗颖的《中华优秀传统文化主题出版创新路径》，马宁的《主题出版：策划组织与实践创新——以"改革开放丛书"为例》，余人、沈颖仪的《以儿童本位理念推动少儿主题出版高质量发展》等文，或聚焦主题出版个案，或分析主题出版不同类型。

三是全民阅读研究。2022年首届全民阅读大会召开，习近平总书记亲自致信祝贺，希望全社会都参与到阅读中来，形成爱读书、读好书、善读书的浓厚氛围。全民阅读活动进入新的发展阶段，全民阅读研究在2023年更受到深入关注。①全民阅读基础理论研究进一步深化。彭奇志、王球云、杨沉的《全民阅读生态系统：构成要素、作用关系及其运行机制》从生态系统的角度思考全民阅读工作，提出全民阅读生态主体、阅读资源和阅读生态环境三大阅读构成要素，认为各个要素之间存在相互合作、相互竞争和相互制约的关系。聂震宁的《以人民为中心推动全民阅读纵深发展》一文，创新性地提出以人民为中心的全民阅读活动观，认为目标宗旨观、责任使命观、优化供给观、服务全覆盖观、历史动力观是其基本内涵，深化了全民阅读主体的认识。②特殊群体阅读研究受到重视。魏玉山的《要把乡村儿童阅读放在全民阅读的重要位置》，慕小妮的《数字时代图书馆，让盲人"看得见"的阅读》，王晴的《我国老年人阅读服务研究进展述评与未来趋向》等文关注特殊群体阅读，强化了对全民阅读特殊群体的关注和重视，为全民阅读走深走细提供了思考。③国外全民阅读研究价值凸显。在重视本土研究的同时，学界开始注重全民阅读的"他山之石，可以攻玉"，国外全民阅读研究受到关注。关美、朱永新的《韩国全民阅读政策体系：模式、特点及其启示》一文围绕韩国《读书文化振兴法》等系列读书振兴政策体系进行分析，全面梳理了韩国开展深化全民阅读的特色经验。徐乃瑞、吕建生的《阅读的趋向：基于8个国家阅读报告的分析与启示》一文，对土耳其、韩国、加拿大、巴西、西班牙、丹麦、新西兰、德国这些国家图书阅读报告进行了分析，总结了其阅读发展的趋势。④全民阅读实践经验研究。张蓓蓓的《全民阅读：公共图书馆开展儿童阅读推广活动》，秦彦萃和彭奇志的《全民阅读视域下高校图书馆阅读推广品牌建设研究——以江南大学"鼋阅江南"为例》、马晓飞的《基于全民阅读的公共图书馆在社区知识服务延伸体系上的实践与研究——以深圳市为例》等都是个案经验性研究。除此之外，全民阅读政策法律、阅读场景、阅读推广人等方面的研究也受到重视，全民阅读研究广度和深度不断得到拓展。

四是出版产业研究。出版产业研究是长久以来出版学研究的重点。中国新闻出版研究院发布年度出版产业发展报告，如《2022—2023中国出版产业发展报告》《2022—2023中国数字出版产业年度报告》等已成为出版产业发展研究的经典成果，对于更好地认识出版产业发展现状、问题和对策有着重要意义。除此之外，有关出版产业发展的研究主要集中在三个方面。①出版产业理论研究更加深入。产业研究逐渐开始突破传统产业经济学视角，更多地借助跨学科视角来重新认识产业发展的内在规律，如王鹏涛的《出版产业转型的底层逻辑：从链式结构分析到战略生态系统》一文提出链式结构分析和战略生态系统这两个概念分析工具，认为出版产业转型的底层逻辑思考需要不断地转换视角，厘清出版产业发展的内在演变规律。武晓丽的《价值共创机制下出版产业的非线性转型》一文，以价值共创理论为基础，根据出版企业的核心竞争力和价值实现方式将出版产业非线性转型分为内容聚合型、大规模协作生产型、社会化内容生产型3种类型。②出版产业业态研究受到关注。赵均、崔展鸿的《作为出版新业态的剧本杀：基于产业发展与出版管理的思考》一文，对剧本杀产业进行了深入细致的分析，提出应将剧本杀明确定性为出版新业态，并从出版管理和产业发展角度提出相关发展建议。莫慧怡的《互动解谜游戏书众筹出版业态初探》聚焦游戏书业态。聂晶磊、赵艳宇的《虚拟现实与增强现实类图书出版业态》一文针对我国虚拟现实与增强现实类图书出版的现状，探讨出版新业态发展过程中应该注意的问题。③数字出版产业研究继续走热走深。在出版产业研究中，数字出版产业研究备受青睐、成果数量比重较大。崔海教、王飚、李广宇的《2022—2023中国数字出版产业年度报告》一书着重阐释推进国家文化数字化战略实施背景下，数字出版发展的新作为、新亮点，分析数字出版高质量发展的着力点，结合当前文化新业态、新模式，数字内容消费新需求、新变化，并对未来一年数字出版发展趋势作出进一步研判，具有较强的前瞻性、指导性、参考性。林晓芳、王壮的《国际数字出版产业发展现状、问题及趋势》一文选取美国、英国、澳大利亚、西班牙、俄罗斯、日本和韩国七个具有代表性的国家进行研究，对七国数字出版产业发展市场规模、产业政策、发展现状及特点、产业发展中存在的问题以及产业发展趋势进行介绍、分析和预判。孟仁振、孙晓翠的《高质量发展视域下数字出版产业的技术创新体系建设》，杨旦修、王雨诗的《数字出版产业的增值：数据挖掘与算法应用的发展取向》等文，或围绕技术创新，或聚焦产业路径展开探讨，从不同维度深化着数字产业研究的广度和厚度。

二、出版融合发展研究

出版融合发展是出版业发展的战略转型方向，也是推进出版业高质量发展的必然要求。2023年，出版融合发展不断向纵深推进，围绕平台、产品、流程、人才的一体化融合步伐不断加快，有关出版融合的研究在不断深化。主要表现在以下几个方面。

（一）人工智能的出版应用研究继续深化

以ChatGPT为标志的生成式人工智能的出现，对包括出版业在内的整个文化产业发展既是个巨大的挑战，也是重大机遇。无论是传统出版机构，还是数字技术公司，都纷纷布局生成式人工智能应用创新。方卿、丁靖佳的《人工智能生成内容（AIGC）的三个出版学议题》一文提出了人工智能生成内容在创新推动出版发展的同时也带来诸多风险与问题，尤其是AIGC的权利归属、侵权、权益保障等著作权问题，技术伦理和学术伦理失范等伦理问题，以及进一步引发的意识形态渗透、文化价值观偏离等文化安全问题，并在此基础上提出相应对策。周荣庭、周慎的《AIGC＋Web3.0：面向未来的出版多模态融合》一文，以间性的视角，从主体间性、文本间性、媒介间性三个维度分析人机协同的内容生产逻辑及智能出版的未来发展。夏德元的《AIGC时代的知识生产逻辑与出版流程再造》一文，认为借助生成式人工智能系统内容产业链的变化给出版业带来了严峻挑战，对出版生产流程再造提出了迫切要求。此外，郑丽芬的《赋能与重构：AIGC驱动下的出版业》，陈昌凤、黄阳坤的《ChatGPT的知识功能与人类的知识危机》等文都深入分析了生成式人工智能的深度应用对出版业的深层影响，对于更好地认识出版智能化发展有着重要思考价值。

（二）出版融合产品的研究

李旗的《深度融合背景下融合出版产品质量控制现状、问题与对策——基于31家图书出版企业的调查研究》一文，以调查样本为方法，深入分析了融合出版产品的质量问题，提出了出版融合产品的质量控制这一重要现实挑战。陈洁、陈琪的《互动叙事：元宇宙出版研究的新视点》一文，分析了元宇宙出版融合产品的形态特征。魏智如、袁宜帆、王健的《教育领域融合出版产品的研发机理、模式与路径分析》一文，概括了教育领域融合出版产品的内涵、外延，深入阐释了教育领域融合出版产品的研发机理，分析了AR出版物、VR出版物、纸电一体化出版物三种教育领域融合出版产品的常见模式。

（三）出版融合发展平台研究

平台是出版融合发展的重点，是影响传统出版机构融合发展成效的重要方面。张娜、许洁的《四螺旋视域下专业出版知识服务平台发展现状及策略》一文对专业出版机构融合平台发展情况进行了专题分析。邓晓磊的《教育出版融合发展路径探讨——以人民交通出版社"车学堂"平台为例》一文，以"车学堂"平台创新为例，思考了如何在教育出版领域将融合发展创新理念进行充分应用，如何在融合发展创新理念的指引下打造自身教育产品生产服务新模式，如何充分应用并掌控好最新的技术促进业务的落地及发展。除此之外，还有一些对凤凰易学等平台为例展开研究，有效地强化出版融合平台典型经验的总结分析。出版融合发展既是一个实践问题，也是一个理论命题，有关出版融合理论的思考也在不断地深化。如付文琦、张新新的《出版深度融合发展：内涵、机理、模式与路径分析》一文，界定了出版深度融合发展的表征内涵和实质内涵，基于协同论提出出版融合的支配原理、协同效应原理和自组织原理三个融合机理，阐明了出版融合发展模式。

三、出版基础理论研究

出版基础理论是出版学自主知识体系建构的基础和关键，是出版学学科体系发展的重要基石。发展有中国特色出版学，必须在理论创新上有重大作为，围绕出版学理论体系、学术体系、知识体系进行深耕细作。这方面主要研究的热点有以下几个方面。

（一）马克思主义出版观研究受到前所未有的重视

柳斌杰的《马克思主义出版观的中国化》一文提出了马克思主义出版观的内涵，认为它是"以马克思主义辩证唯物主义和历史唯物主义的世界观、价值观为指导，以正确的立场、观点和方法，从事选择、编辑、出版、发行工作的活动，出版对历史负责、对人民有益、对社会文明进步有推动作用的出版物的科学思想体系"[2]，并在此基础上阐述马克思主义出版观的中国化问题，梳理了中国化的发展过程和发展特征。高杨文的《马克思主义出版观理论体系的构建：范畴、概念和逻辑》一文，首次提出了马克思主义出版观的理论体系问题，指出要从内涵和外延两个层面界定马克思主义出版观的范畴，认为概念遴选是理论体系建构的前提，即党性原则、出版导向、出版方针和出版规律是马克思主义出版观的核心概念。王广义、王可研的《马克思主义出版观中国化时代化的生成机理、丰富内涵及实践进路》一文，指出马克思主义出版观的生成机理是"将马克思主义出版观的基本原理与中国出版具体实际相结合，并随时代发展不断创新、与时俱进的产物"[3]。除此之外，张养志的《毛泽东开启了马克思主义出版观的中国化》《马克思主义出版观中国化时代化的精髓要义》等文都是比较重要的研究成果，从不同角度有效拓展着马克思主义出版观的研究内涵。

（二）出版概念范畴研究继续向纵深领域发展

出版概念范畴研究是出版学科自主知识体系构建的前提，是出版学理论发展的基础。范军在《加强出版关键词研究》一文中明确提出,"要重视基本概念如编辑、出版等核心概念的语源学和文献学考察"。《现代出版》特别开设"出版研究关键词"专栏,其中李频的《出版:未出版及其与传播的关联》一文深入分析了"未出版"概念,从其表现形态出发来认识这个概念的内涵,并由此探讨出版的构成要素,出版与传播的社会关系。王一鸣、张洁的《网络文学出版研究的概念、框架和范畴》一文对网络文学出版的基本概念进行了深入细致的探讨,提出了基于场域理论的网络文学出版的构成要素,形成了对网络文学出版概念的新认识。此外,范文婷、张志强的《多变数字阅读平台:概念、分类域多维属性》也是这方面代表性研究成果,在聚焦基本概念中深化出版学科自主知识生产的自觉性。

(三) 出版理论体系建构越来越受到重视

在深化概念范畴研究的过程中,出版学界越来越重视出版理论体系建构的研究,对出版活动的规律性认识反思更加深入。张世海的《论普通编辑学的理论建构困境与编辑学的中层理论》一文重新反思普通编辑学理论体系,认为其研究借鉴的是自然科学的方法论,不适合人文社会科学自主理论建构,由此提出从中层视角来建构编辑学理论的可能性和路径。方卿、丁靖佳的《数字出版三个基本理论问题的思考》一文提出了数字出版理论建构必须聚焦其属性、本质和特征三个基本理论老问题,并由此提出数字出版理论建构的新路径、新范畴和新可能。王鹏涛的《数字出版理论创新探析》一文提出,数字出版理论创新应该以构建概念谱系为出发点,探讨不同主题领域出版活动的多元现象,思考数字出版发展的内在逻辑和主要规律。这些研究普遍具有反思性强、理论思维色彩浓、规律探讨强化的特征。

四、出版史研究

出版史研究是出版学研究的基础工程,近年来研究的深广度提升较大,在支撑整个出版学科发展上发挥的作用也越来越大,2023年主要研究特征如下。

（一）出版主体研究走向多元化

出版主体研究是出版史研究的重要方面，尤其是著名出版家、编辑家研究受到广泛关注。李频编写的《编辑家戴文葆书信集》"开创了一种生命体验式的编辑家精神认知方式。通过编辑编辑家的书信集，还原建构一种编辑家社会交往的场景，引导读者直接进入编辑家主体的精神世界，搭建读者与编辑家互动的精神场域，从而探索以一种原生态形式来实现编辑家精神的私密性书写"[4]。这部书的出版被认为是出版主体研究范式的一种创新，标志着出版主体研究进入一个新的阶段，即越来越走向多元多维。

（二）红色出版史研究备受关注

红色出版史是当代出版史研究的重要组成部分，近年来受到学者高度重视，研究呈现走热之势。于安龙的《瞿秋白报刊编辑思想及其当代启示》一文聚焦革命家瞿秋白的报刊编辑思想。吴永贵、郭艳红的《革命时期红色出版的知识谱系与致用实践》对红色出版的知识构成进行了深入浅出的分析。胡亮的《延安时期中国共产党文艺出版的历史经验与启示》开始关注红色文艺出版活动。吴永贵和郭艳红的《从书目着手的解放社出版活动考》、庞慧敏的《山西抗日根据地木刻的跨媒介叙事》、吴果中和颜星的《新中国早期的"英雄相"——以20世纪50年代〈人民画报〉为中心》、高杨文的《毛泽东调查研究成果的出版研究》等，都是这方面的代表性研究成果。

（三）古代出版史研究逐渐深化

古代出版史研究越来越呈现跨界研究之势，不仅受到出版学界重视，历史学、传播学、图书馆学等不同学科学人都积极参与古代出版史研究。如王乃考、谢清果的《朱熹文化生产活动与儒学的重建——基于媒介仪式理论的考察》从儒学建构和文化生产互动的角度来分析朱熹的出版活动。同时，古代出版史研究开始越来越关注特定领域的出版研究，如古农书研究和古籍活化研究受到青睐。吴平的《古代农业文明进程中的古农书发展研究》、胡程立的《明代农书〈救荒本草〉的作者身份与知识生成》，以及莫鹏燕、李洁的《中国古农书传播对日韩等东亚地区的多维影响研究》等，都是这方面的代表性成果。

（四）近代出版史研究开始向多维视角强化

近年来，近代出版史，尤其民国出版史研究越来越重视研究视角的创新，从出版个体的研究到群体研究，从个体职业研究向个体生活史研究转向，已经成为一个重要趋势。如杨军、马娟的《近代上海出版职业群体空间生产探析——以福州路出版业集聚现象为考察对象》，聚焦职业群体空间生产，实际上是一种群体空间视角创新；蒋三军、朱恒志的《晚清民国时期商务印书馆集稿机制研究》关注到集稿这一编辑现象，由此出发来探讨商务印书馆的编辑生产机制，视角新颖别致，给人以很多启示思考。

五、国际出版研究

伴随着国际传播战略的深入实施，国际出版传播研究越来越受到重视。张新新在《新发展格局下的出版国际化高质量发展研究》中分析了出版国际化当下面临的问题，提出出版国际传播价值认同律是出版"走出去"必须重视且遵循的重要规律。2023年，有关国际出版研究成果非常丰富，主要有以下几个热点。

（一）中国出版"走出去"研究受到关注

近年来，中国出版"走出去"取得了显著成效，尤其是网络文学和网络游戏出海取得令人瞩目的效益，学界开始关注到这一现象，研究成果开始涌现。比如，郭毅、董鸣柯的《国产游戏对外传播中华文化的现状、困境与对策》，屈高翔、梅雨浓的《行动者网络视角下网络文学出海的出版生态与逻辑进路》，敬鹏林、耿文婷的《文学史视角下的中国网络文学走出去》，石春让、张静的《纸托邦——中国文学作品海外出版和传播综合体》等文，都对以网络文学、网络游戏为代表的中国出版"走出去"这些成功现象进行了深入研究，总结了其发展经验、探讨了其存在的问题，并提出了相关对策，对于更好地推动中国出版"走出去"有着重要启示意义。

（二）国际出版研究成果更加细化

一方面是，对国际出版发展整体研究成果很受重视，比如，中国新闻出版研究院国际数字出版产业调研报告课题组撰写的《国际数字出版产业发展现状、问题及趋势》，对国际数字出版产业发展的整体情况进行了深入研究。另一方面是，国别出版研究成果凸显。沈悦、孙露铭、林子洋的《西班牙图书出版业转型探索与启示》，刘滢、崔晓寒的《斯洛伐克新闻出版业现状及其与中国的合作空间》，裴永刚、索煜祺的《荷兰学术数据库"走出去"的国际经验及启示》，陈雅赛的《日本出版流通体系的数智化探索创新与启示》等一系列研究成果都很有代表性，既有着鲜明的国别区域研究特征，也开始强化专题研究特色。

六、未来发展研究趋势

伴随着出版业高质量发展的深入推进和出版学科专业共建进入新阶段，出版学研究也将迎来一个新的起点，出版学学科发展的格局、学术体系将发生根本性变化，未来研究将呈现以下几个趋势。一是出版学研究共同体将逐渐形成，围绕重大问题的学术协同攻关将会出现。学科专业共建已经建设2批、8所共建出版学院（研究院），第3批共建出版学院（研究院）建设正在筹备之中。学科专业机构的加强，必然带来学术研究队伍的不断扩大和出版学科交流合作的深入开展。作为出版学科专业共建联络处，北京大学出版研究院已发挥了重要作用，在筹备学科专业共建大会、学科专业课题研究、学者访学交流、优秀成果评选等方面开展了大量卓有成效的工作，出版学科学术共同体呼之欲出，这将对未来出版学研究产生重大影响。二是出版学科基础理论研究将会进一步深化，自主知识体系建构步伐将更加扎实。"出版之为学"主要在于自主知识体系的有效建构，根本在于出版基础理论体系的不断完善。从发展趋势来看，近年来出版基础理论研究越来越受到重视，关键词研究背后是对出版活动基本范畴概念的关注，并由此建构出版基础理论体系的努力。下一步，出版概念范畴的研究会进一步强化，诸如出版、出版管理、三审制、主题出版等出版概念范畴的内涵性、自洽性和逻辑性研究会被深入关注，出版活动内在知识体系的结构性、关联性和思想性研究将进一步凸显，并由此拓展有中国特色出版学基础理论建构的深度广度。三是出版学研究的跨学科性将进一步彰显，出版学研究方法的完善会受到关注。出版实践活动本身的转型发展，尤其是数字出版、融合出版活动的发展深化，进一步推动着出版研究范式的转变，从此前过于注重传统人文学科的理路向人文社科兼重，到人文社科与自然科学研究有机结合的跨学科研究视角转变。比如，数字阅读的研究离不开对技术创新的描述，数字游戏的研究需要跨学科的心理学、社会学、计算机科学的支撑。下一步，出版学研究方法将更趋多元，朝着多学科融合跨界的方向转型，富有中国特色的出版研究多学科研究范式将会不断出现。四是出版学教材体系、课程体系研究将会进一步强化。学科专业共建不仅催生着以出版学院（研究院）为代表的实体研究机构的出现，而且促动出版学教材建设提上日程。学科发展的中心是人才培养，人才培养离不开教材建设。下一步，出版专业博士点获批建设，也对高层次人才教材建设提出了迫切要求，需要加快有中国特色教材体系建设和课程建设。五是国际出版传播研究会更趋走热，中西出版比较研究会得到强化。伴随着中国出版"走出去"步伐的加快，国际出版传播研究将会进一步得到发展。如何突破西方话语陷阱，用出版来讲好中国故事、传播好中国声音，搭建中西文明沟通的桥梁，成为中国出版"走出去"正在破解的现实命题。要解决好这一现实命题，需要加强国际出版传播研究，在世界文明的大视野、中西文明互鉴沟通的大框架下，思考中国出版"走出去"的战略和策略问题，思考中国出版"走出去"的方向和路径问题，思考中国出版"走出去"的价值和意义问题。

（段乐川　北京外国语大学国际新闻与传播学院；

齐方萍　人民教育出版社人教研究院）

注释：

[1] 张新新. 出版业高质量发展的概念界定和基本特征 [J]. 编辑之友，2023 (03)：15.

［2］柳斌杰．马克思主义出版观的中国化［J］．编辑之友，2023（12）：05.

［3］王广义，王可研．马克思主义出版观中国化时代化的生成机理、丰富内涵及实践进路［J］．科技与出版，2023（06）：09.

［4］段乐川．编辑家精神：内涵意蕴、认知维度和研究范式——以《戴文葆书信集》为中心［J］．河南大学学报，2023（03）：137.

2023—2024 中国出版物市场治理情况

舒 彧

2023年,"扫黄打非"战线以习近平新时代中国特色社会主义思想为指导,贯彻落实第三十六次全国"扫黄打非"工作电视电话会议精神,紧紧围绕"护安全、防风险、正风气、促发展"的要求,深入开展专项行动和专项整治,全面清理非法出版物和信息,严肃查处涉黄涉非案件,切实维护国家文化安全。全国共收缴各类非法出版物1 800余万件,处置涉黄涉非信息1 000余万条,查办"扫黄打非"案件1.8万余起。

一、深入推进网络空间治理

坚持挺进主战场,守牢主阵地,开展重点领域专项整治,精准发力、靶向发力、协同发力,营造清朗网络空间。

一是有效净化社交平台。加强集中清理,深入开展专项整治,处置社交平台传播淫秽色情信息160余万条。强化互联网基础管理,打造移动互联网全链条监管体系,排查定位涉黄网站11万余个。加强重点平台监管,北京、上海等地约谈、处罚有关重点平台,全面压实企业主体责任。加大网络生态治理力度,着力整治网络直播、短视频等重点领域,指导查处违法平台。加强对违法平台的查处打击,江苏、山东等地成功铲除"米兔""蜜橙""花陌"等多个淫秽平台,涉案金额均超千万元;河北、辽宁、江西等地坚持追根溯源,扩线打击一批利用直播间、聊天群组等渠道从事引流活动的犯罪团伙;广东、四川等地查办多起利用境外社交平台传播淫秽物品的案件,其中广东针对QQ平台"小世界"板块传播淫秽色情信息问题，依法作出暂停相关业务更新30日、没收违法所得并处罚款100万元的行政处罚。

二是依法规范电商平台。筑牢监管防线，健全完善分级分类监管、快速协查机制，撤销违规出版物经营许可证1万余张，清理非法出版物商品50余万件。持续开展电商平台专项巡查，强化问题线索核处力度，严厉打击擅自从事网络发行活动、销售非法出版物的网络书店。压实平台责任，约谈拼多多、淘宝、京东等重点电商平台，北京、上海、浙江等地对重点平台加强现场监管督办。严打非法行为，江苏查办"3.12"侵犯著作权案，涉案非法出版物1000余万册、金额1亿余元；四川查办"10.21"侵犯教辅图书著作权案，涉案金额1.2亿余元；浙江查办有梗创意有限公司非法经营案，打掉一个通过淘宝、微店平台制售淫秽色情出版物的犯罪团伙，涉案金额1000余万元；湖南查办邹某某等人非法经营案，打掉一个伪造出版物经营许可证的犯罪团伙。

三是快速处置不雅视频。加强涉"扫黄打非"信息监测分析，充分发挥有关机制作用，快速有效处置"北京工业大学401教室""烟台黄金职业学院""烟台科技学院画室""南京玄武1912酒吧""项城双马尾"等多起不雅视频事件，及时阻止了有害信息的传播扩散。

二、织牢织密未成年人保护网

聚焦"育新人"的使命任务，做大做强"护苗"平台，全面清查不良内容，严厉打击违法犯罪，积极健全工作体系，有力保护未成年人健康成长。

一是深入网上网下清查整治。专项整治涉未成年人非法绘本及不良信息，深入清查影响未成年人身心健康的有害信息，删除不良信息900余万条，关闭网站、小程序150余万个。集中清理校园周边出版物市场，收缴非法绘本等各类非法出版物90余万册。推动整治色情手办、邪典童装等未成年人产品不良内容，有效净化未成年人成长环境。加强涉未成年人突发舆情应急响应，强化快速协同处置。

二是强化违法违规打击惩处。坚持对涉未成年人案件"零容忍"，严厉打击通过各类网络平台传播涉未成年人淫秽色情、暴力恐怖、封建迷信等有害信息行为，取缔一批非法出版经营窝点，惩处一批违法犯罪分子，处罚一批违法违规企业。安徽、广东等地查办多起利用互联网实施"隔空猥亵"等的网络犯罪案件；浙江打掉"曲奇云盘"App传播涉未成年人淫秽视频犯罪团伙，抓获犯罪嫌疑人29名；湖南依法查处利用"AI换脸"等技术传播涉未成年人不良图片、视频行为。

三是加强校内校外宣传教育。制作推广未成年人网络素养提升系列短片、"护苗"主题歌曲，不断丰富"护苗"宣传载体，提升宣传实效。各地统筹优质资源，用好"网上＋网下""学校＋社会"等场景，创新活动形式，开展"绿书签""网络安全进课堂"等宣传活动20余万场，推动健全家庭、学校、社会、网络、政府、司法"六位一体"的未成年人保护体系。充分发挥主流媒体作用，《人民日报》、新华社、中央广播电视总台、《农民日报》等播发《激浊扬清亮利剑 文明新风拂乡野》等重点稿件、制作《扫黄打非在行动》专题片等重点节目。建好新媒体矩阵，"扫黄打非"和"绿书签"公众号粉丝数大幅增长，有效提升了工作影响力。

三、持续巩固基层阵地

扎实推进"扫黄打非"进基层工作，深化与有关平台结合融入，提高"扫黄打非"示范点创建标准，加强示范点动态管理，引领基层站点在宣传教育、线索举报、案件查办等方面发挥重要作用，着力巩固基层阵地。

各地加强农村"扫黄打非"工作站点、主题宣教园等阵地建设，持续提升站点标准化规范化水平。不少地方利用原有的新时代文明实践中心（所、站）、农家书屋等，与"扫黄打非"乡村站点融合共建，设施一起利用、活动一同开展，提高资源使用效率，将"扫黄打非"内容无缝融入丰富多彩的文明实践活动中。内蒙古科右中旗成立"家门口唠嗑队"，利用在村民家门口唠嗑聊天的方式，发动群众积极参与"扫黄打非"，用接地气的语言"送学上门"，让农牧民坐得住、听得懂、有感悟。贵州黔东南苗族侗族自治州台江县方召镇将"扫黄打非"与精神文明创建、社会治安综合治理、平安建设等工作结合起来，在9个行政村党群服务中心设立"扫黄打非"基层站点，通过"红领巾""红阵地""红队伍"，引领新风尚，助推"扫黄打非"活动进基层、入乡村，营造风清气正的生活环境。河南周口市淮阳区组织 16 支电影放映队，深入到全区 21 个乡（镇、场、街道）468 个行政村（社区），在每场农村公益电影放映前，统一播放"扫黄打非"主题宣传短视频。

2024 年，"扫黄打非"战线全面贯彻落实党的二十大和二十届二中全会精神，深入学习贯彻习近平文化思想，按照"护安全、防风险、正风气、促发展"的要求，突出问题导向，聚焦重点难点，全面清理非法出版物和信息，严肃查处涉黄涉非出版传播案件，有效净化文化环境和网络空间。一是开展"净网 2024"专项行动。集中清理有悖于社会主义核心价值观的淫秽色情、"软色情"等文化垃圾，严厉惩处制作、贩卖、传播淫秽色情出版物和信息的违法活动。二是开展"秋风 2024"专项行动。坚决维护新闻出版传播秩序，有力打击假媒体、假记者站、假记者，严肃查处发布虚假新闻、有偿发帖删帖的自媒体及各类侵权盗版活动，严厉打击擅自从事网络发行活动、销售非法出版物的网络书店。三是开展"护苗 2024"专项行动。大力净化中小学校园周边出版物市场，查处问题"口袋书"、儿童绘本、漫画等。深入清查宣扬暴力恐怖、封建迷信等内容的网络小说、动漫、广播剧等。

（舒彧　全国"扫黄打非"办公室）

第四编

中国香港特别行政区、澳门特别行政区、台湾地区出版业发展报告

2023 中国香港特别行政区出版业发展报告

李家驹

一、新发展与新机遇

自 2023 年香港特区政府成立文化体育及旅游局（以下简称文体旅局）后，特区政府有了专责政策局关注和跟进文化事务，原隶属于商务经济发展局的"创意香港"办公室调归文体旅局，继续负责与出版有关的政策和事务。与此同时，"创意香港"办公室较前侧重于行业的产业化发展，特别是行业的升级及转型。随着香港颁布国安法，社会由乱及治，由治及兴，疫情平复，社会复常，以及政府架构与政策的变化，出版界有一些新发展与新机遇。具体有以下方面。

第一，政府将聚焦于推动香港落实新的发展定位，如区域版权交易中心、中外文化艺术交流中心，这些都与出版有关；

第二，政府更重视让香港融入国家发展大局，特别是推动大湾区合作和交流，不少项目均以大湾区合作而设定；

第三，香港复常对外完全开放后，将大力对外讲好香港和中国故事；

第四，香港将着重弘扬中华文化。

以上种种都给予出版业相应的发展空间。业界需从中寻找并抓住机遇，向前发展来应对未来的不确定性，包括：图书出版业持续下行的局面、经济和国际政局未明、经营成本上涨等。

二、为出版重新定位

（一）争取政府的政策支持和扶持

在文体旅局成立初期，香港出版总会已在不同场合多次向局长反映业界的经营状况和碰到的困难。总会会长李家驹指出：出版业不是一般的商界行业，它具有教育和文化功能，对于社会素质提升和稳定具有重要的作用。通过出版，可对内、对外讲好香港和中国故事，也可促进中外文化交流与相互引进。如今出版业处于下行局面，需要政府在政策上给予支持，财务上予以扶持。出版总会分别借施政报告和财政预算案咨询会，表达业界期望政府考虑成立"出版发展基金"，持续推动出版发展和转型，重点支持的有以下几项。

第一，出版业转型升级专项：包括协助出版业因应科技及市场变化，提升科技应用于出版业务的发展能力，如人工智能、数码出版、有声书与多媒体创作；鼓励图书业与其他创意产业作跨媒体创作，突破传统，推动数字化经济；资助举办奖项嘉许及肯定优秀出版物，如"香港出版双年奖"；支持出版业加强数字市场推广活动；成立"出版创意园"，以优惠租金鼓励各类具创意的图书出版单位进驻，促成一个创意产业生态圈；促进香港出版业发展的研究、研讨会、讲座或工作坊等。

第二，书展支援专项：包括恒常资助香港出版社及作家参与香港书展，以及参加国际大型图书展览活动等。

第三，促进内地出版合作专项：包括补助以推动本地出版社在大湾区设立工作室，加快推进与内地合作与融合；支持及协助出版业界到大湾区及海外进行交流及互访等。

第四，支援拓展境外出版及版权合作专项：包括鼓励海外和内地出版社将本地作品翻译成书，拓展境外市场；资助香港出版社输入版权等。

第五，推广阅读文化专项：包括支持及资助持续举办推动阅读的各项计划，以培养全民阅读的风气；特别是在每年的"香港全民阅读日"，策划每年的推广阅读专项活动。

第六，出版人才培训专项：包括鼓励大专院校与业界合作举办学位课程；培养新秀及提升中层出版业界人才水平；研究为出版专业设立认证制度，如与内地制度衔接等。

第七，支持初创出版及作家专项：包括支援初创出版社及作家，使出版内容多元化，发掘人才，帮助提高本地出版的质素，如恒常资助"想创你未来——初创作家出版资助计划"。

出版总会借助代表出版界的立法会议员霍启刚在议会多次发声，表达业界的意见和诉求。

(二) 构思如何用好"创意香港"的资助

如前所述，文体旅局成立后，"创意香港"的定位有所调整与扩充，施政报告宣布将于2024年把"创意香港"改组为"文化产业发展署"，加大注资以推动文创产业作进一步发展。出版业以香港出版总会为首，多年来申请"创意香港"拨款，资助不同项目，卓有成效。包括：腾飞创意——香港馆、初创作家出版资助计划、出版3.0等。在此新形势下如何更有效地运用政府的资源，资助有益业界长远发展的项目，是出版业界极为重要的课题。出版总会初步盘点多年来获资助项目的内容与成效，思考如何调整和优化，将重点放在电子转型、对外市场开拓、版权业务发展、阅读推广四个方面。

(三) 香港书展的新定位

香港书展是出版界的盛事，人流畅旺，是每年图书销售的重要时机，期间也是每年最多新书出版，最多阅读与文化活动的月份。然而，出版界对于书展的期望绝不限于此，它应同时具备更重要的文化和出版专业功能。一方面，借助香港的区际优势和人流，书展可以成为国际文化盛事的舞台，如可邀请国际级知名作家来港，联合大湾区出版业界，一起举办品牌化的活动。另一方面，香港书展可主办中外出版业版权论坛，使香港成为华文与海外图书的交流、交易平台。以上可配合国家赋予香港的两大新定位：区域版权交易中心和中外文化艺术交流中心。出版总会认为，要达到这样的目的，绝不能按现时纯商业方式操作，只着重经济效益，政府应更积极主动作为，投入资源。香港书展的新定位与可能性，业界与政府尚在探讨。

三、争取拓展空间

（一）"大湾区合作出版计划"初见成效

于2022年初推出的"大湾区合作出版计划"由于受到疫情影响，进度比预期略有延误。2023年1月16日，出版总会举行"两地业界交流分享会"，总结推行的情况，并讨论如何优化计划和提速进行。参与计划的广东人民出版社、广东教育出版社和深圳出版社参加分享会，霍启刚议员出席致辞，香港中联办宣传文体部处长曹山虎莅临指导。双方同意进一步加强沟通，提交新一轮合作出版的书目，又讨论如何加强推广宣传，使此得来不易的计划产生更好的效果。与会者一致表达合作的意愿，希望能将计划定为常规项目。

交流会成果理想，之后陆续看到项目逐步落实，包括：2023年2月初广东教育出版社在内地举行大型图书发布会，又在不同的内地书展推广与港方出版社合作的重点新书。在2023年香港书展期间，广东省出版集团与出版总会举办大型发布会，广东省宣传部副部长率团参加，与文体旅局和中联办领导主礼，并且邀请了内地图书直播带货达人王芳老师在书展进行"网上直播带货"，实现了宣传和销售合作图书的双重效果。图书直播带货是内地近年流行的销售方法，2023年在香港首度推行，令业界大开眼界，也是一次学习的机会。

"大湾区合作出版计划"实现了多年来香港出版界的期望，让香港的出版物得以以一种新形式走入内地的庞大市场。双方以高水平、具特色的图书合作出版互补市场，同时能扩大内地读者的阅读空间。"大湾区合作出版计划"不是过去常见的版权交易，是希望出现更多两地出版社共同策划、共同推广、共同打造的优质图书。

（二）重新参与境外书展

近三年疫情令香港出版界无法全面参与境外书展，少了机会与境外同业交流，2023年情况终于获得改变。疫情后香港全面开放，出版总会与印刷业商会继续以"腾飞创意——香港馆"为品牌，先后参加了意大利波隆那书展和德国法兰克福书展，展出香港优质和具有特色的出版物和印刷品，展现香港的创意成品。在意大利波隆那书展以童书和绘本为主，安排了三位获奖的插画师一同出访，在当地举行分享会，与其他国家地区的出版商联系。2023年疫情终于全部过去，香港出版业与国际又重新恢复联系。参加境外书展，一方面在国际书展中展示香港出版和印刷的优秀成果，一方面借书展平台讲好香港故事、中国故事，意义相当重要。疫情结束，业界也动起来，如联合出版集团组团参加南国书香节和北京图书博览会，加强与内地同行交流。

（三）继续推动有利出版发展的项目

培养未来写作力量的初创作家出版资助计划和推动出版更多更好运用社交媒体宣传的Ad×Pub，是两项跨界别跨媒体的联乘计划。第二届初创作家出版资助计划于2023年顺利完成，8位获资助的新晋作家在主评审的指导下，在香港书展前夕顺利付梓自己的作品，进行宣传和销售，享受身为作家的荣誉。在出版图书之余，项目筹委会也特地安排这批初创作家到大湾区，包括深圳、广州、澳门举办新书介绍会，为香港出版培养作者新力量。到大湾区交流创造宣传和销售的机会，对于年轻作家而言，同时是认识国家发展和文化的良好体验，他们事后都表示很有收获。2024年将会继续举行第三届，筹委会总结经验，将进一步优化方案。此外，出版总会继续支持香港互动市务商会，合办第六届Ad×Pub，选出好书制作视频和社交媒体宣传方案，推广好书，助力销售，营造阅读风气。这些合作制成的宣传片，将于社交媒体（包括项目和所属出版社、作家）和各书展中播放。

（四）第四届香港出版双年奖圆满举行

由香港出版学会主办、特区政府"创意香港"为主要赞助机构的"香港出版双年奖"（以下简称"双年奖"），一直致力为香港出版业界树立优秀的出版标准和典范，在筹委会的努力以及业界与评审的支持下，"双年奖"获广泛认同，成为极具公信力和认可性的专业出版奖。本届"双年奖"进入第四届，共有85家有资格的本地出版社提交345本中文作品参选，当中属首次参选的出版社更占超过三成，成绩令人鼓舞。大会邀请了来自海峡两岸暨香港、澳门的 21 位专家和学者,于 2023 年 5 月 24 日在香港进行决选。经过他们的专业评审后,最终在初选中获"出版奖"的 93 本作品中,选出十个类别的"最佳出版奖",以及"出版大奖""优秀编辑奖""市场策划奖""书籍设计奖"和本届新增的"新晋编辑奖"的获奖者。同样是本届新增的"出版社大奖",得奖者也由获奖最多的出版社自动当选。大会于 2023 年 6 月 20 日发布获奖名单,并于 2023 年 7 月 20 日香港书展期间假座香港会议展览中心举行颁奖典礼,表扬各得奖优秀作品。

获本届"双年奖"是自疫情以来首次恢复以线下模式进行的决选,21 位海峡两岸暨香港、澳门的专家和学者齐聚一堂,从不同的层面及角度互相交换意见、深入讨论,选出"双年好书"。评审一致认为本届参选书籍水平卓越,对多个奖项的获奖者亦予以高度评价,充分肯定这些作品不单为业界树立了标杆,亦为全球华文出版界所称誉。

表:第四届"香港出版双年奖"的重要奖项的得奖名单

奖项	获奖资料
出版社大奖	三联书店
出版大奖	书名:《动物嘉年华:西西的动物诗》;出版社:香港中文大学出版社
优秀编辑奖	得奖人:宁礎锋;书名:《保育黄霑》;出版社:三联书店
新晋编辑奖	得奖人:叶秋弦; 书名:《由电线车说起:驶过百年的轨迹》;出版社:中华书局
市场策划奖	书名:《香港遗美——香港老店记录》;出版社:中华书局
书籍设计奖	得奖人:姚国豪;书名:《保育黄霑》;出版社:三联书店

有关香港出版双年奖的详情,可参阅:https://www.hkpba.org/

四、积极推动出版转型

(一)出版 3.0 从推行到逐步落实

2022 年,总会启动了关于行业转型的重点项目"出版 3.0——香港电子智能书库"。此项目同时获得两个政府部门资助：物流及供应链多元技术研发中心和创意香港。前者支持开发电子书和有声书转换软件，后者赞助建构香港电子书库，宣传以产生图书销售和版权效益。电子化肯定是出版转型的一个重要方向，此项目要同时解决技术与市场两方面的各种制约，施行时碰到的问题实在不少，难度也颇大。本项目在2022年至2024年间共举行了三次发布会，呼吁业界积极参与，阐释项目的意义和处理方法等。经过不懈的努力，计划的第一阶段目标，即制作1 000本有声书和电子书已超额完成，并顺利踏入第二阶段，目标是努力建构"香港电子智能书库"。2023年10月，项目团队前赴法兰克福书展，举办分享活动，约见供应商，摆设展示摊位，获得良好的回响。

（二）探索人工智能（AI）对出版的影响

ChatGPT成为出版界热烈讨论的课题：AI介入是出版的助力还是挑战，是朋友还是敌人，出版业需要作出怎样的准备和配合？出版总会在2023年香港书展的国际出版论坛就以AI为主题："人工智能ChatGPT颠覆图书出版业？"邀请不同国家或地区的专家分享经验共同探讨，包括剑桥大学出版社学术部潘群先生，果麦文化传媒股份有限公司董事、总裁瞿洪斌先生，香港城市大学法律学院副教授何天翔博士担任讲者，参加者众多，反应热烈。

五、业界变化与整合

（一）大众集团和名创教育

2023年香港出版业内一些机构有重大变动，主要在教育出版方面。香港投资公司倍哲资本全面收购新加坡大众集团所有业务，包括新加坡、大中华地区、马来西亚，以及北美地区。大众集团在香港拥有教育出版社和乐思教育出版社，有一定的市场占有率。据大众集团官网公布，集团股权变动不会影响人力资源政策，所有员工架构及薪酬福利将会维持。

在香港拥有文达、新亚洲出版等老品牌出版社的新加坡名创教育集团也于2023年年底宣布结束香港的出版和发行业务，退出香港市场。名创教育旗下的教科书最终转予其他香港出版社代为继续经营，包括小学常识、初中生活与社会科、高中公民与社会科等。

（二）出版社增赛道寻发展

联合出版集团旗下的香港教育图书公司（简称"教图"）一直是香港重要的教科书出版社之一，市占率名列前席。面对香港人口下降导致市场萎缩，教图增加赛道，锐意发展游学业务，入股香港一家主要的游学公司：百利公司。以出版专业介入游学，教图认为优势是熟悉课程和学习需要，可结合教科书内容资源，提升游学质素，更好地达致学习成果。高中公民和社会科取代原有的通识科，要求高中生三年内要到内地进行一次考察学习，教图想把握这一发展机会，跳出传统出版做出版，是出版社增赛道寻发展的案例。

为回应香港教育发展与变化，促进良好发展的生态环境，教图于2023年1月设立研究部，9月成立慈善团体"为学文教基金有限公司"，并成立"香港教育研究院"。香港教育研究院成立之初，率先与香港政策研究所合作，进行了一项"新时代价值观教育策略研究"，其后又与华南师范大学港澳台教材综合研究基地签订战略合作备忘，双方定期选定议题，共同开展相关的教学研究。

（三）香港书店的变化

位于观塘的二手书店"偏见书房"以24小时营业、"无人当值"而闻名，可惜敌不过疫情冲击，最终于2023年7月18日结束营业。而身为香港龙头书店，联合出版集团旗下的联合新零售公司，拥有三联、中华和商务三大品牌，在2023年也继续优化布局，包括：三联书店回归荃新天地；商务于香港故宫文化博物馆设立 Art Express；三联书店湾仔文化生活荟改装为 Afterword Lounge，将书店、共享工作空间和文化活动空间结合。同时，新零售公司进一步打造"一本"电商平台和"一本读书会"，务求使读者拥有更良好的阅读和购书体验。

（四）香港三联 75 周年志庆

三联书店由生活书店、读书出版社和新知书店三家于 1948 年在港成立，2023 年正是 75 周年店庆。香港三联作为老牌出版社，多年来一直以出版好书为己任，提倡"爱生活、好读书、求新知"，扎根于香港，服务各地读者。香港三联重要的三大出版板块是香港题材、人文关怀和生活时潮。为纪念店庆，香港三联特别出版了《与设计对话：香港三联书籍设计七十五年（1948—2023）》，揭示 75 年来重视设计的传统和精神。该书按不同时段将精美的图书归类，整理三联以至香港出版的设计的发展历程，是了解和研究香港出版史不可或缺的重要参考物。

（五）联合出版集团成立 35 周年

联合出版集团（简称联合集团）于 1988 年成立，经几代人努力发展成为香港最具规模和影响力的综合性出版传媒集团，属下香港三联书店、香港中华书局、香港商务印书馆、中华商务联合印刷有限公司、万里机构、新雅文化、新民主出版社、集古斋等，都是香港历史悠久的知名文化艺术品牌，服务香港市民已有数十年乃至上百年历史，陪伴一代代港人成长。

2023 年联合集团迎来成立 35 周年，推出近百场公益文化活动，与市民一同回顾集团发展历史，并展现顺应时代，锐意进取创新的崭新形象；举办标志及口号全民征集大赛、"35 年，35 本最美的书"全民票选活动，以及全新升级版会员计划"一本读书会""行走的图书馆"系列公益文化活动等。多项活动如元宇宙、限定版 NFT 艺术藏品等在香港书展亮相。

联合集团董事长傅伟中指出，集团 35 年来出版了数万种好书，举办了数千场名家讲座、读者见面会、社区和学校书展、艺术文化展览、公益文化活动等，推广阅读、服务民生，未来将进一步发挥背靠祖国、深耕香港、面向世界的优势，持之以恒促进文明交流与互鉴，讲好中国和香港故事，推动中华文化更好走向世界。联合集团借庆典举办"35 年，35 本最美的书"全民票选活动，选出多间知名出版社合共近 150 种好书，分为人文之美、自然之美、教养之美、艺术之美、生活之美五大类别，邀请读者投选。

9月26日，联合集团举行庆祝中华人民共和国成立74周年暨联合出版集团成立35周年"阅·无止境"论坛，紫荆文化集团董事长许正中分享了对联合集团的四点期盼：一是牢记初心使命，二是坚持创新发展，三是增强服务意识，四是扩大开放合作，并祝愿联合出版集团续写精彩、再创辉煌。联合集团董事长傅伟中表示，集团35年是薪火代代相传、文化生生不息的35年，是播撒文化种子、广结文化善缘的35年，也是传承中华文化、反馈香港社会的35年，期待继续与社会各界携手建设书香香港。

六、全力培养阅读风气

（一）成功争取政府订立"香港全民阅读日"

为全民阅读风气，要求设立"香港全民阅读日"，是多年来出版界力争的目标。2023年，政府宣布将2024年4月23日"世界阅读日"订立为"香港全民阅读日"。这件头等大事，使社会各界特别是出版界充满期待。为迎接2024年首届"香港全民阅读日"，总会于2023年与出版学会携手合作，加强向社会大众宣示阅读的意义和价值，继续举办"阅读四月天"文化活动巡礼，呼吁出版社和作者举办不同的活动、书店举办书展和提供购书优惠，以及支持出版学会继续发布"香港全民阅读调查报告"等。为办好首届香港全民阅读日，出版总会率领代表约见文体旅局局长，讨论如何办好2024年首届香港全民阅读日，建议政府拨出资源，联同业界一道，合作推动全民阅读风气；并建议政府考察"深圳阅读月"，加强两地合作，刷亮"深港共读"品牌。11月初，代表出版界的立法会议员兼香港出版总会名誉会长霍启刚，与文体旅局局长杨润雄率领政府康文署官员和出版社代表，拜访深圳市宣传部，进行深度的交流和讨论，并参加深圳读书月的开幕礼和活动。

出版界一致认为，香港全民阅读日是出版的"节日"，能突显出版的社会与文化价值，促进社会大众对出版的认识。香港全民阅读经多年争取，实在得来不易，期待出版界与各界别积极参加，携手合作，打造好首届香港全民阅读日，能产生良好的效果、感染力和影响力。

(二) 公布2023年香港全民阅读调查结果

香港出版学会连续8年进行"香港全民阅读调查",以了解香港市民的阅读习惯趋势,调查以音频电话随机抽样,2023年2月至3月期间成功访问了1 240名10岁至84岁的市民,以了解他们包括纸本和电子阅读习惯、内容、时数、消费行为等。

学会于2023年4月18日联同出版总会举行了"2023香港全民阅读调查报告"发布会,由新青年论坛代表向公众讲述调查所得。调查结果显示,随着疫情消退,学习和日常生活回复正常,受访者无论在阅读时间、数量以及消费金额上,整体情况都较以往逊色。有纸本阅读习惯的受访者与有电子阅读习惯的受访者比例相近。而有纸本阅读习惯的受访者中,近三年阅读中位数在6本至8本之间,算是颇为稳定。60%受访者表示有买印刷书籍或者刊物,比率连续两年下降。当中虽仍维持50%受访者表示每月花费50元以上,但比率微微下降。近70%受访者过去一年有电子阅读的习惯,与2022年的情况接近。当中,一半受访者每日在电子阅读花多于1小时,35%受访者每日花1—3小时,与往年相近。

学会根据调查报告提出了多项建议,包括以下这些。

第一,青少年的电子阅读习惯在疫情过后大致维持,不过时间减少了,较多阅读报章和杂志而较少阅读电子书;但纸本阅读的习惯则明显减弱,甚至有可能出现"阅读鸿沟"。学会认为这一现象值得担忧,因为阅读习惯须从小培养,如何在家庭、学校和社区等不同层面更多地给予青少年接触书本和阅读的机会,提供更多优质和合适的阅读内容,让青少年无论以实体或电子模式阅读,都可得到更多乐趣和更好的滋养。

第二,老年群体已逐渐适应电子阅读,但阅读电子书的体验不算理想。因此,应积极协助他们解决使用电子书时所遇到的困难,包括如何应用电子设备的辅助阅读功能并提供更多合适的书种,改善他们的体验,建议有关当局开展更具目标性的研究,同时拨出相应资源,鼓励业界提供更多合适图书。

第三,在有电子阅读习惯的受访者中,有61%表示完全无使用过电子书借阅服务,与前两年情况差不多。不知道有电子书可借的受访者占32%,反映受访者对电子书借阅服务的认知度仍然不足。基于本地市场狭小,出版业界既要应付纸本书市场的萎缩,又要开拓电子书的市场,确实不易。针对上述情况,学会建议政府在提升纸本书借阅服务时，须继续增加资源，加强推广电子书借阅服务，有针对性地提高市民对电子书的认知与运用能力、增加借阅天数、增加本地出版的采购量，以缩短市民轮候时间，提升阅读体验等。

第四，社会逐渐恢复正常后，阅读的重要性似乎不及疫情期间。学会多年来从不间断地推动全民阅读，近年更与社会各界携手，倡议香港特区政府将4月23日订立为"香港全民阅读日"，让市民有更多机会或更方便地接触到纸本书和电子书，让阅读轻易成为市民日常生活中的必需品。

第五，发布会嘉宾立法会议员霍启刚回应，认为图书馆的电子书购买量依然不多，政府需带领业界作更多尝试，电子书购买和借阅大数据可让业界对读者的阅读状况有更多了解。他同时认为香港书展除营销外，可开拓更多交流活动，让书展变成更好的推广阅读的平台。出版总会会长李家驹指出，除大型书展外，应于每年不同时期开展与阅读相关的活动，让阅读的概念更加深入人心。香港书刊业商会会长苏惠良表示香港书展在湾仔会展举办，未必便利各区人士参与，深入社区的小型书展与活动应不可少。

（三）联合出版集团"一本读书会"

联合出版集团旗下的文化电商平台"一本"于2023年启动全新升级版会员计划"一本读书会"，举办"名家讲座系列"，广邀世界各地知名作家及文化名人来港，与读者见面交流。首场名家讲座"人间多少事 两三笑话中"邀请了著名作家、茅盾文学奖得主刘震云到港，分享逾40年文学创作心得，500名现场读者、逾万名在线读者观看本场活动，全场满座，反应热烈。为从多方面满足读者的兴趣爱好，"一本读书会"定期在书店开展多形态读书活动，举办包括"读金融""读历史""读文学""读心理"等系列读书会50余场，邀请了香港历史专家刘智鹏、"中国私募之王"单伟建、笔迹分析专家林婉雯等嘉宾学者，同步举办在线直播，每场参与人数逾千人。"一本读书会"被选入围2023南国书香节"第二届优秀阅读推广人/组织"。

（四）校园电子书阅读推广计划

为进一步营造电子阅读风气，协助新一代更便捷学习，香港赛马会订立"数码悦读计划",于2023年正式启动,为期18个月,资助本地中小学购买电子阅读器、电子书籍、订阅网上阅读平台,以及举办各项推动阅读习惯的活动。项目由香港赛马会慈善信托基金拨款推行,目标是要将电子阅读推广到校园内,将阅读融入学生生活,可随时随地享受电子阅读的乐趣。项目共有超过600家中小学获得资助,反映极为良好。有参与学校的家长表示,此计划不只为孩子提供更多阅读选择,更为家长制造了更多亲子共读的机会。电子书令阅读变得多元化,令充满好奇心的儿童勇于发掘不同类型的书籍,有助于巩固他们的阅读兴趣。

七、出版的风貌和特征

(一) 2023年的出版量

根据香港康乐文化事署辖下公共图书馆的"书刊登记组"(负责管理国际出版书号的政府部门)数字,2023年第一至第三季度登记的新书书号(中英文,卖品)共5 142种,相比前一年同期的5 138种,增加了4种。2022年全年登记的新书书号(中英文,卖品)共7 033种,康乐文化事署现时尚未公布2023年第四季度数字,估计两年的数字应很大机会相若。其中中文图书出版量较高的三个类别,分别是儿童及青少年读物、教科书、文学;英文图书出版量较高的三个类别,分别是儿童及青少年读物、教科书、其他。近年出版社出书的态度较为审慎与保守。

(二) 重点与焦点出版

2023年,联合出版集团旗下三联书店、中和出版社出版了习近平总书记几本重要著作的繁体版:《习近平新时代中国特色社会主义思想学习纲要(2023年版)》和《让群众过上好日子——习近平正定足迹》《闽山闽水物华新——习近平福建足迹》《干在实处 勇立潮头——习近平浙江足迹》《当好改革开放的排头兵——习近平上海足迹》,并在香港书展举行隆重的新书首发式。

在对外讲好中国故事方面,"新视界丛书"是三联斯诺工作室策划的关于当代中国与世界研究的丛书，旨在"向世界传播更真实的中国，向中国介绍更丰富的世界"，分为"名家"与"观察"两大系列，首两部是《被西方误读的中国》和《亚洲的21世纪》。前者作者定居香港超过30年，长期观察亚洲与中国，旨在为中国向西方世界进行必要和有益的澄清，重现事实的真相。后者将著名外交家、政治学者马凯硕先生近年发表的文章、演讲与接受的重要采访集结成册，集专业性与通俗性、现实性与前瞻性、思想性与实践性于一体，是颇有创见、引人深思的佳作。Fun China Series 是全英语的中国知识绘本，以图文结合方式，由中国神话生物与小读者一起探索中国，如中国动物、中国美食、中国节日、中国景点等，开启孩子认识祖国的大门，培育幼童养成家国情怀。

在讲好香港故事方面，有三联书店出版的《未知的香港粗犷建筑》和《与设计对话：香港三联书籍设计七十五年（1948—2023）》。《未知的香港粗犷建筑》提出"粗犷主义"，即为追求真实的材料运用，如实地设计当下现状，让建筑呈现最客观的现实。该书重塑了香港建筑史、补全了已知的及复原了失落的建筑进程，是香港建筑史研究的里程碑。读者又可在其中了解1960年代至1980年代的香港粗犷建筑及12位建筑师的故事。《与设计对话：香港三联书籍设计七十五年（1948—2023）》捕捉设计视角下香港图书出版的思潮，反映时代动向。图书上编为670种实体图书展示及资料汇编，包含封面、版式、设计说明等；下编为30多位老中青三代设计师访谈，包括多位殿堂级名家，讨论香港书籍设计及相关文艺思潮。由中华书局出版的"香港非物质文化遗产系列丛书"一套四册，是不同学者、专家经年累月研究的成果展现，展示香港对于非遗的重视。丛书将扎作技艺、薄扶林舞火龙、港式奶茶、中式长衫和裙褂这些技艺详尽记录及保存，图文并茂地细说历史与文化，是具备温度的文化行业记录。随着时代变迁及城市发展，文字留下了技艺，印证了出版对于文化传播的重要性，以及对于香港民间手工艺的贡献。

学术著作方面，有中华书局出版的《从传统到现代：中国现代化与中国现代文明的建构》学术经典焕新，本书是金耀基教授的经典名作《从传统到现代》的增订版，从社会学角度对中国从传统社会走向现代社会进行了总体框架描摹。本书除保留《从传统到现代》原著，还新增了金教授在其后近三十载关于构建中国现代文明的多篇论文，是值得一读的学术著作。

（三）什么书受读者欢迎

联合出版集团旗下的新零售公司自 2021 年起，每年定时发布阅读报告，分析上一年度香港人的阅读习惯和趋势，以探讨阅读对于社会的意义与价值。报告结合香港最大型连锁实体书店：三联书店、中华书局、商务印书馆，以及文化电商平台"一本"的销售数据，从图书品种引进、网上购书习惯，以及分类畅销书，统计每年的畅销中英文书及儿童书、新书销售榜等，从中分析香港市民在实体书店及网络书店的购买习惯和趋势。

根据 2023 全年畅销书榜显示，在各分类榜单中既有经典的图书与长销品种，也有新书位列三甲，代表着在社会新常态下，读者一方面喜爱阅读经典，同时乐于追逐新话题与新潮流。其中童书系列销售继续强劲、心灵励志与动漫图书亦能稳占畅销书榜。旅游书籍重新回归畅销书榜，以短线到深圳等湾区城市的旅游书籍尤为火热。英文图书畅销书方面，经典图书继续支撑多个分类畅销榜，小说及文学类有超过三成的升幅；本地读者的两文三语特性，阅读口味多元化，令英文图书的销售稳健持平。

疫情虽过，文化电商平台"一本"的销售仍保持增长，对比 2022 年达近 50% 的升幅。教科书点对点服务成为新的网购增长点，反映出网购已成为广大学生及家长购买教科书的重要渠道；按数据分析，"一本"的活跃会员有近 20% 的增长，可见市民在复常之后仍能保持网购习惯。2023 年的有趣发现是，男士会员网购金额及频率比女士会员更高。2020 年开始，图书网购已逐渐成为市民购买图书的重要方式之一，但对实体书店并未产生冲击，整体图书及文化产品销售均有平稳发展。

（四）课程与教科书出版的变化

以往的教科书送审制度，教育局只审内容，不审封面。自 2023 年 2 月起，出版社须在推广期或教科书正式出版前向教育局呈交送审教科书的封面及封底，局方收到后，将于 10 个工作日内回复意见。此外，教育局希望出版社向局方提交教师用书，不评审，只作参考用途，此计划由出版社自愿参与，试行两年，于 2025 年 2 月至 3 月送审的教科书发榜后再作安排。

前几年教育局宣布高中公民与社会发展科取代高中通识科，出版社需编写新科目教科书，2023年教科书已完成出版。6家出版社的高中公民与社会发展科主题3教科书通过教育局审批，中英文版合共10套书列入适用书目表，供学校选用。2023年有一些重要的新科目出台。在中学方面，继高中公民与社会发展科后，教育局于2022年10月又颁布初中公民、经济与社会发展科课程，取代生活与社会科。新课程逐年推行，按教育局规定，送审时间分两年进行。共有6家出版社于8月送审了中一教科书，局方将于2024年3月完成审批程序。在小学方面，2023年11月，教育局正式把小学常识科分拆为小学科学科及小学人文科。两个科目均在2025—2026学年起分两个学习阶段在小学逐年推行。教育局规定出版社须分批送审教科书，即2024年9月送审小一及小四、2025年送审小二及小五、2026年送审小三及小六。随着新课程推出，预计有更多出版社加进市场。

八、出版界履行公民责任

（一）举办"两会"分享会

国家在复常后稳中求进，全力推动高质量发展，以中国式现代化全面推动中华民族伟大复兴。"两会"召开后，出版总会联同香港图书文具业商会、香港书刊业商会合办两会精神分享会，邀请人大代表马逢国议员与霍启刚议员、全国政协卢永雄先生与吴静怡女士宣讲"全力推动高质量发展——两会对香港的启示"，让业界了解怎样配合国家发展大局，探索出版和印刷业发展的可能性。

（二）支持区议会选举

2023年12月10日举行完善选举法之后的第一次区议会选举。地区治理是施政的重要基石，区议会是市民地区和政府沟通的重要平台。出版总会代表出版界尽了公民责任，全力推动和呼吁业界积极投票，为自己、为社区、为香港、为国家选出各区理想的实干人才。

九、小　结

虽然出版业在 2023 年迎来了新发展机遇，但是也要面对一些很具体和实在的挑战，能否把握机遇在于出版界是否具有新定位、新思维。

出版界对于文体旅局寄望甚殷，在政策层面、资源投放、官商合作上，应要比之前更进步，以推动出版行业转型、推广阅读氛围，打造书香城市，讲好香港与中国故事。其中，政府应要尽早设立"出版发展基金"，这点尤为重要，以帮助业界应对持续下行的经营形势，以及科技介入带来的挑战与机遇。出版总会牵头的多个项目仍在运行中，都是较为重要的项目，包括出版3.0项目、香港智能电子书库、大湾区合作出版计划、初创作家出版资助计划，以及为推广香港全民阅读的"香港阅读＋"。期望出版界同人能进一步团结合作，继续努力奋斗，深信人间有道，得道多助，天道酬勤。

（李家驹　香港出版总会会长）

2023中国澳门特别行政区出版业发展报告

张燕青

2023年,在特区政府带领下,澳门各界积极把握机遇,务实有序落实"1+4"经济适度多元发展策略,推进横琴粤澳深度合作区建设,特区主要经济指标稳中向好,社会焕发生机活力。在政府政策的引导下,澳门出版业界积极发挥文化桥梁的角色,努力向内外讲好澳门故事。

值得一提的是,2023年4月,文化局提出了建立"阅读之城"的目标,旨在持续推动"阅读丰富生活"的理念。为实现这一目标,政府大力优化公共图书馆的硬件和软件设施,同时推出多个阅读推广项目,如"婴幼儿阅读有礼计划"、扩大"世界阅读日"的规模、推出图书馆宣传车等。这些举措旨在帮助居民养成终身阅读的习惯。

这些发展消息让出版业界信心大增,业界希望借助政府推动阅读风气的力量,让更多人关注本地出版物。本文将探讨2023年澳门出版业界在政策扶持、市场拓展、数字化转型、阅读之城建设,以及出版业风貌等方面的发展,并对未来发展进行展望。

一、政策扶持下,出版业稳步发展

(一)文化产业发展政策指明出版业方向

在澳门经济过度依赖博彩业的问题日益突出的情况下,中央政府在"十一五"规划中明确提出澳门经济要"适度多元化"的发展目标。2019年2月18日中央颁布的《粤港澳大湾区发展规划纲要》明确提出，澳门要"打造以中华文化为主流，多元文化并存的交流合作基地"的文化战略目标。2020 年，澳门特区政府发布了《文化产业发展政策框架（2020—2024）》，为澳门的文化发展订定新定位、新任务和新举措。

该政策框架将文化产业主要行业划分为四大核心行业、四大培育扶持行业和四大融合发展行业。"出版发行"作为四大培育扶持行业之一，足见政府明白出版业界面临的困境和挑战，并计划投放资源，扶持行业稳步发展。

在全面对接国家"十四五"规划，深入实施《粤港澳大湾区发展规划纲要》的基础上，澳门特区政府在《二〇二三年财政年度施政报告》中明确提出"1＋4"经济适度多元发展策略[①]，为社会各界指明发展方向。

2023 年，在《文化产业发展政策框架》的支持下，澳门出版业界、学术界、教育界为落实"1＋4"经济适度多元发展策略，策划及出版多种与世界文化遗产、旅游休闲、中医药大健康等题材相关的图书及学术专著，并加速数字化发展，努力拓展大湾区及葡语系国家市场，提升澳门出版物的整体质量和影响力。

（二）两大基金扶持文化出版项目

为贯彻澳门特别行政区的文化政策，促进文化及艺术领域的活动与交流，文化发展基金特别设立了"2023 年文化活动/项目资助计划"。该计划通过择优方式，资助本地依法成立的非营利性社团开展丰富多彩的文化艺术创作及推广工作。据文化发展基金最新数据显示，2023 年度共有 14 个文化社会团体成功获得"文学创作"类别的资助。2023 年，澳门基金会继续推出"学术项目"资助计划，在评审环节加强了对项目创新性、与政府政策契合度等技术指标的考核，以提升公共资金的使用效益。

两大基金——文化发展基金和澳门基金会，均致力于推动澳门文化及学术领域的发展。文化发展基金主要支持文学创作出版项目，而澳门基金会则侧重于学术出版项

[①] 澳门特区政府《二〇二三年财政年度施政报告》中明确提出"1＋4"经济适度多元发展策略。"1"就是按照建设世界旅游休闲中心的目标要求，促进旅游休闲多元发展，做优做精做强综合旅游休闲业；"4"就是持续推动中医药大健康、现代金融、高新技术、会展商贸和文化体育等四大重点产业板块发展，着力构建符合澳门实际且可持续发展的产业结构。

目。这一举措有力地支持了澳门文化社团的发展，不过该申请主要面向社团机构，暂时未有针对业界的资助专项，支持业界就政策方向、针对社会所需的书籍进行策划出版。

二、发挥地区优势积极拓展市场

（一）粤港澳大湾区建设战略下澳门出版业界走出去

大湾区内1.7亿人口的庞大市场，为澳门出版业提供了拓展空间。澳门出版单位与珠三角地区的大型出版集团合作，提升资金实力、技术水平和品牌影响力，实现行业整合升级。

2023年3月，澳门科技大学与广东人民出版社联合出版发布《粤港澳大湾区发展报告（2021—2022）》，该年度报告由澳门科技大学和广东人民出版社分别在澳门和内地出版。

8月，南国书香节澳门展区开幕。澳门展区上，广东教育出版社、澳门启元出版社签署《澳门弹起》英文版、葡文版授权签约仪式；同日，广东省粤港澳大湾区文化教育交流中心和澳门文教出版协会主办，新世纪出版社、澳门启元出版社、澳门文化公所、澳门出版传播中心承办的粤港澳大湾区少儿出版合作签约仪式暨《那只没有被染成金色的蝴蝶》简体、繁体新书发布会在南国书香节主会场广东馆举行。

（二）发挥澳门联系中国与葡语国家的平台作用

2023年，澳门大学、澳门理工大学积极赴葡萄牙及欧洲多所院校交流，签署合作协议，落实多项合作计划。

当中，澳门大学代表团在4月访问里斯本期间，与澳门科学文化中心（CCCM）主任Carmen Mendes等人会面并签署了合作协议，共同建立葡语亚洲数字数据库网络（PADAN）。该数字数据库收藏大量关于16世纪至20世纪欧洲与亚洲相互交流的文献、出版物、史料和数据信息。澳门大学和CCCM将共同出版学术书籍，并推进多项科学和文教领域的合作。5月，澳门大学校长宋永华率团访问欧洲多所高校，落实多项合作计划，并与葡萄牙顶尖高校科英布拉大学及波尔图大学签署战略合作协议。澳大副校长马许愿分别向与会嘉宾介绍"中国澳门特别行政区与葡语国家学术图书馆联盟"的建设、首届"汉语和葡语国际论坛"的筹备情况以及葡语法律著作翻译和出版项目的工作成果。

澳门理工大学方面，校长严肇基和葡语国家及地区高等教育管理联盟主席团成员Maria da Conceição Peixe Rego代表于5月签署合作协议。协议范畴涵盖学术活动、出版物项目以及文化计划等，旨在建立双方间长期的学术合作关系，并加强中国与葡语国家及地区在粤港澳大湾区的学术合作。同月，与科英布拉大学及北京大学医学部签署合作协议，共同开展中医药及保健书刊的翻译出版工作。11月，莫桑比克蒙德拉内大学回访理工大学，落实开展研究项目。

（三）横琴以"阅读"探索粤澳深度合作规划蓝图

2023年8月18日，由深合区民生事务局主导设计搭建的南国书香节特色展区开幕，南国书香节推动琴澳多元文化交流，助力粤港澳大湾区的文化建设。合作区特色展区由合作区民生事务局主导设计搭建，以翻阅"横琴之书"为线索，描绘出琴澳融合的新画卷。市民可在立体环绕空间中，跟随着古今时间轴，一同回顾横琴的建设历史，探索粤澳深度合作的规划蓝图，领略琴澳创新融合的发展成果。

（四）书展及推广活动

1. 三场大型书展活动

澳门每年均有三场大型书展，分别在春季、夏季及秋季举办。

2023年5月，澳门出版协会主办，星光书店有限公司承办的"2023年春季书香文化节"在塔石体育馆盛大开幕。文化节持续十天，展销海峡两岸以及港澳地区超过10万册最新图书、音像产品和周边产品等，内容丰富多样。

7月，澳门阅读写作促进会主办，澳门理工大学协办，一书斋承办的"第二十六届澳门书市嘉年华"开幕，本次嘉年华超过50个参与单位参与，展示了3万多册的书籍，举办29场活动，场面热烈。

11月，澳门出版协会主办，文化广场承办的"2023年秋季书香文化节"揭幕，本次书展邀请来自多家出版机构参展，展销万余种新版图书。

2. 中葡绘本书展

2023年10月，文化局举办的"中葡绘本书展"假氹仔嘉模会堂举行，书展以"阅读花园"为主题，活动邀请了中国内地、澳门、香港、台湾地区及葡萄牙等地的三十多家书店和出版社参与，展示超过500种以中文或葡文为主要语言的绘本和儿童图书。

3. 疯堂绘本文化节2023

2023年9月，"疯堂绘本文化节2023"首次在疯堂十号创意园举办，活动由望德堂区创意产业促进会、疯堂十号创意园主办，澳门人出版社、澳门插画师协会合办，活动持续举办一个月，分"澳门绘本故事互动展""儿童创意工作坊嘉年华""绘本文化嘉年华"及"疯堂名人汇"讲座四个部分，吸引10家机构携超过30个绘本角色IP参与。活动旨在让市民更了解本地特色绘本IP，加强亲子阅读，亦给作者和插画师更多创作空间，发掘更多有趣的故事。

4. Bookery开炉！艺术书展2.0

由方言社主办的"Bookery开炉！艺术书展2.0"于边度有书书店开幕。"Bookery开炉！"是一项集书市、音乐会、展览及讲座的艺文活动，于2022年秋季首办，2023年8月再度开炉，一连两周带来马拉松式的艺文体验。

5. 南国书香节澳门分会场·粤澳共读周

"南国书香节澳门分会场·粤澳共读周"2023年3月30日在澳门街坊会联合总社区服务大楼开幕，展出近千种来自内地和澳门的出版图书、过百种文创产品。活动由澳门中联办宣传文化部、广东省委宣传部指导，广东省出版集团、南方出版传媒股份有限公司、广东新华发行集团、澳门文教出版协会、文化公所主办。

三、出版物数字化升级转型

（一）大力推进"澳门学"学术数据库建设

由澳门基金会创办"澳门虚拟图书馆"网站，于2022年3月全面升级上线，作为

"澳门学"的云端平台，典藏大量的澳门出版资源，以及与澳门研究相关的图书、期刊、论文等内容。改版后，"书刊文库"板块中，图书量由 910 册增至 1 155 册，期刊量亦增至 888 册，更整合了各学科的经典文献与最新成果，同时提供全文阅读及深度检索功能。

2023 年 1 月，为了整合澳门出版成果，丰富澳门虚拟图书馆的馆藏，扩大澳门学术出版物的传播力，"澳门虚拟图书馆"推进"澳门研究""澳门出版物征集"计划，不限出版地及出版年份，面向全球收集澳门出版的书籍或以澳门为主题的学术出版物，大力推进"澳门学"学术数据库建设。

（二）文化局阅读网站更新升级

2023 年 3 月 10 日，为积极推动阅读风气，文化局将原存放于"澳门 e 文库"应用程序内的文化局出版物资料迁移至该局子网站"学术及出版"上，超过 300 款书籍和期刊的电子版本可以供市民在线上进行阅览，而无需下载任何程序。原"澳门 e 文库"应用程序于 4 月起停用。

同月 17 日，澳门艺术博物馆借馆庆良机推出新版网站，以全新形象推广艺术馆藏、展览活动、出版物等。更新后，网站提供更丰富的信息，展示艺术馆的多样化内容，并以更吸引人的方式呈现。

四、政府与社团合力建设"阅读之城"

（一）政府首次提出构建"阅读之城"的目标

2023 年，特区政府提出打造"阅读之城"的目标，积极不断优化公共图书馆软硬件设施，并推出多项鼓励青少年及儿童走进图书馆、培养亲子阅读习惯的措施，期待提升家庭阅读素养，让阅读丰富市民生活。

文化局、教育及青年发展局、澳门大学图书馆及澳门图书馆暨信息管理协会于 2023 年 4 月 15 日至 5 月 14 日期间联合主办"澳门图书馆周"系列活动，带来 60 多项多元化阅读推广活动，包括"好书交换"、摊位游戏、短讲分享会、工作坊、亲子共读活动、快闪阅读活动"悦读趴趴走"、供免费取阅图书的 Pop-up Library、讲座、展览、艺文表演等。活动吸引了超过 7 万人次的参与。

4 月 23 日 "世界阅读日"在澳门文化中心举行启动仪式及进行"4·23 全城共读"暨粤港澳"共读半小时"活动。全城"共读点"招募获得逾 130 个单位响应，约 4 万人次报名参与，反应热烈，较 2022 年增加约 1.5 倍。活动亦通过与深圳、广州、东莞、香港等多个湾区城市联动，将湾区民众连成一线，共同享受阅读乐趣。

另外，文化局于 7 月首次推出"婴幼儿阅读有礼计划"，向澳门婴幼儿派发"阅读包"，提供适合不同年龄阶段的儿童阅读和亲子共读的图书及推荐书单，让家长能够与幼儿培养共读习惯。截至 2023 年 12 月，逾 4 600 名婴幼儿已领取阅读包。

（二）境外首家工联职工书屋在澳门正式启用

2023 年 2 月 10 日，中华全国总工会首家境外职工书屋在澳门正式启用。澳门职工书屋是中华全国总工会与澳门工联总会为丰富职工市民精神文化生活，推动澳门职工群众深入学习贯彻党的二十大精神和开展爱国教育而共同打造的职工学习阵地，由实体职工书屋、电子职工书屋、职工读书活动统筹三个项目组成，旨在创建具备鲜明工会特色、充满时代活力的读书服务和大湾区职工阅读学习文化圈，为澳门职工提供有广度、有深度、有温度的阅读体验和文化享受。

澳门职工书屋自成立后，积极推动企业建立职工阅读文化。2023 年，分别与中国电信（澳门）有限公司、澳门电力股份有限公司、澳门自来水股份有限公司合作和澳门莲花卫视传媒有限公司开展流动书屋及职工主题读书活动。

（三）团体每月举办读书会累计千人参与

澳门阅读普及协会为营造澳门阅读风气，于澳门文学馆举办"阅普会相约澳门文学馆"活动。该会截至 2023 年 12 月，已举办超过四十场活动，累计逾 1 200 人次参与，透过恒常读书活动，建设书香澳门。

五、澳门出版业的风貌特征

（一）出版物数量

根据综合文化局辖下公共图书馆管理厅国际标准书号（ISBN）申办记录，以及澳门中央图书馆典藏的 2023 年度图书出版数量，2023 年度共有 800 种图书出版，包括 724 种实体书及 76 种电子书出版。与 2022 年度的统计数据比较，图书增加了 9 种，电子书增加了 17 种。反映了随着政府大力推动出版物数字化转型，电子书出版也日益受业界重视。其中出版量最高的三个类别，分别是文学、教科书、学术研究。同比出版量有所回升，相信是社会阅读氛围提升，导致业界信心提振。

2023 年度新申请加入国际标准书号系统的出版单位共有 64 个（包括 26 家商业机构、16 个民间组织、21 名个人及 1 个其他特别团体），累计总数有 1 277 个，出版机构类别包括：71 个政府部门、41 所学校、277 家商业机构、475 个民间组织、390 名个人及 23 个其他特别团体。数据反映，出版单位对于申办 ISBN 的意识日益增强。

（二）积极"说好中国故事、澳门故事"

澳门出版业一直以"说好中国故事、澳门故事"为己任，积极以文化助力澳门发挥"一中心一平台"的作用，有序落实"1+4"经济适度多元发展策略。2023 年，以"澳门"为出版主题的图书共有 185 种，占全年总出版量的 23%，以"中国"为出版主题的图书共 32 种，占全年总出版量的 4%；以"葡语系国家"为主题的图书则有 27 种，占全年总出版量的 3.4%。此三类主题均以学术著作为主。

澳门出版业界积极以实际行动讲好中国及澳门故事，多所高校和出版社先后发表了别具价值的学术著作，为澳门在大湾区建设及中葡合作平台建设方面提供了宝贵的研究成果和实践经验。其中，澳门科技大学与广东人民出版社联合出版了《粤港澳大湾区发展报告（2021—2022）》，这是目前澳门唯一一部年度性、专题性的智库报告，观察和评价澳门参与大湾区建设。澳门城市大学出版了《粤港澳大湾区金融发展研究》

和《中国式现代化与葡语国家关系发展研究：经验借鉴与现实启示》，探讨大湾区金融发展及中国现代化与葡语国家关系。澳门人出版社出版了《澳门红色旅游资源开发与爱国爱澳教育研究》和《澳门数字经济发展策略研究》，以创新的角度研究澳门的旅游资源和数字经济发展。文化公所出版了《葡语国家绿色金融发展与澳门特区中葡平台建设》，探讨葡语国家绿色金融发展及澳门中葡平台建设。

（三）逐步推进教材本地化

2023年，澳门特区政府及私人出版社继续逐步推进教材本地化工作，全年共有154种教材出版，其中，语文类教材占据主导地位，体现了澳门教育对语文基础的重视。出版数量最多的是培文出版社，共出版了54种朗文英语澳门版教材；澳门夏森有限公司紧接其后，出版了25种英文教材。教育及青年发展局则出版了12种普通话教材和1种澳门地理补充教材。此外，海事及水务局出版了8种《澳门水资源小知识》补充教材，而澳门城市大学也出版了"葡语国家文化"及"葡语"相关教材共8种。

（四）儿童文学成绩获肯定

2023年，澳门儿童文学出版市场可谓欣欣向荣，全年共有20家出版单位出版共60种图书。位列前五位的出版单位分别是：第一位是中国艺术出版社，出版了《笨笨猪》系列《绘本世界》系列图书合共19种；第二位是教育及青年发展局，分别出版了《阿拉丁的理想人生》《小熊参加生日会》的三语种版本，合共6种；第三位是澳门人出版社，共出版了5种童书，在市场上备受关注，分别为《小鱼游进了月亮》《神秘的包裹2：时光礼物》《叶绿素空间之美妙猫餐馆1》《澳门爱国商人马万祺》和《青洲山宝藏Ⅱ》；第四位是个人出版者凌芷欣，先后出版了《快乐魔法》《熊抱抱》《专注王》《数星星》4种图书；第五位是澳门国际研究所，出版了3种《小小探险家》系列图书。

澳门儿童文学出版气氛热烈，2023年9月21日，由澳门文化界联合总会指导，澳门文学评论家协会、澳门作家协会、澳门儿童文学协会、澳门文教出版协会等单位共同发起首届"澳门国际儿童文学奖"公开征稿，该奖项将于2024年颁发。奖项的设立，也是对澳门儿童文学整体水平提升的一个重要肯定。

六、结　语

特区政府正积极推动"1+4"经济适度多元发展策略，首要目标是打造世界级的休闲中心和多元化休闲选择。出版业在此方面应承担重要责任，如通过出版相关资料，介绍澳门的旅游故事，特别是推广澳门各地区的本土特色美食和世界文化遗产景点。出版业也能在中医药大健康、现代金融、高新科技、会展商贸及文化体育等四大产业中发挥积极作用。内地出版业界也可就四大产业的内容，与澳门出版业界合作，让澳门能更好地融入国家发展大局。

"横琴澳门一体化"作为国家重要策略，不同产业之间的联动至关重要。出版业作为信息沟通和知识传递的桥梁，在此过程中发挥关键作用。随着横琴粤澳深度合作区的急速发展，出版业面临机遇和挑战。虽然澳门进出口横琴的货物制度尚未明确，但出版物作为文化载体，将成为横琴澳门一体化的重要催化剂。因此，政府应该加强澳门出版物在横琴的销售，指导业界方向，并制定相应的政策，以促进琴澳出版物互通。

澳门出版业界在2023年有多项成果和突破，来年，《文化产业发展政策框架（2020—2024）》将迎来最后一年，业界都做足准备和对未来充满信心。期待下一个五年框架，政府能继续扶持出版业发展，让业界能持续发挥优势，助力"1+4"经济适度多元发展及横琴粤澳深度合作区建设。

（张燕青　澳门人出版有限公司社长兼总编辑）

2023中国台湾地区出版业发展报告

黄昱凯

一、台湾地区出版产业整体概况

根据台湾地区"国家图书馆"发布的《2023年台湾国际标准书号申请分析报告》，2023年申请ISBN的出版机构较2022年减少了185家，但新书种类却增加了1 217种，整体新书量成长了2.17%。具体而言，2023年共有4 660家出版机构申请ISBN，共核发了57 338种新书（共计64 709个ISBN），其中包括有声书309种（占比0.54%）、纸本书33 556种（占比58.52%）、电子书23 473种（占比40.94%）。这不仅展现了台湾地区出版市场的多元化与数字化趋势的持续上升，也凸显了有声书与电子书在市场中的重要地位。随着数字内容的普及，这些比重未来有望进一步提升。在科技快速发展及消费者需求不断变化的推动下，数字出版如有声书与电子书正逐渐成为市场的关键品种。此外，新技术的应用，如AI朗读技术与增强现实，正不断提升有声书与电子书的吸引力及可访问性，预计在未来几年将吸引更多读者的关注。

在2023年出版机构申请新书ISBN统计方面，首先说明出版机构概况。2023年，共有4 660家出版机构（含机关团体、个人等）申请新书ISBN，其中"一般出版社"为3 086家，合计出版图书52 865种，占出版总量的92.2%。其次为"政府机关"792家，出版图书3 158种，占出版总量的5.51%。"个人"782家，出版图书1 315种，占出版总量的2.29%。至于在出版机构申请量分布方面，在4 660家出版机构中，有

2 603 家（占 55.86%）仅申请 1 种图书，申请量合计占 2023 年申请总量的 4.54%。申请量 2 种至 3 种的出版机构有 901 家（占 19.33%），申请量合计占 3.60%。申请 4 种及以上者，共有 1 156 家（占 24.81%），其中申请量 100 种至 299 种有 55 家，申请量超过 300 种以上者有 29 家，申请量超过千种者有 6 家。此外，出版量超过千种者有 7 家，出版图书主题以"漫画书"为大宗。

表 1 和表 2 分别根据一般图书馆常用的分类系统，统计了申请 ISBN 图书的纸质书和电子书数量。分类包括总类、哲学类、宗教类、自然科学类、应用科学类、社会科学类、史地/传记类、语言/文学类和艺术类。根据表 1，纸质书出版量最高的类别是"语言/文学"（9 405 种，占比 28.03%）。其他新书出版量占比超过 10% 的图书类型包括"社会科学"（6 714 种，占比 20.01%）、"艺术（含各种艺术、娱乐休闲等）"（5 510 种，占比 16.42%）和"应用科学"（4 200 种，占比 12.52%）。其余各类图书出版量占比都不到 10%。

表 1　申请 ISBN 纸本书统计——依图书馆分类法

序号	图书类别	2021	2022	2023
1	总类	419（1.05%）	301（0.83%）	314（0.94%）
2	哲学	1 558（3.91%）	1 633（4.53%）	1 654（4.93%）
3	宗教	2 203（5.53%）	1 943（5.38%）	1 674（4.99%）
4	自然科学	3 489（8.76%）	1 986（5.51%）	2 057（6.13%）
5	应用科学	5 028（12.63%）	4 658（12.91%）	4 200（12.52%）
6	社会科学	8 664（21.76%）	8 227（22.80%）	6 714（20.01%）
7	史地/传记	2 310（5.80%）	2 069（5.73%）	2 028（6.04%）
8	语言/文学	10 655（26.76%）	9 542（26.44%）	9 405（28.03%）
9	艺术	5 489（13.79%）	5 725（15.87%）	5 510（16.42%）
	合计	39 815	36 084	33 556

自 2021 年开始实施图书销售免征营业税政策以来，台湾地区电子书 ISBN 申请量持续增长。2021 年电子书 ISBN 申请量达 17 453 种；2022 年增长至 19 614 种；2023 年再创新高，申请量达 26 617 笔，剔除重复申请后，共有 23 473 种。根据表 2 可知 2023

年电子书 ISBN 申请量最多的类别是"语言/文学"（7 733 种，占比 32.94%），其次是"艺术"（5 267 种，占比 22.44%），第三是"应用科学"（3 022 种，占比 12.87%），第四是"社会科学"（1 877 种，占比 8.00%），排序最末是总类（27 种，占比 0.12%）。进一步分析统计各类别电子书申请量的增减情况，若以增加量而言，"应用科学"较 2022 年增加 1 160 种，其次依序是"艺术"增加 806 种、"语言文学"增加 753 种、"史地"增加 744 种、"哲学"增加 527 种。负增长类别包括宗教减少 281 种、社会科学减少 77 种、总类减少 60 种。

表 2　申请 ISBN 电子书统计——依图书馆分类法

序号	年度 图书类别	图书种数 2021	2022	2023
1	总类	74（0.42%）	87（0.44%）	27（0.12%）
2	哲学	1 085（6.22%）	1 203（6.13%）	1 730（7.37%）
3	宗教	747（4.28%）	1 145（5.84%）	864（3.68%）
4	自然科学	831（4.76%）	818（4.17%）	1 105（4.71%）
5	应用科学	2 284（13.09%）	1 862（9.49%）	3 022（12.87%）
6	社会科学	2 061（11.81%）	1 954（9.96%）	1 877（8.00%）
7	史地	1 108（6.35%）	1 104（5.63%）	1 848（7.87%）
8	语言/文学	5 255（30.11%）	6 980（35.59%）	7 733（32.94%）
9	艺术	4 008（22.96%）	4 461（22.74%）	5 267（22.44%）
	合计	17 453	19 614	23 473

从 2023 年申请 ISBN 新书统计数量来看，台湾地区纸本书趋近恢复疫情前常态，电子书风潮持续攀升，2023 年台湾地区核发书号的新书较前一年增加 1 217 种，共计 57 338 种。2023 年，纸本书申请 ISBN 的数量再微幅下降 7.01%；反观电子书往年出版量仅约 2 000 种，2021 年大幅增加约 1.5 万种后，达 17 453 种。2022 年持续成长，2023 年再度攀升，成长 19.67%。电子书受到出版业者的青睐，在台湾地区图书出版的版图持续扩大。

表 3 与表 4 分别是依台湾地区出版业界常用的图书分类来分析台湾地区的出版纸本书与电子书的出版量情况。以纸本书为例，近两年纸质图书出版量大抵以"儿童读

物""考试用书"及"人文史地"为前三大主题,而各类主题图书的占比则有消长。而在 2023 年纸质图书出版类型是以"儿童读物"最多(有 4 176 种,占比 12.44%);其次为"考试用书(含升学、国家考试、就业、自修等参考用书)"(有 3 993 种,占比 11.90%);第三是"人文史地(含哲学、宗教、史地、传记、考古等)"(有 3 917 种,占比 11.67%),其他各类主题的新书出版量占比都未超过一成。

表 3　台湾地区近三年(2021—2023)纸本图书出版类型统计

序号	图书类型	2021 年	2022 年	2023 年
1	文学	1 940 (4.87%)	1 954 (5.42%)	1 892 (5.64%)
2	小说	2 875 (7.22%)	2 875 (7.97%)	2 737 (8.16%)
3	语言	1 073 (2.69%)	918 (2.54%)	888 (2.65%)
4	字典工具书	116 (0.29%)	75 (0.21%)	75 (0.22%)
5	教科书	3,722 (9.35%)	2 563 (7.10%)	1 902 (5.67%)
6	考试用书	6 256 (15.71%)	4 215 (11.68%)	3 993 (11.90%)
7	漫画书	2 839 (7.13%)	2 932 (8.13%)	2 960 (8.82%)
8	心理励志	1 462 (3.67%)	1 514 (4.20%)	1 496 (4.46%)
9	科学与技术	1 979 (4.97%)	1 898 (5.26%)	1 695 (5.05%)
10	医学家政	1 804 (4.53%)	1 552 (4.30%)	1 404 (4.18%)
11	商业管理	893 (2.24%)	773 (2.14%)	884 (2.63%)
12	社会科学	3 189 (8.01%)	3 387 (9.39%)	2 833 (8.44%)
13	人文史地	4 346 (10.92%)	4 183 (11.59%)	3 917 (11.67%)
14	儿童读物	4 726 (11.87%)	4 557 (12.63%)	4 176 (12.44%)
15	艺术	2 404 (6.04%)	2 497 (6.92%)	2 340 (6.97%)
16	休闲旅游	167 (0.42%)	155 (0.43%)	254 (0.76%)
17	其他	24 (0.06%)	36 (0.10%)	110 (0.33%)
	合计	39 815	36 084	33 556

根据表 4 可以发现 2023 年电子书出版类型是以"漫画书"最多(有 4 185 种,占比 17.83%);其次为"小说(含轻小说)"(有 3 505 种,占比 14.93%)、"人文史地(含哲学、宗教、史地、传记、考古等)"(有 2 845 种,占比 12.12%),以上三类主题出版量合计 10 535 种,占电子书总量超过四成(占比 44.88%)。

表 4　台湾地区近三年（2021—2023）电子书出版类型统计

序号	图书类型	2021 年	2022 年	2023 年
1	文学	1 178（6.75%）	1 296（6.61%）	2 266（9.65%）
2	小说	2 991（17.14%）	4 482（22.85%）	3 505（14.93%）
3	语言	246（1.41%）	393（2.00%）	362（1.54%）
4	字典工具书	6（0.03%）	13（0.07%）	2（0.01%）
5	教科书	161（0.92%）	209（1.07%）	536（2.28%）
6	考试用书	654（3.75%）	776（3.96%）	908（3.87%）
7	漫画书	3 315（18.99%）	3 630（18.51%）	4 185（17.83%）
8	心理励志	854（4.89%）	1 096（5.59%）	1 523（6.49%）
9	科学与技术	798（4.57%）	733（3.74%）	1 120（4.77%）
10	医学家政	1 024（5.87%）	792（4.04%）	1 548（6.59%）
11	商业管理	850（4.87%）	738（3.76%）	763（3.25%）
12	社会科学	1 623（9.30%）	1 369（6.98%）	1 321（5.63%）
13	人文史地	2 125（12.18%）	2 369（12.08%）	2 845（12.12%）
14	儿童读物	982（5.63%）	856（4.36%）	1 446（6.16%）
15	艺术	545（3.12%）	692（3.53%）	948（4.04%）
16	休闲旅游	82（0.47%）	161（0.82%）	188（0.80%）
17	其他	19（0.11%）	9（0.05%）	7（0.03%）
	合计	17 453	19 614	23 473

统计各类主题 2023 年电子书出版量消长，以"教科书"类增加最多，较 2022 年增加 327 种，成长 156.46%；其次是"医学家政"类，增加 756 种，成长 95.45%；第三是"文学（含文学史、文学评论、散文、诗、剧本等）"类增加最多，较 2022 年增加 970 种，成长 74.85%。减少最多的则是小说类，较 2022 年减少 977 种，降幅 21.80%。

由 2023 年申请 ISBN 的新书中，有关纸本图书及电子图书适读物件分类分析，如表 5 - 表 6 所示。根据表 5 可知，在 2023 年出版的新纸本书当中，属于"成人（一般）"类的图书最多（共有 22 190 种，占全部新书总种数的 66.13%），其次为"学龄儿童"（共有 3 630 种，占全部新书总种数的 10.82%）。

表 5　台湾地区近三年（2021—2023）出版纸本图书适读物件分类分析

适读对象	图书出版适读对象分类数量与比例		
	2021 年	2022 年	2023 年
成人（一般）	23 608（59.29%）	23 283（64.52%）	22 190（66.13%）
成人（学术）	4 467（11.22%）	3 933（10.90%）	3 256（9.70%）
青少年	5 258（13.21%）	3 141（8.70%）	2 762（8.23%）
学龄儿童	4 323（10.86%）	3 882（10.76%）	3 630（10.82%）
学前幼儿	2 133（5.36%）	1 792（4.97%）	1 687（5.03%）
乐龄	26（0.07%）	53（0.15%）	31（0.09%）
合计	39 815	36 084	33 556

根据表 6，2023 年出版电子书适读对象中，出版电子书之"适读物件"以"成人（一般）"为主，计有 17 504 种（占比 74.57%），其次为"青少年"3 282 种（占比 13.98%）、"成人（学术）"1 118 种（占比 4.76%）；标示以"乐龄"为对象者最少，仅 24 种（占比 0.10%）。2023 年电子书出版量较 2022 年增加 3 859 种，以适用物件统计，针对"成人（一般）"及"学龄儿童"的电子书增加最多，分别增加 4 101 种（增长 30.60%）及 477 种（增长 53.24%），在电子书总申请量的占比也上升 19.67%。

表 6　台湾地区近三年（2021—2023）出版电子书适读物件分类分析

适读对象	图书出版适读对象分类数量与比例		
	2021 年	2022 年	2023 年
成人（一般）	12 672（72.61%）	13 403（68.33%）	17 504（74.57%）
成人（学术）	1 026（5.88%）	1 108（5.65%）	1 118（4.76%）
青少年	2 871（16.45%）	4 094（20.87%）	3 282（13.98%）
学龄儿童	715（4.10%）	896（4.57%）	1 373（5.85%）
学前幼儿	147（0.84%）	91（0.46%）	172（0.73%）
乐龄	22（0.13%）	22（0.11%）	24（0.10%）
合计	17 453	19 614	23 473

2023 年出版的纸本书标示为翻译书者有 9 655 种，占年度纸本书总数近三成；数量较 2022 年（10 014 种）减少 359 种，翻译书数下降 3.58%。翻译引进来源处排序前四名为日本、美国、英国、韩国。表 7 整理了 2023 年台湾地区新出版纸本翻译书统计

分析结果，"漫画书"来自翻译的比重高达 91.66%，2023 年纸本漫画书总计有 2 960 种，其中 2 713 种为翻译书，又绝大部分翻译自日本；"商业管理"图书 884 种中有 44.34% 来自翻译书；"心理励志"有 663 种来自翻译，占 44.32%；"小说"翻译书占 41.32%；儿童读物为 40.85%，有 1 706 种来自翻译。

表 7　2023 年台湾地区新出版纸本翻译书统计

种类	2023 年新书总数	占该类新书百分比（%）	日本	美国	英国	韩国	其他	合计
文学	1 892	16.23	99	73	53	15	67	307
小说	2 737	41.32	717	158	108	69	79	1 131
语言	888	9.46	28	6	2	47	1	84
字典	75	6.67	1	2	0	2	0	5
教科书	1 902	3.26	9	50	3	0	0	62
考试用书	3 993	0.43	8	0	1	7	1	17
漫画书	2 960	91.66	2 627	4	1	72	9	2 713
心理励志	1 496	44.32	139	344	60	72	48	663
科学技术	1 695	22.71	146	153	52	22	12	385
医学家政	1 404	39.03	306	146	31	32	33	548
商业管理	884	44.34	137	186	28	21	20	392
社会科学	2 833	16.77	98	204	65	40	68	475
人文史地	3 917	18.74	115	362	104	25	128	734
儿童读物	4 176	40.85	438	290	341	300	337	1 706
艺术	2 340	15.68	214	65	44	11	33	367
休闲旅游	254	18.50	36	5	3	1	2	47
其他	110	17.27	7	8	0	1	3	19

2023 年电子书源自翻译的，统计有 8 659 种，占年度电子书总数 36.88%。以引进来源处的洲别来看，申请 ISBN 数量第一是亚洲，日本占大宗，有 5 708 种（占 65.93%）。表 8 整理 2023 年台湾地区新出版电子翻译书统计分析结果，就电子书主题类型统计其翻译书占比，2023 年台湾地区出版电子漫画书 4 185 种，有 3 945 种为翻译书（占比 94.27%），又绝大部分翻译自日本。电子书来自翻译比重较高的主题，包括"商业管理"（占比 43.38%）、"心理励志"（占比 36.11%）、"小说"（占比

33.67%)、"社会科学"（占比32.63%），其比重都超过三成。

表8 2023年台湾地区新出版电子翻译书统计

种类	2023年新书总数	占该类新书百分比（%）	翻译书来源国					
			日本	美国	英国	韩国	其他	合计
文学	2 266	13.77	92	84	67	10	59	312
小说	3 505	33.67	707	201	89	97	86	1 180
语言	362	14.36	13	7	3	29	0	52
字典	2	0.00	0	0	0	0	0	0
教科书	536	1.49	1	4	1	0	2	8
考试用书	908	2.75	11	8	1	5	0	25
漫画书	4 185	94.27	3 909	4	0	29	3	3 945
心理励志	1 523	36.11	124	268	50	74	34	550
科学技术	1 120	15.89	69	59	28	6	16	178
医学家政	1 548	21.38	141	117	29	25	19	331
商业管理	763	43.38	116	157	30	20	8	331
社会科学	1 321	32.63	96	194	54	35	52	431
人文史地	2 845	22.25	111	333	97	5	87	633
儿童读物	1 446	28.70	166	75	44	61	69	415
艺术	948	24.58	130	51	31	9	12	233
休闲旅游	188	18.09	22	8	3	0	1	34
其他	7	14.29	0	1	0	0	0	1

二、台湾地区图书发行现状

2023年，台湾地区的图书销售和分销渠道呈现了多元化的发展趋势，出版产业在疫情后迅速适应数字转型，加强了在线和实体的销售结合。具体而言，台湾地区的出版业活跃地运用了多种销售管道以满足不同消费者的需求。2023年台湾地区图书销售和分销渠道有以下几种多元化发展趋势。

第一，实体书店的独特性和扩展性。台湾地区的实体书店网络在 2023 年显示出其独特性和扩展性，尤其是大型连锁书店如诚品和金石堂的运营策略更是如此。这些书店不仅在台湾地区本土有着广阔的分店网络，也积极拓展到国际市场，如诚品已成功进驻香港和日本等地。这些国际分店不仅提供当地及国际读者丰富的书籍选择，也成为文化交流的重要平台。

第二，多元化的图书和文化商品。在台湾地区，诚品和金石堂等书店的经营策略着重于提供多元化的图书及文化商品，从文学、艺术到科学教育等各个领域都有涵盖，并且定期举办讲座、签书会及艺术展览等活动，这些活动吸引了大量的书迷及文化爱好者。这种多功能的文化空间设计使得书店成为社交和学习的重要场所，强化了书店在当代社会中的角色，不仅是购书的场所，更是文化交流的社区中心。

第三，在线购书平台仍是主要图书销售通路。随着电子商务的兴起，诚品和金石堂等书店也积极发展在线购书平台，以满足更多消费者的需求，这些平台提供了与实体店面相同的产品选择，并通过网络销售达到 24 小时营业的效果，让读者可以随时随地购买心仪的书籍。在线平台的便利性和实时性，使得书籍消费更加多元化和便捷，尤其是对于居住在偏远地区或是国际读者来说，提供了一个重要的购书渠道。这些网络书店不仅改善了消费者的购书体验，也为出版社提供了新的市场机会。通过数据分析工具，出版商可以获得关于读者偏好和阅读习惯的宝贵信息，这些信息有助于出版社更精确地规划出版策略和市场推广活动。例如，出版社可以根据数据分析结果调整书籍的发行量、设计更针对性的推广活动，或者开发新的书籍系列来满足特定读者群的需求。

第四，电子书和网络书店的普及。随着科技的进步和数字化趋势的加深，电子书在台湾地区的图书市场中扮演着日益重要的角色。尤其是在疫情之后，更多的读者转向网络平台购书，从而推动了电子商务和数字阅读的普及。网络书店如博客来和 Readmoo 提供了全面便捷的在线购书服务，这些平台拥有丰富的图书资源，涵盖各种类型的书籍，从畅销小说到专业学术书籍均有涵盖。消费者可以轻易在这些平台上找到自己感兴趣的书籍，并享受实时下载阅读的便利。此外，这些平台的使用者界面通常设计得非常友好，支持多种搜索和筛选功能，使得用户能够依据作者、类型、出版日期等多种标准来寻找书籍。

第五，自助出版在台湾地区也显示出强劲的增长势头，这为小型出版商和独立作者提供了前所未有的自由度和市场接触机会。作者可以通过平台自助出版服务直接向全球读者销售自己的作品，这在传统出版模式中是难以实现的。自助出版不仅降低了进入门槛，也允许作者保留更高比例的销售收入。

在 2023 年，台湾地区的云端书库进行了显著的服务扩展，特别是在增加电子书的可用性和借阅便利性方面。根据《台北时报》的报导，台湾地区"文化部"推出的新服务使得公共图书馆的电子书借阅量在首月增加了近 80%。新的政策允许民众一次借阅多达 10 本电子书，且同一本电子书可供无限数量的读者借阅，显著提升了服务的效率和使用者的满意度。

图书馆不仅是公共部门的图书流通机构，更扮演着社区文化中心的角色。除了配有固定预算，专门用于购买新书和维持藏书的更新，以满足公众的阅读需求，以及基本的藏书购置之外，图书馆还会根据不同读者群的兴趣和需求，策划和实施各种与阅读相关的文化和教育活动。表 9 说明台湾地区 2023 年图书馆购书预算与馆藏册数，而表 10 则是图书馆借阅次数与阅读推广活动。

表 9　台湾地区 2023 年图书馆购书预算与馆藏册数

图书馆数 总馆（所）	173
图书馆数 分馆（所）	326
图书馆数 区馆（所）	53
阅览席位数（席）	177 029
全年购买图书费（元）	724 185 166
图书	461 320 039
电子书	81 092 057
期刊	64 897 423
报纸	32 426 839
视听资料	45 338 927
电子资料	31 682 204
其他图书资料	7 427 677
供读者使用的计算机数（台）	5 948
供读者使用的平板计算机（台）	3 036
编制内总馆员数（人）	922
职工人数	10 880

续表

图书及非书资料收藏数量	65 553 254
一、图书资料	58 338 453
1. 图书	57 617 659
2. 期刊	124 757
3. 报纸（种）	4 972
4. 其他	591 065
二、非书资料	1 888 612
地图（张）	29 565
微缩单片（片）	101 851
微缩卷片（卷）	25 967
录音资料（片、卷）	370 088
录像资料（片、卷）	1 298 982
静画资料（幅）	12 072
其他（件）	50 087
三、电子资源	5 326 189
在线数据库（种）	712
光盘数据库（种）	13 744
其他类数据库（种）	947
电子书（种）	5 310 786

表10 台湾地区2023年图书馆借阅次数与阅读推广活动

全年图书信息借阅人次	29 639 219
全年图书信息借阅册数	118 090 430
全年电子书借阅人次	9 857 693
全年电子书借阅册数	11 324 351
全年电子资料使用次数	13 343 431
全国推广活动（场次）	158 942
一般阅读推广活动	41 669
幼儿阅读推广活动	10 322
儿童阅读推广活动	21 922
青少年阅读推广活动	3 908
乐龄阅读推广活动	7 371

续表

新住民阅读推广活动	1 651
社教艺文活动	14 213
地方特色活动	3 597
说故事	22 536
影片欣赏	12 722
其他	19 031

三、台湾地区出版产业的数字革新与市场复苏

随着图书销售免征营业税政策的实施，台湾地区的出版业界经历了一系列积极的变化。出版商们积极利用这一机会，为以前未申请国际标准书号（ISBN）的出版物补办了手续，从而显著增加了纸本书的申请量。到了2023年，随着政策效果的逐渐减弱，纸本书的申请量逐步回归至免税政策实施前的水平。

在数字出版方面，台湾地区的电子书自2020年起迅速崛起，并在随后几年中持续增长，逐渐成为主流阅读方式的新选择。这一趋势凸显了数字阅读在现代社会中的重要性，以及消费者对于便捷和易于接受的阅读形式的需求不断上升。到了2023年，随着数字技术的快速发展，台湾地区的出版业特别重视这一关键年份的数字化转型。电子书和有声书的市场需求显著增加，迫使许多出版社扩大其数字产品线。例如，远流和联经等大型出版社投入资源开发专属的电子书平台，提供多样化的数字格式书籍，从增强型电子书到互动有声书，持续优化和创新各种新的阅读形式。

2023年，台湾地区出版业在数字市场策略上实施了重大创新与发展。出版社大幅增加了对数字出版物的投资，并加强与各大电子商务平台的合作关系，同时积极利用社交媒体平台来推广其产品。这些策略不仅显示了出版社如何通过数据分析深入了解消费者偏好，也展示了他们如何为特定读者群体设计更精确的市场推广计划。这一数字化转型显著扩展了他们的市场覆盖范围，为读者提供了更个性化且便利的阅读选择。

此外，随着台湾地区出版业数字化转型的进一步加深，新的数字项目和创新合作

模式陆续出现。例如，一些出版社开始与科技公司合作，共同开发基于人工智能的书籍推荐系统。这些系统能够根据个别读者的阅读习惯和偏好自动推荐适合的书籍，从而提供更加个性化的阅读体验。这些创新服务不仅显著提升了用户体验，也有效地提高了书籍的销量和读者的忠诚度。这些进展表明，随着科技的发展和市场需求的变化，台湾地区出版业正在迅速适应新的商业模式和市场环境。

在在线购书和电子书兴起的浪潮下，实体书店正面临着巨大的经营挑战，亟须寻求新的生存和发展之道。为此，政府也推出了多项补助和政策措施予以支持。然而，这些措施似乎并未直接促进出版成果的显著提升，凸显了创新与市场调整作为推动出版业持续发展的关键。面对全球出版环境的急速变迁，台湾地区出版业必须进行更深入的创新、政策调整和市场策略更新，才能乘风破浪、逆势而上。

2023年，台湾地区出版业乘着数字浪潮，积极拓展全球数位内容市场版图。通过Google Books、Amazon Kindle等国际平台，台湾地区文学与学术作品得以扬帆出海，不仅提升了台湾地区作者的国际知名度，也让全球读者轻易就能接触、品味台湾地区丰富多元的文化底蕴。此外，台湾地区的非小说类、科学研究及技术手册等专业出版物，也通过数字化渠道，触及更广泛的国际读者群。这场跨越地域的文化与知识交流，促进了全球对台湾地区学术与文化的深入理解与赞赏。

随着疫情逐步解封，台湾地区"休闲旅游"主题的图书在出版市场上显著回升。这一趋势反映了公众对旅游和休闲活动的重燃兴趣及需求增加。在经历了长期的旅游限制和社交隔离后，人们显然渴望探索新的目的地并重新体验旅行的乐趣。此外，休闲旅游类书籍的销量增加也推动了相关产业的复苏，例如旅游策划、地区观光和户外装备供应等。出版商和书店看到这一趋势后，增加了此类书籍的库存和推广力度，希望借此机会促进销售并满足市场需求。因此，随着社会逐渐恢复常态，休闲旅游书籍的兴盛也预示着旅游业整体的快速恢复和发展。

具体而言，在纸本书领域，经过几年的申请量下降，2023年迎来了强劲反弹，申请书号的数量从前一年的下降趋势恢复到254种，反映出市场对旅游相关内容需求的增加。同时，休闲旅游主题的电子书产量也显示出惊人成长，从2020年的仅12种发展至2023年的188种，呈现出倍数增长。这一增长可能与台湾地区民众对出境旅游的渴望增加及疫情后解封对旅游业的积极刺激有关。根据"台湾地区交通部观光署"的统计资料显示，2023年第一季度出境旅游的人次较2022年全年增加了60万人次，进一步证明了旅游需求的迅速恢复。

四、结　语

　　台湾地区出版业在过去一年中经历了一系列创新和变革，涵盖了从数字化的深入推进到实体出版业的灵活适应。随着数字出版物的持续增长和对传统纸本书的重新评价，这一年特别凸显了出版业对于面对挑战的积极回应和对市场需求变化的快速适应。出版社不仅扩充了其数位产品线，还通过国际平台积极推广台湾地区的文学与学术作品，显著提升了其在全球的能见度。此外，透过各种创新计划和新建的合作伙伴关系，台湾地区的出版业获得了新的活力，展现了未来更多的发展潜力。展望未来，台湾地区出版业将持续探索数字化与全球化的新机遇，以创新思维和灵活策略应对市场的持续变化，确保其持续发展与成功。2023年台湾地区出版产业的发展特征与面临的挑战主要表现在以下几个方面。

　　一是数字化和技术创新。数字出版持续增长，尤其是电子书和有声书的市场需求显著上升。出版机构积极扩展其数位产品线，利用AI朗读技术和增强现实等新技术，增强数字内容的吸引力和可访问性。此外，部分出版社与科技公司合作开发人工智能书籍推荐系统，提升个性化阅读体验。

　　二是市场多元化。台湾地区出版产业积极探索国际市场，尤其是在数字内容的全球推广方面取得显著进展。图书渠道也展现多元化发展，结合实体书店的独特性与扩展性，以及在线购书平台的便捷性，以满足不同消费者的需求。

　　三是内容创新与出版策略。在内容创新方面，台湾地区出版业强调多元文化商品的提供，包括不同主题的书籍、讲座、艺术展览等。出版社通过数据分析工具深入了解读者偏好，更精确地规划出版策略和市场推广活动。

　　四是政策与法规的影响。政府对出版产业的政策支持，如图书销售免征营业税，促进了出版业的活跃。此外，依据《儿童及少年福利与权益保障法》，图书必须进行分级，增加了出版业的规范性和社会责任。

五是市场与经营压力。实体书店面临来自数字出版和在线书店的竞争压力。虽然政府提供了补助和政策支持，但出版业仍需寻求创新和市场调整的策略，以应对快速变化的市场需求和全球出版环境。

这些特征和挑战突显了台湾地区出版产业在迎接数字化浪潮与全球化挑战时的积极态度，同时也反映了需要持续创新和适应新技术以保持竞争力的必要性。尽管政府对创意产业的支持持续不断，如通过台北国际书展展示虚拟实境和有声书来创新阅读体验，但这些努力仍未能全面解决行业面临的核心挑战。"文化部"的补助和政策虽有一定程度的支持，但可能不足以直接推动优质创作或出版实体的发展，因为真正的创新需来自行业内部的自我革新和转型。此外，提高文化的普及性和接触平等性依然是重要的课题，特别是在偏远地区和弱势群体之中。台湾地区出版业的持续发展潜力取决于其对技术创新的适应能力，而不仅仅是依靠传统的行业特性。面对社会的快速变化，台湾地区出版业需进一步推动文化多样性与技术创新，实现资源的均衡分配，以适应未来挑战。

（黄昱凯　台湾海洋大学海洋观光管理学士学程副教授）

第五编
出版业大事记

2023 中国出版业大事记

邓 杨

1月

5日 中宣部（国家新闻出版署、国家版权局）在北京召开2023年全国出版（版权）工作会议，以习近平新时代中国特色社会主义思想为指导，深入学习贯彻党的二十大精神，贯彻落实全国宣传部长会议精神，研究部署2023年出版（版权）工作，推动出版业高质量发展。

同日 中国音像与数字出版协会在第二届出版融合发展国际化论坛上发布《2021年度中国网络文学出海报告》。报告显示，2021年，我国网络文学海外市场营收规模为29.05亿元，同比增速75.32%。

6日 由中国书刊发行业协会指导，北京开卷信息技术有限公司基于图书零售市场观测系统数据分析完成的《2022年图书零售市场年度报告》在北京发布。报告显示，2022年我国图书零售市场码洋规模为871亿元，短视频电商零售图书码洋同比上升42.86%，码洋占比赶超实体书店，成为新书首发重要渠道。

8日 商务印书馆防伪溯源系统上线运营发布会在北京举行，开启了商务印书馆在保护读者权益和身心健康、工具书数字化方面的全新探索。

10日 国家新闻出版署公布2022年出版业科技与标准创新示范项目入选名单，18项创新成果与14家示范单位入选。

13日 对外翻译与传播座谈会暨"译中国"文库首批图书发布仪式在北京举办。"译中国"文库首批图书共5种，分别是《中国时政话语翻译基本规范·英文》《从

"翻译世界"到"翻译中国"》《汉英对照〈大中华文库〉书目提要》《一时多少豪杰——〈三国演义〉英译品读》《传播者：我的中国缘》，均为"译中国"文库下设子系列重要作品。

30日　国家统计局发布数据显示，2022年全国规模以上文化及相关产业企业实现营业收入121 805亿元，比上年增长0.9%。

本月　根据《出版管理条例》《图书出版管理规定》和《国家新闻出版署关于开展2022年图书出版单位年度核验工作的通知》，国家新闻出版署对全国588家图书出版单位进行了2022年度核验。其中，580家图书出版单位达到核验要求，准予年检登记，8家图书出版单位因未达到核验要求，暂缓登记。

2月

8日　由国家图书馆联合北京大学数字人文研究中心等单位研发的《永乐大典》高清影像数据库及《国家珍贵古籍名录》知识库在国家图书馆正式发布上线，即日起公众可从国家图书馆官网登录免费使用。

同日　伊朗第40届年度图书奖暨第30届国际图书奖闭幕式暨颁奖仪式在德黑兰团结剧院举办。中国学者作品连续三年荣获伊朗国际图书奖，分别为2021年北京大学李零的著作《波斯笔记》、2022年北京大学沈一鸣的译著《春园》和2023年北京大学刘英军的著作《文学对民族记忆的重构——伊朗史诗〈库什王纪〉研究》。

16日　以"再出发 创未来"为主题的第十二届中国数字出版博览会在北京开幕。在主论坛上，中国新闻出版研究院院长魏玉山发布《2021—2022中国数字出版产业发展年度报告》，报告显示2021年我国数字出版产业整体规模达12 762.64亿元，比上年增加8.33%。

17日　《中国共产党的一百年》英文版首发式在北京举行。该书由中央党史和文献研究院翻译，近日由中央编译出版社出版，面向海内外发行。

同日　国家新闻出版署印发《关于公布2022年度出版业优秀科技与标准重点实验室名单的通知》。经对42家出版业科技与标准重点实验室2022年度工作情况进行综合考核评价，确定数字教育出版技术与标准重点实验室等8家实验室为2022年度出版业优秀科技与标准重点实验室。

24—26日　由中国出版协会、中国书刊发行业协会主办的第35届北京图书订货会在北京举办。作为党的二十大胜利召开后全国出版发行界的首场盛会，吸引超10万人次参展参观。本届订货会以"新征程坚定文化自信，高质量再创出版辉煌"为主题，精品云集、精英荟萃。

本月　中国新闻出版研究院完成"2021年中国版权产业经济贡献"的调研报告。调研显示：2021年中国版权产业的行业增加值为8.48万亿元人民币，同比增长12.92%；占GDP的比重为7.41%，比2020年提高0.02个百分点。

本月　国家新闻出版署发布《2021年新闻出版产业分析报告》《2021年全国新闻出版业基本情况》。数据显示，2021年，全国出版、印刷和发行服务实现营业收入18 564.7亿元，较2020年增长10.7%；利润总额1 085.5亿元，增长5.9%；拥有资产总额23 840.4亿元，增长5.6%；所有者权益（净资产）11 894.1亿元，增长4.1%。2021年，全国共出版图书、期刊、报纸、音像制品和电子出版物426.65亿册（份、盒、张），较2020年增长2.19%。

3月

1日　学而思与人民文学出版社联合在北京举办"书香少年，快乐阅读"活动。双方达成战略合作，携手为孩子搭建文化学习平台，链接更多高质量文学资源，让书香浸润孩子的童心，让阅读成为陪伴孩子终身的习惯。

10日　国家版权局对2022年全国著作权登记情况进行通报。2022年全国著作权登记总量达6 353 144件，同比增长1.42%。根据各省、自治区、直辖市版权局和中国版权保护中心作品登记信息统计，2022年全国共完成作品著作权登记4 517 453件，同比增长13.39%。

13日　中国与泰国签署《中华人民共和国国家新闻出版署与泰王国高等教育和科研创新部关于经典著作互译出版的备忘录》。根据备忘录，中泰双方将在未来5年内，共同翻译出版50种两国经典著作，用更多的优秀互译作品促进两国人民加深理解，增进友谊，赋予"中泰一家亲"文化力量。

18日　江苏人民出版社庆祝建社70周年座谈会在南京举行。江苏省委常委、宣传部部长张爱军，中国出版协会理事长邬书林出席座谈会并讲话。江苏人民出版社成立于 1953 年，是国家一级出版社，首批"全国百佳图书出版单位"之一，每年出版发行新书 1 000 多种，广泛涉及哲学、政治、经济、文化、社会、历史等学科领域。

24 日　第六届中国"网络文学+"大会开幕式暨高峰论坛在北京亦创国际会展中心举行。本届大会以"网抒新时代，文铸新辉煌"为主题，全面展现新时代十年以来，网络文学逐渐步入有序发展轨道，持续主流化、精品化发展的成果。全国人大常委会副委员长、中国作协主席铁凝出席大会。

28 日　国家智慧教育读书平台正式上线。该平台依托数字技术，通过汇聚优质资源、营造互动场景、展示阅读成果，为不同学段学生、社会公众提供丰富多彩的读书空间。平台一期重点围绕青少年读书空间、老年读书社区组织建设，同时向用户推荐中国语言文字博物馆、中国数字科技馆等优质资源平台。

4 月

15 日　冶金工业出版社在北京举办专业学术出版改革创新论坛，庆祝出版社成立 70 周年。中国钢铁工业协会党委书记、执行会长何文波，中国出版协会理事长邬书林出席。

18 日　2023 年伦敦书展在英国伦敦奥林匹亚展览中心开幕。本届书展中国出版展示面积 386 平方米，展示图书 2 300 多种，举办了 30 多场出版交流活动。国家新闻出版署指导中国外文出版发行事业局（中国国际传播集团）、中国出版集团、中国教育出版传媒集团、上海世纪出版集团、江苏凤凰出版传媒集团、中国青年出版总社参展，组织中国图书进出口（集团）有限公司代表国内 40 多家出版单位参展。

23 日　第二届全民阅读大会在浙江杭州开幕。大会由中央宣传部（国家新闻出版署）、中央文明办、浙江省委和浙江省人民政府指导，中央宣传部出版局、浙江省委宣传部等单位主办，大会为期 3 天，围绕主题阅读、数字阅读、阅读权益、阅读与城市、阅读与乡村振兴等话题，设置主论坛和 12 个分论坛。

同日　中国新闻出版研究院发布了第二十次全国国民阅读调查结果。数据显示，2022 年，在成年国民各媒介综合阅读率持续稳定增长的同时，数字化阅读方式接触率增幅稍高于纸质图书阅读率。2022 年我国成年国民包括书报刊和数字出版物在内的各种媒介的综合阅读率为 81.8%，较 2021 年提升了 0.2 个百分点，其中，图书阅读率为

59.8%，较2021年增长了0.1个百分点。网络在线阅读、手机阅读、电子阅读器阅读、Pad（平板电脑）阅读等数字化阅读方式的接触率为80.1%，较2021年增长了0.5个百分点。

本月　全国妇联、中宣部、教育部、文化和旅游部、国务院妇儿工委办公室联合印发《关于开展"书香飘万家"全国家庭亲子阅读行动的实施意见》，部署实施"书香飘万家"全国家庭亲子阅读行动。

本月　由中国图书评论学会组织评选的2022年度"中国好书"揭晓，共有42种图书入选。其中，年度荣誉图书2种，主题出版类7种，人文社科类8种，文学艺术类10种，科普生活类5种，少儿类10种。另有20种图书入围2022年度"中国好书"。

本月　中央宣传部办公厅、文化和旅游部办公厅印发《关于推动实体书店参与公共文化服务的通知》，对相关工作做出部署。《通知》明确，支持实体书店参与政府购买公共文化服务项目，重点扶持一批在全民阅读领域具有示范引领作用的品牌实体书店做优做强。探索通过招标、委托等方式，吸纳有实力的实体书店参与公共文化设施的运营管理。

5月

13日　《日本通史》（大国通史丛书）新书发布会在北京大学举行。这是迄今为止中国学者撰写的第一部多卷本、大体量的日本通史，向世界展现了中国学者日本史研究的话语方式和话语体系。目前该丛书已出版《英国通史》《德国通史》《日本通史》，均为国家出版基金资助项目。

15日　中国新闻文化促进会第七次会员代表大会在北京召开，张首映当选第七届理事会会长。中国新闻文化促进会成立于1991年，是中宣部主管、民政部登记的全国性新闻行业社会团体，全国哲学社会科学工作办公室重点联系的全国性哲学社会科学学术社团。

16—17日　第36届全国古籍出版社社长年会在武汉召开。与会者围绕"深入学习贯彻党的二十大精神"、全面落实中办国办《关于推进新时代古籍工作的意见》、实施《2021—2035年国家古籍工作规划》项目，谈体会、话举措。

22日　《习近平著作选读》第一卷、第二卷出版座谈会在北京召开。《习近平著作选读》生动记录了以习近平同志为核心的党中央领导人民开创中国特色社会主义新时代并不断夺取新胜利的伟大历史进程，集中反映了新时代中国共产党人推进马克思主义中国化时代化取得的重大理论创新成果，充分彰显了习近平新时代中国特色社会主义思想引领强国建设、民族复兴的真理力量和实践伟力，立体展现了中国共产党致力于推动建设美好世界的中国智慧和中国担当，是全党全国各族人民深入学习贯彻习近平新时代中国特色社会主义思想的权威教材。

27日　第40届马来西亚吉隆坡国际书展中国主宾国活动在马来西亚首都吉隆坡世界贸易中心开幕。

本月　国家版权局在官网发布了2022年中国版权金奖获奖名单，共20个作品及单位获奖。其中"足迹"系列图书、"中国历代绘画大系"图书、《人世间》电视剧、《长津湖》电影、《中望3D软件》计算机软件、《只此青绿》舞蹈获得作品奖。中国版权金奖由国家版权局和世界知识产权组织共同主办，设立于2008年，每两年评选一次，是中国版权领域最高奖项，也是中国版权领域唯一的国际奖项。

6月

1日　习近平总书记到中国国家版本馆中央总馆考察，强调"建设中国国家版本馆，是文明大国建设的基础工程，是功在当代、利在千秋的标志性文化工程"。中国国家版本馆是国家版本资源总库和中华文化种子基因库，由中央总馆文瀚阁、西安分馆文济阁、杭州分馆文润阁、广州分馆文沁阁组成。中央总馆文瀚阁选址北京燕山，整体建筑秉承中国传统建筑风格，入藏版本1 600余万册/件。

2日　文化传承发展座谈会在北京召开，习近平总书记发表重要讲话，从党和国家事业发展全局的战略高度，对中华文化传承发展的一系列重大理论和现实问题作了全面系统深入的阐述，为在全面建设社会主义现代化国家新征程上推进文化传承发展事业指明了前进方向、提供了根本遵循。

11日　深圳出版社揭牌仪式在深圳书城中心城举行。深圳出版社原名海天出版社，成立于1984年，是深圳出版集团下属全资国有出版企业。2022年9月，经国家新闻出版署批准，更名为深圳出版社。

14日　第十六届中华图书特殊贡献奖颁奖仪式在北京举行。本届颁奖仪式表彰了

16个国家的20位获奖者。中华图书特殊贡献奖是国家新闻出版署主办的纳入国家荣誉框架下的出版界最高涉外奖项，2005年设立以来，共表彰了62个国家的188位作家、翻译家、出版家。

同日 中国音像著作权集体管理协会对外发布了2022年报。年报显示，音集协2022全年实现著作权使用费收入近4.5亿元，同比增长19.4%；会员总数达到553家，代表1511家权利人，同比增长17.9%；会员授权音集协管理的音乐电视作品达35.1万余首，同比增长37.7%。同时，音集协投入分配著作权使用费近3.8亿元，其在卡拉OK领域的管理和运营成本比例为30%。此外，其他许可和收费领域为10%，再创历史新高。

15日 以"深化文明交流互鉴"为主题的第二十九届北京国际图书博览会（BIBF）在北京国家会议中心开幕。据主办方统计，本届图博会参展国家和地区56个，展商数量达2500家。本届图博会由国家新闻出版署、科技部、北京市人民政府、中国作家协会、中国出版协会主办，由中国图书进出口（集团）有限公司承办，阿尔及利亚担任主宾国。

16日 由国家新闻出版署主办的首届网络出版发展论坛在北京举办。论坛以"坚持开放创新 促进交流合作"为主题。中宣部、中央网信办、国家发展改革委、商务部、文化和旅游部有关司局以及部分省区市党委宣传部负责人，国内外重点网络出版企业、行业协会、技术研发商、发行渠道商、网络文学作者代表等近200人参会。

18日 由中国人民大学出版社、"一带一路"共建国家出版合作体和中华文化国际传播工作室联合主办的"讲好中国故事 推动文明互鉴"出版论坛在中国人民大学举办。中国人民大学校长林尚立、中国出版协会理事长邬书林、中宣部进出口管理局一级巡视员王华、波兰马尔沙维克出版集团总裁阿达姆·马尔沙维克出席会议并致辞。

7月

1日 《党建》杂志创刊和《党建》杂志社成立三十五周年座谈会在北京举行。1988年1月，《党建》杂志创刊号出版，《党建》杂志社成立。

同日 中国被授权实体加入无障碍图书联合会全球图书服务仪式在世界知识产权组织日内瓦总部举行。无障碍图书联合会是世界知识产权组织主导的公私合作项目，旨在为阅读障碍者提供更多无障碍格式版图书。中国盲文出版社、中国盲文图书馆作为中国被授权实体首次加入无障碍图书联合会全球图书服务。

12日 2023中国新媒体大会在湖南省长沙市举行。中共中央政治局委员、中宣部部长李书磊出席并发表主旨演讲。本次大会由中华全国新闻工作者协会、湖南省人民政府共同举办，来自中央有关部门、各省区市党委宣传部、中央和地方新闻单位、网站平台、新闻院校和研究机构的代表800余人参会。

19日 由香港贸易发展局主办的第33届香港书展在香港会议展览中心开幕。40多家内地出版单位、100多位出版人组成内地出版展团参加本次书展，集中展销上万种内地精品图书，其中，《复兴文库》（第一编至第三编）、《儒藏》精华编、岭南文库等精品套书、丛书首次面向香港地区读者展销。

同日 国家新闻出版署公布了2023年度出版智库高质量建设计划入选机构名单，共27家机构入选。27家机构包括新申报机构与已入选机构，涵盖高校出版院系、出版企业研究部门、出版领域专门研究机构等多种类型。

26日 中国出版协会主办的第八届中华优秀出版物奖颁奖大会在山东济南举行，共分3个子奖项，160种出版物和出版科研论文获此殊荣。

27日 由国家新闻出版署、山东省人民政府和济南市人民政府主办的第三十一届全国图书交易博览会在山东济南开幕。本届书博会以"奋进新征程 书香润中华"为主题，聚力打造"创意书博""数字书博""惠民书博""全民书博""文化书博"，充分展示新时代我国出版业高质量发展取得的丰硕成果，呈现一场全民共享的文化盛宴。

同日 中国新华书店协会发布了《中国新华书店社会责任报告书（2022年）》。

本月 国家统计局发布《2022年全国文化及相关产业发展情况报告》。数据显示：我国文化及相关产业规模持续扩大，2022年营业收入超过16.5万亿元，比上年增加1 698亿元，增长1.0%。分行业类别看，新闻信息服务、文化消费终端生产、内容创作生产、文化投资运营、文化传播渠道等行业营业收入比上年分别增长4.0%、2.6%、2.4%、2.0%和0.4%。

本月 中国科协发布的《中国科技期刊发展蓝皮书（2022）》最新统计数据显示，我国科技期刊总量已达5 071种，学术影响力持续提升。

8 月

2 日　中国—东盟版权贸易服务平台中越版权贸易座谈会暨合作签约仪式在广西南宁举办。越南芝文化股份公司与广西科学技术出版社签署了共同建设运营中国—东盟版权贸易服务平台的战略合作协议，双方将积极推动中越两国的版权贸易交流，促进国际交流，深化文明互鉴，推动中国—东盟在文化领域的合作再上新台阶。

同日　中国国家版本馆首批版本捐赠入藏仪式在北京举行，来自全国各有关公藏单位和民间藏家捐赠的12万余册/件实物版本和42TB数字版本正式入藏国家版本馆。

21 日　由中国文联等主办的中国民间文学大系出版工程系列新成果发布会在北京举行。截至目前，已出版62卷《中国民间文学大系》图书。

22 日　以"AI时代的出版业"为主题的第二十一届中韩出版学术研讨会在北京举办。中韩出版学术研讨会是由中国出版科学研究所（中国新闻出版研究院前身）和韩国出版学会于1996年创办的一项学术交流机制。会议每年在北京和首尔轮流举办一次，至今已成功举办20届。

28 日　为进一步推动习近平新时代中国特色社会主义思想进教材进课堂进头脑，更好落实立德树人根本任务，中宣部会同教育部组织编写了《习近平新时代中国特色社会主义思想概论》。《概论》是第一部全面系统阐述习近平新时代中国特色社会主义思想的统编教材，是高校思想政治理论课的权威用书，是推进中国特色哲学社会科学教材体系建设的重要成果。该教材由高等教育出版社、人民出版社联合出版，在全国发行。

同日　《中国数字出版》创刊暨编委会成立大会在北京召开。该刊物由国家新闻出版署主管、中国音像与数字出版协会主办，围绕"文化强国""数字中国""全民阅读"等国家重大战略，以推进数字技术与出版深度融合发展、促进强国建设、为出版业高质量发展提供支撑保障为宗旨。

30—31 日　以"共创一流新学科，同圆出版强国梦"为主题的全国出版学科专业共建暨出版专业学位研究生教指委工作会议在天津举办。会议由全国出版学科专业共建工作联络处主办，北京大学出版研究院、南开大学出版研究院承办，北京师范大学数字出版研究院、中国传媒大学出版学院、华东师范大学出版学院、武汉大学出版研究院、四川大学出版学院、北京印刷学院出版学院、中国新闻出版传媒集团协办。

9 月

15 日 2023新西兰中国主题图书展暨动物保护中新青少年艺术展在新西兰怀帕市开幕。展览由中国国际图书贸易集团公司与新西兰文化艺术基金会、新西兰普赖姆传媒集团联合举办，展出中国国际图书贸易集团公司提供的1 500多册图书，以及220多幅来自中新两国青少年的画作。

17 日 第十四届韬奋出版奖颁奖大会暨学习韬奋精神促进新时代出版业高质量发展交流会在邹韬奋先生祖居地江西省鹰潭市余江区举行。颁奖大会由中国出版协会、韬奋基金会主办，江西省鹰潭市人民政府、江西省出版传媒集团有限公司承办，江西省鹰潭市余江区委、区政府协办。

20 日 第十三届中国数字出版博览会在甘肃敦煌开幕。本届数博会以"数智赋能 联结未来"为主题，共有来自全国各地出版行业的220余家参展单位和15个展团参展，汇聚数字出版全门类、全产业链及各种创新形态。除了主论坛之外，还有中国数字出版创新论坛、出版融合发展产学研论坛、古籍数字化创新论坛、数字资源渠道商大会、网络文学创作者论坛、数字IP授权论坛等6个专题论坛。其中，数字资源渠道商大会、古籍数字化创新论坛、网络文学创作者论坛、数字IP授权论坛为数博会首次举办。

同日 中国新闻出版研究院在第十三届中国数字出版博览会上发布《2022—2023年中国数字出版产业年度报告》。数据显示，2022年我国数字出版产业总收入达到13 586.99亿元，比上年增加6.46%。其中，互联网期刊29.51亿元、电子书69亿元、数字报纸（不含手机报）6.4亿元、博客类应用132.08亿元、网络动漫330.94亿元、移动出版（仅包括移动阅读）463.52亿元、网络游戏2 658.84亿元、在线教育2 620亿元、互联网广告6 639.2亿元、数字音乐637.5亿元。

25 日 《中华人民共和国国家新闻出版署与尼泊尔政府文化、旅游与民航部关于经典著作互译出版的备忘录》签署。中尼经典著作互译出版备忘录的签署，是中尼出版交流合作不断深化的体现，开启了两国人文交流互鉴新阶段。

10 月

4—6 日 第41届西班牙国际图书博览会在西班牙马德里会展中心举行。中国21

家出版单位组成的代表团携 1 522 种、2 044 册精品图书参展。

6 日　第八届塞浦路斯尼科西亚图书节中国主宾国活动在塞浦路斯首都尼科西亚开幕。中共中央宣传部负责同志、塞浦路斯文化部副部长、中国驻塞使馆代表等共同为本次主宾国活动开幕。尼科西亚图书节是塞浦路斯最大书展，由塞主流智库普罗米修斯研究所于 2016 年创办。

同日　人民音乐出版社中国原创音乐数字出版平台在中国（上海）国际乐器展览会上正式上线发布。该平台是国内第一家致力于原创专业音乐作品编辑、出版、传播的全流程在线平台，旨在集聚中国优秀的原创音乐作品。

7—8 日　全国宣传思想文化工作会议在北京召开，首次提出了习近平文化思想，为做好新时代新征程宣传思想文化工作、担负起新的文化使命提供了强大思想武器和科学行动指南。

13 日　由中国出版协会、中国出版集团有限公司主办的第四届"一带一路"出版合作经验交流会在四川成都举行。2023 年"一带一路"出版合作典型案例征集和国际化人才遴选活动涉及"主题图书走出去""版权输出""海外布局和运营""国际策划与组稿""国际营销和渠道""数字出版走出去"六大类别案例和"国际化领军人才""国际化人才"两大类别人才，最终有 82 个案例入选"一带一路"出版合作典型案例，10 人入选国际化领军人才，23 人入选国际化人才。

同日　作为中央宣传部、农业农村部联合开展的 2023"新时代乡村阅读季"重点活动之一，2023"农民喜爱的百种图书"在四川成都天府书展正式向社会公布。共有 30 种政经类图书、10 种科技类图书、20 种医卫生活类图书、20 种文化类图书、20 种少儿类图书入选。

18 日　第三届"一带一路"国际合作高峰论坛智库交流专题论坛在北京举行。中共中央政治局委员、中宣部部长李书磊出席并发表演讲。该论坛智库交流专题论坛由中宣部主办，新华社、中国国际经济交流中心、中国公共外交协会承办。来自海内外的有关国家前政要、部长级官员和智库、高校、媒体、国际组织代表约 200 名嘉宾，围绕"共同的机遇，共享的未来"这一主题，深入交流研讨。

21 日　2023 雨果奖在 2023 成都世界科幻大会上揭晓，共评选出 17 类雨果奖奖项和 2 类非雨果奖奖项，中国作家海漄凭借《时空画师》获得最佳短中篇小说奖。这也是雨果奖首次在中国揭晓和颁奖。

23日　中国版权保护中心海南分中心揭牌仪式在三亚崖州湾科技城举行。海南分中心是中国版权保护中心在全国设立的首家分中心，未来将在中国版权保护中心的指导下，面向海南自由贸易港开展作品自愿登记、计算机软件著作权登记、著作权质权登记前端受理等服务，推进版权交易授权、纠纷维权和版权业务培训等工作。

24日　由九州文化传播中心主办的两岸出版精英座谈会在北京举行，主题为"书香两岸 共创未来"，两岸出版界人士等50余人与会。座谈会上，与会人士就两岸出版业携手传承与弘扬中华优秀传统文化、出版业对中华文化"走出去"的贡献与责任担当、结合新一代信息技术推动出版业发展等议题进行了研讨。

27日　国务院印发《关于取消和调整一批罚款事项的决定》。《决定》调整的13个新闻出版领域罚款事项，涉及《出版管理条例》《音像制品管理条例》《印刷业管理条例》等3部行政法规。

同日　安徽出版集团暨时代出版传媒股份有限公司在2023中国黄山书会展场举办"时代之光"出版平台启动仪式。该平台是时代出版围绕内容和渠道两大资源，聚合知名作家资源、权威专家资源、重要营销资源，为做优做强主业而打造的重大出版品牌。

11月

1日　高等教育数字教材创新发展联盟成立大会在北京召开，会议选举产生联盟首届理事会。高等教育出版社成为联盟首届理事长单位，中国新闻出版研究院等12家单位成为首届副理事长单位，人民卫生出版社等69家单位成为首届联盟会员。

2日　中宣部副部长王纲与土耳其文化和旅游部副部长纳迪尔·阿尔帕斯兰在土耳其安卡拉共同签署《中华人民共和国国家新闻出版署与土耳其共和国文化和旅游部关于经典著作互译出版的备忘录》，这是中土出版界、文化界、学术界共同推动中土文明交流互鉴的生动体现。

19日　第二届陈伯吹新儿童文学创作大赛颁奖典礼在上海浦东图书馆举行。《暗夜有星》《南塘老街》《怕怕鼠帕帕》等3部作品摘得大赛桂冠奖，《雏鹰总会飞翔》《画星星的男孩》《天上的和地上的》《我的小国王和小国王的零》《小树来了》等5部作品摘得大赛佳作奖。此次大赛由陈伯吹儿童文学基金专业委员会和上海译文出版社共同主办。

21日　施普林格·自然在北京举行颁奖仪式，向10部英文学术图书的作者颁发"中国新发展奖"，以表彰他们为推动实现联合国可持续发展目标所作出的重要研究贡献。《K-16课堂中的人工智能素养》《中国城市群发展与碳中和的竞赛》《气候变化经济学：中国视角》等10部图书获奖。

同日　为期5天的2023尼泊尔南亚国际书展在尼泊尔加德满都展览贸易中心开幕。书展由中国国际图书贸易集团有限公司、尼泊尔当代出版社承办。

24日　中非版权合作论坛在四川成都举办。作为由国家版权局和世界知识产权组织共同主办的2023国际版权论坛平行论坛之一，该论坛在第九届中国国际版权博览会期间举办。

12月

3日　中国盲文出版社成立70周年暨国际视障教育研讨会在北京举行。中宣部、教育部和中国残联有关部门及直属单位负责同志，国内外视障教育领域专家等300余人出席活动。

7日　《儿童文学》创刊60周年座谈会在中央团校举行，该刊物由共青团中央和中国作家协会联合创办。全国人大常委会副委员长、中国作家协会主席铁凝出席并为荣誉作家颁奖。

20日　由中国印刷技术协会主办的第十七届毕昇印刷技术奖颁奖大会在北京召开。毕昇印刷技术奖创立于1986年，本届共表彰20名优秀印刷人，包括宋延林等8名毕昇印刷杰出成就奖获得者、陆晔等12名毕昇印刷优秀新人奖获得者。

25日　中央宣传部办公厅印发通知，公布2023年主题出版重点出版物选题。根据《中央宣传部办公厅关于做好2023年主题出版工作的通知》，各地区各部门各出版单位组织报送主题出版选题2 378种。经评选论证，最终确定2023年主题出版重点出版物选题170种，其中图书选题150种、音像电子出版物选题20种。

本月　中宣部、教育部联合印发《关于推进出版学科专业共建工作的实施意见》，坚持以习近平新时代中国特色社会主义思想为指导，进一步深化出版学科专业共建工作，建设中国特色的出版学科专业，为推动出版业繁荣发展、建设出版强国提供有力支撑。

本月 中共中央宣传部与越共中央宣教部签署关于经典著作互译出版的备忘录。在中共中央总书记、国家主席习近平对越南进行国事访问期间，两党总书记共同见证双方签署的双边合作文件展示，其中包括《中共中央宣传部与越共中央宣教部关于经典著作互译出版的备忘录》。

（邓杨　中国新闻出版研究院）

2023 中国香港特别行政区出版业大事记

潘翠华

1 月

2 日　开业 18 年的二手中文书店"梅馨书舍"宣布结业。

4 日　岭南大学荣休教授刘绍铭辞世，享年 89 岁。刘绍铭对文学贡献甚多，最知名的是翻译了《1984》和《动物农庄》。

7 日　赛马会数码"悦"读计划启动，旨在资助本地中小学购买电子阅读器、电子书籍、订阅网上阅读平台及举办各项推动阅读习惯的活动，推动电子阅读风气，计划由香港赛马会慈善信托基金拨款推行，为期 18 个月。

9 日　《亚洲周刊》2022 全球华人十大小说揭晓，两岸三地及马来西亚作家入选，香港作家葛亮《燕食记》、马来西亚作家龚万辉《人工少女》荣登榜单。

13 日　由联合出版集团主办，香港三联书店承办的《香港相册：回归 25 年来的历史记忆》新书发布会在香港举行。本书获香港特区行政长官李家超先生写序推荐。

16 日　香港出版总会于 2022 年举办"香港出版社与内地出版社合作出版计划"分享会后，邀请三家内地出版社：广东人民出版社、广东教育出版社及深圳出版社举行交流会，此合作项目对于拓展香港出版有重要意义。

20 日　联合出版集团发布十则"2022 年度新闻"，回顾 2022 年大事。

23 日　联合出版集团发布"2022 年度好书"。"特别奖"颁授予《在庆祝香港回归祖国二十五周年大会暨香港特别行政区第六届政府就职典礼上的讲话》（中、英文版）及《高举中国特色社会主义伟大旗帜　为全面建设社会主义现代化国家而团结奋斗——在中国共产党第二十次全国代表大会上的报告》（普通版、大字版）、《香港志·总述 大事记》（英文版）和《回归·情义25载》。

24日　联合出版集团发布8位"2022年度编辑"，表彰优秀编辑。包括：张轩诵（香港三联）、白静薇（香港中华）、徐昕宇（香港商务）、张斐然（新雅文化）、黄俏嘉（教图公司）、陈菲（中和出版）、陈晓琳（云通科技）和高靖雯（广东大音）。

本月　为促进幼儿园加强推展价值观教育，教育局课程发展处最新推出"国民教育——公德心"学与教资源，包括故事简报《博物馆一天游》和桌上游戏，让教师鼓励孩子阅读和游戏，培养其公德心和愿意承担责任的态度，并让幼儿从小认识和欣赏中华文化，从而建立国民身份认同。

2月

21日　由香港互动市务商会主办、香港出版总会为支持机构的第五届"香港初创数码广告企业X出版宣传支援计划"举行启动礼，同时公布12家本地初创数码广告企业同12组新晋作家及指定著作的入选名单。

同日　康乐及文化事务署流动图书馆在观塘安达臣道安泰邨锦泰楼侧增设服务站。同日，位于秀茂坪晓丽苑晓晴阁侧的服务站停止服务。

24日　广东省出版集团、香港出版总会在第35届北京图书订货会主办了"大湾区合作出版计划成果《看见中国：文物里的上下五千年》新书发布暨学术交流会"。该书利用文物串起中国古代社会经济、生活、文化脉络，用图注进行解读的组织方式，为读者呈现出朝代背后的历史原貌。

同日　第五届"香港初创数码广告企业X出版宣传支援计划"举办启动礼，共诞生11个组合。11本图书会联合本地数码广告企业，推广阅读与创意。本支援计划由香港互动市务商会主办、香港特别行政区"创意香港"赞助，旨在为香港初创数码广告企业和出版界新晋作家提供合作和发展的平台。

本月　《晶报·深港书评》2022年度十大好书揭晓，香港三联书店出版的《石头与桃花》和《中国最后一代文人——蔡德允的琴、诗、书与人生》分别入选虚构类和非虚构类的十大好书之列。

本月　在《大公报》创刊120周年之际，《大公报》出版的《立言为公 文章报国——大公报创刊 120 周年纪念集》《新闻背后的故事——写在大公报创刊 120 周年之际》已在各大书店发售。

3 月

1 日　香港太古集团在太古坊 ArtisTree 及柏克大厦举行"书出爱心"活动，以 10 港元价钱义卖新旧二手书，邀请爱书人共襄善举。该活动自 2009 年开始至今已举办 11 届，是一项结合环保及慈善元素的年度筹款活动。2023 年的网上义卖（儿童及青少年图书）于当天起至 3 月 31 日举行，3 月至 4 月期间举行免费互动讲故事剧场及不同类型的文化工作坊，分享阅读的乐趣。

同日　联合出版集团与中国工商银行（亚洲）签订战略合作协议，运用双方网络及资源于更多不同范畴开展深入广泛合作，实现优势互补、互利共赢。

6 日　出版了 3 538 期、香港历史最悠久的中文财经杂志——《经济导报》正式改版。改版后的《经济导报》以"内容为王"和"实用好看"为原则，做专业化、轻阅读的财经类精品杂志。

22 日　香港教育大学香港研究学院发布"香港教科书出版行业现况及发展前景研究"。结果显示，因香港学生人数持续下跌，教科书出版社正面对市场狭窄及分拆、成本上涨及人才短缺等问题。有教育出版代表期望局方加强与业界沟通，考虑提供资助研究方案，协助香港教科书进入大湾区内地城市，助业界持续发展。

24 日　香港图书文具业商会举办成立 103 周年庆典暨第 69 届理监事就职典礼。商会会长吴静怡女士表示，商会将继续发挥纽带和桥梁作用，推动业界积极融入粤港澳大湾区的发展。

29 日　由香港中华出入口商会、香港教育工作者联会合办的"《悦读·香港故事》新书发布会暨悦读嘉年华"在尖沙咀街坊福利会举行。新书辑录了 600 名中小学生的优秀作品，围绕"香港故事""快乐童年时光""我们一起悦读的日子活动感想"三个题目，写出属于学生的故事。除新书发布外，还有"悦读嘉年华"，配合新书主题，以"香港"为主要元素，精心设计"香港奇名地"等 10 款游戏。

30 日　位于深水埗康乐文化大楼地下及一楼的深水埗图书馆全面启用，该图书馆占地 3 700 平方米，提供约 17 万本本地及海外书籍供市民阅读，将定期举办不同形式的活动，如书籍展览、儿童故事时间、专题讲座等。

31 日　香港出版总会、香港图书文具业商会、香港书刊业商会合办了一场全国两会精神分享会，并邀请到港区全国人大代表马逢国先生、霍启刚先生、港区全国政协委员卢永雄先生、吴静怡女士宣讲"全力推动高质量发展：两会对香港的启示"。

4 月

14 日　香港城市大学公布第二届中文及历史学系 MACH "春日读书"书评奖得奖名单，一等奖 2 名、二等奖 5 名和三等奖 10 名。参赛者为香港城市大学中文及历史学系同学，选书均与中国文化相关，包括语言文学、历史、哲理、艺术博物等，活动旨在引导参赛同学对所选书本进行思考和评述。

18 日　香港出版学会联同香港出版总会在商务印书馆尖沙咀图书中心举行了"2023 香港全民阅读调查报告"暨"阅读四月天"文化巡礼活动。调查结果显示，受访者无论在阅读时间、数量、内容以及消费金额上，整体情况都似乎较以往逊色。"阅读四月天"同业文化活动将于 4 月推出一系列主题文化活动、讲座及购书优惠，让社会大众参与其中。

19 日　香港出版总会举行传媒专场及业界简报会，介绍了"出版 3.0——香港智能电子书库"计划进展情况。项目筹委会简介了整个计划、示范了如何在转换平台上操作，并邀请天地图书有限公司与作者金铃女士分享了试用转换平台的体验。

20 日　香港太古集团举行的第 11 届"书出爱心"活动，以十元价钱义卖新旧二手书。即日起至 23 日，以及 4 月 27 日至 30 日举行八日的实体书展，2023 年特设倪匡专区。义卖活动动员 6 000 位义工，吸引了 4 万位书迷。连同早前的网上义卖，合共筹得 1 147 950 港元善款，悉数捐予香港小童群益会及义务工作发展局。

同日　联合出版集团举行 35 周年系列庆祝活动启动礼，集团领导及子公司负责人等出席。现场公布全年庆祝活动，包括：35 周年标志及口号全民征集大赛、"35 年，35 本最美的书"全民票选活动、全新升级版会员计划"一本读书会"，"行走的图书馆"系列公益文化活动，出版《读书杂志》和《美术家》杂志特刊等。

21 日　联合新零售（香港）有限公司公布"2022 全年及 2023 年第一季香港阅读报告"，内容涵盖畅销书榜、读者消费习惯、畅销书类等。2022 年畅销书总榜（中文书）第一至五位包括《童话梦工场》系列书、《大侦探福尔摩斯》系列书。第六及第七位分别是《在中国共产党第二十次全国代表大会上的报告》以及《在庆祝香港回归祖国二十五周年大会暨香港特别行政区第六届政府就职典礼上的讲话》。网络书店方面，2022年疫情严峻时，不少读者转移到网上购物。联合新零售网店销售额增长120%，读者购物的主要时段是周末。

23日　香港出版总会推出的"出版3.0——香港智能电子书库"网站（https://publishing3.hk）上线，网站为业界提供平台，平台的功能包括：将本地出版的纸本中文出版物转换为三语有声书、中英文电子书；备有"人工智能系统"（AI），把中文书直接翻译为英文电子书；通过"文字翻译语音技术"，将文字电子书直接转为广东话、普通话、英语"有声书"。其时有40多个香港出版商加入这个平台。

同日　康乐及文化事务署在香港中央图书馆举办"2023年4·23世界阅读日：悦阅嘉年华暨4·23世界阅读日创作比赛颁奖礼"，与市民分享阅读乐趣，以及嘉许在创作比赛中表现出色的参赛者。此外，文化体育及旅游局宣布，自2024年起，4月23日会订为"香港全民阅读日"，举办不同形式的全港性大型阅读活动，通过举办主题活动及推介书籍营造阅读氛围，进一步向全港市民推广阅读。

26日　三联书店荃新天地分店开幕。

28日　"BOOKED：香港艺术书展"开办，超过80位艺术家、出版商、机构和书店参加，包括：Printed Matter、Nieves、尼间面包店等。

5月

4日　智能漂书机"一沓纸"是创新社会企业，该公司于中环街市举办"共享阅读，以书会友，连系社区"颁奖礼。为鼓励更多人加入"共享阅读，共同减废"为香港减碳，该公司推出的"智能漂书机"实现了一年内减少33万公斤碳排放量和超过65 700本书次循环阅读。

9日　联合出版集团与工银亚洲联合举办的系列公益文化活动启动礼暨全港首张"金融+文化"联名卡发布会在香港故宫文化博物馆举行。联合出版集团与工银亚洲结合金融与文化力量，从文化、教育、艺术、金融及生活等领域开展多元合作，推动全民阅读，携手讲好中国故事与香港故事，为香港成为中外文化艺术交流中心贡献力量。

15日 联合出版集团及旗下SUPer青年营在马可宾纪念中学开展2023年度"行走的图书馆"公益阅读活动。流动图书车将香港三联书店、香港中华书局、香港商务印书馆、万里机构、新雅文化及香港中和出版等多间知名出版社捐赠的超过3 000册的优质中英文图书，送至港岛、九龙、新界各区中小学校。

17日 "全球学生阅读能力进展研究2021"公布，香港学生表现优异，在43个参与排名者中名列第二，属于国际上最优等级。调查结果显示，香港学生的整体阅读成绩为573分，远高于国际平均分500分。

20日 由香港浸会大学文学院、语文中心和香港文学推广平台合办的"第十二届大学文学奖"公布获奖结果。该奖项每两年一届，获"孔梁巧玲大学文学奖永久基金"及"广正心严文学奖基金"支持，2023年设小说、散文、新诗及杰出少年作家四组，旨在向社会大众展示大专生及中学生的优秀作品，推动文学风气、扶持文坛新晋。

30日 前驻英大使刘晓明在深圳联合书店举行《尖锐对话：让世界听见中国声音》及《大使讲中国故事：让世界认识真实的中国》新书英文及繁体版发布会，以激励更多人讲好中国故事，发布会由香港三联书店主办，北京出版集团、中信出版集团和联合出版集团支持。

31日 乐善堂杨葛小琳中学举行"九龙乐善堂熊猫书屋开幕礼暨川港姊妹学校签约仪式"。"熊猫书屋"的所有藏书由四川海外联谊会和四川省侨务办公室赠送，主要为儿童及青少年读物，这次上架的书籍超过1 000本，藏书种类繁多，包括历史、诗词、绘本、故事、科普知识，更有不少介绍巴蜀美食、文化、名胜的好书。

6月

7日 由紫荆文化集团主办的"一带一路十年成果和愿景——紫荆文化论坛"在香港举办。论坛邀请了16位国际知名专家学者、政商领袖亲临现场，回顾总结"一带一路"十周年的成就和经验，为"一带一路"的发展提出建议，展示了通过"一带一路"实现互利共赢的美好前景与充分信心。行政长官李家超先生、外交部驻港公署特派员刘光源先生出席论坛并致辞。

9日 第二届"想创你未来——初创作家出版资助计划"举行新书发布会暨"大湾区香港初创作家推广巡礼"启动仪式举行。该计划资助本地新晋作家出版及推广

"绘本""科普"和"非遗"三个内容范围的优质中文作品，获资助项目陆续于 6 月前付梓，并推出市场。

17 日 "35 年，35 本最美的书"票选结果公布。奖项分为人文之美、自然之美、教养之美、艺术之美、生活之美五个类别，大奖各一项，入围奖各六项。分别为：《紫禁城 100》（香港三联）、《中国古代服饰研究》（香港商务）、《名家大手笔系列》（香港商务）、《香港遗美——香港老店实录》（非凡出版）和《这里是中国》系列（香港三联）。

19 日 由联合出版集团主办的"人间多少事 两三笑话中"首场名家讲座在香港会议展览中心举行。著名作家、茅盾文学奖得主刘震云先生出席并分享了逾 40 年文学创作心得。各大机构、企业及社团代表以及"一本读书会"会员等近 500 人线下参与，讲座由橙新闻多个频道即时直播，逾 10 万人线上参与。

20 日 由香港出版学会主办的第四届"香港出版双年奖"发布得奖名单，香港三联书店有 7 本好书获奖，荣获"出版社大奖"。由香港中文大学出版社出版的《动物嘉年华：西西的动物诗》获出版大奖兼文学及小说类最佳出版奖。这是"双年奖"自第二届增设出版大奖以来，第一次由文学及小说类作品获此殊荣。

23 日 儿童读物《良友之声》的良友之声出版社成立 70 周年，该社自 1953 年至 2023 年仍出版实体刊物，合共有 8 000 多名订阅者。为与电子书竞争，《良友之声》利用多媒体增加读者的兴趣。

26 日 营业长达 48 年的旺角弥敦道商务印书馆结业。

27 日 联合出版集团于香港故宫文化博物馆开设的全新风格礼品店"ART EXPRESS by 商务印书馆"举行开幕典礼，来自香港政商界、文化和艺术界等近百位嘉宾出席。该店是联合出版集团在港开设的、占地面积最大的文化礼品店。

7 月

5 日 香港天文台成立 140 周年纪念文集《听风·观雨·说故事》公开发售。该书收录逾 60 篇由不同年代的天文台员工和同行撰写的中、英文文章，向读者展示天文台以至香港社会百多年来的演变。

18 日 位于观塘的 24 小时营业的二手书店"偏见书房"结业。

19 日　康乐及文化事务署香港公共图书馆继续参与香港书展，以"阅读/生活再发现"为主题，鼓励大众将阅读融入生活中。摊位设有触控显示屏和平板电脑，让市民试用公共图书馆的电子资源。另外，市民可在摊位的"馆长选书"专区阅览图书馆馆长推介的优质读物及读后感，发掘不同主题的好书。公共图书馆共提供逾 50 万册电子书和超过 80 个电子资料库。

同日　《习近平新时代中国特色社会主义思想学习纲要（2023 年版）》和《让群众过上好日子——习近平正定足迹》《闽山闽水物华新——习近平福建足迹》《干在实处勇立潮头——习近平浙江足迹》《当好改革开放的排头兵——习近平上海足迹》四部系统记述习近平总书记地方工作经历的图书繁体版由香港三联书店、香港中和出版发行，于香港书展开展首日举办新书首发式。国家新闻出版署、中央政府驻港联络办负责人，香港特区政府主要官员和出版界代表出席首发式。香港友好协进会、香港中国企业协会、香港教育工作者联会、香港青年联会等有关负责人在首发式上接受赠书。

同日　由香港出版总会、广东省出版集团主办，香港出版总会、广东教育出版社承办的"湾区共读·文化同根——大湾区合作出版计划暨文化交流成果发布会"于书展首日现场举行。计划于 2021 年底启动，15 家香港出版社的 64 种图书入选，由广东 3 家出版社配对合作，于 2022 年至 2023 年间陆续出版，显示粤港出版界的强强联手助力香港图书打入内地市场，促进两地业界交流。

20 日　为鼓励本港青少年养成阅读习惯，香港中华出入口商会、香港教育工作者联会联合主办了 2023 年"我们一起悦读的日子"学生阅读写作活动，其中小学组当日于香港书展期间举行启动礼，吸引超过 50 家中小学、约 1 000 名师生参与。

同日　"猎人书店"于当日起一连三天在界限街八号阁楼举行首届"香港小型出版销售场暨私人书店奥特莱斯"，有多家小型出版社参加，包括山道文化、《志》、Dirty press 等实地销售。

同日　本届香港书展国际出版论坛主题为"人工智能 ChatGPT 颠覆图书出版业？"，演讲者包括：剑桥大学出版社亚洲区学术总裁潘群先生、果麦文化传媒股份有限公司总裁瞿洪斌先生及香港城市大学法律学院副教授何天翔博士。

21 日　香港地方志中心举行新书发布及赠书仪式，向保安局局长邓炳强赠送《香港志·自然》的《建置与地区概况》卷和《人口》卷。

同日　由联合出版集团主办，联合电子与广东大音音像出版社联合承办的"2023香港国际元宇宙暨版权发展大会"在香港会议展览中心举办，本届大会以元宇宙及其版权发展为核心，连接政府、科研院所及相关企业，交流创新理念与发展模式，展示最新前沿技术与发展成果，促进数字经济高质量发展。

22日　第二届"想创你未来——初创作家出版资助计划"举办获奖初创作家分享会，八组获奖初创作家与公众分享他们的创作历程及心得，以及介绍在资助计划下出版的作品。这是首次集合第二届八组获奖初创作家面向公众的分享会。

24日　香港教育城第20届"十本好读"在香港会议展览中心举行颁奖典礼，本届"十本好读"的投票人数创历届新高，总票数为45 602票。小学生最爱书籍第一名为《西游记妖界大地图：神仙妖怪才知道〈西游记〉怎么玩》，阿浓成为"小学生最爱作家"，小学教师推荐好读第一位是《阿浓身边的故事》；中学生最爱书籍第一名为《小情书》，倪匡成为"中学生最爱作家"，中学教师推荐好读第一位是《丰子恺家书》。

25日　由香港贸易发展局主办的第33届"香港书展"、第六届"香港运动消闲博览"及第三届"零食世界"结束，7天展期共吸引近百万人次入场。三项活动汇聚来自36个国家及地区近780家展商亲临参展。

27日　"2023中国印刷业创新发展大会"在山东省济南市启幕，中华商务联合印刷（香港）有限公司旗下北京华联印刷有限公司获评2023年国家印刷示范企业，成为24家获选内地印刷包装企业之一。

本月　康乐及文化事务署香港公共图书馆于7月至8月推出大型阅读活动"夏日图书馆节2023"，以"玩乐大自然"为主题，通过多元的实体和网上活动，鼓励不同年龄的市民发掘阅读的乐趣，并引领他们探索公共图书馆丰富的阅读资源。

8月

10日　创刊18年、以旅游消费资讯作主打的 *U Magazine* 在社交平台宣布，因应市场发展和集团全面数码化转型的策略，实体印刷版于9月起停刊。

15日　香港经济日报集团旗下免费报纸《晴报》宣布，于9月中起停止发行印刷版报章，至此香港只剩下三份主要的免费中文报纸及一份免费英文报纸。

16日　上海书展首日，联合出版集团与四川新华出版发行集团举行合作签约仪式。

18日　借上海书展之契机，由香港中和出版的《长河千帆过——中华文化思想源流》繁体版首发式暨名家对谈会在上海香港三联书店举行，引导读者了解中华五千年文化思想的源流、变迁与时代精神。

9月

26日　联合出版集团举行庆祝中华人民共和国成立74周年暨联合出版集团成立35周年"阅·无止境"论坛。香港特区行政长官李家超视频致辞，紫荆文化集团董事长许正中先生及联合出版集团董事长傅伟中先生出席论坛并致辞。论坛分为三部分，包括香港中文大学原校长金耀基教授主旨演讲、第一节对谈"建设中外文化艺术交流中心背景下，香港为何需要全民阅读日"、第二节对谈"香港设立全民阅读日，如何更好建设书香城市"。

27日　香港出版总会举办"出版3.0"——电子书及有声书转换说明会，为出版社演示软件的操作流程及步骤，并解答出版社提问。"出版3.0"计划中，由物流及供应链多元技术研发中心转换电子书及有声书软件研发的第一阶段已完成，香港出版总会作为项目的合作伙伴，全面提供予总会及属会会员免费使用。软件可协助出版社将中文出版物转换成粤、普有声书，以及翻译成英文电子书及有声书。

10月

3日　商务印书馆尖沙咀图书中心举行"从金庸小说到金庸文化"展览，现场展出金庸武侠小说原载报纸与杂志、初代金庸小说、20世纪50年代至千禧年代金庸漫画、云君插图、一比一实体金庸小说武器等。际一代武侠小说作家金庸逝世5周年，与广大"金迷"共同缅怀，展览至31日止。

6日　香港公共图书馆与学海书楼当天起至2024年1月2日，以"宏扬国学，承传百载"为主题在香港中央图书馆合办展览，展示百年间学海书楼的历史与珍贵文化遗产，以及学海书楼为培育文化人才作出的贡献。

19日　屹立香港近20年的城邦书店撤出湾仔，迁往土瓜湾顺联工业大厦6楼全层。

26 日　香港三联书店、上海联合书业会展有限公司支持的"文化同行七十五载"主题展在上海三联书店举办，展览通过"书之荣誉""店之足迹""史之留影""阅之新品"等篇章回望过去、致敬前辈、阅读生活。

本月　由摆地摊、木头车起家，经营近 45 年，位于上水的学荣书店结业。

11 月

4 日　由深圳市委宣传部、深圳读书月组委会、深圳出版集团、香港特区文化体育及旅游局主办，香港出版总会、联合出版集团合作的深港"共读双城"在第 24 届深圳读书月举办系列活动。活动包括："幸福廊桥书市""想创你未来——初创作家出版资助计划作品展""香港出版双年奖和深圳年度十大好书联展"及"深港共读　同阅未来"主题分享会，分别在深业上城、联合书店·本来艺文馆，以及中心书城多个场馆举行。

当日起至 19 日，深圳联合书店·本来艺文馆举行第三届"合颜悦设：联合装帧设计展"，展览旨在集中展现集团旗下香港三联书店、香港中华书局、香港商务印书馆、万里机构、新雅文化、香港中和六家出版社近两年的优秀装帧设计作品。

10 日　联合出版集团 SUPer 青年营"行走的图书馆"公益文化活动荣获"益苗计划"——广东志愿服务组织成长扶持行动暨志愿服务项目大赛中的"粤港澳大湾区专项赛优秀项目"。"行走的图书馆"公益阅读活动自 2021 年初以来，以流动图书车形式，把适合青少年阅读的数百种精选图书送至中小学校园，触达在校师生数十万人次，得到社会各界的关注与好评，曾荣获首届南国书香节"阅读推广奖·集体奖"。

17 日　联合出版集团旗下联合电子出版有限公司，与中国少年儿童版社在上海童书展举办了《上下五千年》（新时代版）繁体电子版授权签约仪式。

18 日　康乐及文化事务署香港公共图书馆于香港中央图书馆举行证书颁发仪式，表扬积极参与 2022—2023 年度"儿童及青少年阅读计划"的会员。2023 年阅读新增会员人数超过 8 000 人。共有 24 位会员凭所撰写的阅读报告获得"每月之星"奖项，其中作品最出色的 9 位更获选为"阅读超新星"。

22 日　深圳市新闻出版局、深圳读书月组委会办公室公布"第七批深圳市全民阅读示范项目、优秀推广人"名单，本次评选共评出全民阅读示范项目 10 个、优秀推广人 10 名，联合出版集团旗下深圳又日新文化有限公司策划的深港阅读交流系列活动获全民阅读示范项目。在该活动下，融合深港澳大湾区出版及文化资源，打造一系列丰富多元的阅读及文化交流活动，推动三地文化交流。

23 日　联合出版集团旗下香港教育图书于 2023 年 1 月设立研究部，9 月成立慈善团体"为学文教基金有限公司"，并于当日在中环集古斋举行香港教育研究院成立典礼暨"新时代价值观教育策略研究"报告发布会。香港教育研究院以促进香港教育、推动粤港澳大湾区文教事业合作交流及弘扬中华文化为根本宗旨。

29 日　香港地方志中心举办《香港志·自然》出版典礼暨环境生态论坛。《香港志·自然》全书约 140 万字，分为五卷四册，由全港 67 位专家学者领衔撰写及担任评审。《香港志·自然》首次结合自然科学和人文历史，以全景方式记录从古至今香港的建置与地区概况、人口、自然环境、自然资源与生态、环境保护与生态保育的发展历程和演变。

30 日　"出版 3.0 香港智能电子书库"项目结合出版及 AI 技术，协助业界制作高质素、具国际市场潜力的智能电子书。为了协助香港电子书及有声书开拓国际市场，"出版 3.0"于 10 月参与了法兰克福国际书展。香港出版总会在当天举行业界分享会，向逾 30 位出版业界代表分享参展成果。"出版 3.0"项目筹委会表示，目前已有逾 60 家香港出版社参与"出版 3.0"，并通过项目的"电子书出版转换平台"将 858 本香港出版的中文纸本书籍，成功转换成逾 4 000 本中、英文电子书及广东话、普通话及英语三语有声书。

12 月

11 日　"香港印制大奖"颁奖典礼举行，颁发了 21 个大类别的奖项。《移动大押》获最佳创意印制大奖，*Hypebeast* 荣获杂志印刷类金奖，《华萼交辉：孟澈雅制文玩家具》荣获书刊印刷奖——精装书刊类别银奖。

22 日　孙中山纪念馆推出新专题展览"勤有功戏有益：旧课本中的童玩"，运用多媒体互动元素和沉浸式空间，介绍内地与香港教科书在 20 世纪初至中叶期间的发展，以及探讨童玩于教学上的重要性。精选展品包括 20 世纪 30 年代香港百利书店印行的《训蒙三字经》、1932年上海广益书局印行的《新童子尺牍》、20世纪初的舒式华文打字机和昔日流行的毽子。

23日　康乐及文化事务署香港公共图书馆于当日起至2024年1月2日，于香港中央图书馆举行"第三十四届香港印制大奖获奖作品巡回展览"。

（潘翠华　香港联合出版集团）

2023 中国澳门特别行政区出版业大事记

张燕青

1月

3日　由澳门基金会、澳门特别行政区政府文化局联合出版的《2021—2022年度澳门文学作品选》开始征稿。作品选邀请澳门相关领域的专业人士进行编选，所选作品涵盖2021年1月1日至2022年12月31日期间由澳门作者创作的文学作品。

2月

10日　中华全国总工会首家境外职工书屋在澳门正式启用。澳门职工书屋由中华全国总工会和工联总会共同打造，旨在丰富职工和澳门居民的精神文化生活，推动澳门职工群众深入学习党的二十大精神，同时开展爱国教育，并提供相关资源和设施，以满足澳门职工群众的学习需求。

3月

10日　为积极推动阅读风气，文化局将原存放于"澳门e文库"应用程序内的文化局出版物资料迁移至该局子网站"学术及出版"上，超过300款书籍和期刊的电子版本可以供市民在线上进行阅览，而无需下载任何程序。原"澳门e文库"应用程序于4月起停用。

17 日　澳门艺术博物馆借馆庆良机推出新版网站，以全新形象推广艺术馆藏、展览活动、出版物等。更新后，网站提供更丰富的信息，展示艺术馆的多样化内容，并以更吸引人的方式呈现。

22 日　澳门科技大学与广东人民出版社联合出版发布《粤港澳大湾区发展报告（2021—2022）》。该书是目前澳门唯一一部年度性、专题性观察和评价澳门参与大湾区建设的智库报告。该年度报告由澳门科技大学和广东人民出版社分别在澳门和内地出版。

30 日　为纪念澳门基本法颁布 30 周年，澳门基金会所建立的澳门虚拟图书馆推出名为"繁荣基石——纪念澳门基本法颁布 30 周年"的网上书展。该书展汇集了逾 40 本与澳门基本法相关的书籍和百篇论文，旨在让广大民众更深入地认识和了解这部对澳门特区具有深远价值的宪制性法律。

同日　广东省出版集团、南方出版传媒股份有限公司、广东新华发行集团、澳门文教出版协会、文化公所主办的"南国书香节澳门分会场·粤澳共读周"在澳门街坊会联合总会社区服务大楼开幕，展出近千种来自内地和澳门的出版图书、过百种文创产品。

本月　澳门城市大学组织的澳门中国文化研究院项目之一的《澳门法治蓝皮书：澳门法治发展报告（2022）》出版。该报告梳理了 2021 年澳门特区立法、司法工作情况，以及罪案统计情况、廉政公署情况，具体介绍澳门立法会通过的法律、司法机关运作的主要特点、罪案统计主要情况、廉政公署工作特点等，以便读者了解澳门特区法治发展总体情况。

4 月

15 日　由文化局、教育及青年发展局、澳门大学图书馆以及澳门图书馆暨信息管理协会联合主办的澳门图书馆周正式启动，提供超过 60 个项目和 110 场阅读推广活动，旨在营造城市中的阅读氛围。活动吸引了超过 7 万人次的参与。澳门图书馆周在 22 至 23 日澳门文化中心举行《推广日》活动，为现场观众带来丰富的互动阅读体验。

22 日　澳门大学代表团在访问里斯本期间，与澳门科学文化中心主任 Carmen Mendes 等人会面并签署了合作协议，共同建立"葡语亚洲数字数据库网络"。该数字数据库收藏大量关于16世纪至20世纪欧洲与亚洲相互交流的文献、出版物、史料和数据信息。澳门大学和澳门科学文化中心将共同出版学术书籍，并推进多项科学和文教领域的合作。

23日　澳门阅读普及协会为推动本澳阅读风气，于澳门文学馆举办"阅普会相约澳门文学馆"活动。该会截至2023年12月，已举办超过40场活动，累计逾1 200人次参与，通过恒常读书活动，建设书香澳门。

5月

10日　由澳门医学专科学院出版的《澳门医学杂志》编辑部召开第一次全体会议，由卫生局局长兼主编罗奕龙主持。杂志以半年刊形式复刊发行，于2024年1月出版。

12日　澳门出版协会与星光书店有限公司合办的"2023年春季书香文化节"在塔石体育馆盛大开幕。文化节持续十天，展销海峡两岸以及港澳地区超过十万册最新图书、音像产品和周边产品等，内容丰富多样。

13日　由澳门工会联合总会和澳门人出版社联合出版的《育儿小锦囊》在"2023年春季书香文化节"上举行了新书发布会。这本书是澳门首本以联合国儿童基金会的《〇至六岁儿童发展的里程碑》为框架而撰写的育儿书籍。

24日，澳门理工大学和葡语国家及地区高等教育管理联盟正式签署了合作协议。协议范畴涵盖学术活动、出版物项目以及文化计划等，旨在建立双方间长期的学术合作关系，并加强中国与葡语国家及地区在粤港澳大湾区的学术合作。

26日　澳门理工大学为推广中医药在葡语国家地区的应用，与科英布拉大学及北京大学医学部签署合作协议，共同开展中医药及保健书刊的翻译出版工作。

29日　澳门大学校长宋永华率团访问欧洲多所高校，落实多项合作计划，并与葡萄牙科英布拉大学及波尔图大学签署战略合作协议。澳大副校长马许愿分别向与会嘉宾介绍"中国澳门特别行政区与葡语国家学术图书馆联盟"的建设、首届"汉语和葡语国际论坛"的筹备情况以及葡语法律著作翻译和出版项目的工作成果。

6月

本月　澳门理工大学的《澳门理工学报》（人文社会科学版）、文化局的《文化杂志》、澳门大学的《南国学术》相继入选为中文社会科学引文索引（CSSCI）来源期刊，反映出澳门的学术期刊水平备受学术界认可。

7月

1日　文化局推出"婴幼儿阅读有礼计划"，在多家公共图书馆向符合资格的澳门婴幼儿派发阅读包。截至2023年12月，逾4 600名合资格婴幼儿已领取阅读包。

7日　澳门阅读写作促进会主办、澳门理工大学协办、一书斋承办的"第二十六届澳门书市嘉年华"开幕，超过50个参与单位参与，展示了3万多册的书籍，举办29场活动，场面热闹。

19日　文化局参与香港书展设置展摊，共展出约150种出版物，类型涵盖澳门历史、文学、艺术及学术研究等，借出版成果加强向外宣传澳门"阅读之城"的形象。

29日　由文化局主办、澳门中华新青年协会承办的首届"澳门文化艺术青少年计划"开学，该计划涵盖书籍出版装订以及文化传播知识等课题。

8月

18日　南国书香节澳门展区开幕。澳门展区上，广东教育出版社、澳门启元出版社签署《澳门弹起》英文版、葡文版授权签约仪式；同日，由粤港澳大湾区文化教育交流中心和澳门文教出版协会主办，新世纪出版社、澳门启元出版社、澳门文化公所、澳门出版传播中心承办的"粤港澳大湾区少儿出版合作签约仪式暨《那只没有被染成金色的蝴蝶》简体、繁体新书发布会"在南国书香节主会场举行。

同日　由方言社主办的"Bookery开炉！艺术书展2.0"于边度有书书店开幕。"Bookery开炉！"是一项集书市、音乐会、展览及讲座的艺文活动，于2022年秋季首办，2023年8月再度开炉，一连两周带来马拉松式的艺文体验。

20日　澳门文化界联合总会成立，该会以中国文联、中国作协及全国各文艺家协会澳门地区会员为主，以联系团结澳门文化艺术团体和人士、弘扬和传播中华优秀文化艺术、加强与祖国内地合作、促进国际人文交流、推动澳门"一基地"建设为宗旨，并以此增强文化界的家国情怀，积极融入国家发展大局。

9月

5日　文化局辖下澳门文学馆公布庆祝成立一周年系列活动。9至11月期间，举办多场活动，包括工作坊、新媒体推广活动、专题导赏以及文学讲座等，旨在提升公众对文学的认识。

16日　由澳门人出版社联同望德堂区创意产业促进会、疯堂十号创意园策划的"疯书阁"在疯堂十号创意园开幕。"疯书阁"以书籍作为媒介，聚焦社会各类议题，引发读者开拓思维空间。"疯书阁"第一期的主题为"以书籍带你进入芭比世界——对现代女性的启示"，通过三本分别代表家庭关系、女性成长、艺术治疗领域的书籍，构成展览的思想脉络，与大众探讨女性议题。

17日　由望德堂区创意产业促进会、疯堂十号创意园主办，澳门人出版社、澳门插画师协会合办的"疯堂绘本文化节2023"在疯堂十号创意园举行开幕式，期望通过疯堂绘本文化节系列活动推动绘本文化的繁荣发展。

21日　由澳门文化界联合总会指导，澳门文学评论家协会、澳门作家协会、澳门儿童文学协会、澳门文教出版协会等单位共同发起的"澳门国际儿童文学奖"展开征稿工作，奖项将于2024年颁发。

30日　教育及青年发展局的《澳门教青杂志》创刊号出版。杂志集合了过往《教师杂志》《澳门高等教育杂志》《百分百家长》《语言聊天室》的精粹，内容涵盖层面广泛，除了探讨与教育相关的议题外，还包括"青"知灼见、亲职园地、学子天地、趣味语言、品味生活等多元化的信息，让读者了解不同范畴的内容。

同日　澳门基金会与三联书店（香港）有限公司联合出版"澳门知识丛书"《澳门青洲山》，作者李业飞通过长期搜集史料，实地考察研究，为读者揭示了这座古岛小山的前世今生。

10月

10日　澳门工会联合总会与澳门电力股份有限公司共同开展流动书屋项目，鼓励澳门职工参与各类阅读学习活动。

20日　澳门特别行政区政府新闻局编制的《2023澳门年鉴》中、葡、英电子版出版。

25日　广东教育出版社拜访《澳门日报》，探讨筹备为澳门回归25周年作相关出版。提到近年内地书展利用网络平台、知名网红博主等，丰富书展内容及拓展多渠道的宣传方式，希望借此探讨建立合作，创设条件更好地向内地读者推广本澳作者及本土出版物，以推动两地的文化交流。

27日　文化局举办的"中葡绘本书展"在凼仔嘉模会堂举行，书展以"阅读花园"为主题，活动邀请了中国内地、澳门、香港、台湾地区及葡萄牙等地的30多家书店和出版社，展示了超过500种以中文或葡文为主要语言的绘本和儿童图书。

30日　葡萄牙科英布拉大学代表团到访澳门理工大学，两校共识开展面向葡语系国家及地区的中医药及保健书刊的出版工作。

31日　澳门文学馆增线上VR导览服务，提供多种功能和互动体验，旨在方便各地文学爱好者了解该馆空间布局和展品资源。

11月

2日　澳门文化局在广州天河区举行"澳门文化局出版物专题展销"活动，共展出过百种由文化局出版的书籍。

14日　莫桑比克蒙德拉内大学访问澳门理工大学，两校共建科研实验室及联合开展研究项目、翻译和出版中医药书刊。

18日　由澳门出版协会主办，文化广场承办的"2023年秋季书香文化节"揭幕，多家出版机构参展，展销了万余种新版图书。

21日　澳门理工大学访问葡萄牙科英布拉大学，探讨推动中国传统医药及文化翻译成葡语并在葡语国家出版的推广工作。

25日　澳门儿童文学协会创立综合年刊《童文汇》，并发行创刊号。

本月　澳门工会联合总会与澳门莲花卫视传媒有限公司共同合作开展了流动书屋及职工主题读书活动。双方在澳门莲花卫视总部举行了项目启动仪式并签署了合作协议。

12月

2日　澳门笔会主办的第七届"纪念李鹏翥文学奖"颁奖礼在嘉年华酒楼举行。

会长李观鼎表示，赛事激励着广大文学写作人，尤其年轻作者，从他们身上看到澳门文学的新格局、新境界、新希望。

10 日　由澳门基金会及文化局联合出版的《2021—2022 年度澳门文学作品选》在澳门文学馆举行新书发行仪式。

14 日　由澳门人出版社主办、青洲中学协办的《澳门爱国商人马万祺》新书发布会在青洲中学举行。该书通过五个故事讲述爱国人士马万祺如何以坚毅的爱国精神和卓越的商业才能，为祖国及澳门的繁荣稳定贡献力量。

28 日　澳门自来水股份有限公司与澳门工会联合总会在青洲水厂签署合作协议，携手合作开展流动书屋及职工主题读书活动。

30 日　文化局推出以文旅视觉为特色策划的《文化寻游记——望厦片区及其周边》，该书通过文字、寻游地图和精美照片等，向公众推广和深入介绍望厦片区的历史文物、文化事迹、风俗人情及美食等。该书内容为中葡双语，免费派发。

（张燕青　澳门人出版有限公司社长兼总编辑）

2023 中国台湾地区出版业大事记

黄昱凯

1月

12日 2023年"漫画创作及出版营销奖励要点"获奖名单公布。自受理收件起，主办方总计收到220件计划案，其中获奖59件计划案，分别为个人类别40件及团体类别19件。获奖作品题材丰富，涵盖人物纪实、悬疑推理等方面，不仅鼓励漫画新秀，也持续支持中长篇作品，协助多元类型台漫发展。

17日 台湾文学馆、"中央研究院台湾史研究所"与"云林县政府"联合推出了《蔡秋桐诗文集》与《蔡秋桐影像集》两本书。作品不仅汇集了蔡秋桐一生的文学创作，还有他生活的影像记录，涵盖了1910年代至1970年代台湾社会的各个方面。

31日 以"阅读的多重宇宙"为主题的台北国际书展在台北世贸盛大登场，波兰书协与波兰台北办事处合作策展呈现主题国风貌，全面展现了波兰出版界多元类型的特色新书，重点介绍了波兰得奖作家、出版集团及各专业出版社。

2月

2日 台北国际书展特别推出"寒假趣书展"阅读活动，当日迎来活动中最远的学校团体：台东县兰屿乡东清国小阅读班师生，也是"文化部"提供偏乡学生参观书展补助后，首次有离岛学校抵达书展现场。

5日 "第31届台北国际书展"圆满闭幕。本届书展在33国、470家出版社参与下，举行了超过811场专业论坛与阅读活动、670场版权桌次会议，总计50.5万人次参观。

6日　台湾文学馆与捷克布拉格的哈维尔图书馆签署了合作备忘录，此次合作备忘录签署仪式采用两地同步连线方式进行。备忘录包含双方文学主题展示、两馆馆员与专家交流互访、出版与专业培训等多项协议，涵盖层面广泛，有助于深化双方读者彼此交流。

3月

10日　摄影文化中心举办"《台湾摄影家》系列丛书"新书发表会，发布《庄明景》《黄永松》《侯淑姿》等3册摄影家专书。庄明景、黄永松、侯淑姿以及多位知名摄影界专家学者出席发布会，共同见证丛书所彰显的摄影家丰厚的创作历程。

27日　"文化部"宣布疫后振兴纳入"振兴振心"方案，方案包括：18—21岁以1 200的文化币点数作为成年礼金；加码独立书店购书点数2点加赠1点；针对国中、国小及高中推出一日文化体验；规划于偏乡举办大汇演等。

4月

18日　为支持疫后出版产业重新启航，并创造更多大众与实体书店相遇机会，"文化部"提出独立书店加码优惠，并推出"奖励实体书店串联办理创新书市活动"。

21日　"文化部"在纪州庵文学森林举办了"走读台湾"启动记者会，宣布以"走！让书本带路"为主题，推出"一本书就出发！"等走读台湾的系列活动，将静态的阅读习惯变成生活中实际的感官体验，响应联合国"世界阅读日"，邀请民众一起探索文本的世界。

15—16日　"文化部文化资产局"举办"2023年文化遗产灾害风险管理国际论坛"，针对世界遗产、博物馆、美术馆、各类文物与档案文献之灾害风险管理及后续抢救修复交流分享。

22—23日　台湾文学基地举行"说故事给你听·文学市集"，除了手作、文创、轻饮食等摊位，更设置"孤读的况味"专区，邀请唐山书店、松林书店等独立书店进驻，现身分享阅读心绪。

5月

5日 由台东生活美学馆主办的"2023年后山文学奖暨年度新人奖"在美学馆举办宣传记者会。本届文学奖举办"文学走读"活动,邀请花莲、台东的文学作家带领参加者认识花东地区。

8日 驻马来西亚代表处与马来西亚汉文化中心合作执行的"台马鬼怪文学互译交流计划",完成了台湾作家王家祥小说《魔神仔》英文及马来文版、马来西亚作家沙农·阿末小说《石灵山》中英文版的翻译印行,两部小说4种译本已陆续安排分送马来西亚国家图书馆、国家语文局、马来西亚公立图书馆及各大学,期待通过文学深化双边文化交流。

11—14日 "布拉格国际书展暨文学节"在捷克首都布拉格举行。驻捷克代表处与捷克麋鹿出版社合作推广台湾文学捷语翻译作品,邀请作家刘克襄及伊格言亲赴布拉格与捷克读者当面交流,让捷克民众对台湾当代文学有更多的认识。

13日 "巴黎外国文化中心论坛"在巴黎瑞典文化中心举办"2023文学之夜"活动。在这场文学庆典中,驻法国代表处台湾文化中心邀请了诗人零雨参与介绍其作品《田园》的法文译作。

26日 赖和被尊为台湾新文学之父,所留下的手稿是台湾文学史与艺术史的珍宝。赖和纪念馆暨赖和文教基金会将《丰作》等文物捐赠予"文化部"所属台湾文学馆。

31日 "第42届行政院文化奖颁奖典礼"在台北市中山堂举办。李淑德、黄俊雄、吴静吉三位获奖。三位得主在音乐教育、传统艺术及表演艺术领域皆具有举足轻重的地位,并积极提携后辈,致力于台湾文化的维护与发扬。

6月

6日 "文化部"疫后"振兴振心"方案,提出专属18—21岁文化成年礼金、创新书市、偏乡巡演、艺术入校等方案,期待扩大艺文人口,并达"精准振兴"支持艺文产业疫后复苏目标。该方案当日正式启用,每人可获新台币1 200元的礼金,总计可领取人数近100万人。

20日 新竹生活美学馆举办"推动国家语言整体发展方案,尊重多元文化"第九期季刊发表会，分享季刊精彩内容。

28日　台湾文学馆举行"台湾文学禁书展"开幕典礼。此次展览将禁书做了系统性的整理，以"台湾文学"为核心，将许多相应的文学书籍、期刊与公文档案一一呈现。

7月

1日　"文化部""青年创作成果媒合会"在台湾文学基地举行，邀请获得青年创作奖励的6位创作者，抢先发表最新作品，并广邀相关出版社、在线写作平台及影视业者等到场，让青年作家的作品能有出版与多元跨界发展的可能。

20日　台文馆馆长林巾力亲赴荷兰，与莱顿大学图书馆副馆长马可·德·尼特共同签立合作备忘录。此次台文馆精选总计578册/套的出版品赠予莱顿大学图书馆，希望借由这些汇聚台湾文学精粹的著作，丰富莱顿大学图书馆的馆藏，也正式开启两馆合作的崭新契机。

8月

5日　"台湾文学奖创作奖赠奖典礼"在台湾文学馆举行，并同步在线直播。台湾文学奖创作奖包含剧本奖、台语奖、客语奖和原住民华语文学创作奖。颁赠台语新诗、散文、小说首奖各1位；原住民华语新诗、散文、小说首奖各1位；客语新诗、散文、小说首奖各1位，9位得奖者各获赠奖金新台币10万元及奖座1座。

17日　由驻马来西亚代表处与独立书店季风带马来西亚店合作策办的"季风带台湾系列讲座"，邀请台湾文化界代表人物赴马，以巡讲方式与各地民众交流。首轮讲座于当日登场，以"独立才能存在，合作才有未来"为题分享对独立书店与出版产业前景的观察。

19日　"文化部"驻日本台湾文化中心举办的"台日作家交流讲座"由台湾医师作家陈耀昌的《狮头花》压轴登场，并邀请日文版译者天理大学名誉教授下村作次郎进行对谈，分享书中的时代背景及历史脉络。

28日　台湾博物馆在小白宫召开"台博偶戏馆藏系列丛书"第一册、第二册新书发表会，两册新书展示台博馆逾万件偶戏藏品，400余件西田社捐赠的戏偶图录。

29日 "第45次中小学生读物选介"结果出炉，共计选出8大类652种推介读物，内含70本评审特别推荐的"精选之星"，主题丰富多元，兼顾知识、启发及可读性，期待此份书单成为学生及家长、老师们的选书指南。评选共分图画书类、自然科普类等8大类，共有301家出版社报名参选，由3 674种参选读物中精选出652种，占报名种数的18%。

30日 台湾文学馆与"台南市政府文化局"签署合作备忘录，未来将通过紧密的合作交流，让台湾的文学、文化在台南生根，也在国际的舞台上绽放光芒。此次合作备忘录针对"深化研究典藏与展示专业合作""整合教育推广资源，促进城市文化参与""建立在地文学社群交流机制，追求共荣共好"与"其他文学相关专业事项"等方面展开为期3年的合作，也将开放、共享双方的推广教育资源，共同策划未来如台南文学季、台南400年等活动。

9月

5日 "文化部"举办扩大数字阅读及优化图书采购机制记者会，宣布9月起读者借阅电子书将"无上限"。"文化部"将推动公共图书馆积极配合，保障出版社获得定价7折以上"优化图书采购"。同时"文化部"加码补助"电子书计次借阅无上限"，除了让读者阅读不再受限，且每一次借阅将支付作者及出版社新台币9元，期盼达成"保障实体出版永续"及"促进数字出版发展"的目标。

6日 "文化部"在日本推出的"台湾月书展"在日本纪伊国屋新宿本店举办开幕式，书展将于8月底至10月间，在日本33家以上纪伊国屋书店分店举办。

22日 "台湾文学沙龙系列讲座"在德国举办，协力柏林亚洲艺术节、柏林文学学会、台湾文学馆、财团法人台北书展基金会及左转有书独立书店，特别邀请多名女性创作者，透过多元的作品，带领德国读者认识不同方面的台湾。

10月

6—10日 台湾文学馆与台东大学共同参与的"2023台湾—关岛·南岛国际艺术展"在关岛凯悦饭店展出"用笔来唱歌——台湾原住民族文学展"。该特展呈现台湾原住民族文学的近代发展脉络与英译成果，介绍代表性作家及作品，期盼能增进南岛文化的交流与连结，成为关岛大众认识台湾文学的起点，并通过文学与台湾相遇。

13日　台湾博物馆台语有声绘本《觑相揣》获选2023德国国际绘本奖"白乌鸦奖"。今年适逢台湾云豹宣告灭绝10周年，《觑相揣》以跨越150年时空、两位动物学研究者对台湾云豹追寻的真实故事为主轴，通过台湾云豹的故事，让读者关注及重视山林与自然生态，别具意义。

24日　台湾文学馆、书林出版有限公司等共同举办"《林抟秋全集》新书发表会"。《林抟秋全集》的出版对于台文馆是很大的鼓舞，对于台湾文学史也是非常重要的里程碑。

30日　2023台湾文学奖"金典奖"揭晓。共有191部作品参赛，30部作品入围。众所瞩目的金典奖年度大奖，由陈列的《残骸书》获得。

11月

12日　"后山文学年度新人奖颁奖典礼暨新书发表会"在诚品花莲远百店举行。2023年第五届年度新人奖由许明涓的《蓝》和郑育慧的《三个深呼吸》两件作品获得优选。

12月

7日　台湾美术馆等机构编制的《台湾摄影家》系列丛书第七辑举行新书发表会，共出版《黄则修》《潘小侠》《陈顺筑》3册摄影家专书。多位知名摄影界专家学者出席，共同见证台湾摄影家精彩的艺术生命经验及创作实践视野。

23—24日　"享读福尔摩沙"创新书市活动之一——2023年度最终场在澎湖举办，结合百大选书书展、二手书市集圣诞特别摊、澎湖2023圣诞树璀璨点灯、艺文音乐接力演出，让离岛的冬季精彩缤纷。

26日　由日本外务省举办的"第17届国际漫画奖"公布得奖名单，台湾漫画家简嘉诚以《青空下的追风少年》勇夺金奖；林奕辰、清水则分别以《二零七之骨》《友绘的小梅屋记事簿2》获得铜奖。

27日　"第47届金鼎奖颁奖典礼"于台北举行。此届金鼎奖共1 258件作品报名，角逐杂志类、图书类、政府出版品类及数字出版类等4大类共22个奖项。经评审，计35件作品获奖、84件作品获优良出版品推荐；特别贡献奖颁发予前卫出版社社长林文钦。

（黄昱凯　台湾海洋大学海洋观光管理学士学程副教授）